Einsamkeit und Vereinsamung

Hans-Arved Willberg

Einsamkeit und Vereinsamung

Ein interdisziplinärer Überblick mit
Impulsen für Praxis und Politik

 Springer

Hans-Arved Willberg
Waldbronn, Baden-Württemberg, Deutschland

ISBN 978-3-662-67161-0   ISBN 978-3-662-67162-7 (eBook)
https://doi.org/10.1007/978-3-662-67162-7

Die Deutsche Nationalbibliothek verzeichnet diese Publikation in der Deutschen Nationalbibliografie; detaillierte bibliografische Daten sind im Internet über http://dnb.d-nb.de abrufbar.

Planung/Lektorat: Heiko Sawczuk
Springer ist ein Imprint der eingetragenen Gesellschaft Springer-Verlag GmbH, DE und ist ein Teil von Springer Nature.
Die Anschrift der Gesellschaft ist: Heidelberger Platz 3, 14197 Berlin, Germany

Quia unicus et pauper sum ego
Psalm 25,16

Vorwort

Im Blick auf die Entwicklung des Einsamkeitsproblems der letzten Jahre in Großbritannien sah das Rote Kreuz eine „Epidemie im Verborgenen" grassieren.[1] In der Formulierung liegt der Hinweis, dass statistische Werte womöglich nur die Spitze des Eisbergs repräsentieren. Statistische Daten werden aus dem gewonnen, was über der Oberfläche ist. Darum sind sie einerseits exakt, andererseits kann es aber immer sein, dass sie nur Teilaspekte eines Phänomens erfassen.

Alle auf Statistik fußenden Untersuchungen belassen es aber nicht nur bei der Darstellung von Daten. Sie diskutieren diese und ziehen Schlüsse daraus. Damit stellen sie ihr Ergebnis in einen größeren Zusammenhang. Das sind nie der Weisheit *letzte* Schlüsse, sondern Ausgangspunkte neuer Hypothesen. Eine statistische Untersuchung ist wissenschaftlich, wenn die Daten genau Antworten auf die Fragen geben, die man gestellt hat. Das hat Beweiskraft. Aber die Folgerungen daraus können nicht so genau sein. Es handelt sich um Einschätzungen. Hier können die Ansichten der Forschenden durchaus divergieren. Erst durch weitere Untersuchungen und das sorgfältige Ausloten der Zusammenhänge, auf die sie bezogen sind, kann sich dann klären, wer Recht hat. Um beides geht es! Weitere statistische Daten zu erheben ist wichtig, um die Wahrheit besser zu erkennen, aber wenn das Wahrnehmen und Deuten von Zusammenhängen zu kurz kommt, bleibt die Wissenschaft auf einem Auge blind. Sie sieht den Wald vor lauter Bäumen nicht.

Für das Einsamkeitsproblem heißt das: Empirisch Forschende, bei denen sich das Allermeiste um statistische Berechnungen dreht, sind unter Umständen so sehr auf die Datenoberfläche fixiert, dass sie das Eisgebilde auf dem Wasser für die ganze Wahrheit halten. Wissenschaftlich gesehen sind das legitime Folgerungen, aber sie sollten nicht so dargestellt werden, als seien sie die reine Wahrheit. Zu verstehen, was unter der Oberfläche ist: nur Wasser oder aber vielleicht auch eine sehr gefährliche riesige Eismasse, kann nur mit Wahrscheinlichkeitargumenten eingeschätzt werden. Hierzu braucht man mehr als Zahlen.

---

[1] Tagesschau.de, Neue britische Ministerin: Einsamkeit wird Regierungssache, 17.01.2018, http://www.tagesschau.de/ausland/england-einsamkeit-101.html.

Um die tatsächlichen Konturen einer komplexen Thematik wie der Einsamkeit angemessen wahrnehmen und beschreiben zu können, müssen die verschiedenen Wissenschaftsdisziplinen, die damit befasst sind, sich ergänzen. Zur realistischen Erfassung des Einsamkeitsphänomens ist etwa die Soziologie unverzichtbar. Sie arbeitet mit Zahlenwerten, aber auch mit dem Erkennen übergreifender Strukturen und Prozesse, die nicht allein durch Datenerhebungen wahrgenommen werden können. Hierfür kann sie nicht ohne die Befunde der Geschichtswissenschaft auskommen. Auch diese greift auf Zahlenwerte zu, die ihr aber nur dazu dienen, aus den Einzelteilen der Beobachtung ein Ganzes zu konstruieren, eine „Geschichte" von der Geschichte gewissermaßen: Etwas, das man erzählen kann, ein Bild, einen Film von dem, was war, wie es zustande kam, was daraus wurde. Hier geht es vor allem um realistische Deutung.

Die Soziologie steht also mit einem Fuß in dem anderen großen Wissenschaftsterrain, das man die „Geisteswissenschaften" genannt hat. Hierzu gehören neben der Geschichtswissenschaft wesentlich auch die Philosophie und die Theologie.

Die sogenannten „naturwissenschaftlichen" und die „geisteswissenschaftlichen" Forschungsschwerpunkte sind einander zur Ergänzung gegeben. Die Naturwissenschaft sieht sonst den Wald vor lauter Bäumen nicht und die Geisteswissenschaft entwickelt falsche Vorstellungen von Wäldern, weil sie nicht genau genug hinschaut, was für Bäume da eigentlich wachsen. Das Bemühen, beides unter einen Hut zu bekommen, nennt man eine *phänomenologische* Vorgehensweise: Man begnügt sich nicht mit der Summmierung von Teilaspekten oder mit unüberprüfbaren Behauptungen, sondern man möchte möglichst *das Phänomen in seiner Gesamtheit* erfassen. Man ist prinzipiell interdisziplinär unterwegs. Man nimmt geisteswissenschaftliche Theorien von dem, was sich unter der zahlenmäßig erfassbaren Oberfläche tut, genauso ernst wie das statistische Datenmaterial.

So will auch dieses Buch verstanden werden.

Waldbronn   Hans-Arved Willberg
im Dezember 2022

Inhaltsverzeichnis

Nur die Spitze des Eisbergs oder Panikmache?

Zusammenfassung

„Einsamkeit" ist zu einem politischen Thema geworden. Grund dafür sind insbesondere die Befunde der empirischen Forschung. Weil sich diese aber aus unterschiedlichen Ergebnissen zusammenmischen und weil man sie unterschiedlich interpretiert, wird die gesellschaftliche Bedeutung des Themas „Einsamkeit" auch kontrovers diskutiert. Für den Diskurs ist das einerseits fruchtbar, sofern es sich um ernsthafte Sachfragen handelt, die von der Forschung aufgeworfen werden. Andererseits ist es unnötig, sofern Statements veröffentlicht werden, die das Terrain der sachlich-fairen Auseinandersetzung verlassen. Aber es gibt genug Daten und stringente Deutungen derselben, die überzeugend deutlich machen, dass ein mehr oder weniger latentes Potenzial des Vereinsamungsproblems vorhanden ist, das bedrohlich tiefgehende und weit reichende Konsequenzen für die Gesellschaft hat. Das lässt sich gut mit einem Eisberg vergleichen. Festzuhalten ist zudem, dass allein schon die Spitze des Eisbergs, nämlich das, was die empirischen Daten faktisch aufzeigen, notwendigen Handlungsbedarf auf den Plan ruft. International wie bundespolitisch wird das zu Recht ernst genommen. Ob man dem Gesamtphänomen epidemische oder gar pandemische Ausmaße zuschreiben sollte, mag man für angemessen halten oder auch nicht. Wenn dabei der Blick für heilsame beziehungsfördernde Entwicklungen in der Gesellschaft nicht verloren geht, ist es aber grundsätzlich keine „Panikmache", den immensen Auswirkungen des Problems auch entsprechend Ausdruck zu geben.

1.1   Die Politik stellt sich dem Problem

Im Mai des Jahres 2019, als noch niemand etwas vom Corona-Virus ahnte, antwortete die Bundesregierung auf eine „Kleine Anfrage" aus den Reihen der FDP-Fraktion zur Einsamkeit und ihren Auswirkungen auf die öffentliche Gesundheit. Die Antwort erinnerte daran, dass auch die Linkspartei bereits eine Anfrage eingereicht hatte, und verwies auf die bereits eingeleiteten Maßnahmen in anderen Staaten. Im Koalitionsvertrag von 2018 für die laufende Legislaturperiode habe man vorgesehen, dergleichen auch in Deutschland zu verwirklichen. Die Koalitionspartner hatten sich auf den folgenden Text festgelegt:

> „Gesellschaft und Demokratie leben von Gemeinschaft. Familiäre Bindung und ein stabiles Netz mit vielfältigen sozialen Kontakten fördern das individuelle Wohlergehen und verhindern Einsamkeit. Angesichts einer zunehmend individualisierten, mobilen und digitalen Gesellschaft werden wir Strategien und Konzepte entwickeln, die Einsamkeit in allen Altersgruppen vorbeugen und Vereinsamung bekämpfen."[1]

Ebenfalls noch im Jahr vor der Pandemie sprachen sich die Bundestagsabgeordneten Marcus Weinsberg von der CDU und Karl Lauterbach von der SPD dafür aus, eine Person damit zu beauftragen, im Namen der Regierung als bundesweite Einsamkeitsbeauftragte tätig zu werden. Der Gedanke fand Anklang im Bundestag; auch aus der Opposition kam Zustimmung.

Im Koalitionsvertrag der neuen Bundesregierung wird die Einsamkeit wieder thematisiert, allerdings nur beiläufig. Unter den Vorhaben zu „Pflege und Gesundheit" werden „z. B. Alterszahngesundheit, Diabetes, Einsamkeit, Suizid, Wiederbelebung und Vorbeugung von klima- und umweltbedingten Gesundheitsschäden" als Gegenstände eines „Nationalen Präventionsplans" und für „konkrete Maßnahmenpakete" aufgeführt. Außerdem erscheint in der Rubrik „Kinder, Jugend, Familien und Senioren" unter dem Vorsatz, „seniorengerechte Ansätze" zu fördern, die „Überwindung von Einsamkeit" als letzter Punkt einer Auflistung, die ähnlich vage mit „u. a." eingeleitet wird. Ist das womöglich ein Rückschritt? Da aus den Reihen der SPD bereits in der zurückliegenden Legislaturperiode einiges dazu beigetragen wurde, sich dem Vereinsamungsproblem in gebührender Weise zu widmen, wird man eigentlich hoffen dürfen, dass die Initiativen weiter gepflegt werden. Aus der Marginalität des Erwähnens im Vergleich zu den vielen ausführlich im Koalitionsvertrag dargestellten Zielen lässt sich vielleicht schließen, dass die Ampelkoalition in ihrer Entstehungsphase einfach noch keine Zeit dafür gefunden hat, sich miteinander die Bedeutung des Vereinsamungsproblems zu vergegenwärtigen. Man scheint sich nur daran erinnert zu haben, dass es auch irgendwie zu den politischen Zielen gehören muss. Sehr viel anderes war den Koalitionspartnern anscheinend erst einmal sehr viel wichtiger.

---

[1] Ein neuer Aufbruch für Europa. Eine neue Dynamik für Deutschland. Ein neuer Zusammenhalt für unser Land. Koalitionsvertrag zwischen CDU, CSU und SPD 19. Legislaturperiode, Berlin, 12.03.2018, 118.

Es bleibt abzuwarten, wie der Trend sich entwickelt. Ein Grund zur Zuversicht ist das „Kompetenznetz Einsamkeit" des Instituts für Sozialarbeit und Sozialpädagogik e. V., gefördert und im Februar 2022 auf den Weg gebracht vom neu besetzten Bundesministerium für Familie, Senioren, Frauen und Jugend.[2]

Anlass der Kleinen Anfrage im Mai 2019 war folgendes Statement: „Weltweit steigt die Zahl der Menschen, die sich einsam fühlen. Experten sprechen von einer ‚Einsamkeits-Epidemie' in Industriestaaten, die zu erheblichen gesamtwirtschaftlichen und gesundheitlichen Folgen führe".[3]

Die Antwort der Bundesregierung enthielt den statistischen Befund, der ihr vorlag: Demnach fühlten sich zwölf Prozent der Menschen in Deutschland „häufig oder ständig einsam." Davon seien prinzipiell alle Altersgruppen betroffen, nicht aber gleichmäßig. Eine Studie der Ruhr-Universität Bonn zeige, „dass besonders Menschen zwischen 30 und 34 Jahren und über 65 Jahren das Gefühl der Einsamkeit empfinden".[4] Für Erstere läge der Wert bei 18 %. Hervorgehoben wurde in der Antwort auch das Problem der Vereinsamung unter Kindern und Jugendlichen.

Es ging den Antwortenden aber nicht nur darum, Zahlen vorzuweisen, sondern auch darum, diese in den Bezug zu übergreifenden gesellschaftlichen Zuständen und Entwicklungen zu stellen. Einsamkeit müsse als „ein gesamtgesellschaftliches Phänomen angesehen" werden, „das diverse Lebensbereiche berührt und sich in der Arbeitswelt, im Freizeitverhalten, in der Gestaltung sozialer Beziehungen und generell in der Partizipation am Leben in der Gemeinschaft manifestiert." Die Problematik „auf den Bereich der öffentlichen Gesundheit" einzuengen „wäre eine unangemessene Verkürzung der Bedingungen und Auswirkungen von Einsamkeit."[5]

1.2   Warum auf einmal diese politische Aktivität?

2018 hatte die britische Regierung damit Aufsehen erregt, dass sie, damals noch unter Theresa May, genau das umsetzte, was Weinsberg und Lauterbach danach auch für Deutschland vorschlugen. In Großbritannien wurde nicht nur eine nationale Einsamkeitsstragie entwickelt, sondern man erweiterte sogar das „Ministerium für Zivilgesellschaft,

---

[2] Tagesschau.de, Bundesregierung will gegen Einsamkeit vorgehen, 10.02.2022, https://www.tagess chau.de/inland/einsamkeit-115.html, Abruf 10.02.2022. Bis dato sind dort bereits acht wissenschaftliche Veröffentlichungen zum Thema Einsamkeit herausgekommen, die in diesem Buch aber noch nicht verarbeitet werden konnten. Vgl. Kompetenznetz Einsamkeit, https://kompetenznetz-einsam keit.de/.

[3] Antwort der Bundesregierung auf die Kleine Anfrage der Abgeordneten Dr. Andrew Ullmann, Michael Theurer, Renata Alt, weiterer Abgeordneter und der Fraktion der FDP – Drucksache 19/ 9880: Einsamkeit und die Auswirkung auf die öffentliche Gesundheit, Deutscher Bundestag, 19. Wahlperiode, Drucksache 19/10.456 (neu) v. 23.05.2019, 1.

[4] Ebd.

[5] Ebd., 3.

Digitales, Kultur, Medien und Sport" um das Segment „Einsamkeit". Begonnen hatte die Initiative in Schottland, wo die Ministerin „für Senioren und Gleichstellung" die Strategie „A connected Scotland" ins Leben rief, mit dem Ziel, „soziale Isolation und Einsamkeit abzubauen und gleichzeitig soziale Beziehungen aufzubauen".[6] Im Oktober nahm die Regierung in London den Ball auf.

Warum auf einmal diese Aktivität? Es wurden gute Gründe dafür aufgeführt:

- „Bis zu einem Fünftel aller Erwachsenen im gesamten Vereinigten Königreich fühlen sich immer oder meistens einsam."[7] Ein Fünftel, das sind 20 %. Aber was heißt hier „bis zu"[8]
- „Einsamkeit schädigt die Gesundheit nachweislich ebenso stark wie Fettleibigkeit oder Rauchen."[9] Das ist ein erhärteter empirischer Befund.[10] Schon in den 80ern wies eine Langzeitstudie mit mehr als 37.000 Personen auf, dass vereinsamte Menschen von einem wesentlich erhöhten Erkrankungs- und Sterberisiko betroffen sind, das den Risiken von Rauchen, hohem Blutdruck, hohem Cholesterinspiegel, Fettleibigkeit und Bewegungsmangel entspricht (vgl. Abb. 1.1[11]). Der Zusammenhang von schlechter Gesundheit und Vereinsamung ist aber auch ein Teufelskreis, weil vereinsamte Menschen eher weniger auf ihre Gesundheit achtgeben.
- „Drei Viertel der befragten Hausärztinnen und Hausärzte gaben an, dass pro Tag zwischen einem und fünf ihrer Patientinnen und Patienten über Einsamkeit klagen, die mit einer Reihe gesundheitlicher Folgen […] in Verbindung gebracht wird."[12] Das ist zwar kein exakter Zahlenwert, aber möglicherweise ein signifikanter Hinweis auf das, was sich unter der Spitze des Eisbergs befindet.
- „Rund 200.000 ältere Menschen haben mehr als einen Monat lang mit keiner einzigen Freundin […] oder Verwandten gesprochen."[13] Sind das zu viele? Ja, und es

---

[6] Jack Stallworthy, Alexandra Stein, Europäische Strategigen: Großbritannien (und Schottland), in: BAGSO – Bundesarbeitsgemeinschaft der Senioren-Organisationen e. V. (Hg.), Dokumentation des Fachkongresses Einsamkeit im Alter – aktive Teilhabe an der Gesellschaft ermöglichen (Bonn, 2019), 42.

[7] Ebd.

[8] Eine britische Studie kam 2017 auf ca. 60 % aller Frauen und ca. 40 % aller Männer, die angaben, einsam zu sein. Claudia Neu, Fabian Müller, Einsamkeit: Gutachten für den Sozialverband Deutschland, Dezember 2020, unter Mitwirkung v. A.S. Heuer u. A. Tschesche, Sozialverband Deutschland e. V., 2020., 28.

[9] J. Stallworthy, A. Stein, a.a.O., 44.

[10] „Der Einfluss von sozialer Isolation und Einsamkeit auf die Gesundheit ist empirisch umfassend belegt. Seit den späten 1940er-Jahren liegen entsprechende Studien vor […] und jährlich kommen neue hinzu." Martin Hafen, Soziale Isolation – Folgen, Ursachen und Handlungsansätze, in: Thomas Hax-Schoppenhorst (Hg.), *Das Einsamkeits-Buch: Wie Gesundheitsberufe einsame Menschen verstehen, unterstützen und integrieren können* (Hogrefe: Bern, 2018), 37.

[11] Quelle der Grafik: C. Neu, F. Müller, a.a.O., 81.

[12] J. Stallworthy, A. Stein, a.a.O., 44.

[13] Ebd.

Welche Auswirkungen hat Einsamkeit?

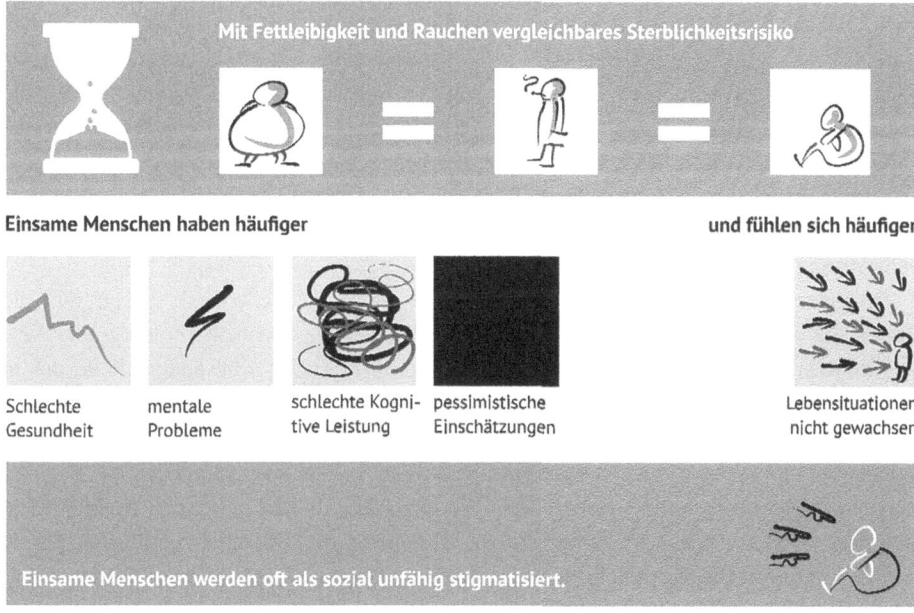

Abb. 1.1 Gesundheitliche und soziale Einsamkeitsfolgen

scheint sich ebenfalls um die Spitze eines Eisbergs zu handeln. Darin liegt der ernst zu nehmende Hinweis darauf, das bestimmte soziale Gruppen besonders destruktiven Einsamkeitsprozessen ausgesetzt sind. Das wird wiederum von der Statistik deutlich bestätigt.

Die britischen Regierungsmaßnahmen stehen nicht allein im Raum. Sie hatten sich international angebahnt und auch anderswo nahmen die Initiativen 2018 zu. Bereits 2011 war das Thema „Einsamkeit" zum Beispiel von der französischen Regierung als „Grand cause nationale" ins Zentrum der öffentlichen Aufmerksamkeit gerückt worden. Die Niederländer entschlossen sich 2018 zu einen nationalen Pakt gegen Einsamkeit mit dem Ziel, verschiedene landesweite Initiativen in Gang zu bringen, um die Vereinsamung zu bekämpfen und ihr vorzubeugen. Mehr als die Hälfte der über 75Jährigen in den Niederlanden gab an, unter Einsamkeit zu leiden, das waren damals 700.000 Personen. Die Zahl der Menschen in diesem Alter wird sich dort aber bis 2030 um weitere 800.000 erhöhen. Dem damit erheblich zunehmenden Risiko des Vereinsamens möchte man jetzt vorbeugen. Die japanische Regierung sah sich im Februar 2021 wie zuvor schon die britische veranlasst, den Kampf gegen die Vereinsamung in die Hände eines Ministeriums zu legen.

Nicht zuletzt hat auch die Europäische Kommission beschlossen, sich des Problems der zunehmenden Vereinsamung ernsthaft anzunehmen. Dafür wurde 2021 als initialer

Teil einer zunächst auf zwei Jahre terminierten Projektdauer ein umfassender Report des Joint Research Center (JRC) der EU über „Loneliness in the EU" erstellt. Sowohl „Loneliness" als auch soziale Isolation würden zunehmend als wesentliche Gesundheitsthemen wahrgenommen, die Aufmerksamkeit verdienten und denen mit effektiven Interventionsstrategien begegnet werden müsse, heißt es in der Begründung.[14] Insgesamt würden die Forschungsbefunde überzeugend aufzeigen, dass durch Vereinsamung erhebliche Auswirkungen auf die sozialen Verhältnisse der westlichen Gesellschaften zu erwarten seien. Das Problem habe sich zudem durch die Corona-Pandemie verschärft. Man müsse bislang noch unabsehbare Auswirkungen auf den Vereinsamungspegel durch die Pandemie befürchten.

Fachleute aus Medizin, Psychotherapie und Seelsorge sehen mit Sorge auf die Bedeutung des Faktors „Einsamkeit" für die Entstehung, Aufrechterhaltung und Verschlimmerung seelischer Störungen und Erkrankungen. Das ist die andere Seite der in den letzten Jahrzehnten nicht zuletzt durch die Neuropsychologie in den Vordergrund gerückten Einsicht, wie sehr es für seelische Gesundheit und Heilung auf gute Beziehungen ankommt. Aber was ist eine gute Beziehung? Wird Beziehungsqualität von den Fragen erfasst, aus denen die statistischen Werte zur Einsamkeit hervorgehen? Man kann sich auch in kranken und eingebildeten Beziehungen ganz ordentlich verbunden fühlen und sich darum nicht wirklich zu den Einsamen rechnen.

1.3   Was ist unter der Oberfläche?

Einsamkeit zu überwinden stelle bislang noch „kein primäres Therapieziel" in der Psychotherapie dar, konstatierte Marion Sonnenmoser, Psychologin und Redakteurin der Zeitschrift Psychologie heute, 2012 im Deutschen Ärzteblatt.[15] Das mag sich ändern, weil dadurch der psychotherapeutische Erfolg erhöht werden könnte. Da unser Bedürfnis nach Gemeinschaft so groß und zentral ist, erleben wir starke Erfahrungen des Gegenteils als existenzielle Bedrohung und bisweilen äußerst großen Schmerz.

Der damaligen Datenlage nach ließ sich Sonnenmoser zufolge sagen, dass sich „mindestens sieben Prozent" der Jugendlichen und Erwachsenen in Deutschland „ständig einsam und ausgestoßen" fühlten. „Mit zunehmendem Alter steigt die Zahl der Betroffenen: Zwischen 20 und 40 % der Älteren ab 55 Jahren bezeichnen sich als einsam."[16] Verschiedene Faktoren würden für eine Zunahme des Einsamkeitsproblems sprechen.

---

[14] „Both loneliness and social isolation are therefore increasingly recognised as critical public health issues that deserve attention and need to be addressed with effective intervention strategies." JRC Science for Policy Report, Loneliness in the EU: Insights from surveys and online media data (Publications of the European Union: Luxembourg, 2021), 3.

[15] Marion Sonnenmoser, Einfluss auf den Therapieerfolg, in: Deutsches Ärzteblatt (2012) 1, 24.

[16] Ebd., 24.

Berit Uhlmann, Gesundheitsredakteurin der Süddeutschen Zeitung, hat im Jahr darauf unter der Überschrift „Tödliche Isolation" die Vermutung von Experten zusammengefasst, wonach der Faktor „Einsamkeit" gesundheitsschädigende Prozesse wahrscheinlich fatal verstärkt und dadurch mittelbar tödliche Wirkungen hat. Das sind Wahrnehmungen, die eher den Bereich unter der Oberfläche betreffen. Die Einsamkeit kann ausschlaggebend sein, aber nicht unbedingt äußerlich sichtbar und erst recht nicht im Bewusstsein der Betroffenen. „Der alte Vater mag beteuern und vielleicht auch selbst glauben, dass er allein gut zurechtkommt. Der Realität muss das nicht unbedingt entsprechen."[17] Und sie fügte einen statistischen Wert hinzu, der den nächsten konzentrischen Kreis um jene 200.000 Senioren in Großbritannien, die Monat für Monat ohne jeden freundschaftlichen und verwandtschaftlichen Kontakt bleiben, sichtbar werden lässt: „Laut europäischen Erhebungen treffen heute nur 27 % aller älteren Menschen im Schnitt höchstens einmal im Monat Angehörige oder Freunde."[18] Ende 2015 berichtete Uhlmann dann über eine nordamerikanische Studie mit Daten von mehr als drei Millionen Personen: „Die Vereinsamten hatten laut der Untersuchung ein um 30 % erhöhtes Risiko, vorzeitig zu sterben".[19] Wieder habe sich bestätigt: Das ist dieselbe Quote wie bei Übergewicht. Zudem ist evident, dass Übergewicht und Einsamkeit sich gegenseitig verstärken.

„Offenbar leiden immer mehr Menschen in Deutschland unter Einsamkeit", meldete die Tagesschau in jenem Mai 2021, als sie von jener Kleinen Anfrage berichtete.[20] Wirklich immer mehr? Im Zeitraum von 2011 bis 2017 sei die Zahl der 45- bis 84Jährigen, die sich einsam fühlen, um 15 % angestiegen. Auch unter Jugendlichen sei die Einsamkeit sehr verbreitet. „Experten gehen davon aus, dass die Zahl der Menschen, die sich allein fühlen, weiter steigen wird". Es werde bereits von einer „Einsamkeits-Epidemie" gesprochen.

Besonders eindringlich warnte Manfred Spitzer davor. Er ist als Professor für Psychiatrie und Chef der Psychiatrischen Universitätsklinik Ulm nicht nur eine Koryphäe in Psychiatrie und Neurowissenschaften, sondern hat sich auch durch die populärwissenschaftliche Sendereihe „Geist und Gehirn" in ARD Alpha und als Bestsellerautor einen Namen gemacht. Spitzer hebt die gravierenden gesundheitsschädigenden Wirkungen von Einsamkeit hervor. Einsamkeit gehe „mit einer Erhöhung der Auftretenswahrscheinlichkeit einer ganzen Reihe chronischer Krankheiten" einher. Das ist ein durchgängiger Expertenbefund,[21] den man auch wieder als gewaltigen Eisberg unter der Oberfläche

---

[17] Berit Uhlmann, Tödliche Isolation, in: Süddeutsche Zeitung vom 26.03.2013, https://www.sueddeutsche.de/gesundheit/lebenserwartung-toedliche-isolation-1.1633428, Abruf 08.07.2021.

[18] Ebd.

[19] Berit Uhlmann, Ein Krankheitserreger namens Einsamkeit, in: Süddeutsche Zeitung vom 30.12.2015, https://www.sueddeutsche.de/gesundheit/psychologie-allein-1.2799578, Abruf 08.07.2021.

[20] Tagesschau.de, Zahlen der Bundesregierung: Einsamkeit – das wachsende Leid, 30.05.2019, www.tagesschau.de/inland/einsamkeit-103.html, Abruf 30.05.2019.

[21] Manfred Spitzer, *Einsamkeit: Die unerkannte Krankheit* (Droemer Knaur: München, 2019), 143 ff.

bezeichnen kann: Die explizite Einsamkeit, zu der sich Befragte bekennen, kommt statistisch wahrscheinlich viel weniger häufig vor als die Vielzahl der Auswirkungen von Einsamkeit, die durchaus ohne oberflächlich sichtbaren Zusammenhang mit ihr als chronischer Stress, Schwächung des Immunsystems und in etlichen handfesten körperlichen und psychischen Krankheitsbildern in Erscheinung treten. Als Spezialist erkennt und beschreibt Spitzer den Zusammenhang unter der Oberfläche besonders hinsichtlich psychischer Erkrankungen: „Nicht zuletzt ist Einsamkeit überall *das* Problem psychisch kranker Menschen." Einsamkeit gehöre zu den „Leitsymptomen von Patienten mit Depression, Schizophrenie, paranoiden Störungen, manchen Persönlichkeitsstörungen und schwerer Sucht."[22] „In der westlichen Welt könnte man Einsamkeit als die ‚Volksseuche Nummer 1' bezeichnen", resümierte Spitzer im Jahr 2018.[23]

Spitzers Stärke liegt darin, die vorliegenden empirischen Daten dafür zu verwenden, tiefere Zusammenhänge der Einsamkeit auszuloten. Aber, wie gesagt, die Spitze des Eisbergs lässt sich leichter vermessen. Aussagen über das, was unter der Oberfläche ist, können sich nicht mehr so genau auf klare Datenbefunde stützen. Was dort wahrgenommen wird, spricht weniger aus sich selbst heraus und bedarf der Sache nach noch mehr der Interpretation. „Volksseuche Nummer 1" ist eine radikale Interpretation.

Für solche Behauptungen wird Spitzer von anderen Wissenschaftlerinnen und Wissenschaftlern, die mit dem Einsamkeitsthema befasst sind, kritisiert. Die Göttinger Soziologieprofessorin Claudia Neu und ihr wissenschaftlicher Mitarbeiter Fabian Müller zum Beispiel nehmen in ihrem Einsamkeits-Gutachten für den Sozialverband Deutschland Ende 2020 explizit gegen Spitzer Stellung: Er sei bekannt für „seine steilen Thesen" und schlage auch in seinem neuen Buch „Einsamkeit" „wieder schrille Töne an: Einsamkeit sei der Killer Nr. 1 in Deutschland – noch vor Herz-Kreislauf-Erkrankungen und Krebs. Für diese Behauptung gibt es allerdings keine gesicherten empirischen Befunde."[24] Spitzers Quellen scheinen allerdings eher für das Gegenteil zu sprechen.

Es ist nicht ungewöhnlich, dass es unterschiedliche und auch gegensätzliche Untersuchungsergebnisse zu Forschungsthemen gibt. Wichtig ist nur, dass immer seriös nach der Wahrheit gefragt wird. Wenn davon ausgegangen werden darf, sind kontroverse Diskussionen von Befunden und Interpretationen besonders fruchtbar für den wissenschaftlichen Fortschritt. Spitzer wird man kaum die Seriosität absprechen können. Darum wirken solche plakativen Sätze in einem eigentlich ganz sachlichen Gutachten eher selbst etwas deplatziert „steil" und „schrill". Was mag der Grund für solche Stellungnahmen sein?

---

[22] Ebd., 738.
[23] Ebd., 740.
[24] C. Neu, F. Müller, a.a.O., 82.

Dem Kurzbericht von Anja Katrin Orth und Theresa Eyerund vom Institut der Deutschen Wirtschaft in Köln über das Ergebnis ihrer Untersuchung zur Einsamkeit in Deutschland kann man drei Gründe dafür entnehmen.[25]

- Erstens stellen die Autorinnen fest, dass „die Debatte häufig unsachlich geführt" wird. „Wenig belastbare Daten und hoch-emotionalisierte Argumente führen dazu, dass eine strukturierte Analyse und Meinungsbildung nur schwer durchzuführen sind."
- Zweitens kritisieren sie, dass die Diskussion in Politik und Medien häufig „von einer gefühlten Zunahme" ausgehe. „Aktuelle Auswertungen zeigen jedoch einen leichten Rückgang des Anteils der Menschen, die sich einsam fühlen, von 10,5 % (2013) auf 9,5 % im Jahr 2017." Der Befund zeige somit, „dass von einer drastischen Zunahme des Problems im betrachteten Zeitraum keine Rede sein kann." Aber wer redet denn eigentlich überhaupt von einer „drastischen" Zunahme? Reicht nicht der empirische Gesamtbefund allein schon hin, das Einsamkeitsproblem sehr ernst zu nehmen?
- Drittens geben sie zu Bedenken, „dass Einsamkeit per Definition – ähnlich wie Lebenszufriedenheit – ein subjektiver Zustand ist."

1.4   „Leichter Rückgang" und doch große Sorge?

Wenn der „leichte Rückgang" die ganze Wahrheit ist, liegt es nahe, bedrohliche Szenarien einer fortschreitenden Einsamkeitsepidemie als Panikmache einzustufen, und ebenso nahe liegt es dann auch, sich deutlich davon abzugrenzen. Aber ist das wirklich die ganze Wahrheit?

Wieder geht es um die Frage, was sich wohl unter der Eisbergspitze befindet. Alle Bemühungen, das auszuloten, stoßen irgendwo auf ihre Grenze. Zentraler Grund dafür ist die Tatsache, dass Einsamkeit „ein subjekter Zustand ist." Nicht das ganze Phänomen der Einsamkeit als Problem ist ein subjektiver Zustand, aber das Kernproblem dabei, das man als „emotionale Isolation" bezeichnet. In der Tat: Meine Gefühle fühle nur ich selbst, auch wenn sich andere in mich einfühlen und Mitgefühl empfinden können, und letztlich kann nur ich selbst sagen, wie ich sie erlebe. Das objektive Erfassen der Einsamkeitsgefühle ist zwar trotzdem möglich, aber doch auch unweigerlich eingeschränkt: Es kann sein, dass objektive Diagnosen Menschen nicht gerecht werden, weil sie diese subjektiv durchaus nicht bestätigen, entweder weil sie sich selbst etwas vormachen oder weil sie nicht ins Schema der objektiven Vermessungstechnik des Einsamkeitsproblems passen. Die Möglichkeit, dass sich viele Menschen etwas vormachen, könnte dafür sprechen, dass der Eisberg unter der Oberfläche wächst. Die Möglichkeit, dass wissenschaftliche

---

[25] Anja Kathrin Orth, Theresa Eyerund, Einsamkeit in Deutschland: Aktuell keine Zunahme, IW-Kurzbericht 38/2019 des Instituts der Deutschen Wirtschaft, https://www.iwkoeln.de/studien/theresa-eyerund-anja-katrin-orth-einsamkeit-in-deutschland-433090.html, Abruf 02.11.2021.

Messungen und Spekulationen am authentisch erlebten subjektiven Zustand vorbeigehen, könnte eher auf das Gegenteil hinweisen.

Ein Forschungsbefund der letzten Jahre, der ein ziemlich deutliches Indiz für Letzteres darstellt, ist die überraschende Erkenntnis, dass es sich bei der Auffassung, mit zunehmendem Alter würden die Menschen immer einsamer, um ein Klischee handelt, das nicht der Wirklichkeit entspricht. Grundsätzlich ist das Gegenteil der Fall: Die Altersgruppe, die am wenigsten unter Einsamkeit leidet, sind, weit gefasst, die älteren Menschen. Gestiegen ist im Zeitraum zwischen 2013 und 2017 allerdings der Anteil junger Menschen zwischen 20 und 29 unter denen, die signifikant unter Einsamkeit leiden.[26] Wächst da womöglich doch etwas an, das in seiner Dimension, weil es eben erst im Werden ist, noch nicht so recht erfasst und unterschiedlich gedeutet werden kann?

Abgesehen von diesen teilweise noch offenen Fragen gibt es aber auch rundweg besorgniserregende Forschungsergebnisse zur Einsamkeit, die als erhärtet gelten müssen und querbeet in den Berichten genannt werden. Die betonte Abgrenzung bei Neu und Müller gegen Spitzer verschwimmt sachlich gesehen, wenn man bei ihnen weiter liest: Einsamkeit ist so schädlich wie Rauchen oder Adipositas und sowohl körperliche Krankheiten als auch „Depressionen und Angststörungen gehen mit Gefühlen von Einsamkeit und sozialer Isolation einher."[27] Dieser Gesamtbefund ist, wie gesagt, wissenschaftlicher Konsens. Spitzer sagt im Prinzip nichts anderes, nur fällt die Interpretation bei ihm seiner medizinischen Perspektive wegen noch dramatischer aus. Dass es keinen Grund zur Verharmlosung des Vereinsamungsproblems gibt, daran lassen auch Neu und Müller keinen Zweifel: „Wenngleich wohl nicht von einer Epidemie gesprochen werden kann, so bleibt Einsamkeit, soziale Isolation und Exklusion ein dringendes gesamtgesellschaftliches Problem".[28] Ist es ein dringendes gesamtgesellschaftliches Problem, weil es eben *doch* unter der Oberfläche epidemische Ausmaße angenommen hat?[29] Aber darüber müsste man nicht wirklich streiten, liegt doch eigentlich in Statements wie diesem schon Konsens genug.

---

[26] Eine US-amerikanische Untersuchung kommt zu einem ähnlichen Ergebnis. Susanne Ackermann, Schützt Weisheit vor Einsamkeit? in: Psychologie heute (2019) 4, 6. Allerdings ist diese Wahrnehmung auch nicht unbedingt neu. Vor dem Hintergrund der damals vorliegenden Forschungsliteratur meinte etwa Helga Levend, Redakteurin von Psychologie heute, bereits 2000: „Es sind mehr junge Menschen als ältere Menschen, die sich einsam fühlen." Helga Levend, *Einsamkeit: Die Stille nach innen* (Echter: Würzburg, 2000), 17. Bereits 1997 berichtete Levend: „Wissenschaftler haben herausgefunden: Es sind eher junge als ältere Menschen, die über Einsamkeit klagen. Während ältere Menschen vielleicht eher an ihrer sozialen Isolation leiden, leiden die jüngeren an einem Gefühl innerer Einsamkeit." Helga Levend, „Bin ich gut genug?" in: Psychologie heute (1997) 11, 20.

[27] C. Neu, F. Müller, a.a.O., 82.

[28] John T. Cacioppo, William Patrick, *Einsamkeit: Woher sie kommt, was sie bewirkt, wie man ihr entrinnt*, aus d. Engl. übers. v. J. Wissmann (Spektrum Akademischer Verlag: Heidelberg, 2011), 83.

[29] „Wie groß die Folgeerscheinungen von Einsamkeit und Isolation sind oder wie hoch die gesellschaftlichen und gesamtwirtschaftlichen Kosten für Deutschland bemessen werden müssen, lässt sich aktuell jedoch nicht bestimmen, denn wissenschaftliche Studien liegen dazu nicht vor." Ebd.

Das alles bezieht sich auf die Zeit *vor* der Corona-Pandemie. Dass es in ihrem Verlauf zu einer erheblichen Zunahme von Einsamkeitsproblemen gekommen ist, liegt auf der Hand. Aber fest steht auch, dass ein Großteil dieser Probleme nicht erst durch Corona entstanden ist, sondern nur geschürt wurde. „Einsamkeit, ihre Auswirkungen und der Umgang mit ihr haben in den letzten Jahren die öffentliche Diskussion in Deutschland mehr und mehr bestimmt", fasst das Positionspapier der CDU/CSU-Fraktion im Bundestag „Gemeinsam gegen Einsamkeit – Für eine nationale Strategie" vom Februar 2021 zusammen. „Viele Menschen leiden unter Einsamkeit oder sozialer Isolation, mit weitreichenden Folgen für den gesellschaftlichen Zusammenhalt und das Gesundheitswesen. Die Corona-Pandemie hat das Ausmaß der Einsamkeit noch weiter verstärkt."[30] Die Pandemie habe „bereits besorgniserregende Levels der Einsamkeitsproblematik in Europa" noch vergrößert, konstatiert der JRC-Report der Europäischen Kommission des Jahres 2021.[31] Schon 2018 habe der Economist, vielleicht etwas unvorsichtig, Einsamkeit als „die ‚Epidemie' des 21. Jahrhunderts bezeichnet". Ähnliches sei aber auch schon früher in den Medien zu lesen gewesen.

Ein Meinungstrend, der geneigt ist, solche Urteile als Panikmache zu begreifen, bezieht seine Argumente mit Vorliebe aus den Fortschritten der digitalen Kommunikationstechnologie. Diesen Argumenten nach werden die Menschen dadurch nicht etwa immer einsamer, sondern im Gegenteil immer besser sozial vernetzt. Die Soziologin Caroline Bohn hat das schon 2006 in ihrer Dissertation über „Einsamkeit im Spiegel der sozialwissenschaftlichen Forschung" aufgegriffen, aber auch durch Gegenargumente relativiert. Zweifellos ermöglichen die digitalen Medien einen enorm vergrößerten Spielraum des Kommunizierens, der zu konstruktiver Beziehungspflege genutzt werden *kann* und ganz sicher auch genutzt *wird*. Welche Hilfen darin liegen können, hat sich unter den Bedingungen der Corona-Epidemie besonders stark gezeigt. Aber nach wie vor gilt, was Bohn als Ergebnis ihrer Abwägung resümierte: „Es steht außer Frage, dass die elektronischen Medien unsere Kommunikationsstrukturen und sozialen Interaktionen tief greifend verändert haben. In welche Richtung diese Veränderung geht, ob die Veränderungen eher eine Bereicherung oder überwiegend Verluste mit sich bringen, ist strittig und kaum abschließend zu beantworten."[32] Auch hier muss man leider fürchten, dass die Verluste jedenfalls sehr hoch sind. Welche verheerenden Auswirkungen ein hohes Maß an Konsum von Bildschirminhalten für die Entwicklung von Kindern haben kann, hat wiederum Manfred Spitzer, gleichfalls 2006, in dem Spiegelbestseller „Vorsicht Bildschirm!" eingehend dargelegt. Aber das ist nur *ein* Aspekt der Skepsis unter gravierenden weiteren.

---

[30] CDU/CSU-Fraktion im Deutschen Bundestag, Gemeinsam gegen Einsamkeit – Für eine nationale Strategie, Positionspapier, Beschluss vom 9. Februar 2021.

[31] „The COVID-19 pandemic has magnified already worrying levels of loneliness in Europe." JRC Science for Policy Report, a.a.O., 33.

[32] Caroline Bohn, Einsamkeit im Spiegel der sozialwissenschaftlichen Forschung, Dissertation zur Erlangung des Grades einer Doktorin der Philosophie, Universität Dortmund, Fachbereich Erziehungswissenschaft und Soziologie, Mai 2006, https://d-nb.info/997491426/34, Abruf 26.08.2021, 121.

So oder so, ob das Problem nun deutlich wächst, ob es sich etwas reduziert hat, ob es hoffnungsvolle Veränderungstendenzen gibt, ob es epidemische Ausmaße annimmt oder nur annähernd epidemische: „Vereinsamung ist", wie der Soziologe Janosch Schobin zusammenfasst, „eines der größten sozialen Probleme alternder Wohlstandsgesellschaften",[33] und in einer solchen leben wir gerade. Doch das Altern der Gesellschaft ist auch wieder nur *ein* Aspekt des Problems, was sich gerade auch im derzeitigen statistischen Befund erweist, wonach sich der Einsamkeitszuwachs eben *nicht* automatisch mit dem fortgeschrittenen Alter der Menschen verschiebt.

Um das ganze Phänomen zu erfassen, sollten wir „alternde Gesellschaft" besser im Sinne der *Erneuerungsbedürftigkeit* verstehen. Wir brauchen Maßnahmen gegen die Vereinsamung, die nicht nur an der Oberfläche bleiben, weil alte, chronische Krankheiten der Gesellschaft, zwar nicht immer gleichmäßig virulent, gleichwohl aber mit ihrem schädigenden Potenzial, dauerhaft vorhanden sind, alles andere als unwirksam, wenn auch in vieler Hinsicht unter der Oberfläche.

1.5   Die Erneuerungsbedürftigkeit der „alternden Gesellschaft"

Nur mit dieser Perspektive lässt sich recht verstehen, dass Human- und Geisteswissenschaftler das Vereinsamungsproblem schon seit langer Zeit mit besorgter Aufmerksamkeit betrachten und als gesellschaftliches Hauptproblem ansehen. Bereits vor mehr als 50 Jahren konnte der Medizinprofessor und Psychiater Wilhelm Bitter, Leiter des damals angesehenen Stuttgarter Expertenforums „Internationale Gemeinschaft Arzt und Seelsorge", im Vorwort des Tagungsbands der Veranstaltung über „Einsamkeit in medizinisch-psychologischer, theologischer und soziologischer Sicht" die Einsamkeit „ein zentrales Problem unserer Zeit" nennen, das „zu einer intensiven Zusammenarbeit" der „verschiedenen Fakultäten" nötige.[34]

Johannes B. Lotz, Philosophieprofessor in München, gehörte zu den Referenten dieser Tagung im Jahr 1966. In seinem 1972 erschienen Buch „Erfahrungen mit der Einsamkeit", der vielleicht tiefschürfendsten Analyse des Themas, das die Literatur bis heute bietet, hebt er hervor, dass die damals neuen Medien „ein ununterbrochenes Zusammenleben der einzelnen und der Völker" ermöglichen, „das den ganzen Erdball umspannt. Das prägt sich neuestens in der immer mehr aufblühenden *Mitmenschlichkeit* aus". Von dorther scheine „eine zerstörende Vereinsamung nicht zu drohen."[35] Lotz erkennt, wie der Golfstrom der Humanität auch die Nachkriegszeit durchfließt, aber er nimmt auch

---

[33] Janosch Schobin, Vereinsamung und Vertrauen – Aspekte eines gesellschaftlichen Problems, in: Thomas Hax-Schoppenhorst (Hg.), *Das Einsamkeits-Buch: Wie Gesundheitsberufe einsame Menschen verstehen, unterstützen und integrieren können* (Hogrefe: Bern, 2018), 46.

[34] Wilhelm Bitter (Hg.), *Einsamkeit in medizinisch-psychologischer, theologischer und soziologischer Sicht,* ein Tagungsbericht (Ernst Klett: Suttgart, 1967), 7.

[35] Johannes B. Lotz, *Erfahrungen mit der Einsamkeit* (Herder: Freiburg i. B., 1972), 27.

wahr, wie dieser zugleich in bedenklicher Konkurrenz zu tatsächlich immer kälter werden Strömungen steht. Noch sei „nicht entschieden, welche von beiden das *Vorwiegende* und eigentlich Kennzeichnende heute darstellt."[36]

Es ist nicht alles Eisberg. Doch haben die Zusammenhänge deutende Denkerinnen und Denker jener Zeit eindringlich gemahnt, vorsichtig genug zu sein, um die Titanic des Fortschritts nicht blindlings auf wachsende Eisberge zuzusteuern. Lotz fürchtete noch Schlimmeres: Die Vereisung unter den Menschen könnte den Konkurrenzkampf gewinnen und die hoffnungsvolle neue Humanitätsströmung erkalten lassen. Es „ist die *Vereinsamung* tatsächlich die Oberströmung, die in der Gegenwart alle Geborgenheit überspült und zurückdrängt", glaubte Lotz zu erkennen.[37]

Schon 1960 hatte Gerhard Kölbel in seiner heute noch als Quelle für die Einsamkeitsforschung relevanten geisteswissenschaftlichen Studie über „Ursprung, Gestaltwandel und Sinn des Einsamkeitserlebnisses" festgestellt: „Bedrückende innere Einsamkeit ist ein Kennzeichen der Menschen des technischen Zeitalters geworden."[38] Er nahm eine paradoxe Wechselwirkung zwischen der fortschreitenden technischen Vernetzung und der fortschreitenden Isolierung der Individuuen wahr: „Der Ausgriff in die grenzenlose Weite der äußeren Welt, wie sie dem technischen Zeitalter eignet, steht offenkundig mit der Einengung des individuellen Bereiches in ursächlichem Zusammenhang".[39] So viel lässt sich jedenfalls schon seit langer Zeit erkennen: Vereinsamung ist eine außerordentlich ernst zu nehmende Zeitströmung, an welcher der technische Fortschritt maßgeblichen Anteil hat.

In den 70er Jahren kam ein aufrüttelndes Buch über Einsamkeit mit dem Titel „Das gebrochene Herz" aus der Feder des Medizinprofessors James J. Lynch heraus, einer Koryphäe im Bereich der Psychosomatik. Ganz ähnlich wie fast ein halbes Jahrhundert nach ihm Manfred Spitzer diagnostizierte Lynch: „Fast alle Bereiche unserer Gesellschaft scheinen unter einer der häufigsten Krankheiten dieses Zeitalters zu leiden – Einsamkeit."[40]

Die Auskühlung der Sozialität hat offenbar einen ähnlich besorgniserregenden Grad erreicht wie die Aufheizung des Klimas. Betroffen davon sind hier wie dort alle, wenn auch vor allem die in dieser Hinsicht besonders vulnerablen Bevölkerungsgruppen. Dazu gehören Teile der älteren Jahrgänge, aber in zunehmendem Maß auch junge Menschen.

---

[36] Ebd., 30.

[37] Ebd., 31.

[38] Gerhard Kölbel, *Über die Einsamkeit: Vom Ursprung, Gestaltwandel und Sinn des Einsamkeitserlebnisses,* (Ernst Reinhardt: München, Basel, 1960), 102.

[39] Ebd., 103.

[40] James J. Lynch, *Das gebrochene Herz*, deutsch v. J. Abel (Rowohlt: Reinbek, 1977), 24. In den 80ern kam der Theologieprofesser Henri J. Nouwen aus spiritueller Blickrichtung zur selben Einschätzung: „Die Einsamkeit ist heutzutage eine der geläufigsten Ursachen des menschlichen Leidens. Nach der Aussage von Psychiatern und Psychotherapeuten ist sie das Leiden, über das die Patienten am häufigsten klagen." Henri J. Nouwen, *Der dreifache Weg,* aus d. Engl. übertrag. v. R. Kohlhaas (Herder: Freiburg i. B., 1984), 18.

Nicht die ewig Gestrigen beklagen das Zunehmen der sozialen Kälte. Mittlerweile ergreifen Wort und Initiative, die selbst im sozialen Klima der letzten Jahrzehnte zur Welt
kamen und aufgewachsen sind. „Die Vereinsamung wird gerade zu einem gesamtgesell-
schaftlichen Riesenthema", schreibt 2021 die CDU-Politikerin und Bundetagsabgeordnete
Diana Kinnert in ihrem aufrüttelnden Bestseller „Die neue Einsamkeit", dessen guter
Absatz einen Hinweis darauf gibt, wie viele von uns heute das Thema bewegt.[41] Fern
davon, Untergangsmelodien erzkonservativer Bedenkenträger nachzusingen, hat sie doch
keinen Zweifel, dass die vorliegenden Fakten erdrückend sind: „Soziologie und Medizin
weisen es nach: Einsamkeit breitet sich aus wie eine Epidemie, unter jüngeren wie unter
älteren Menschen."[42] Kinnert ist 31.

Wahrscheinlich hat Corona die berechtigte Aufmerksamkeit für das Thema „Einsam-
keit" nochmals deutlich erhöht. In der großen Badischen Landesbibliothek (BLB) stand
Kinnerts Buch Januar 2022 im Bestsellerregal, aber es stand dort nicht einsam, sondern in
Gesellschaft weiterer Titel zum Thema. Daniel Schreibers „Allein" ließ ich mir von einem
Bekannten geben, weil alle Exemplare der BLB verliehen waren. Der Journalist reflektiert
sein Ringen um den Frieden mit dem eigenen Alleinsein, das ihm zeitweise unter dem
Einfluss der pandemischen Isolationserfahrung zu viel wurde; er verzweifelte und versank
in Depression. Der Verkaufserfolg wird wohl damit zusammenhängen, dass viele sich
in dieser autobiographischen Aufarbeitung selbst wiederfinden. Ebenfalls vergriffen war
war als weiteres Buch im Bestsellerregal Rüdiger Safranskis philosophiegeschichtliche
Reflexion „Einzeln sein", offenbar entstanden aus dem Bedürfnis, ermutigende Gegenmo-
delle zum Überhandnehmen der pathologischen Seite des Einsamseins ins Bewusstsein zu
rücken.

Von den 70ern an boomte die Einsamkeitsforschung. Darin spiegelt sich die Wahrnehmung in den Sozialwissenschaften, dass Vereinsamung ein wachsendes Problem zu
sein schien. Unter den damaligen Forschern ragt der Soziologieprofessor Robert S. Weiss
hervor, der erstmals eine fundamentale Differenzierung erarbeitete, indem er zwischen
„sozialer" und „emotionaler Isolation" unterschied. Diese Modell ist auch heute noch
grundlegend für die Forschung.

---

[41] Diana Kinnert, *Die neue Einsamkeit. Und wie wir sie als Gesellschaft überwinden können*,
mit M. Bielefeld, 3. Aufl. (Hoffman und Campe: Hamburg, 2021), 44. Leider musste dieses
inhaltlich eigentlich sehr wertvolle Buch bestätigter Plagiatsvorwürfe wegen mittlerweile wieder
vom Markt genommen werden. Vgl. Redaktionsnetzwerk Deutschland, Plagiatsvorwürfe: CDU-
Hoffnung Diana Kinnert räumt Verfehlungen ein, 28.05.2022, https://www.rnd.de/politik/die-neue-
einsamkeit-von-diana-kinnert-cdu-hoffnung-mit-plagiatsvorwuerfen-konfrontiert-ZBEXKLXTR
NFCFMWERSJPZXWY5M.html, Abruf 25.10.2022. Bei der Fülle an Informationen, auf die sie
in ihremBuch zurückgreift, musste man sich als Leser schon ein wenig wundern, wie sparsam
das Quellenverzeichnis ausfiel. Kinnert scheint die Notwendigkeit, Zitate als solche zu belegen,
nicht ernst genommen zu haben. Eine betrügerische Absicht wird man ihr wohl kaum unterstellen
können, eher ist das ein Zeichen von naiver Sorglosigkeit. Ich würde es darum auch für überzogen
halten, die noch vor dem Bekanntwerden des Plagiats in dieses Manuskript eingegangenen Rekurse
auf ihr Buch wieder zu entfernen.
[42] D. Kinnert, a.a.O., 425.

1.6 Doch nur Panikmache?

Auch das Berlin-Institut für Bevölkerung und Entwicklung weist in seiner Analyse „(Gem)einsame Stadt" des Jahres 2019 darauf hin, dass die Herausforderungen durch das Einsamkeitsproblem „keinesfalls neu" sind. Das interpretieren die Autoren jedoch als Beweis dafür, dass es übertrieben sei, „sogar von einer Epidemie der Einsamkeit oder einer neuen Volkskrankheit" zu sprechen. Diese Herausforderungen würden so wenig „durch Entwicklungen wie die Digitalisierung verstärkt" wie man „von einer flächendeckenden Vereinsamung älterer Menschen" sprechen könne.[43] Auch der norwegische Philosophieprofessor Lars Svendsen folgert aus der Erkenntnis, dass die Einsamkeit auch schon früher ein Problem für die Menschen war, es sei abwegig, heute eine epidemische Verbreitung anzunehmen. Aber was ist, wenn die Einsamkeit auch früher schon epidemische Ausmaße angenommen hat? Welche Rolle spielte der Faktor „Vereinsamung" wohl zur Zeit der boomenden Industrialisierung? Wieviele Menschen litten wohl in der Zeit der beiden Weltkriege unter Vereinsamung? Muss man nicht womöglich den erzwungenen Kollektivismus jenes katastrophalen halben Jahrhunderts als diabolischen Lösungsweg des Einsamkeitsproblems begreifen?

Durch das Argument, Einsamkeit sei – angeblich – heute „nicht verbreiteter ist als früher",[44] wird die von Lotz zum Ausdruck gebrachte ernste Befürchtung, Vereinsamung sei „tatsächlich die Oberströmung, die in der Gegenwart alle Geborgenheit überspült und zurückdrängt", durchaus nicht abgemildert. Vereinsamung ist eine wesentliche Zeitströmung. Ob der Fluss eine historisch erkennbare Quelle hat, ob es eine Anfangszeit des Problems gibt, als es sich zuerst um ein harmloses Bächlein handelte, ist weder wahrscheinlich noch für die Gegenwartsanalyse besonders relevant. Man wird aber sagen dürfen, dass es in dieser Hinsicht schon bessere Zeiten gab und vor allem gesellschaftliche Entwicklungen, die dem Ideal der Humanität näher kamen als der globale Mainstream unserer Tage. Sehr viel zur Vereisung des sozialen Klimas hat die Industrialisierung und ihr gewaltiger Motor, der Kapitalismus, beigetragen, der sich durch die Dominanz des Neoliberalismus in der Nachkriegszeit neue Ellenbogenfreiheit verschafft hat, sehr deutlich auf Kosten sozialer Prioritäten. Die Geister, die wir riefen, werden wir kaum noch los. Das betrifft nicht nur den ökologischen Klimawandel, sondern auch den sozialen. Zu behaupten, dass die neue Flut der digitalen Technisierung als Mittel zum Zweck noch nie erreichter Profitmaximierung das Vereinsamungsproblem nicht verstärke, ist schon sehr gewagt.

---

[43] Berlin-Institut für Bevölkerung und Entwicklung, Körber Stiftung (Hg.), (Gem)einsame Stadt? Kommunen gegen soziale Isolation im Alter: Fakten, Trends und Empfehlungen für die Praxis (Körber-Stiftung: Hamburg, 2019), 1.

[44] Lars Svendsen, *Philosophie der Einsamkeit,* aus d. Norw. v. D. Stilzebach (Berlin University Press: Wiesbaden, 2016), 18.

Ausgerechnet der promovierte Psychologe Oliver Huxhold, einer der verantwortlichen Wissenschaftler des für die demographische Bestandsaufnahme der Einsamkeitsentwicklung wesentlichen Deutschen Alterssurveys des Deutschen Zentrums für Altersfragen (DZA) von 2019, widersprach vehement der Behauptung, Einsamkeit sei ein wachsendes Problem, als die Badische Zeitung ihn dazu befragte:[45] „Alle seriösen Studien, die auf einer großen Stichprobe basieren, zeigen eher das Gegenteil. Die Menschen werden nicht einsamer. Wenn es einen Trend gibt, so nimmt Einsamkeit im höheren Alter ab." Ob man auch in Deutschland wie in Großbritannien ein „Ministerium für Einsamkeit" einrichten solle? „Definitiv nein. Ich finde es gut, dass man die soziale Lage der Menschen ein bisschen genauer betrachtet. Aber gleich ein eigenes Ministerium einzurichten, ist Augenwischerei."

Niemand redet ernsthaft davon, ein ganzes neues Ministerium für das Thema „Einsamkeit" einzurichten. Auch das angebliche britische Einsamkeitsministerium ist, wie gesagt, in Wirklichkeit nur die Erweiterung eines bereits bestehenden Ministeriums.[46] Aber ob es ausreichen wird, sich die soziale Lage der Menschen „ein bisschen genauer" zu betrachten?

Es sei schon in Ordnung, über diese Dinge zu sprechen, meint Huxhold in dem Interview. „Mich ärgert nur diese Panik-Mache und dass das Problem auf auseinanderbrechende Familienstrukturen oder eine abnehmende Solidarität in der Gesellschaft geschoben wird."[47] Die sozialen Vorteile des Individualismus und der Digitalisierung würden dabei ausgeblendet.

Allerdings ist das nicht der ganze Huxhold. In einem gemeinsamen Beitrag für die Bundesarbeitsgemeinschaft der Seniorenorganisationen (BAGSO) mit Professor Clemens Tesch-Römer, dem Leiter des DZA, schlägt er etwas andere Töne an. Hier wird nüchtern konstatiert, dass „etwa 8 bis 9 % aller Menschen im Alter von 45 bis 84 Jahren tiefe Einsamkeit empfinden."[48] Sie erleben sich dem Befund nach also nicht nur einsam, sondern *tief* einsam! „Hochgerechnet auf die Bevölkerung in diesem Alterssegment betraf das im Jahr 2017 ungefähr 3,5 Mio. Menschen." Wohl gemerkt: Erfasst sind hiermit nur

---

[45] Ann-Kathrin Moritz, Psychologe Huxhold: „Die Menschen werden nicht einsamer", Badische Zeitung v. 11.06.2019, https://www.badische-zeitung.de/psychologe-huxhold-die-menschen-werden-nicht-einsamer--174143621.html, Abruf 06.05.2021. Zitate im Folgenden ebd.

[46] Schuld am Gerücht, es gäbe in GB ein eigenes Ministerium für Einsamkeit, mag die mediale Berichterstattung sein. Im Januar 2018 gab Tagesschau.de bekannt, dass dort mit Tracy Crouch eine neue Ministerin hierfür eingesetzt worden sei. Mit ihrer Ernennung zur Ministerin habe man „sogar einen eigenen Ministerposten" gegen das Einsamkeitsproblem geschaffen. Sie sei „bisher Staatssekretärin für Sport und Ziviles" gewesen. Nun habe sie „eine weitere Aufgabe: den Kampf gegen die Einsamkeit." Tagesschau.de. Neue britische Ministerin, a.a.O. Das war irreführend formuliert. Zudem verließ Crouch den Posten bereits 2018 wieder. Vgl. mit ähnlich irreführender Diktion Tagesschau.de, Deutschlandtrend, 23.03.2018, www.tagesschau.de/inland/deutschlandtrend-1175.html, Abruf 23.03.2018.

[47] Ebd.

[48] Oliver Huxhold, Clemens Tesch-Römer, Deutsches Zentrum für Altersfragen, Einsamkeit geht alle an, in: Bundesarbeitsgemeinschaft der Seniorenorganisationen e. V. (BAGSO) (Hg.), Gemein-

die *sehr* Einsamen. Einsamkeit sei aber, wird auch hier betont, nicht allein das Problem älterer Menschen. „Das Risiko, einsam zu sein, sinkt tatsächlich sogar zwischen 40 und 65 Jahren ab."[49] Die 8 bis 9 % beziehen sich also zu einem Teil gerade auf die Bevölkerungsgruppe, die insgesamt eigentlich am wenigsten vom Einsamkeitsproblem betroffen ist!

Objektive Zahlenwerte sind das eine, ihre Aufbereitung ist das andere. Ein Auge dabei zuzudrücken ist im Blick auf die Befunde aus der Einsamkeitsforschung offenbar nicht neu. Schon die Berliner Altersstudie des Jahres 1995 kam zu dem Schluss, „dass Vorstellungen vom Alter, als eine Phase sozialer Isolation, gesellschaftlichem Rückzug und alltäglichem Zeitvertreib als falsch zurückgewiesen werden müssen."[50] Caroline Bohn gelangte jedoch zu dem Urteil, man habe sich da zu einer „allzu positiv gefärbten Aussage" hinreißen lassen. Das Resümee der Studie sei „überraschend einseitig". Es werde „der Bedeutsamkeit von Einsamkeit im Alter nur unzureichend gerecht. Das charakteristische Leid, das mit der Einsamkeit verbunden ist, wird hier marginalisiert."[51]

Dem JRC-Report „Loneliness in the EU" nach fühlten sich 2016 ungefähr zwölf Prozent der Bürgerinnen und Bürger in den Mitgliedstaaten mehr als die Hälfte ihrer Zeit einsam. Es gab aber beträchtliche Unterschiede. Am wenigsten von der Problematik betroffen waren die nordeuropäischen Länder mit durchschnittlich sechs Prozent signifikant Einsamen. Aber selbst in Norwegen sah sich das Gesundheitsministerium 2014 dazu veranlasst, eine Initiative für die „politische Mobilisierung gegen die Einsamkeit" auf den Weg zu bringen.[52] Lars Svendsen weiß sogar zu berichten, dass schon die vorherige Regierung dasselbe im Sinn hatte. Svendsen hielt das Projekt für völlig verfehlt. In der Tat mag man fragen, wozu der Aufwand in einem Land dienen soll, dessen sozialer Zusammenhalt besonders hoch ist und dessen Bevölkerung es insgesamt so gut geht, dass es der internationalen UN-Studie über die globale Verteilung des Glücks zufolge 2017 Weltmeister im Glücklichsein war und und 2019, als Deutschland 17. wurde, immerhin noch auf Platz drei lag.[53]

sam statt einsam: Initiativen und Projekte gegen soziale Isolation im Alter, https://www.bagso.de/fil eadmin/user_upload/bagso/06_Veroeffentlichungen/2019/BAGSO_Themenheft_Gemeinsam_statt_ einsam_barrrierefrei.pdf, Abruf 27.05.2021, 4.

[49] Ebd.

[50] C. Bohn, Einsamkeit im Spiegel der sozialwissenschaftlichen Forschung, a.a.O., 148.

[51] Ebd.

[52] L. Svendsen, a.a.O., 222.

[53] Tagesschau.de, Das Glück wohnt in Finnland, 20.03.2019, https://www.tagesschau.de/world-hap piness-report-101.html, 20.03.2019. Platz 17 für die Deutschen in der Weltrangliste des Glücks war zugleich deutscher Rekord. Auch in den östlichen Bundesländern wurde 2019 der höchste Glückswert seit der Wende gemessen. C. Neu, F. Müller, a.a.O., 73. Nach Neu und Müller ist Lebenszufriedenheit allerdings „nicht ohne Weiteres als Gegenteil von Einsamkeit oder Isolation anzusehen." Ebd.

Ist das Herauskehren des Einsamkeitsproblems etwa ein politischer Modetrend mit nur wenig Substanz? Eher scheint es so, dass demokratische Regierungen, die nach der Milleniumswende präventive und kurative Maßnahmen gegen das Problem ergreifen, genau das beweisen, was man ihnen so gern und oft abzusprechen pflegt: Weitsicht. Ein Hinweis darauf, dass dies auch für Norwegen gilt, liegt vielleicht in dem Befund, dass in allen EU-Ländern während der Corona-Krise das Einsamkeitslevel auf 22 bis 26 % angestiegen ist, auch in Norwegen.

1.7   Differenzieren statt Pauschalisieren!

Tesch-Römer zufolge bekannte sich 2014 ungefähr jede zehnte deutsche Person im Alter von 40 bis 69 dazu, einsam zu sein. Bei den noch Älteren war die Quote geringer, sie hatte insgesamt im Vergleich zu den Daten von 1996 abgenommen. Wenn solche Zahlen das ganze Problem erfassen, hat er Recht mit seinem Resümee: „Einsamkeit im Alter ist keine Volkskrankheit".[54] In der Tat lässt sich aus der empirischen Einsamkeitsforschung jedenfalls folgende wichtige Einsicht festhalten: *Vereinsamung ist kein spezifisches Problem des Alters.* Bestimmte Gruppen alter Menschen sind besonders gefährdet, aber nicht die Senioren schlechthin. „,Loneliness' betrifft alle Lebensphasen", resümiert der JRC-Report der EU, wobei aber besonders die jüngeren und die ältesten Menschen davon erfasst werden. Allerdings müsse man auch im Blick behalten, dass die einschlägigen Risikofaktoren für Vereinsamung wie schlechte Gesundheit, geringes Einkommen, Partnerverlust und das Alleinleben ohne Gemeinschaft mit andern aufgrund der Berufstätigkeit Risiken repräsentieren, die mit dem Älterwerden zunehmen.[55] Genauso differenzierte auch das deutsche Bundesministerium für Familie, Senioren, Frauen und Jugend im Juni 2021.[56]

So neu wie es scheint ist die Erkenntnis, dass Vereinsamung kein spezifisches Altersproblem ist, allerdings auch wieder nicht. Im grundlegenden Sammelband zum

---

[54] Clemens Tesch-Römer, Einsamkeit: Prävalenzen sowie Risiko- und Schutzfaktoren, in: BAGSO – Bundesarbeitsgemeinschaft der Senioren-Organisationen e. V. (Hg.), Dokumentation des Fachkongresses Einsamkeit im Alter – aktive Teilhabe an der Gesellschaft ermöglichen (Bonn, 2019), 24.

[55] JRC Science for Policy Report, a.a.O., 13.

[56] Bundesministerium für Familie, Senioren, Frauen und Jugend, Einsamkeit im Alter, Hintergrundmeldung vom 05.06.2021, https://www.bmfsfj.de/bmfsfj/themen/aeltere-menschen/aktiv-im-alter/einsamkeit-im-alter. „Gleichwohl alle Altersgruppen von Einsamkeit betroffen sein können, ist die besonders gefährdete Gruppe älterer Menschen im Fokus, da sie eher auf Hilfen angewiesen sind. Insbesondere bei Älteren über 80 Jahren besteht ein deutlich höheres Risiko einer sozialen Isolation, wenn multiple Problemlagen dazukommen, die Einsamkeit und soziale Isolation begünstigen oder auslösen können. Dazu gehören zum Beispiel Schicksalsschläge, Erkrankungen, abnehmende körperliche Mobilität, mangelnde Mobilitätsangebote, zunehmende Altersarmut oder Migrationshintergrund. Betroffene brauchen daher Unterstützung, um aus ihrer Vereinsamung und aus sozialer Isolation herauszufinden. Einsamkeit zu verhindern, ist eine gesamtgesellschaftliche Aufgabe." Ebd.

Einsamkeitsproblem von Robert S. Weiss konstatierte Peter Townsend, ebenfalls Sozio-logieprofessor, eines der auffälligsten Ergebnisse seiner bisherigen Untersuchung der Einsamkeit bei alten Menschen bestehe darin, dass für alte Menschen das Leben in „relativer Isolation von Familie und Gemeinschaft" nicht mit „Loneliness", das heißt schmerzlich empfundener Einsamkeit, verbunden sein müsse.[57] Einsamkeit als Pro-blem alter Menschen sei durch verschiedene begünstigende Faktoren wie ein sehr stark reduziertes soziales Netz in Kombination mit gesundheitlichen Schwächen bedingt.[58]

Letitia Anne Peplau, Psychologieprofessorin an der University of California in Los Angeles, ist neben Weiss die zweite Hauptperson der Einsamkeitsforschung von den 70er Jahren an. Auch sie gab damals einen grundlegenden Sammelband zum Thema heraus. Dort räumt sie mit dem Vorurteil auf, aus Altsein plus Alleinsein ergebe sich unweigerlich „Loneliness". Zwar sei es richtig, dass Altsein und Alleinsein häufig zusammenkommen, aber das bedeute durchaus nicht, dass Senioren deswegen vereinsamen müssen. Diese Ansicht sei zwar weit verbreitet, gleichwohl aber ein Mythos. Es liege zwar auch Wahrheit darin, aber typisch sei das nicht für alte Menschen. Der Forschungsbefund deute darauf hin, dass sich die typische allein lebende alte Person eher selten einsam (lonely) fühlt.

Eberhard Elbing, Psychologieprofesser an der Ludwig-Maximiliams-Universität Mün-chen, hat dieses Statement Anfang der 90er Jahre in seiner großen Bestandsaufnahme des wissenschaftlichen Befunds zur Einsamkeit bekräftigt. Die Gleichung alt plus allein gleich einsam sei „empirisch in keiner Weise begründet".[59] Erst im hohen Alter verdichte sich die Einsamkeitserfahrung. Mehr Sorge machte Elbing die Einsamkeit von Jugend-lichen. Für sie verbinde sich das Alleinsein viel stärker mit dem Gefühl der Einsamkeit als für Erwachsene. Tatsache sei, dass „Jugendliche am stärksten von allen Altersgruppen Einsamkeit erfahren."[60]

Vereinsamung ist ein Problem der Gesamtbevölkerung, da es mehr oder weniger alle Altersgruppen betrifft. So gesehen scheint es dann eben doch nicht weit weg von einer „Volkskrankheit" zu sein, oder? Es kommt wohl nur darauf an, wie man das Problem definiert. Zahlenwerte, die aus direkten Befragungen dazu hervorgehen, sind für die Einschätzung sehr hilfreich. Aber sie sagen nicht alles.

---

[57] Peter Townsend, Isolation and Loneliness in the Aged, in: Robert S. Weiss, *Loneliness: The Expe-rience of Emotional and Social Isolation,* with contributions by J. Bowlby, C. M. Parkes et al., Forword by D. Riesman (The MIT Press: Cambridge, London, 1973), 181.

[58] Ebd. Eberhard Elbing zufolge wird Einsamkeit im Alter begünstigt durch geringes Einkom-men, schlechte psychische und physische Gesundheit, Zugehörigkeit zur sozialen Unterschicht, „frustrierende Kontaktansprüche bzw. Unzufriedenheit mit der Beziehungssituation", „keine Ver-trauensperson verfügbar", „nicht den Erwartungen entsprechende Familienkontakte", Suizidalität, „Gefühl fehlender personaler Kontrolle." Eberhard Elbing, *Einsamkeit: Psychologische Konzepte, Forschungsbefunde und Treatmentansätze* (Hogrefe: Verlag für Psychologie: Göttingen, Toronto, Zürich, 1991), 222.

[59] E. Elbing, a.a.O., 216.

[60] Ebd., 207.

Theresa Schouwink, Redakteurin des Philosophie Magazins, referierte 2019, dass „die Gruppe der 18- bis 29-Jährigen mit ganzen 17 % die am stärksten von Einsamkeit geplagte" sei. „Es leiden also besonders jene, die uneingeschränkt mobil und digital hypervernetzt sind. Vielleicht quält sie jedoch viel mehr das Unvermögen, mit sich selbst alleine zu sein."[61] Sie bezog sich mit dieser Vermutung auf den Philosophen Odo Marquard, der den Begriff „Einsamkeitsunfähigkeit" in den Diskurs gebracht hat. „Die Flucht in Pseudogeselligkeiten verschlimmere die Einsamkeit, weil sie das Einüben eines autonomen, produktiven und genussvollen Umgangs mit ihr verhindere."[62]

Die Bedeutung der digitalisierten Kommunikation als Vereinsamungsfaktor wird kontrovers diskutiert. Die Frage ist aber nicht, *ob* es ihn gibt, sondern *wie* er aussieht. Ob die neuen Kommunikationsmedien Menschen einsamer machen oder sogar dazu beitragen, Einsamkeit zu überwinden, hängt davon ab, wie sie damit umgehen.

Psychologie heute nahm die vergangenen Jahrzehnte über immer wieder das Vereinsamungsproblem in den Blickpunkt. 2012 fasste ein längerer Beitrag des Redakteurs Thomas Saum-Aldehoff die vorliegenden statistischen Ergebnisse aus der Einsamkeitsforschung zusammen. Nahezu ein Viertel der 20.000 vom Trendforschungsinstitut Infratest befragten deutschen Personen gaben demnach 2008 an, sich einsam zu fühlen, wobei sich andeutete, dass acht Prozent sehr darunter litten. In den USA sei die Antwort der Menschen auf die Frage „Wieviel Vertraute haben Sie?" aus dem Jahr 1984 mit derselben aus dem Jahr 2004 verglichen worden. Drei, meldeten beim ersten Mal die meisten zurück. Keine, lautete 20 Jahre danach die häufigste Antwort, gegeben von einem Viertel aller Befragten.

„Ein Viertel dieser US-Bürger des 21. Jahrhunderts gab also an, niemanden zu haben, mit dem sie offen und vertraut reden konnten", fasste der Neurowissenschaftler John T. Cacioppo zusammen, der 2018 noch jung verstorbene bis dahin weltweit wahrscheinlich profilierteste Einsamkeitsforscher.[63] Darin allein, dass viele Menschen Einsamkeitserfahrungen machen, liegt nicht das gesellschaftliche Problem: „Vorübergehende Einsamkeit ist ein so verbreitetes Gefühl, dass wir sie einfach als Teil des Lebens akzeptieren".[64] Das Problem liegt im Dauerzustand. Nach Cacioppo fühlt sich ein Fünftel „aller Menschen – das sind allein in den USA schon sechzig Millionnen – so isoliert […], dass sie dies für sich als wichtigen Grund empfinden, unglücklich zu sein."[65]

Saum-Aldehoffs Artikel berichtet, dass auch Cacioppo eine kausale Verbindung dieser bemerkenswerten Entwicklung mit der unglaublich boomenden digitalen Vernetzung sah. Darauf hebt mit Nachdruck die Sozialwissenschaftlerin Sherry Turkle anhand vieler

---

[61] Theresa Schouwink, Die Kunst des Alleinseins, in: Philosophie Magazin (2019) 2, 15.

[62] Ebd.

[63] J. T. Cacciopo, zit. ebd., 65.

[64] Ebd., 5.

[65] Ebd.

Befunde ab. Sie ist seit Langem führende Expertin für die Zusammenhänge von Computertechnologie und Sozialität am Massachusetts Institute of Technology (MIT), das Wikipedia „eine der weltweit führenden Spitzenuniversitäten" nennt.

Das Bundesministerium für Arbeit und Soziales berichtet im Armuts- und Reichtumsbericht des Jahres 2017, dass „zwischen 21 und 24 %" der Deutschen ihrer Selbsteinschätzung nach sozial isoliert sind. Statistisch trifft das Kriterium „sozial isoliert" zu, wenn Menschen „weniger als einmal im Monat Kontakt zu Freunden, Verwandten oder Nachbarn haben." Die Zahl der Betroffenen erhöhe sich mit steigendem Alter auf „etwa ein Drittel."[66]

Sollte es etwa in den letzten Jahren vor Corona eine Trendwende gegeben haben? Das ist kaum anzunehmen. Forschungsbefunde wie die des Deutschen Alterssurveys, die Vorlagen zu solchen Interpretationen zu geben scheinen, dürfen nicht isoliert betrachtet werden. Die divergierenden Zahlen aus der statistischen Erfassung des Einsamkeitsproblems haben damit zu tun, dass die Entwicklung Gegenläufiges beinhaltet: Manches wird besser, manches wird schlechter. Um die Konturen der Entwicklung genau zu analysieren, muss beides angemessen beurteilt werden. Dadurch wird das Gesamtbild komplexer, aber auch deutlicher. Es geht dabei wohl weniger um die Überwindung emotionalisierter Vorurteile als um zunehmende sachliche Differenzierung. Am deutlichsten zeigt sich das an den Daten zur Erforschung der Einsamkeit im Alter. Aus dem „Trend" der Verminderung des Einsamkeitsproblems „im höheren Alter" plakativ wie Huxhold zu folgern: „Die Menschen werden nicht einsamer", erweckt den falschen Eindruck, als sei alles gar nicht so schlimm. *Welche* Menschen werden nicht einsamer? So zu fragen heißt zu differenzieren. Es gibt bestimmte Bevölkerungsgruppen, die tatsächlich hochgradig von Vereinsamung betroffen sind, und diese Gruppen gibt es in bedenklichem Ausmaß sehr wohl auch im Alter. Hochbetagte gehören zu den besonders Betroffenen.[67] Die Einsamkeit im hohen Alter wird sich zweifellos mit der Zunahme des Altersdurchschnitts der Bevölkerung verschärfen. Ambivalente gesellschaftliche Prozesse wie wachsende Verstädterung bei gleichzeitig zunehmender infrastruktureller Vernachlässigung des ländlichen Raums, Eigendynamiken der Digitalisierung, der Trend zum Singlehaushalt und das Fehlen von festen Partnerschaften und Familien bei vielen können das Vereinsamungsproblem bei vornehmlich betroffenen Bevölkerungsgruppen in besonderer Weise vorantreiben.

---

[66] Bundesministerium für Arbeit und Soziales, Lebenslagen in Deutschland: Der Fünfte Armuts- und Reichtumsbericht der Bundesregierung 2017, abrufbar unter Bundesministerium für Arbeit und Soziales, Armuts- und Reichtumsbericht, https://www.armuts-und-reichtumsbericht.de, Abruf 06.05.2021, 545.

[67] „Bisherigen Studien zufolge steigt Einsamkeit [...] ab dem 75. Lebensjahr stark und kontinuierlich." Natalie Klauser, Gemeinsam vereinsamt? Einsamkeit als gesamtgesellschaftliche Herausforderung, Konrad Adenauer Stiftung, Analysen & Argumente (2021) 432, 4.

1.8   Wer ist denn nun vor allem betroffen?

Hilfreich, weil anscheinend der Realität entsprechend, differenziert das Berlin-Institut für Bevölkerung und Entwicklung in seinem bereits erwähnten Gutachten zur Begründung kommunaler Maßnahmen „gegen soziale Isolation im Alter". Erstens rüttelt es nicht am statistischen Befund: Die Gipfelwerte empfundener Einsamkeit liegen nicht bei „den Alten". Jedoch steige die Einsamkeit jenseits der 75 „dann stark und kontinuierlich an." Was die Gesamtstatistik der Einsamkeit in Deutschland angeht, fällt das prozentual noch nicht sehr ins Gewicht. Aber im Zug des demographischen Wandels verschärft sich das Problem der Einsamkeit im hohen Alter zusehends, aus simplem Grund: „Einsamkeit nimmt gesellschaftlich zufkünftig zu, weil es mehr Ältere gibt."[68] Dabei wird der erfreuliche Gegentrend nicht verschwiegen: „Die künftigen 70- bis 80-jährigen dürften [...] seltener einsam sein als die heutigen."[69] Dem folgt allerdings ein dickes Aber: Die absolute Zahl der einsamen alten Menschen wird zunehmen. Die Daten des Deutschen Alterssurveys reichten diesbezüglich nicht hin. Auf die Einsamkeit von Heimbewohnern etwa gehe er gar nicht ein. Wenn man aber die vorliegenden Studien hierzu betrachte, sei „immerhin eine grobe Einschätzung" erlaubt: Demnach fühlen sich „22 bis 42 % der über 60-jährigen Heimbewohner" einsam, das sei die doppelte Zahl derer, die in der eigenen Wohnung leben.[70]

Das Vereinsamungsproblem ist kein homogener Zustand, so wenig übrigens wie auch die Corona-Pandemie: Die einen trifft es extrem, die andern mäßig und wieder andere gar nicht. Glücklicherweise handelt es sich bei den Nicht-Betroffenen immer noch um die Mehrzahl. Aber die Frage, ob die Verbreitung des Coronavirus eine Pandemie ist oder nicht, hängt überhaupt nicht davon ab, ob die Mehrzahl der Menschen davon angesteckt wird, sondern davon, ob es Hotspots gibt, das heißt Verdichtungen des Problems, die eine gefährliche Dimension darstellen, weil sie eskalieren, wenn man nichts dagegen tut. Was das Vereinsamungsproblem angeht, gibt es das allerdings. Es sind gewisse Bevölkerungsgruppen und ungesunde Tendenzen in der Gesellschaft, die ein Potenzial zur Destruktivität in sich tragen, das noch viel verheerendere Wirkungen als jetzt schon haben kann, wenn ihm nicht auf breiter Front präventiv und heilend begegnet wird. Ist das Panikmache?

Nicht die Daten von Erhebungen wie der des DZA sind infrage zu stellen. Im Gegenteil, sie bilden eine wichtige empirische Basis für die notwendige Differenzierung. Nur die plakativen Folgerungen sind nicht hilfreich, weder solche, die übertreiben, noch solche, die den Eindruck erwecken, als sei das Vereinsamungsproblem gar nicht so groß oder gar rückläufig. Auch die Antwort der Bundesregierung auf die Kleine Anfrage der FDP stützt sich auf den Deutschen Alterssurvey des Zentrums. Sie übernimmt von dort eine Tabelle, aus der ein Teil der Entwicklung des Einsamkeitsproblems im Verlauf der

---

[68] Berlin-Institut für Bevölkerung und Entwicklung, a.a.O., 1.

[69] Ebd., 4.

[70] Ebd.

Tab. 1.1 Prozentuale Entwicklung des Einsamkeitsproblems in der Altersgruppe 45–84 von 2008 bis 2017 nach dem Deutschen Alterssurvey

Alter	2008	2011	2014	2017
45–54	9,6	10,5	10,1	11,0
55–64	8,0	8,5	10,0	8,9
65–74	7,2	5,1	7,0	8,1
75–84	9,9	5,2	7,1	7,5
Gesamt	8,6	7,9	8,9	9,2

letzten Jahre ersichtlich wird (Tab. 1.1[71]). Wie kann man bei diesem Ergebnis pauschal behaupten, die Menschen würden nicht einsamer? Und sowohl die Gruppe der jüngeren Hauptbetroffenen als auch die der über 84Jährigen, deren Zahl immer mehr zunimmt, ist hier gar nicht einbezogen!

Heutzutage gehören knapp 30 % der deutschen Bevölkerung zu den Jahrgängen über 60. 7,1 % sind in der Altersgruppe ab 80, das ist jede 14. Person in Deutschland.[72] Die ehemalige „Alterspyramide" stellt sich zunehmend auf den Kopf. Auch wenn es günstige Einflüsse gibt, die das Einsamkeitsproblem im hohen Alter mildern, wird es dennoch unweigerlich eskalieren, wenn nicht erhebliche Anstrengungen dagegen unternommen werden. Dafür spricht auch, dass die Kurve der emotionalen Isolation zwar bei den älteren Jahrgängen zunächst sinkt und erst spät wieder deutlich ansteigt, nicht aber die der sozialen Isolation: Hier ist Neu und Müller zufolge „ein kontinuierlicher Anstieg von vier Prozent im 40. und zu 22 % im 90. Lebensjahr" festzustellen.[73] Zwar schließen die Autoren aus der Datenlage, dass von einer Zunahme der Einsamkeit im Alter pauschal nicht gesprochen werden könne, aber sie streichen auch heraus, dass „bei Älteren über 75 ein deutlich höheres Risiko" besteht, „wenn multiple Problemlagen dazukommen."[74] Angesichts der demographischen Entwicklung folgt daraus unter dem Strich geradezu zwingend, dass eine Zunahme des Vereinsamungsproblems alter Menschen, wenn die Zahlen auch zwischenzeitlich in der Summe stagnieren mögen, vorauszusehen ist.

Dass der Anteil älterer Menschen in der Gesamtbevölkerung ständig zunimmt, muss man für sich genommen durchaus nicht als Problem betrachten. Ein erhebliches Problem liegt aber darin, dass sehr viele von ihnen nicht ausreichend soziale Unterstützung erhalten und darum vereinsamen. Dem Informationsstand der Deutschen Alzheimergesellschaft von 2020 nach gibt es derzeit 1,6 Mio. Personen in Deutschland, die an Demenz leiden;

---

[71] Antwort der Bundesregierung, a.a.O., 2.

[72] Susanne Wurm, Sarah K. Schäfer, Ältere Menschen in Zeiten der COVID-19-Pandemie, in: Report Psychologie (2021) 46/9, 7.

[73] C. Neu, F. Müller, a.a.O., 36.

[74] Ebd., 9.

nur etwa 25.000 von ihnen sind jünger als 65. Bis 2050 wird die Zahl der Betroffenen voraussichtlich um ungefähr eine Million Betroffene steigen. Führende Forscher in
diesem Bereich stellten bereits vor 20 Jahren fest, dass sich die Demenzen „zur zahlenmäßig, wissenschaftlich und wirtschaftlich mit Abstand bedeutendsten neuropsychiatrischen
Krankheitsgruppe entwickelt" haben.[75] Der Zukunftsforscher Horst Opaschowski sah
zur selben Zeit mit der Demenz eine „Volkskrankheit" kommen.[76] Der fatale Zusammenhang von Demenz und Vereinsamung liegt darin, dass der Faktor Einsamkeit die
Wahrscheinlichkeit, dement zu werden, um circa 40 % erhöht.

Die derzeit womöglich führende Rolle für die Erforschung der Einsamkeitsdynamik
spielt Maike Luhmann, Psychologieprofessorin an der Ruhr-Universität Bochum. Sie stellt
ein Ergebnis aus dem Jahr 2016 zur Verfügung, das erkennen lässt, wie das Gesamtbild
wohl aussehen mag, wenn man das Maß der leidvoll empfundenen Einsamkeit abgestuft
wahrnimmt (Tab. 1.2[77]). Im Schnitt gaben 2016 13,7 % der deutschen Bevölkerung an,
„mindestens manchmal einsam" zu sein. „Mindestens manchmal einsam" ist unscharf
formuliert. Aber mit dieser Fragestellung zeigt sich immerhin sozusagen die Färbung
der Altersbereiche, in denen sich das Einsamkeitsproblem verdichtet. Tab. 1.1 zeigt die
Spitze des Eisbergs, mit Tab. 1.2 deutet sich an, was unter Oberfläche liegt. Wesentlich
an Luhmanns Befund ist die Erkenntnis, in welchen Altersgruppen der Anteil einsamer
Menschen am höchsten ist. „Wie in vielen vorherigen Studien zeigt sich auch hier eine
dramatische Zunahme in der Einsamkeit im hohen Erwachsenenalter, insbesondere ab
etwa 80 Jahren", hält die Forscherin fest. „Erhöhte Einsamkeitswerte findet man auch
bei Personen um die 35 Jahre sowie bei Personen um die 60 Jahre. Niedrig ausgeprägte
Einsamkeit zeigt sich dagegen bei Personen um die 40 Jahre sowie besonders bei Personen
um die 70 Jahre."[78]

Sozial isolierte Menschen sind nicht unbedingt zugleich emotional isoliert, aber soziale
Isolation ist dennoch der beste Nährboden für emotionale Isolation. Darum spielen die
statistischen Werte für soziale Isolation für die Einschätzung des Ausmaßes der emotionalen Isolation eine ernst zu nehmende Rolle. Neu und Müller zufolge liegt die Zahl der
sozial isolierten Menschen in Deutschland „zwischen 15 und 30 %".[79] Der große Vorteil
von Daten über die soziale Isolation ist ihre höhere Objektivität im Unterschied zu den
subjektiven Aussagen Betroffener zu ihrer emotionalen Isolation.

---

[75] Konrad Beyreuther, Karl Max Konrad, Hans Förstl, Hans, Alexander Kurz (Hg.), *Demenzen:
Grundlagen und Klinik,* mit Beiträgen von Th. Arendt, K. Beyreuther, H. Bickel, H. Braak et al.
(Georg Thieme: Stuttgart, New York, 2002), VII.

[76] Horst W. Opaschowski, *Was uns zusammenhält: Krise und Zukunft der westlichen Wertewelt*
(Olzog: München, 2002), 93 f.

[77] Maike Luhmann, Einsamkeit – (Nicht nur) ein Problem des hohen Alters, in: Thomas Hax-
Schoppenhorst (Hg.), *Das Einsamkeits-Buch: Wie Gesundheitsberufe einsame Menschen verstehen,
unterstützen und integrieren können* (Hogrefe: Bern, 2018), 72.

[78] Ebd., 71.

[79] C. Neu, F. Müller, a.a.O., 12.

Tab. 1.2 Prozentuale Verteilung des Einsamkeitsproblems bei weit gefasster Definition nach M. Luhmann, 2016

Alter	Mindestens manchmal einsam
bis 25	12,0
26–35	14,8
36–45	11,9
46–55	14,0
56–65	12,8
66–75	9,9
76–85	14,2
ab 86	20,2

Das Institut für Wirtschaftsforschung fand 2019 heraus, dass sich 8,4 % der unter 20Jährigen und über neun Prozent der Altersgruppe zwischen 20 und 29 „oft bis sehr oft einsam fühlten."[80] In beiden Gruppen habe das Einsamkeitsgefühl zugenommen. Dafür werden von den Experten verschiedene Gründe aufgeführt. Wesentlich ist zweifellos ein Mangel an sozialkompetentem Umgang mit den Bildschirmmedien. Aber auch überhöhter Leistungsdruck kann dazu beitragen. Die Untersuchung bestätigte zudem die beiden Schwerpunkte des Vereinsamungsproblems bei jüngeren Menschen und bei Personen im so genannten „Rentenalter". Fast elf Prozent der über 60Jährigen waren ihrer Aussage nach ebenfalls oft bis sehr oft einsam.

Die unzweifelhaft mit der inkompetenten Verwendung moderner Kommunikationsmittel in Verbindung stehende Vereinsamung junger Menschen könnte sich als gefährlichster Teil unter der Spitze des Eisbergs erweisen. Diana Kinnert als genuine Repräsentantin der „Generation Y" blickt mit Sorge auf ihre jüngeren Zeitgenossen, weil sie „die ersten" sind, „die es mit Scheinwelten zu tun haben", welche mehr und mehr totalitären Charakter annehmen. „Verführt von digitaler Oberflächlichkeit" seien sie willige Opfer der kapitalistischen Gier und würden dabei „immer unverbundener und einsamer."[81] Das sind nicht nur Vermutungen, sondern empirische Fakten, hat Kinnert recherchiert. Schon ihre Generation litt erheblich unter Einsamkeit, aber das Problem hat sich bei den Millenials noch deutlich verstärkt. Größte Antriebskraft des Prozesses sind die „sozialen Medien". Wenn ihre Benutzer auch mittlerweile allen Altersklassen angehören, boomen sie dennoch nach wie vor unter den Jungen besonders. Die ökonomischen Wachstumszahlen der Betreiberunternehmen sind gigantisch.

---

[80] Jana Hauschild, Kein Anschluss, in: Psychologie heute (2020) 7, 70 f.

[81] D. Kinnert, a.a.O., 131.

1.9   Manches ist noch widersprüchlich

Es ist paradox: Gerade das wissenschaftliche Bemühen um genaue Unterscheidungen bringt mitunter Übertreibungen hervor, die gerade das zum Ausdruck bringen, was man tunlichst vermeiden möchte: Plakative Pauschalaussagen, die den Nagel nicht mehr auf den Kopf treffen. Neu und Müller etwa, die den Beitrag ihres vielleicht in mancher Hinsicht dazu neigenden Mitexperten Spitzer vom Tisch wischen, weil es ihnen allzu „schrill" tönt, rutschen auf der andern Seite vom Pferd: „Von grassierender Einsamkeit unter den Deutschen kann keine Rede sein", kehren sie in ihrem Gutachten heraus, und begründen das mit einer erstaunlichen Aussage: „Denn nur eine kleine Minderheit der Deutschen fühlt sich oft oder gar sehr oft von Einsamkeit betroffen."[82] Nur eine kleine Minderheit? Das beißt sich merkwürdig mit der sorgfältig recherchierten und referierten Sachlage in ihrer Analyse. Unter der „kleinen Minderheit" wollen sie aber offenbar tatsächlich jene ungefähr neun Prozent der „tief Einsamen" verstanden wissen.[83] Fast zehn Prozent nach eigener Wahrnehmung erheblich unter Einsamkeit leidender Menschen sollen nur „eine kleine Minderheit" sein? Hinsichtlich der Menschen im höheren Alter steigern sie die „kleine Minderheit" sogar noch zum Superlativ: „Nur für die Allerwenigsten bedeutet Alleinsein Einsamkeit und soziale Isolation."[84] Die Allerwenigsten?

Und das, obwohl sie zu bedenken geben, dass die Ergebnisse der vorliegenden Studien zum Einsamkeitsproblem nicht konsistent sind: „Große Unterschiede ergeben sich im Hinblick auf Art und Umfang der Stichproben, aber auch auf die Art der Fragestellung."[85] Das Ergebnis des Deutschen Alterssurveys, die Menschen über 75 seien weniger einsam als die im mittleren Alter, erklären sie sich einerseits aus jener Tatsache, dass dort die Bewohnerinnen und Bewohner von Pflegeeinrichtungen nicht berücksichtigt wurden.[86] Und andererseits: „Darüber hinaus liegen erst wenige Untersuchungen bei sehr alten Menschen (80+) vor. Pflegebedürftigkeit, Seh- und Höreinschränkungen könnten in

---

[82] C. Neu, F. Müller, a.a.O., 21.

[83] Ebd., 9.

[84] Ebd., 66.

[85] Ebd., 21.

[86] Zu Beginn des Milleniums lebten Caroline Bohn zufolge ca. 5 % der Männer und ca. 13 % der Frauen über 80 in Alten- und Pflegeheimen. Sie berichtet von einer Befragung unter Pflegepersonen in 15 Heimen, wonach 16,6 % der Bewohner innerhalb von 4 Wochen keinen Besuch erhielten und 37,2 % nur gelegentlich. C. Bohn, Einsamkeit im Spiegel der sozialwissenschaftlichen Forschung, 164 f.

dieser Altersgruppe einer Befragung im Wege stehen."[87] Generell sei nicht nur „das Einsamkeitserleben in den ganz späten Lebensjahren und bei Menschen in Einrichtungen" bislang noch kaum erforscht, sondern auch die „Einsamkeit in der späteren Adolszenz und in den mittleren Jahren".[88] Auch die empirische Forschung scheint also wenigstens in Betracht zu ziehen, dass sie tatsächlich nur die Spitze des Eisbergs sieht.

In solchen Aussagen deutet sich eine Erklärung dafür an, dass die Untersuchungsergebnisse zahlenmäßig weniger homogen sind als man es sich wünschen würde.[89] Im Anhang gibt die tabellarische Zusammenstellung der Befunde, die in diesem Kapitel genannt werden, einen entsprechenden Überblick (Anhang 1).

Das Gutachten für den Sozialverband Deutschland von Neu und Müller ist ein Beispiel für die Widersprüchlichkeit der Folgerungen, die aus den Daten gezogen werden. Einerseits wird das Einsamkeitsproblem nivelliert, andererseits wird es durchaus in seinem epidemischen Ausmaß wahrgenommen oder zumindest geahnt. Allein die bloßen Zahlenwerte derer, die im europäischen Vergleich unter Einsamkeit leiden, würden schon betroffen machen, räumen Autorin und Autor ein. Mehr als 74 Mio. der EU-Bevölkerung fühle sich sozial isoliert. Wohl gemerkt, das sind Personen, „die sich weniger als einmal im Monat mit Freunden [...], Arbeitskolleginnen [...], Bekannten oder Familienmitgliedern treffen."[90] Deutschland belegt einen Mittelplatz.

Die Brisanz des Themas „Einsamkeit" ist den Sozialwissenschaftlern schon seit Jahrzehnten bekannt. Vor 30 Jahren fand Eberhard Elbing allerdings, die empirische Einsamkeitsforschung sei noch wenig entwickelt; insbesondere das Einsamkeitserleben von Kindern, aber auch das der Menschen mittleren Alters, läge wissenschaftlich noch im Dunkeln. Dass sich dies allmählich ändert, ist wohl weniger der Forscherwillkür als der Not geschuldet.

---

[87] C. Neu, F. Müller, a.a.O., 22. Auch Caroline Bohn hat mit guten Argumenten auf die spezifischen Schwierigkeiten bei der Befragung alter Menschen verwiesen: „Einsame alte Menschen sind grundsätzlich nur schwer aufzufinden. Allein das Alter(n) isoliert, da nicht selten die Kontaktfreudigkeit abnimmt. Zudem gehört zu dem Eingeständnis von Einsamkeit ein gewisses Maß an Selbstreflexionsvermögen und darüber hinaus, [sic!] die Bereitwilligkeit, sich für Befragungen zur Verfügung zu stellen. [...] Ebenso wenig erfasst werden jene alten Menschen, die sich nicht (mehr) artikulieren können oder die eigene Einsamkeit nicht eindeutig als solche identifizieren". C. Bohn, Einsamkeit im Spiegel der sozialwissenschaftlichen Forschung, a.a.O., 157.

[88] C. Neu, F. Müller, a.a.O., 23.

[89] Die Psychotherapeutin Doris Wolf behauptet sogar in ihrem viel gelesenen Ratgeber zur Einsamkeit, die Hälfte der Erwachsenen und etwa ein Viertel der Verheirateten würden sich einsam fühlen. Einen Beleg dafür gibt sie nicht an. Doris Wolf, *Einsamkeit überwinden: Von innerer Leere zu sich und anderen finden,* 14. Aufl. (PAL: Mannheim, 2012), 7. Maike Luhmann führt als Erkärung unterschiedlicher empirischer Befunde in der Einsamkeitsforschung an, dass prinzipiell zwei Erfragungsmethoden verwendet werden: Entweder wird direkt nach den Einsammkeitserfahrungen gefragt oder indirekt, ohne das Wort „Einsamkeit" zu erwähnen, um den Schamfaktor genügend einzubeziehen. M. Luhmann, Einsamkeit – (Nicht nur) ein Problem des hohen Alters, a.a.O., 69.

[90] Ebd., 71.

Wenn man „den massiven Stigmacharakter der Thematik" bedenke, kommentierte Elbing die *quantitativ* statistische Methodik zur Erfassung des Vereinsamungsproblems, so sei „zu unterstellen, daß aufgrund des Aspekts sozialer Erwünschtheit Personen sich anderen gegenüber positiver darstellen oder auch sich selbst gegenüber eine negative Selbstbewertung nicht ohne weiteres erlauben."[91] Er schlug darum für die psychologische Einsamkeitsforschung vor, es nicht dabei zu belassen, sondern auch *qualitative* Untersuchungen heranzuziehen, also ausführliche Interviews mit Betroffenen, um „die komplexe Realität des Einsamkeitserlebens phänomenadäquat abzubilden."[92]

Forscherinnen und Forscher, denen genaue Unterscheidungen am Herzen liegen, tun gut daran, mit eiligen Schlussfolgerungen vorsichtig zu sein. Manche Befunde haben sich erhärtet, manche noch nicht wirklich. „Zusammengefasst halten wir fest," resümiert Maike Luhmann, „dass es zwar eine Reihe von Studien zu Altersunterschieden in der Einsamkeit gibt, diese jedoch keine detaillierte Beschreibung der Altersunterschiede in der Einsamkeit in der deutschen Bevölkerung erlauben."[93] Das heißt: Die Gipfelwerte in der Einsamkeitskurve sind zwar wichtig, aber vorläufig.

Den Pionieren der modernen sozialwissenschaftlichen Einsamkeitsforschung war es anscheinend wichtig, nicht aus dem Blick zu verlieren, dass es verschiedene human- und geisteswissenschaftliche Wege zum Verständnis des Phänomens gibt. In Peplaus Sammelband werden acht wissenschaftliche Basiskonzepte[94] und zwölf Definitionen von „Loneliness"[95] vorgestellt. Dem Gesamtphänomen der Einsamkeit kann man wissenschaftlich nur gerecht werden, wenn man die Erkenntnisse nicht auf statistische Werte aus der empirischen Forschung beschränkt. „Wir wissen mehr als das, was unsere Zahlen sagen", bekennen die Psychologieprofessoren Carin Rubenstein und Philipp Shaver im selben Band. „Unglücklicherweise hat die Sozialpsychologie eine bemerkenswerte Neigung, tiefe und faszinierende menschliche Themen auf ziemlich oberflächliche und uninteressante Generalisierungen zu reduzieren."[96] Sie hofften sehr, dass dies nun nicht

---

[91] E. Elbing, a.a.O., 90.

[92] Ebd., 147. „Der Befragte gilt als der eigentliche Experte für das Phänomen, da dieser es hautnah erfährt, der Forscher wird auf eine Position der Zurückhaltung bezüglich theoretischer Vororientierung, Erhebungs-, Auswertungs- und Interpretationsvorgaben verwiesen." Ebd.

[93] M. Luhmann, Einsamkeit – (nicht nur) ein Problem des hohen Alters, a.a.O., 69.

[94] Daniel Perlman, Letitia Anne Peplau, Theoretical Approaches to Loneliness, in: Peplau, Letitia Anne, Perlman, Daniel (Hg.), *Loneliness: A Sourcebook of current theory, research and therapy,* (John Wiley & Sons: New York, Chicester, Brisbane et al., 1982), 123–134.

[95] Letitia Anne Peplau, Daniel Perlman, Perspectives on Loneliness, in: Peplau, Letitia Anne, Perlman, Daniel (Hg.), *Loneliness: A Sourcebook of current theory, research and therapy* (John Wiley & Sons: New York, Chicester, Brisbane et al., 1982), 3 ff.

[96] „Social psychology is, unfortunately, remarkable for its ability to reduce profound and fascinating human issues to rather superficial and uninteresting generalizations." Carin Rubenstein, Philip Shaver, The Experience of Loneliness, in: Letitia Peplau, Daniel Perlman (Hg.), *Loneliness: A Sourcebook of current theory, research and therapy,* (John Wiley & Sons: New York, Chicester, Brisbane et al., 1982), 221.

auch dem Thema „Einsamkeit" (loneliness) blühe. Um das zu verhindern empfehlen sie, „regelmäßig zu den Komplexitäten der Phänomenologie" zurückzukehren.[97] Ihre Sorge scheint berechtigt gewesen zu sein. Der Forschungsschwerpunkt liegt zu einseitig in den statistisch erfassbaren Oberflächenbefunden. Das kann zur wiederum oberflächlichen Konklusion veranlassen, dass die Spitze des Eisbergs das ganze Problem repräsentiert.

Die statistischen Unklarheiten darf man optimistisch oder pessimistisch deuten. Um dem Gesamtbild phänomenologisch gerecht zu werden, muss man beide Optionen im Blick behalten. Es gibt Anlass, zuversichtlich zu sein, aber es gibt auch Grund zu großer Sorge. Die statistischen Befunde, so hilfreich und wichtig sie sind, reichen nicht, um das Gesamtphänomen der Vereinsamung ausreichend zu erfassen.[98] Die statistisch zentrierte empirische Forschung befasst sich vor allem mit Teiluntersuchungen der Spitze des Eisbergs. Andere Wissenschaften achten mehr auf die interdisziplinär erkennbaren Zusammenhänge und folgern von dorther und aus der Geschichte, was sich unter der Spitze des Eisbergs befinden mag. Sie sind dabei nicht grundsätzlich skeptischer. Aber leider sprechen die Indizien dafür, dass der Eisberg unter der Oberfläche bedenklich groß ist. Mit Panikmache hat das nichts zu tun.

Eines muss man zumindest der deutschsprachigen empirischen Erforschung des Einsamkeitsproblems vorwerfen: Insgesamt hat man sich dort zu wenig Mühe gegeben, klar zu definieren, wovon eigentlich die Rede sein soll. Allermeist wird pauschal von „der Einsamkeit" gesprochen und erst zweitrangig davon, um welche ihrer Erscheinungsweisen es sich dabei handeln soll. Mit diffusen Definitionen kann man aber nicht zu klaren Ergebnissen kommen. In einzelnen Untersuchungen wird das zwar berücksichtigt, doch in der darüber hinaus gehenden Diskussion des Themas verzichtet man in der Regel auf Eindeutigkeiten. Das sollte sich ändern, denn das Wort „Einsamkeit" ist so vielschichtig, dass man, je nach Perspektive, sehr Verschiedenes damit meinen kann.

Literatur

Ackermann, S. (2019). Schützt Weisheit vor Einsamkeit? *Psychologie heute, 4,* 6.

Antwort der Bundesregierung auf die Kleine Anfrage der Abgeordneten Dr. Andrew Ullmann, Michael Theurer, Renata Alt, weiterer Abgeordneter und der Fraktion der FDP – Drucksache 19/9880: Einsamkeit und die Auswirkung auf die öffentliche Gesundheit, Deutscher Bundestag, 19. Wahlperiode, Drucksache 19/10456 (neu) v. 23.05.2019.

---

[97] „One safeguard would be to return regularly to the complexities of phenomenology." Ebd.

[98] Ein großer Fehler bei der Interpretation statistischer Daten liegt darin, Minderheiten zu verharmlosen, weil es Minderheiten sind. Bei vielen Minderheitsproblemen wäre es aber überhaupt nicht auszudenken, wenn Mehrheitsprobleme daraus würden. Sogar die Unzahl der Kriegstoten zwischen 1939 und 1945 war natürlich eine Minderheit. Mit „Minderheit" zu assoziieren, dass etwas „nicht so schlimm" ist, entspricht nicht der Realität und hat eine stark zynische Tendenz.

Berlin-Institut für Bevölkerung und Entwicklung, Körber Stiftung (Hrsg.). (2019). *(Gem)einsame Stadt? Kommunen gegen soziale Isolation im Alter: Fakten, Trends und Empfehlungen für die Praxis.* Körber-Stiftung.

Beyreuther, K., Einhäupl, K. M., Förstl, H., & Kurz, A. (Hrsg.). (2002). *Demenzen: Grundlagen und Klinik.* Mit Beiträgen von T. Arendt, K. Beyreuther, H. Bickel, H. Braak et al. Georg Thieme.

Bitter, W. (Hrsg.). (1967). *Einsamkeit in medizinisch-psychologischer, theologischer und soziologischer Sicht.* Ein Tagungsbericht. Ernst Klett.

Bohn, C. (2006). Einsamkeit im Spiegel der sozialwissenschaftlichen Forschung. Dissertation zur Erlangung des Grades einer Doktorin der Philosophie. Universität Dortmund, Fachbereich Erziehungswissenschaft und Soziologie, Mai 2006. https://d-nb.info/997491426/34. Zugegriffen: 26. Aug. 2021.

Bundesministerium für Arbeit und Soziales, Lebenslagen in Deutschland: Der Fünfte Armuts- und Reichtumsbericht der Bundesregierung 2017. Abrufbar unter Bundesministerium für Arbeit und Soziales, Armuts- und Reichtumsbericht. https://www.armuts-und-reichtumsbericht.de. Zugegriffen: 6. Mai 2021.

Bundesministerium für Familie, Senioren, Frauen und Jugend, Einsamkeit im Alter. (5. Juni 2021). Hintergrundmeldung. https://www.bmfsfj.de/bmfsfj/themen/aeltere-menschen/aktiv-im-alter/ein samkeit-im-alter.

Cacioppo, J. T., & Patrick, W. (2011). *Einsamkeit: Woher sie kommt, was sie bewirkt, wie man ihr entrinnt.* Aus d. Engl. übers. v. J. Wissmann. Spektrum Akademischer Verlag.

CDU/CSU-Fraktion im Deutschen Bundestag. Gemeinsam gegen Einsamkeit – Für eine nationale Strategie. Positionspapier, Beschluss vom 9. Februar 2021.

Ein neuer Aufbruch für Europa. Eine neue Dynamik für Deutschland. Ein neuer Zusammenhalt für unser Land. Koalitionsvertrag zwischen CDU, CSU und SPD 19. Legislaturperiode, Berlin, 12.03.2018.

Elbing, E. (1991). *Einsamkeit: Psychologische Konzepte, Forschungsbefunde und Treatmentansätze.* Hogrefe, Verlag für Psychologie.

Hafen, M. Soziale Isolation – Folgen. Ursachen und Handlungsansätze. In T. Hax-Schoppenhorst (Hrsg.), *Das Einsamkeits-Buch: Wie Gesundheitsberufe einsame Menschen verstehen, unterstützen und integrieren können* (S. 34–45). Hogrefe.

Hauschild, J. (2020). Kein Anschluss. *Psychologie heute, 7,* 70–75.

Huxhold, O., & Tesch-Römer, C. Deutsches Zentrum für Altersfragen, Einsamkeit geht alle an. In Bundesarbeitsgemeinschaft der Seniorenorganisationen e. V. (BAGSO) (Hrsg.), Gemeinsam statt einsam: Initiativen und Projekte gegen soziale Isolation im Alter. https://www.bagso.de/fil eadmin/user_upload/bagso/06_Veroeffentlichungen/2019/BAGSO_Themenheft_Gemeinsam_ statt_einsam_barrrierefrei.pdf. Zugegriffen: 27. Mai 2021.

JRC Science for Policy Report. (2021). *Loneliness in the EU: Insights from surveys and online media data.* Publications of the European Union.

Kinnert, D. (2021). *Die neue Einsamkeit. Und wie wir sie als Gesellschaft überwinden können.* Mit M. Bielefeld. (3. Aufl.). Hoffman und Campe.

Klauser, N. (2021). Gemeinsam vereinsamt? Einsamkeit als gesamtgesellschaftliche Herausforderung. Konrad Adenauer Stiftung, Analysen & Argumente, 432.

Kölbel, G. (1960). *Über die Einsamkeit: Vom Ursprung, Gestaltwandel und Sinn des Einsamkeitserlebnisses.* Ernst Reinhardt.

Kompetenznetz Einsamkeit. https://kompetenznetz-einsamkeit.de.

Levend, H. (1997). Bin ich gut genug? *Psychologie heute, 11,* 20–25.

Levend, H. (2000). *Einsamkeit: Die Stille nach innen.* Echter.

Lotz, J. B. (1972). *Erfahrungen mit der Einsamkeit.* Herder.

Luhmann, M. (2018). Einsamkeit – (Nicht nur) ein Problem des hohen Alters. In T. Hax-Schoppenhorst (Hrsg.), *Das Einsamkeits-Buch: Wie Gesundheitsberufe einsame Menschen verstehen, unterstützen und integrieren können* (S. 68–75). Hogrefe.

Lynch, J. J. (1977). *Das gebrochene Herz.* Deutsch v. J. Abel. Rowohlt.

Moritz, A.-K. (11. Juni 2019). Psychologe Huxhold: „Die Menschen werden nicht einsamer". Badische Zeitung v. https://www.badische-zeitung.de/psychologe-huxhold-die-menschen-werden-nicht-einsamer--174143621.html. Zugegriffen: 6. Mai 2021.

Neu, C., & Müller, F. (2020). Einsamkeit: Gutachten für den Sozialverband Deutschland. Unter Mitwirkung v. A.S. Heuer u. A. Tschesche. https://www.sovd.de/fileadmin/bundesverband/pdf/broschueren/gesundheit/Gutachten-Einsamkeit-sovd.pdf. Zugegriffen: 12. Okt. 2021.

Nouwen, H. J. (1984). *Der dreifache Weg.* Aus d. Engl. übertrag. v. R. Kohlhaas. Herder.

Opaschowski, H. W. (2002). *Was uns zusammenhält: Krise und Zukunft der westlichen Wertewelt.* Olzog.

Orth, A. K., & Eyerund, T. Einsamkeit in Deutschland: Aktuell keine Zunahme. IW-Kurzbericht 38/2019 des Instituts der Deutschen Wirtschaft. https://www.iwkoeln.de/studien/theresa-eyerund-anja-katrin-orth-einsamkeit-in-deutschland-433090.html. Zugegriffen: 2. Nov. 2021.

Peplau, L. A., & Perlman, D. (1982). Perspectives on loneliness. In L. A. Peplau & D. Perlman (Hrsg.), *Loneliness: A sourcebook of current theory, research and therapy* (S. 1–18). Wiley.

Perlman, D., & Peplau, L. A. (1982). Theoretical approaches to loneliness. In L. A. Peplau & D. Perlman (Hrsg.), *Loneliness: A sourcebook of current theory, research and therapy* (S. 123–134). Wiley.

Redaktionsnetzwerk Deutschland. (28. Mai 2022). Plagiatsvorwürfe: CDU-Hoffnung Diana Kinnert räumt Verfehlungen ein. https://www.rnd.de/politik/die-neue-einsamkeit-von-diana-kinnert-cdu-hoffnung-mit-plagiatsvorwuerfen-konfrontiert-ZBEXKLXTRNFCFMWERSJPZXWY5M.html. Zugegriffen: 25. Okt. 2022.

Rubenstein, C., & Shaver, P. (1982). The experience of loneliness. In L. A. Peplau & D. Perlman (Hrsg.), *Loneliness: A sourcebook of current theory, research and therapy* (S. 206–223). Wiley.

Schobin, J. (2018). Vereinsamung und Vertrauen – Aspekte eines gesellschaftlichen Problems. In T. Hax-Schoppenhorst (Hrsg.), *Das Einsamkeits-Buch: Wie Gesundheitsberufe einsame Menschen verstehen, unterstützen und integrieren können* (S. 46–67). Hogrefe.

Schouwink, T. (2019). Die Kunst des Alleinseins. *Philosophie Magazin, 2,* 15.

Sonnenmoser, M. (2012). Einfluss auf den Therapieerfolg. *Deutsches Ärzteblatt, 1,* 24–26.

Spitzer, M. (2019). *Einsamkeit: Die unerkannte Krankheit.* Droemer Knaur.

Stallworthy, J., & Stein, A. (2019). Europäische Strategien: Großbritannien (und Schottland). In BAGSO – Bundesarbeitsgemeinschaft der Senioren-Organisationen e. V. (Hrsg.), *Dokumentation des Fachkongresses Einsamkeit im Alter – aktive Teilhabe an der Gesellschaft ermöglichen* (S. 42–45). Bonn

Svendsen, L. (2016). *Philosophie der Einsamkeit.* Aus d. Norw. v. D. Stilzebach. Berlin University Press.

Tagesschau.de. (10. Februar 2022). Bundesregierung will gegen Einsamkeit vorgehen. https://www.tagesschau.de/inland/einsamkeit-115.html. Zugegriffen: 10. Feb. 2022.

Tagesschau.de. (20. März 2019). Das Glück wohnt in Finnland. https://www.tagesschau.de/world-happiness-report-101.html. Zugegriffen: 20. März 2019.

Tagesschau.de. (23. März 2018). Deutschlandtrend. www.tagesschau.de/inland/deutschlandtrend-1175.html. Zugegriffen: 23. März 2018.

Tagesschau.de. (17. Januar 2018). Neue britische Ministerin: Einsamkeit wird Regierungssache. http://www.tagesschau.de/ausland/england-einsamkeit-101.html. Zugegriffen: 17. Jan. 2018.

Tagesschau.de. (30. Mai 2019). Zahlen der Bundesregierung: Einsamkeit – das wachsende Leid. www.tagesschau.de/inland/einsamkeit-103.html. Zugegriffen: 30. Mai 2019.

Tesch-Römer, C. (2019). Einsamkeit: Prävalenzen sowie Risiko- und Schutzfaktoren. In BAGSO –
    Bundesarbeitsgemeinschaft der Senioren-Organisationen e. V. (Hrsg.), *Dokumentation des Fach-
    kongresses Einsamkeit im Alter – aktive Teilhabe an der Gesellschaft ermöglichen* (S. 23–25).
Townsend, P. (1973). Isolation and loneliness in the aged. In R. S. Weiss (Hrsg.), *Loneliness: The
    experience of emotional and social isolation.* With contributions by J. Bowlby, C. M. Parkes et al.
    Forword by D. Riesman (S. 175–188). The MIT Press.
Uhlmann, B. (30. Dezember 2015). Ein Krankheitserreger namens Einsamkeit. In Süddeutsche
    Zeitung. https://www.sueddeutsche.de/gesundheit/psychologie-allein-1.2799578. Zugegriffen: 8.
    Juli 2021.
Wolf, D. (2012). *Einsamkeit überwinden: Von innerer Leere zu sich und anderen finden* (14. Aufl.).
    PAL.
Wurm, S., & Schäfer, S. K. (2021). Ältere Menschen in Zeiten der COVID-19-Pandemie. *Report
    Psychologie, 46/9,* 7–9.

Vereinsamung ist das Problem, nicht Einsamkeit

2

Zusammenfassung

Im deutschsprachigen Raum liegt der eigentlich unnötige Hauptgrund für die kontroversen Einschätzungen der Einsamkeit als Problem im Wort „Einsamkeit" selbst, weil seine Bedeutung vielschichtig ist. Jede Pathologisierung der Einsamkeit an sich tut dem Begriff Gewalt an. Es gibt „gute" und „schlechte" Einsamkeit, wie der Philosoph Svendsen das nennt, oder auch „wahre" und „falsche" Einsamkeit, wie der erste neuzeitliche Einsamkeitsforscher, Johann Georg Zimmermann, unterschieden hat. Wissenschaftlich grundlegend und hilfreich ist die Differenzierung zwischen „sozialer" und „emotionaler Isolation" des Soziologen Robert S. Weiss, wobei im Deutschen das Wort „Isolation" auch wieder das Problem der Einsamkeit nicht exakt auf den Punkt bringen kann. Der Philosoph Johannes B. Lotz hat hingegen vorgeschlagen, nicht die Einsamkeit an sich zu problematisieren, sondern nur den Teilbereich, den wir „Vereinsamung" nennen. Warum eigentlich nicht? Es wäre wünschenswert.

2.1 Die schwammige Definition des Einsamkeitsproblems

Schon 1985 hatte es im deutschen Bundestag eine Parlamentsanfrage mit Bezug auf das Einsamkeitsproblem gegeben. Es ging um die „Leistungsfähigkeit des Gesundheitswesens" und die „Qualität der gesundheitlichen Versorgung." Als einen Hauptfaktor der Gesundheit bezeichnete das Bundesministerium für Jugend, Familie und Gesundheit „Soziale Probleme der Menschen in der modernen Gesellschaft":[1] „Hier stehen Fragen der Isolation, der Kontaktschwierigkeiten und Streßsituationen im Vordergrund, die zu psychischen und körperlichen Gesundheitsstörungen führen können", heißt es im Text der

---

[1] Wichard Puls, *Soziale Isolation und Einsamkeit: Ansätze zu einer empirisch-nomologischen Theorie* (Deutscher Universitäts-Verlag: Wiesbaden, 1989), 2.

© Der/die Autor(en), exklusiv lizenziert an Springer-Verlag GmbH, DE, ein Teil von Springer Nature 2023
H.-A. Willberg, *Einsamkeit und Vereinsamung*,
https://doi.org/10.1007/978-3-662-67162-7_2

Antwort. Allerdings herrsche „noch ein erheblicher Mangel an Kenntnissen und Erfahrungen sowohl im Hinblick auf die Zusammenhänge als auch über die Möglichkeiten
der Vermeidung und Überwindung solcher Störungen". Wichard Puls, als Sozialwissen-
schaftler Privatdozent an der Universität Münster, relativierte dieses Statement in seiner
1989 erschienen außerordentlich gründlichen Arbeit „Soziale Isolation und Einsamkeit":
Anders als Elbing wenig später fand er, ein „Mangel an Kenntnissen und Erfahrungen" sei
nicht mehr wirklich zu beklagen.[2] Wohl aber fehle noch ein umfassender „theoretischer
Ansatz", um der Isolationsdynamik effektiv zu begegnen.[3] Das jedenfalls ist auch heute
noch nicht ausgereift. Einen erheblichen Anteil daran hat die schwammige Definition des
Einsamkeitsproblems.

Den Auswertungen statistischer Befunde wohnt die Neigung inne, den Wald vor lauter
Bäumen nicht zu sehen. Ihr Paradigma ist die Feststellung der realen Bedeutung einzelner Begriffe unter der Voraussetzung einer exakten Abgrenzung dieser Begriffe von den
andern. Genaue Angaben über Äpfel kann man nur machen, wenn man sie nicht mit Birnen verwechselt, was auch die Bedingung dafür ist, Birnen mit Äpfeln zu vergleichen.
Das mit eiserner Strenge systematisch durchzuführen ist eine Stärke der empirischen Forschung, was aber immer wieder schwierig wird, wenn die Begriffe sich *nicht* eindeutig in
den Griff bekommen lassen. Das ist allerdings häufig der Fall, weil die Sprache nicht nur
analysiert, sondern auch synthetisiert. Die empirische Forschung grenzt ab, die Sprache
hingegen verbindet vieles.

---

[2] Aus dem JRC Science for Policy Report geht hervor, dass beide Einschätzungen teilweise zutreffen: „Natural scientists and social scientists have been studying loneliness systematically since the
1930s. However, the topic gained monumentum especially since the 1990s, primarily in the neuros-
ciences, social psychology and medical studies. Then, at least since the 2000s, interest in loneliness
broadened to a wider range of disciplines within the domain of the social sciences". JRC Science for
Policy Report, Loneliness in the EU: Insights from surveys and online media data (Publications of
the European Union: Luxembourg, 2021), 11. Peplau und Perlman zufolge wurden zwischen 1932
und 1977 208 psychologische Arbeiten über Einsamkeit veröffentlicht, die allerwenigsten davon
stammten aber aus der Zeit vor 1960. Wesentlichen Fortschritt habe Anfang der 70er Jahre Robert
S. Weiss gebracht. Ihm folgt als weiterer Meilenstein für die Einsamkeitsforschung Letitia Peplau
selbst. Letitia Anne Peplau, Daniel Perlman, Perspectives on Loneliness, in: Letitia Anne Peplau
Daniel Perlman, (Hg.), *Loneliness: A Sourcebook of current theory, research and therapy* (John
Wiley & Sons: New York, Chicester, Brisbane et al., 1982), 6 f. Robert S. Weiss schreibt, dass es
bis Ende der 60er Jahre sehr wenig psychologische und soziologische Literatur zum Thema „Loneliness" gab. Robert S. Weiss, *Loneliness: The Experience of Emotional and Social Isolation,* with
contributions by J. Bowlby, C. M. Parkes et al., Forword by D. Riesman (The MIT Press: Cambridge,
London, 1973).
[3] W. Puls, a.a.O., 5. L. Svendsen konstatiert allerdings, die „meisten Bücher über die Philosophie
oder die Psychologie der Gefühle" würden „kein Kapitel über Einsamkeit" enthalten. „Meistens wird
das Thema komplett ausgelassen oder es wird höchstens beiläufig erwähnt." Lars Svendsen, *Philosophie der Einsamkeit,* aus d. Norw. v. D. Stilzebach (Berlin University Press: Wiesbaden, 2016),
60.

Die Vielschichtigkeit der Bedeutungen ist kennzeichnend für den Einsamkeitsbegriff. Die Empiriker haben damit terminologische Schwierigkeiten, die aber hausgemacht sind, weil sie sich insgesamt zu wenig auf klare Definitionen festlegen.

Vielschichtigkeit ist komplex, aber nicht notwendig kompliziert. Sonst könnte sie sich für den allgemeinen Sprachgebrauch gar nicht etablieren, weil man nicht mehr ohne Weiteres verstehen würde, was man sagt. Schwer verständliche Vokabeln dieser Art pflegt man aber in der Alltagskommunikation zu vermeiden. „Einsamkeit" ist hingegen ein viel gebrauchtes Wort. Die Menschen wissen im Allgemeinen ganz gut, was sie damit zum Ausdruck bringen wollen. Das lässt sich auch für die wissenschaftliche Definition nachzeichnen und zur Grundlage des Unterscheidens machen. Allerdings darf durch das Bemühen um wissenschaftliche Exaktheit das Bewusstsein für die Vielschichtigkeit des Begriffs nicht verloren gehen. Er wohnt dem Wort „Einsamkeit" inne und muss darum für die Definition berücksichtigt werden.

Manchmal kennt eine Sprache für verschiedene Bedeutungen nur einen Begriff. Im Deutschen ist das bei der Einsamkeit der Fall. Das Englische verwendet verschiedene Worte für die Bedeutungsvarianten und tut sich darum leichter, sie auseinanderzuhalten.[4] Die terminologische Ungenauigkeit der deutschen Einsamkeitsexperten liegt womöglich auch an den Übersetzungen von Texten zum Thema aus dem Englischen.

Die sprachliche Differenzierung des Einsamkeitsbegriffs ist im Englischen klarer als im Deutschen, weil für die Einsamkeit als leidvolle Erfahrung dort das Wort „Loneliness" reserviert ist. Allerdings kann Loneliness auch die zwar schmerzliche, aber dennoch letztlich gute Reifungserfahrung meinen.[5] Für das deutsche „Vereinsamung" verwendet man hingegen im Englischen „isolation". Um das aus dem Englischen stammende Begriffspaar „emotionale" und „soziale Isolation" mit einem Wort zusammenzufassen, sollte man darum nicht „Einsamkeit", sondern „Vereinsamung" sagen.

„Vor allem wichtig scheint mir die Doppeldeutigkeit, die sich unter dem Wort ‚Einsamkeit' verbirgt", hob Johannes B. Lotz seinerzeit hervor und forderte darum, der „positiven Gestalt" des Phänomens solle „das Wort *Einsamkeit* vorbehalten sein; dagegen soll für die negative Gestalt das andere Wort *Vereinsamung* dienen."[6] Einsamkeit sei das Wesen der Grundbefindlichkeit, Vereinsamung das von dorther zu begreifende Unwesen. Das ist eine

---

[4] Gleichwohl konstatierte aber auch Peplau: „Loneliness is a complex phenomenon. Those who want to understand or study it are confronted with a number of knotty conceptual and methodological issues." Letitia Anne Peplau, Daniel Perlman (Hg.), *Loneliness: A Sourcebook of current theory, research and therapy,* (John Wiley & Sons: New York, Chicester, Brisbane et al., 1982), 69.

[5] *APA,* Art. „Loneliness", 542. „It took me a while to recognize that loneliness per se is neither good nor bad. True, it is almost always painful. Yes, it makes us suffer; but it also makes us whole. It is a natural extension of loving and caring, of deep involvement with other people. Loneliness is what happens when we feel close to someone, and then we pull away." Terri Schultz, *Bittersweet: Surviving and Growing from Loneliness* (Penguin Books: New York, 1978) 176.

[6] Johannes B. Lotz, Das Phänomen der Einsamkeit im Lichte der personalen Anthropologie, in: Wilhelm Bitter (Hg.), *Einsamkeit in medizinisch-psychologischer, theologischer und soziologischer Sicht,* ein Tagungsbericht (Ernst Klett: Suttgart, 1967), 31, vgl. ebd., 42 f.

exakte Terminologie, insbesondere unter Berücksichtigung ihrer Analogie zum Phämonen „Angst". Angst als Grundbefindlichkeit ist zwar nicht angenehm, aber wesentlich für die Reifung der menschlichen Persönlichkeit. Dasselbe gilt für die Einsamkeit, bei der aber noch hinzukommt, dass sie im Unterschied zur Angst auch als etwas sehr Schönes erlebt werden kann.

Im Deutschen ist „Isolation" nicht dasselbe wie Vereinsamung. Dadurch wird für uns die von Weiss vorgenommene Aufteilung in „emotionale" und „soziale Isolation" missverständlich. „Emotionale Isolation" ist eindeutig als „schlechte" Einsamkeit definiert. In der deutschen Literatur sieht das bei der „sozialen Isolation" anders aus. Weiss meinte damit das definitive Problem der sozialen *Vereinsamung,* gleich ob sich jemand dabei einsam fühlt oder nicht. Bei uns wurde daraus jede Form von erzwungener, erlittener oder auch gewählter und gewünschter Isolation. Wie „Einsamkeit" ist auch unsere „soziale Isolation" ein unklarer Begriff. Korrekt wäre es, entweder wie Weiss auch von „sozialer Vereinsamung" oder aber von „sozialer Vereinzelung" zu sprechen. Vereinzelung ist etwas anderes als Vereinsamung. Sie muss nicht unbedingt ungesund sein, aber dennoch wird sie in der Regel eher als Problem verstanden, das nicht zu tief gehen und nicht zu lang anhalten sollte, weil sonst Vereinsamung daraus wird.

Nach Weiss sind emotionale und soziale Isolation die beiden Schwerpunkte des Vereinsamungsproblems; beide gelten ihm prinzipiell als „schlechte" Einsamkeit. Die soziale Isolation hat ihre eigene pathologische Symptomatik: Weiss nennt Langeweile und Ziellosigkeit, zudem Gefühle der Bedeutungslosigkeit. Wir alle wissen, wozu wir Menschen angesichts solcher Zustände und Gefühle neigen: Wir kompensieren sie. Äußerst weit verbreitet ist die gesellschaftlich sanktionierte Kompensation von Langeweile durch zerstreuenden Medienkonsum, den Zeitvertreib des Spielens, durch exzessive Sexualität, durch maßloses Essen, durch Alkohol, Nikotin und andere Drogen sowie durch Prokrastination auf der einen sowie Erlebnis- und Arbeitsaktivismus auf der anderen Seite und dergleichen mehr. Alle Verhaltensweisen dieser Art weisen ein gleitendes Gefälle zur Pathologie auf, insbesondere zum Suchtverhalten. All das wird aber nur aus dem Zusammenhang ersichtlich, nicht durch die Auswertung von Fragebögen zur subjektiven Einschätzung der Einsamkeit, auch nicht durch die Bestandsaufnahme von Zahlen und Strukturen des Alleinlebens. All das liegt unterhalb der Spitze des Eisbergs.

Eigentlich weiß wohl so ziemlich jeder Deutsche, dass es jedenfalls zwei Seiten der Einsamkeit gibt: eine schlechte und eine gute. Lars Svendsen empfiehlt dementsprechend, zur Definition erst einmal die „schlechte Einsamkeit" und die „gute Einsamkeit" auseinanderzuhalten.[7] Von beidem sei wiederum das Alleinsein zu unterscheiden. Alleinsein ist ein Zustand, Einsamkeit ist nach Svendsen ein Gefühl. Dieser Definitionsversuch lässt jedoch Fragen offen: Unklar bleibt, wo die „schlechte Einsamkeit" aufhört und wo die „gute" anfängt. Nicht selten kommt uns letztlich „gute" Einsamkeit, durch die sich uns neue gute Möglichkeiten eröffnen und an der wir wachsen, erst einmal sehr

---

[7] L. Svendsen, a.a.O., 179 ff. Anscheinend entspricht der norwegische Einsamkeitsbegriff dem deutschen.

schlecht vor. Andererseits kann sich subjektiv wahrgenommene „gute" Einsamkeit, wenn man sich zum Beispiel gekränkt von anderen zurückzieht oder um der Freiheit willen Beziehungsverantwortung über Bord wirft, in der Folge als etwas Schlechtes entpuppen. Aber auch das Kriterium, Einsamkeit sei ein Gefühl, reicht zur Definition nicht aus. Wir dürfen festhalten, dass unter Alleinsein ein sachlicher Zustand zu verstehen ist, unabhängig von den damit verbundenen Gefühlen. Aber Einsamkeit ist mehr als ein *Gefühl* in Bezug zum Alleinsein. Wenn Menschen zum Beispiel bedenkliche soziale Isolation erfahren, muss ihnen das subjektiv emotional nicht unbedingt bewusst sein, und trotzdem kann es sich dabei sehr wohl um „schlechte Einsamkeit" handeln. Svendsen fordert pauschal, Einsamkeit müsse „ausgehend vom subjektiven Erleben definiert werden und nicht von objektiven Festlegungen wie der Menge an sozialer Stütze."[8] Er kritisiert im selben Atemzug die norwegische Gesundheitspolitik für Letzteres. Verantwortliche Sozialpolitik nimmt aber die objektiv erkennbaren Faktoren schädigender sozialer Isolation mindestens ebenso ernst wie die subjektive Einschätzung des Einsamkeitsgefühls Betroffener. Die statistische Spitze des Eisbergs besteht aus den Aussagen Letzterer. Wenn auch viele von ihnen sachlich gesehen nicht sozial isoliert sind, ist die soziale Isolation doch der beste Nährboden und Wurzelgrund für das unangehme Gefühl der Einsamkeit. Darauf muss die Sozialpolitik ihr besonderes Augenmerk richten.

Man kann als sozial isolierte Person sehr wohl „schlechte Einsamkeit" erfahren, ohne sich so zu fühlen. Aber auch bei „guter Einsamkeit" muss man sich nicht unbedingt einsam *fühlen,* sei es auf angenehme oder auf unangenehme Weise. Wo das zutrifft, verschwimmt die Grenze zwischen Einsamkeit und Alleinsein. Wenn ich etwa sage, dass der Einsiedler weit weg in der Einsamkeit des Gebirges lebt, kann ich damit einfach sein Alleinsein meinen. Svensen hat allerdings recht, wenn er feststellt, dass wir mit dem Wort eher etwas Unangenehmes verbinden. Das ist vor allem beim Adjektiv „einsam" der Fall. Dass der Einsiedler in der Einsamkeit der Berge wohnt, mag mir schön erscheinen, wenn man mir jedoch vom „einsamen Einsiedler" erzählt, assoziiere ich, dass er sich wohl einsam *fühlt* und darunter leidet, auch wenn das Wort mich nicht darauf festlegt.

Svendsen reduziert die Definition von „Einsamkeit" nicht nur auf das Gefühl überhaupt, sondern auch noch auf das *unangenehme* Gefühl. Einsamkeit sei „eine gefühlsmäßige Reaktion darauf, dass das Bedürfnis einer Person nach Bindung zu anderen nicht befriedigt ist."[9] Definitionen wie diese sind zwar in der Einsamkeitsliteratur verbreitet, aber sie sind einseitig, weil sie den Aspekt der neutralen Einsamkeit wie auch die schöne Seite der „guten Einsamkeit" ausschließen. Man tut dem Wort und seiner

---

[8] Ebd., 33.

[9] Ebd., 25. Daraus folgt dann pauschal: „Die Einsamkeit trägt den Charakter einer Dysfunktion, wie auch andere Gefühle dysfunktional werden können." Ebd., 227 f. Es gibt aber keinen vernünftigen Grund, den Einsamkeitsbegriff auf das Pathologische zu verkürzen. So wird es unnötig kompliziert. Warum nicht einfach differenzieren und, im Unterschied von der Einsamkeit allgemein, explizit von „dysfunktionaler Einsamkeit" reden?

Etymologie damit Gewalt an. „Ein" meint hier ursprünglich „Eins" im Sinne des Einigenden. „Sam" deutet semantisch auf etwas Gemein*sames* hin. Daraus erklärt sich, dass im Althochdeutschen das lateinische *Unitas* mit „einsamina" übersetzt werden konnte.[10] Danach erweiterte sich das Bedeutungsspektrum vor allem durch den Schwerpunkt des Alleinseins. Als „einsam" galten allein lebende Menschen und Tiere oder menschenleere, abgelegene Orte. Während uns die Ursprungsbedeutung immer noch etwas über den Sinn der „guten Einsamkeit" sagen kann, was aus unserem Wortgebrauch aber verschwunden ist, gehört das erweiterte Bedeutungsspektrum nach wie vor zum allgemeinen Verständnis von „Einsamkeit" und damit notwendig auch zur Definition. Für die Einsamkeit als soziales und emotionales *Problem* müssen wir also einen anderen Begriff heranziehen als das Wort „Einsamkeit" selbst.

Wichard Puls hat seinerzeit der Reduktion der Einsamkeitsdefinition auf den Aspekt des subjektiv empfundenen unangenehmen Gefühls widersprochen. Der mögliche positive Aspekt, „der dieses Erleben als sinnvolle Erweiterung des Erfahrungshorizontes erscheinen läßt", sei in der bisherigen empirischen Forschung stark vernachlässigt worden.[11] Für die empirische Forschung trifft das auch heute noch zu. Man pflegt zwar auch die schönen und schweren guten Seiten der Einsamkeit zu erwähnen, aber die statistischen Werte basieren auf der verengten Definition von Einsamkeit. Man spricht von „Einsamkeit" und meint eigentlich *Vereinsamung* damit. Man könnte auch ganz einfach *dieses* Wort verwenden.

2.2   Vereinsamung als soziale und emotionale Isolation

Zu Recht bedient sich Svendsen für die Kennzeichnung seiner „schlechten Einsamkeit" der von Robert S. Weiss eingeführten Unterscheidung zwischen *sozialer* und *emotionaler Isolation.* Dieses Begriffspaar sagt jedoch viel mehr als „schlecht", weil es tatsächlich nicht von einer allgemeinen Einsamkeit handelt, auch nicht von der diffusen „schlechten", die uns womöglich doch gut tun kann, sondern das Teilphänomen der Einsamkeit eingrenzt, dem man am besten die Überschrift „Vereinsamung" gibt. Diese polare Bestimmung der Vereinsamungsproblematik ist auch in die Einsamkeitsfragebögen der empirischen Forschung eingegangen und das ist gut so. Schwierig ist dabei nur, dass man in den daraus hervorgehenden Befunden nicht bei der klaren Ausdrucksweise bleibt. Das könnte man ohne Weiteres, wenn man den pauschalen Begriff „Einsamkeit" im wissenschaftlichen Kontext nur noch gebrauchen würde, wo er auch angemessen ist.

---

[10] *DWB*, Art. „einsam".

[11] W. Puls, a.a.O., 57. Aus demselben Grund findet auch Schobisch die Begriffsverkürzung „nicht unproblematisch." Janosch Schobin, Vereinsamung und Vertrauen – Aspekte eines gesellschaftlichen Problems, in: Hax-Schoppenhorst, Thomas (Hg.), *Das Einsamkeits-Buch: Wie Gesundheitsberufe einsame Menschen verstehen, unterstützen und integrieren können* (Hogrefe: Bern, 2018), 47.

Einsam sei man erst, „wenn man sich auch schlecht fühlt", sagt Oliver Huxhold in jenem Interview der Badischen Zeitung (s. Abschn. 1.6.). Das ist alles andere als eine hinreichende Definition, aber nicht ohne Bezug zum verbreiteten Sprachgebrauch unter Experten. „Der Begriff Einsamkeit beschreibt ein subjektives Empfinden," definiert das Berlin-Institut für Bevölkerungsentwicklung, „während mit sozialer Isolation objektiv fehlende Kontakte von Menschen bezeichnet werden."[12] Auch wenn damit nur der allgemeine Konsens in der Forschung wiedergeben werden soll, ist diese Begriffsbestimmung von „Einsamkeit" nicht hilfreich, weil sie nicht nur das eingeengte Verständnis von „Einsamkeit" vertritt, sondern den Begriff auch noch von der sozialen Isolation abgrenzt. Beides, soziale und emotionale Isolation, sind aber Ausprägungen einer Einsamkeit, die dem Menschen auf Dauer nicht gut tut.[13]

Nach Manfred Spitzers Definition ist Einsamkeit „nicht das Gleiche wie soziale Isolation, sondern deren psychologischer Aspekt", nämlich „ein subjektives Erleben (man *fühlt* sich einsam), wohingegen soziale Isolation objektiv gemessen werden kann (wie einsam man *ist*)."[14] Hilfreich bei dieser Differenzierung ist, dass sie das Zusammenwirken von sozialer und emotionaler Isolation zum Ausdruck bringt. Die soziale Isolation als Einsamkeitssymptom kann demnach objektiver gemessen werden als die subjektiv erlebte emotionale Isolation, wobei man aber darauf zu achten hat, soziale Isolation nicht notwendig mit einem empfundenen Leiden gleichzusetzen. Problematisch ist jedoch, dass auch Spitzer sowohl die emotionale als auch die soziale Isolation dem Oberbegriff „Einsamkeit" subsumiert und dieser eine ausschließlich negative Bedeutung erhält. Vielleicht liegt darin der wesentliche Grund dafür, dass Spitzers Einsamkeitsanalyse allzu „schrill" wahrgenommen wird, denn auf diese Art bekommt die Einsamkeit an sich eine grundsätzlich problematische Bedeutung. Spitzer referiert in dieser Hinsicht jedoch nur die derzeitige wissenschaftliche Sprechweise.[15] Elbing hatte Anfang der 90er Jahre bereits

---

[12] Berlin-Institut für Bevölkerung und Entwicklung, Körber Stiftung (Hg.), (Gem)einsame Stadt? Kommunen gegen soziale Isolation im Alter: Fakten, Trends und Empfehlungen für die Praxis (Körber-Stiftung: Hamburg, 2019), 2.

[13] Auch Neu und Müller definieren pauschal: „Einsamkeit ist ein subjektives Gefühl". Claudia Neu, Fabian Müller, Einsamkeit: Gutachten für den Sozialverband Deutschland, Dezember 2020, unter Mitwirkung v. A.S. Heuer u. A. Tschesche, Sozialverband Deutschland e. V., 2020, 70. Die Antwort der Bundesregierung auf die Kleine Anfrage der FDP machte sich dieselbe Definition zu eigen, mitsamt der Abgrenzung von Einsamkeit und sozialer Isolation. Antwort der Bundesregierung, a.a.O., 2. Aber was spricht denn dagegen, bedenklich sozial isolierte Menschen auch als bedenklich vereinsamt anzusehen? De facto entspricht das ja auch dem politischen Umgang mit dem Problem. Terminologisch macht man es unnötig kompliziert.

[14] Manfred Spitzer, Einsamkeit – erblich, ansteckend, tödlich, in: Nervenheilkunde (2016) 35/11, 734.

[15] „Und obwohl ‚Einsamkeit' nach wie vor ein schwammiger Begriff ist und bis heute von den meisten Menschen kaum als genuines Problem erkannt und eingestuft wird, meinen die Forscher damit sogar einen Zustand, der nicht nur traurig und bemitleidenswert ist, sondern sogar krank macht." Diana Kinnert, *Die neue Einsamkeit. Und wie wir sie als Gesellschaft überwinden können*, mit M. Bielefeld, 3. Aufl. (Hoffman und Campe: Hamburg, 2021), 25 f.

konstatiert, dass sein eigener Vorschlag, strikt das objektive Alleinsein von der subjektiven Einsamkeit zu trennen, um den Einsamkeitsbegriff „für die deutlich negative Verlaufs- und Erlebensform von Vereinzelung" zu reservieren, „mit dem gegenwärtig vorherrschenden Sprachgebrauch" übereinstimme.[16] Damit werden aber alle positiven Aspekte, die zum semantischen Feld des Wortes „Einsamkeit" gehören, herausgenommen und in das Feld des Wortes „Alleinsein" verpflanzt. Das sind sprachliche Gewaltakte. Man stutzt sich das Phänomen so zurecht, wie es der Forschungsintention passt, statt das Phänomen in seiner Gesamtheit erst einmal sorgfältig zu beschreiben, um davon ausgehend zu fragen, wie es am besten zu erforschen sei. Indem alle positiven Aspekte der Einsamkeit nur noch dem Alleinsein zugeordnet werden, reduziert man sie auf den räumlichen Aspekt, denn allein zu *sein* ist ein räumliches Phänomen. Das wird dem tatsächlichen Bedeutungsspektrum von „Einsamkeit" nicht gerecht.

Gegen diese Vereinseitigung des Einsamkeitsbegriff um der scheinbar klaren Kategorisierung willen ist bislang zu wenig unternommen worden. Es ist beim „gegenwärtig vorherrschenden Sprachgebrauch" geblieben.[17] Man sollte sich die Mühe machen, das zu ändern. Im Deutschen steht, wie gesagt, ein sehr gut brauchbares Wort dafür zur Verfügung: *Vereinsamung*.

Die Humanwissenschaften gehen im Gegensatz zur sonst üblichen pedantisch genauen Klassifizierung von Krankheiten und Störungen mit dem Einsamkeitsbegriff auffallend lässig um. Kaum jemand würde sagen, Angst sei dasselbe wie eine Angststörung. Im Blick auf die Einsamkeit scheint man die analoge Unterscheidung aber nicht unbedingt nötig zu finden. Das führt in begriffliche Sackgassen. Saum-Aldehoff zum Beispiel beschreibt treffend den pathologischen Prozess des nachhaltigen Vereinsamens, um gleich im Anschluss festzustellen: „Aus der Einsamkeit kommt man im Grunde nur durch die Hilfe von mindestens einer anderen Person heraus".[18] So erhält die Einsamkeit schlechthin den Stempel

---

[16] Eberhard Elbing, *Einsamkeit: Psychologische Konzepte, Forschungsbefunde und Treatmentansätze* (Hogrefe: Verlag für Psychologie: Göttingen, Toronto, Zürich, 1991), 12.

[17] Z. B. legt sich auch Bohn darauf fest, dass die Einsamkeit (schlechthin) „stets mit einem negativen Selbstbild und einem Gefühl der Minderwertigkeit" einhergeht. „Der Betroffene empfindet Gefühle der Unzlänglichkeit und meint für seinen Zustand selbst verantwortlich zu sein." „Einsamkeit hat darüber hinaus immer mit Machtverlust und Unterlegenheit zu tun." Caroline Bohn, Einsamkeit im Spiegel der sozialwissenschaftlichen Forschung, Dissertation zur Erlangung des Grades einer Doktorin der Philosophie, Universität Dortmund, Fachbereich Erziehungswissenschaft und Soziologie, Mai 2006, https://d-nb.info/997491426/34, Abruf 26.08.2021, 31. Auch in der Politik verwendet man den reduzierten Einsamkeitsbegriff bedenkenlos. „Einsam ist, wer ungewollt über zu wenige familiäre und soziale Bindungen verfügt und von gesellschaftlicher Teilhabe ausgeschlossen ist", definiert etwa das Strategiepapier „Gemeinsam gegen Einsamkeit" der CDU. Zu Recht ist aber auch vom Gegenstück die Rede: „Wenige Kontakte zu haben, kann auch eine freiwillige individuelle Entscheidung sein und so den persönlichen Bedürfnissen entsprechen. Diese Entscheidung sollte akzeptiert werden." Um das auf einen Nenner zu bringen, bliebe dann aber nur das Wort „Alleinsein" übrig.CDU/CSU-Fraktion im Deutschen Bundestag, Gemeinsam gegen Einsamkeit – Für eine nationale Strategie, Positionspapier, Beschluss vom 9. Februar 2021, 2.

[18] Thomas Saum-Aldehoff, Im Gefängnis der Einsamkeit, in: Psychologie heute (2012) 7, 62 f.

des therapiebedürftig Pathologischen.[19] Aus dieser Grenzverwischung zwischen „schlechter" und „guter" Einsamkeit zugunsten der „schlechten" resultiert die Fragwürdigkeit der Behauptung Spitzers, man könne „Einsamkeit als die ‚Volksseuche Nummer 1'" in der westlichen Welt bezeichnen. Einsamkeit per se ist aber so wenig eine Seuche wie Angst per se etwas Krankhaftes ist.

Die Widersprüchlichkeit dieser unklaren Verwendung des Einsamkeitsbegriffs zeigt sich auch an Spitzers eigener Beschreibung des Phämonens. Er weiß sehr wohl um die „gute" Einsamkeit und kehrt einige ihrer Aspekte hervor. Aber seiner eigenen Definition gemäß dürfte er dabei eigentlich gar nicht mehr von „Einsamkeit" sprechen, weil er das Wort schon für die „schlechte" Einsamkeit vergeben hat. Die Lösung wäre einfach, wenn er, dem semantischen Spektrum des Wortes entsprechend, nicht die Einsamkeit schlechthin in den Ruf der pathologischen Erfahrung bringen würde, wohl aber die *Vereinsamung*.

Zu Recht beschreibt Schobin nicht die Einsamkeit, sondern explizit die *Vereinsamung* als „einen Prozess zunehmender, sich verstetigender sozialer Isolation […], der von chronischen, intensiven, negativen Gefühlen des Mangels an affektiven Bindungen begleitet wird. Hier treffen soziale Isolation und Einsamkeitsempfinden aufeinander und verstärken einander."[20] Das scheint eine angemessene Definition zu sein, die sinnvollerweise die Wechselwirkung von sozialer und emotionaler Isolation einbezieht. Mit der sozialen Isolation kann die betroffene Person unter Umständen gesund umgehen und trotzdem authentisch glücklich sein, ihre emotionale Isolation hingegen sollte nur eine vorübergehende Erfahrung bleiben, sonst nimmt sie Schaden dadurch. Doch je stärker ein Mensch von sozialer Isolation betroffen ist, desto schwerer fällt es ihm, emotional damit zurechtzukommen. Umgekehrt führt emotionale Isolation, selbst wenn sie sich nur in der Fantasie eines Menschen abspielt, dazu, dass er misstrauisch wird und sich selbst sozial isolieren wird, sich dabei aber als Opfer sieht, das von den andern ausgeschlossen wird. Genau das erlebt er dann aber auch womöglich als sich selbst erfüllende Prophezeiung.

„Wer fühlt sich nicht irgendwann mal einsam?" fragte Franziska Giffey auf dem Fachkongress „Einsamkeit im Alter". „Vier von fünf Deutschen erleben zumindest manchmal Einsamkeit."[21] Emotionale Einsamkeit tut zwar weh, aber wenn sie nicht übermäßig wird, gehört sie von Zeit zu Zeit zum ganz normalen Leben. „Nur wenn sich Einsamkeit verfestigt, wenn man raus will und doch nicht rauskommt aus der Einsamkeit, dann wird sie zum Problem."[22] Das ist richtig, obwohl man noch hinzuzufügen hat, dass sich sehr viele

---

[19] Diese Tendenz prägt z. B. auch den Ratgeber von Doris Wolf. So gesehen ist Einsamkeit grundsätzlich überwindungsbedürftig. Vgl. Doris Wolf, *Einsamkeit überwinden: Von innerer Leere zu sich und anderen finden,* 14. Aufl. (PAL: Mannheim, 2012),7 f.

[20] J. Schobin, a.a.O., 48.

[21] Franziska Giffey, Rede der Bundesministerin für Familie, Senioren, Frauen und Jugend, in: BAGSO – Bundesarbeitsgemeinschaft der Senioren-Organisationen e. V. (Hg.), Dokumentation des Fachkongresses Einsamkeit im Alter – aktive Teilhabe an der Gesellschaft ermöglichen (Bonn, 2019), 6.

[22] Ebd.

Menschen ihr Bedürfnis, „raus zu kommen", nicht bewusst machen und es stattdessen kompensieren. Die Einsamkeit an sich ist nicht das Problem, sondern die Vereinsamung. Das Wort „Vereinsamung" beinhaltet die Bedeutung der Chronifizierung.[23] Ohne diesen Aspekt müsste man keine politischen und therapeutischen Maßnahmen gegen die Einsamkeit ergreifen.

Man kann argumentieren, dass es sich mit dem pathologischen Problem der Einsamkeit so verhält wie mit dem pathologischen Problem der Angst. Die Einsamkeit gehört wie die Angst zur Normalbefindlichkeit des Menschen, aber die Einsamkeit im Übermaß kann wie die Angst im Übermaß zur Störung und Erkrankung werden. Es kann hier wie dort nicht darum gehen, das Gefühl zu beseitigen, sondern nur das Übermaß mit seinen schädigenden Folgen. Was aber ist Einsamkeit im Übermaß? Wir haben im Deutschen ein Wort dafür: *Vereinsamung.*

Damit sei nichts von der extremen Schwere und Härte geleugnet, mit der vorübergehende Einsamkeit oft erlebt wird. Das sind die Phasen „schlechter Einsamkeit", die aber doch spätestens im Nachhinein als notwendige Erfahrungen des Reifens und Lernens Sinn bekommen können, obwohl man sie im Zustand des akuten Betroffenseins als die „schlimmste Sache der Welt" empfindet, wie der Psychologe Jürgen vom Scheidt in seinem Buch über das Alleinsein zu bedenken gibt.[24] Henri Nouwen, dessen Schriften in der christlichen Meditationsliteratur ähnlich bekannt sind wie die Bestseller von Pater Anselm Grün, erklärt sich die Not der tiefen Einsamkeitserfahrung unabhängig davon, ob sie letztlich der leidenden Person gut tut oder nicht, aus der „Grundangst" vor völliger Verlassenheit, die immer dann erregt wird, wenn der Verdacht in uns entsteht, „daß niemand etwas an uns liegt, daß niemand bereit ist, uns vorbehaltlos zu lieben, und daß es keine Stätte gibt, an der man uns in unserer Wehrlosigkeit nicht ausnutzt."[25] Der Grundangst wegen neigen wir dazu, aus den mehr oder weniger alltäglichen Ereignissen, die darauf hindeuten, die Summe zu ziehen, dass der Verdacht der Wirklichkeit entspricht.

Ob soziale Isolation zur emotionalen Not mit schädigender Wirkung wird oder nicht, steht anscheinend auch unter kulturellem Einfluss. Allerdings gibt es Hinweise darauf, dass individualistische Kulturen in dieser Hinsicht nicht unbedingt verstärkend wirken müssen, was man ja eigentlich annehmen könnte. Eine Untersuchung kam etwa zum Ergebnis, dass individualistisch sozialisierte Nordamerikanerinnen vergleichsweise gut mit dem Alleinsein im Alter zurechtkamen, indem sie selbst für sich Verantwortung übernahmen und sich präventiv verhielten. Das Forschungsteam vermutete, dass der

---

[23] „Einsamkeit wird nur dann zum ernsthaften Problem, wenn sie so lange anhält, dass ein dauerhafter, sich selbst speisender Teufelskreis aus negativen Gedanken, Empfindungen und Verhaltensweisen entsteht". John T. Cacioppo, William Patrick, *Einsamkeit: Woher sie kommt, was sie bewirkt, wie man ihr entrinnt,* aus d. Engl. übers. v. J. Wissmann (Spektrum Akademischer Verlag: Heidelberg, 2011), 6.

[24] Jürgen vom Scheidt, *Singles: Alleinsein als Chance des Lebens,* 3. Aufl. (Wilhelm Heyne: München, 1979), 51.

[25] Henri J. Nouwen, *Der dreifache Weg,* aus d. Engl. übertrag. v. R. Kohlhaas (Herder: Freiburg i. B., 1984), 19.

Individualismus ein Lernfeld für die Probandinnen war, in dem sie trainiert hatten, die positiven Seiten des Alleinseins wahrzunehmen und zu pflegen.

Dies ist eines von sehr vielen Beispielen dafür, dass Alleinsein, schmerzliche Einsamkeitserfahrungen eingeschlossen, der Gesundheit nicht schaden muss. Vereinsamung hingegen ist per se schädigend, „Das schlimmste Übel ist, ausscheiden aus der Schar der Lebendigen, ehe man stirbt", schreibt Seneca.[26] Ob nur gefühlt oder faktisch erfahren: das kann uns nicht gut tun, denn dadurch bleibt das größte seelische Bedürfnis unerfüllt. Vereinsamung ist ein emotionales Verhungern. „Einsamkeit ist der permanente Boykott eines menschlichen Grundbedürfnisses, das für unsere Spezies fast ebenso wichtig ist wie jenes nach Nahrung oder körperlicher Unversehrtheit", fasst Saum-Aldehoff zusammen.[27] Damit wäre der Nagel auf den Kopf getroffen, nur kennzeichnet das nicht die Einsamkeit, sondern die *Vereinsamung*.

- *Soziale Isolation* entsteht den Psychologieprofessoren Rubenstein und Shaver zufolge aus fehlenden Bindungen, Entfremdung, Alleinsein, erzwungener Isolation und Verwerfungen im Lebensvollzug. Es kann sich dabei also um freiwillig gewählte oder um unfreiwillige Erfahrungen handeln.
- *Emotionale Isolation* ist prinzipiell das Resultat aus dem Unvermögen, reale oder fantasierte soziale Isolation auf gesunde Weise zu bewältigen. Ihre Hauptfaktoren sind nach Rubenstein und Shaver dementsprechend Verzweiflung, Depression, ungeduldige Langeweile und Selbstabwertung.

Vereinsamung kann aus drei Hauptfaktoren hervorgehen:

- Die Person kann sich vor allem ihrer realitätsfremden Situationsbewertungen wegen vereinsamt fühlen, ohne es, objektiv betrachtet, tatsächlich zu sein oder sein zu müssen.
- Die Person kann aus ihren tatsächlichen Erfahrungen sozialer Isolation überzogene und selbstschädigende Schlüsse ziehen und darum in der emotionalen Isolation landen.
- Die Person kann schwere und anhaltende Erfahrungen tatsächlich sozialer Isolation machen, die sie zermürben und sie bitter werden lassen. Sie kann sich dann womöglich trotz einer grundsätzlich gesunden Lebenseinstellung kaum noch gegen den Zustand der emotioalen Isolation wehren und nur noch schwer zwischen realistischen und unrealistischen Einschätzungen ihrer Isolationserfahrung unterscheiden.

---

[26] L. Annaeus Seneca, *Vom glückseligen Leben und andere Schriften*, Übers. n. L. Rumpel, Hg., Einführung u. Anm. P. Jaerisch (Philipp Reclam jun.: Stuttgart, 1996), 42.
[27] T. Saum-Aldehoff, a.a.O., 62.

2.3   „Wahre" und „falsche" Einsamkeit

Die erste große Forschungsarbeit über Einsamkeit hat zur Zeit der Aufklärung der Medizi-
ner Johann Georg Zimmermann (1728–1795) verfasst. Er unterschied zwei Hauptformen
der Einsamkeit, die wahre und die falsche. Die wahre tut uns gut, die falsche schadet
uns. Wahre Einsamkeit ist, wie der Germanist Leo Maduschka in seiner Dissertation über
Zimmermann formulierte, so etwas wie die „Dunkelkammer" des Schöpferischen. *Wahre
Einsamkeit* bedeutet Selbsterkenntnis und innere Unabhängigkeit, die sich in ungezwun-
gener Konzentration auf Wesentliches ausdrückt, als innere Motivation kreativen Wirkens,
als Naturverbundenheit und Freiheit des Genießens, als Grundlage gesunder Charakterbildung, Selbstverwirklichung und spiritueller Selbsttranszendenz, als Fähigkeit zu lieben
und zu leiden. *Falsche Einsamkeit* zeigt sich in unrealistischer Selbsteinschätzung und
negativen Vorurteilen anderer gegenüber.[28] Zimmermann stellt sie in Bezug zur oberflächlichen Geselligkeit „mit ihren Bindungen, Gesetzen und Forderungen".[29] Falsche
Einsamkeit entsteht, wenn sich ein Mensch auf die wahre Einsamkeit nicht einlässt.

Zimmermanns Unterscheidung scheint noch besser zur Theorie der Vereinsamung im
Sinne sozialer und emotionaler Isolation zu passen als Svendsens „gute" und „schlechte"
Einsamkeit. Was die moderne Forschung als „emotionale Isolation" darstellt, lässt sich
insgesamt ganz gut als das Problem eingrenzen, mit wahrgenommener Einsamkeit, sei sie
real oder eingebildet, nicht zurechtzukommen. Unter „sozialer Isolation", das heißt unter
soziale Vereinsamung, ist im Unterschied dazu der reale starke Verlust von Sozialkontakten zu verstehen, mit dem Personen, die sich der „wahren Einsamkeit" nicht verschließen,
weitgehend gesund umgehen können, wobei es zweifellos für jeden Menschen einen
Grenzbereich des Ertragbaren gibt, in dem er zwar immer noch tapfer lebensbejahend
bleiben mag, aber nicht mehr verhindern kann, dass sein Verlassenheitstrauma die Fur-
chen tiefster seelischer Kränkung in die Seele gräbt. Einfach gesagt: Auch der seelisch
gesündeste, reifste und stabilste Mensch geht irgendwann am Übermaß sozialer Vereinsamung kaputt. Permanente Nichterfüllung wesentlicher Bedürfnisse ertragen wir nicht
endlos.

Inhaltlich folgt auch Lotz der Unterscheidung Zimmermanns. Wahre Einsamkeit
entspringt seiner Ansicht nach der „Wesensmitte des Menschen". Darum ist es auch
wesentliches Moment der Selbsterkenntnis, ihr zu begegnen: „Wer aber noch nie etwas
von der Einsamkeit gespürt hätte, würde dadurch nur beweisen, daß er nicht weit in die
eigentliche Tiefe des menschlichen Herzens vorgedrungen ist und hinabreicht."[30] Heute
sei der Mensch

---

[28] Leo Maduschka, *Das Problem der Einsamkeit im 18. Jahrhundert,* Forschungen zur neueren
Literaturgeschichte, Hg. F. Muncker, Bd. 26 (Gerstenberg: Hildesheim, 1978), 106–110.

[29] Ebd., 112.

[30] Johannes B. Lotz, *Erfahrungen mit der Einsamkeit* (Herder: Freiburg i. B., 1972), 18.

„in einem früher unerhörten Maße aus dem eigentlichen Wesen der Einsamkeit ge-fallen und deshalb ihrer uneigentlichen Gestalt oder ihrem Un-wesen ver-fallen. So trägt unsere Gegenwart das Zeichen einer erschütternden *Vereinsamung* an ihrer Stirn. Das schließt natürlich nicht aus, daß auch heute noch viel echte Einsamkeit lebendig ist, die aber nicht das Kennzeichnende und eigentlich Prägende dieser Zeit ausmacht."[31]

Umfassende Analysen übergreifender Zeitströmungen sind stets mit Vorsicht zu genießen. Gleichwohl scheint viel für diese Bestandsaufnahme zu sprechen. Seit der industriellen Revolution ist nicht die Einsamkeit zum psychosozialen Gesellschaftsproblem „Nummer 1" geworden, wohl aber die *Vereinsamung*.

Søren Kierkegaard (1813–1855) fand zu Beginn dieser Entwicklung, dass der Mensch einerseits verzweifelt er selbst und andererseits verzweifelt nicht er selbst sein will. „Verzweifelt" soll heißen: Im radikalen Zwiespalt mit sich selbst. Selbstbestimmung und Selbstverwirklichung scheinen selbstzwecklich geworden zu sein, unter Verzicht darauf, erst einmal überhaupt zu sich selbst zu *kommen*. Der Mensch sucht sich selbst, wo er sich nicht finden kann; so wird aus Selbstsuche Selbstsucht. Er vereinsamt emotional, weil er bei sich selbst nicht zuhause ist. Dieses Selbst, nach dem er süchtig begehrt, will er zugleich selbst gar nicht sein, weil es ihn betrügt: Es ist ja nicht sein *wahres* Selbst. Darum flieht er zugleich vor sich selbst in oberflächliche Geselligkeit.

Kierkegaard hat das Senkblei von der Spitze des Eisbergs herabgelassen und versucht, die existenzielle Tiefe des Vereinsamungsproblems auszuloten. Statistische Befunde reichen dort nicht hin, das Bild ergibt sich nur aus dem Zusammenhang. Der spiegelt sich aber in den empirisch feststellbaren Entwicklungen. Die Hinweise dafür, dass sehr viele Menschen an dieser inneren Gespaltenheit leiden, mit pathologischen Folgen für sich selbst und ihre Beziehungen, sind stark. In der Fähigkeit zu wahrer Einsamkeit durch Selbstbesinnung liegt der wahre innere Kitt für den gesellschaftlichen Zusammenhalt. Menschen, die zugleich verzweifelt sie selbst und verzweifelt nicht sie selbst sein wollen, ersetzen den inneren durch äußeren Kitt. Dessen stärkstes Bindemittel ist das Zwillingspaar Geld und Konsum. Dass die Spitze des Eisbergs der Vereinsamung nicht übermäßig groß erscheint, liegt vor allen Dingen am Wohlstand. Er sorgt dafür, dass sich sehr viele trotzdem glücklich genug fühlen. Dieser Kitt bröckelt aber.

Gerhard Kölbel stellte die Einsamkeit „als beglückende seelische Einheit" und die Einsamkeit „als schmerzliche seelische Entzweiung" als die beiden Hauptbereiche der Einsamkeitserfahrung dar.[32] Das reicht nah an die Unterscheidung der „wahren" und der „falschen" Einsamkeit heran, aber es reicht nicht hin. Die „wahre" oder, mit Svendsen, „gute" Einsamkeit kann auch als überhaupt nicht beglückend erfahren werden. Aber letztlich tut sie uns doch gut. Wir reifen daran. Insofern dient sie letztlich doch unserem Glück, aber sie muss sich durchaus nicht als Glückserfahrung äußern. Sie kann allerdings auch

---

[31] Ebd., 19.
[32] Gerhard Kölbel, *Über die Einsamkeit: Vom Ursprung, Gestaltwandel und Sinn des Einsamkeitserlebnisses,* (Ernst Reinhardt: München, Basel, 1960), 29.

unmittelbar „als beglückende seelische Einheit" erlebt werden. Es gilt also zwischen der *schweren guten Einsamkeit* und der *schönen guten Einsamkeit* zu differenzieren.

Literatur

Antwort der Bundesregierung auf die Kleine Anfrage der Abgeordneten Dr. Andrew Ullmann, Michael Theurer, Renata Alt, weiterer Abgeordneter und der Fraktion der FDP – Drucksache 19/9880: Einsamkeit und die Auswirkung auf die öffentliche Gesundheit, Deutscher Bundestag, 19. Wahlperiode, Drucksache 19/10456 (neu) v. 23.05.2019.

Berlin-Institut für Bevölkerung und Entwicklung, Körber Stiftung (Hrsg.). (2019). *(Gem)einsame Stadt? Kommunen gegen soziale Isolation im Alter: Fakten, Trends und Empfehlungen für die Praxis.* Körber-Stiftung.

Bohn, C. (2006). Einsamkeit im Spiegel der sozialwissenschaftlichen Forschung. Dissertation zur Erlangung des Grades einer Doktorin der Philosophie. Universität Dortmund, Fachbereich Erziehungswissenschaft und Soziologie, Mai 2006. https://d-nb.info/997491426/34. Zugegriffen: 26. Aug. 2021.

Cacioppo, J. T., & Patrick, W. (2011). *Einsamkeit: Woher sie kommt, was sie bewirkt, wie man ihr entrinnt.* Aus d. Engl. übers. v. J. Wissmann. Spektrum Akademischer Verlag.

CDU/CSU-Fraktion im Deutschen Bundestag. Gemeinsam gegen Einsamkeit – Für eine nationale Strategie. Positionspapier, Beschluss vom 9. Februar 2021.

Deutsches Wörterbuch von Jacob Grimm und Wilhelm Grimm auf CD-ROM und im Internet, Universität Trier. http://dwb.uni-trier.de/de/. (DWB).

Elbing, E. (1991). *Einsamkeit: Psychologische Konzepte, Forschungsbefunde und Treatmentansätze.* Hogrefe, Verlag für Psychologie.

Giffey, F. (2019). Rede der Bundesministerin für Familie, Senioren, Frauen und Jugend. In BAGSO – Bundesarbeitsgemeinschaft der Senioren-Organisationen e. V. (Hrsg.), *Dokumentation des Fachkongresses Einsamkeit im Alter – aktive Teilhabe an der Gesellschaft ermöglichen* (S. 6–8).

JRC Science for Policy Report. (2021). *Loneliness in the EU: Insights from surveys and online media data.* Publications of the European Union.

Kinnert, D. (2021). *Die neue Einsamkeit. Und wie wir sie als Gesellschaft überwinden können.* Mit M. Bielefeld. (3. Aufl.). Hoffman und Campe.

Kölbel, G. (1960). *Über die Einsamkeit: Vom Ursprung, Gestaltwandel und Sinn des Einsamkeitserlebnisses.* Ernst Reinhardt.

Lotz, J. B. (1967). Das Phänomen der Einsamkeit im Lichte der personalen Anthropologie. In W. Bitter (Hrsg.), *Einsamkeit in medizinisch-psychologischer, theologischer und soziologischer Sicht* (S. 30–48). Ein Tagungsbericht. Ernst Klett.

Lotz, J. B. (1972). *Erfahrungen mit der Einsamkeit.* Herder.

Maduschka, L. (1978). Das Problem der Einsamkeit im 18. Jahrhundert. In F. Muncker (Hrsg.), *Forschungen zur neueren Literaturgeschichte* (Bd. 26). Gerstenberg.

Neu, C., & Müller, F. (2020). Einsamkeit: Gutachten für den Sozialverband Deutschland. Unter Mitwirkung v. A.S. Heuer u. A. Tschesche. https://www.sovd.de/fileadmin/bundesverband/pdf/bro schueren/gesundheit/Gutachten-Einsamkeit-sovd.pdf. Zugegriffen: 12. Okt. 2021.

Nouwen, H. J. (1984). *Der dreifache Weg.* Aus d. Engl. übertrag. v. R. Kohlhaas. Herder.

Peplau, L. A., & Perlman, D. (Hrsg.). (1982). *Loneliness: A sourcebook of current theory, research and therapy.* Wiley.

Peplau, L. A., & Perlman, D. (1982). Perspectives on loneliness. In L. A. Peplau & D. Perlman (Hrsg.), *Loneliness: A sourcebook of current theory, research and therapy* (S. 1–18). Wiley.

Puls, W. (1989). *Soziale Isolation und Einsamkeit: Ansätze zu einer empirisch-nomologischen Theorie.* Deutscher Universitäts-Verlag.

Saum-Aldehoff, T. (2012). Im Gefängnis der Einsamkeit. *Psychologie heute, 7,* 61–66.

Scheidt, J. (1979). *Singles: Alleinsein als Chance des Lebens* (3. Aufl.). Wilhelm Heyne.

Schobin, J. (2018). Vereinsamung und Vertrauen – Aspekte eines gesellschaftlichen Problems. In T. Hax-Schoppenhorst (Hrsg.), *Das Einsamkeits Buch: Wie Gesundheitsberufe einsame Menschen verstehen, unterstützen und integrieren können* (S. 46–67). Hogrefe.

Schultz, T. (1978). *Bittersweet: Surviving and growing from loneliness.* Penguin.

Seneca, L. A. (1996). *Vom glückseligen Leben und andere Schriften.* Übers. n. L. Rumpel, (Hrsg.), Einführung u. Anm. P. Jaerisch. Philipp Reclam jun.

Spitzer, M. (2016). Einsamkeit – Erblich, ansteckend, tödlich. *Nervenheilkunde, 35/11,* 734–741.

Svendsen, L. (2016). *Philosophie der Einsamkeit.* Aus d. Norw. v. D. Stilzebach. Berlin University Press.

VandenBos, G. R. (Hrsg.). (2007). *APA dictionary of psychology* (2. Aufl.). American Psychological Association.

Weiss, R. S. (1973). *Loneliness: The experience of emotional and social isolation.* With contributions by J. Bowlby, C. M. Parkes et al. Forword by D. Riesman. The MIT Press.

Wolf, D. (2012). *Einsamkeit überwinden: Von innerer Leere zu sich und anderen finden* (14. Aufl.). PAL.

Die larvierte Vereinsamung 3

Zusammenfassung

Einen großen Teil am Zustandekommen des Eises der Vereinsamung unter der Oberfläche bildet die Armut. Die Armutserfahrung ist mindestens so schambehaftet wie die Einsamkeitserfahrung, beides greift ineinander und erzeugt soziale Isolation. Man muss davon ausgehen, dass viele Menschen eine glückliche Fassade zeigen, hinter der Vereinsamung herrscht. Das vorherrschende Ethos der Gesellschaft verbindet Armut mit Versagen, obwohl tatsächlicher Mangel an Leistung und Cleverness bei armen Menschen im Normalfall eine Folge der Resignation sein dürfte, wenn das Bemühen um Erfolg zu oft und zu sehr demütigend gescheitert ist. Reichtum hängt viel mehr vom Glück ab, als der Mythos vom Erfolgsmenschen es suggeriert. Der Reichtum der Reichen in Deutschland ist zuletzt kontinuierlich angestiegen, während das Armutsniveau etwa gleich geblieben ist. Der Kontrast hat sich dadurch aber erhöht; dies kann für das Selbstwertgefühl der Betroffenen nicht förderlich sein. Akute Risikogruppen für armutsbedingte soziale Isolation sind junge Menschen mit schlechter Schulbildung und Ausbildungsabbrüchen, chronisch Kranke und Behinderte, alternde und alte Menschen mit niedrigem Einkommen.

3.1 Einsamkeit und Scham

„Ich war schon viel länger als ich selbst wahrnahm vereinsamt und habe mich oft dafür entschieden, das lieber zu ignorieren als mich damit zu konfrontieren", bekannte Ende der 70er Jahre die US-amerikanische Journalistin Terri Laxton Brooks alias Terri Schultz in ihrem beeindruckend ehrlichen Buch zum Thema „Loneliness", das auf ihren eigenen schlimmen Einsamkeitserfahrungen basierte.[1] Das Statement steht für ein typisches Kennzeichen des Vereinsamungsproblems. Wir haben davon auszugehen, dass es zu seiner Symptomatik gehört, es zu leugnen, zu verdrängen und zu kompensieren.

Dasselbe erzählt auch Diana Kinnert von sich selbst. Ihr wurde bewusst, dass der Party-Lebensstil, den sie gepflegt hatte, von einem heimlichen, aber stets auch verheimlichten gemeinsamen Thema durchdrungen war. Allgegenwärtig sei es gewesen, „das Thema dieser Zeit. Die Einsamkeit. Und doch vermieden wir das Wort, verschwiegen es hochprofessionell. Ja, wir umschifften es wie einen fürchterlichen, unaussprechlichen Felsen".[2] Sie trieb ihren kompensatorischen Aktivismus auf die Spitze, als kurz nacheinander mehrere nahestehende Menschen starben. „Ich begegnete meinem Schmerz nicht. Ich hörte ihm nicht zu".[3] Sie betäubte ihn durch oberflächliche Beziehungsintensitität. Dadurch gelang es ihr vorübergehend, sich vorzumachen, keineswegs einsam zu sein. „Denn meine Einsamkeit war keine, bei der ich die Anwesenheit anderer vermisste. Meine Einsamkeit war eine, bei der ich mich selbst vermisste."[4]

Im „Deutschlandtrend" der Tagesschau wurde 2018 ein Befragungsergebnis zur Einsamkeit als Gesellschaftsproblem vorgestellt. In deutlichem Unterschied zu den statistischen Werten aus den Erhebungen zur persönlich erfahrenen Einsamkeit zeigte sich hier, dass die Hälfte der Befragten und unter den Frauen sogar drei Viertel Einsamkeit als „großes Problem" wahrnahmen. Allerdings war die Mehrheit nicht der Ansicht, „dass es Aufgabe der Politik sein sollte, Maßnahmen gegen das Phänomen in der Gesellschaft zu ergreifen."[5] Wie soll man das verstehen? Wahrscheinlich spiegeln sich die Einsamkeitserfahrungen der Befragten selbst darin. Insgeheim wissen sie aus der eigenen Lebensgeschichte, dass sie mehr Schwierigkeiten mit der Einsamkeit hatten als nach außen drang, und dasselbe spüren sie auch bei ihren Mitmenschen. Sie können sich jedoch noch nicht vorstellen, dass die verborgene und versteckte Einsamkeit zu einem öffentlichen Thema wird. Lieber soll sie Privatangelegenheit bleiben. Aber warum eigentlich? Es liegt nicht nur am Leugnen und Verdrängen; das sind sekundäre Symptome. Es liegt wohl mehr noch an einem Kernsymptom der Vereinsamung: der *Scham.*

Man schämt sich seiner Verhaltensweisen, mit denen man das unerfüllte Bedürfnis nach Gemeinschaft kompensiert. Vor allem aber schämt man sich für die Einsamkeit selbst. Wahrscheinlich liegt es daran, dass der Mensch die Einsamkeit als sehr

---

[1] „I have lived with loneliness for much longer than I have acknowledged it, and often chose to ignore it rather than face it." Terri Schultz, *Bittersweet: Surviving and Growing from Loneliness* (Penguin Books: New York, 1978), 7.

[2] Diana Kinnert, *Die neue Einsamkeit. Und wie wir sie als Gesellschaft überwinden können,* mit M. Bielefeld, 3. Aufl. (Hoffman und Campe: Hamburg, 2021), 19.

[3] Ebd., 58.

[4] Ebd., 59. Das sind zwei Beispiele von Frauen, die sich allerdings auch ihrem Leid gestellt haben. Das Verleugnen der eigenen Einsamkeit scheint aber mehr noch ein Männerproblem zu sein.

[5] Tagesschau.de, Deutschlandtrend, 23.03.2018, www.tagesschau.de/inland/deutschlandtrend-1175. html, Abruf 23.03.2018.

schmerzhaftes und zugleich intimes Ereignis kennt. Auch wenn er über seine schlimmen Verlassenheitserfahrungen hinweggekommen ist, möchte er unbedingt vermeiden, sie wieder durchleiden zu müssen, und er will darum vielleicht auch lieber gar nicht mehr daran denken.[6]

Schon aus Townsends Untersuchung in den 70ern ging hervor, dass es anscheinend eine auffällige Diskrepanz zwischen objektiv wahrnehmbarer sozialer Isolation und den Selbstaussagen darüber bei Betroffenen gibt. Townsends Ansicht nach lag es daran, dass sie sich nicht zu ihrer Einsamkeit bekennen. Der heutigen Forschungslage nach kann man sicher sagen, dass auch gesunde Bewältigungskompetenzen der Grund dafür sein können. Aber man wird das nicht vereinseitigen dürfen. Die nicht zugegebene und nicht einmal ins eigene Bewusstsein gelangte Vereinsamung bildet sicher einen großen Teil des Eisbergs unter der Oberfläche. Was allerdings geleugnet und nicht wahrgenommen wird, kann man auch nicht unmittelbar durch Befragungen ermitteln und in statistischen Werten darstellen. Es bleibt grundsätzlich „Dunkelziffer"[7] und kann nur mittelbar durch Rückschluss aus Symptomen verifiziert werden, die aus guten Gründen als Indizien für den Ursachenfaktor „Vereinsamung" in Erscheinung treten.

Je stärker wir uns schämen, desto größer ist die Versuchung für uns, die Blöße durch Lügen zu verdecken. „Sich keine Blöße geben" ist nahezu ein Synomym für Fassadenhaftigkeit. Dass bloß niemand die Armseligkeit dahinter sieht! „Um der Scham zu entkommen, ist es entscheidend, dass man den Eindruck vermittelt, ein blühendes soziales Leben zu haben, wie einsam man sich auch fühlen mag", schreibt Lars Svendsen. Denn obwohl die Einsamkeit eine allgemeine menschliche Erfahrung ist, gilt „derjenige, der unter Einsamkeit *leidet,*" als „ein Verlierer".[8]

3.2 Schein statt Sein

Die kapitalistische Gier sättigt sich an den Produkten der Lüge, von denen sie ihre Opfer abhängig gemacht hat, die bereitwillig darauf eingehen, um sich daraus den Kokon souveräner Scheinidentität zu spinnen. Je mehr sie sich einspinnen, desto mehr verlieren sie sich selbst und damit auch die Fähigkeit, Wahrheit und Lüge zu unterscheiden. Die moderne

---

[6] So vermutete die Psychoanalytikerin Frieda Fromm-Reichmann (1959). Robert S. Weiss, *Loneliness: The Experience of Emotional and Social Isolation,* with contributions by J. Bowlby, C. M. Parkes et al., Forword by D. Riesman (The MIT Press: Cambridge, London, 1973), 10. Ihre Forschungsarbeit über Einsamkeit hat in der Fachwelt einen hohen Stellenwert. Eberhard Elbing, *Einsamkeit: Psychologische Konzepte, Forschungsbefunde und Treatmentansätze* (Hogrefe: Verlag für Psychologie: Göttingen, Toronto, Zürich, 1991), 40.

[7] „Wer einsam ist, der gibt es nicht gern zu. Man zieht sich zurück – und wird noch einsamer. Weiterer Nebeneffekt: Weil viele es nicht zugeben, auch nicht in Erhebungen und Umfragen, dürfte die Dunkelziffer der Einsasmen enorm hoch sein." D. Kinnert, a.a.O., 41.

[8] Lars Svendsen, *Philosophie der Einsamkeit,* aus d. Norw. v. D. Stilzebach (Berlin University Press: Wiesbaden, 2016), 218.

virtuelle Zauberwelt der „Künstlichen Intelligenz" hat die perfekten Bedingungen dafür bereitgestellt. Die Selbsteinspinnung der Konsumenten ist das letale Einstimmen auf das Spinnensekret der digitalen Technologien, das sich mehr und mehr um den ganzen Globus legt.

Wenn die Wirklichkeit durch den Schein ersetzt wird, ersetzt der Schein auch die Wahrheit. An ihre Stelle tritt der Erfolg. Als solcher wird definiert, womit man nach außen hin glänzen kann. Ethische Prinzipien darüber hinaus gibt es nicht mehr. Darum erleben wir heute eine exzessive und überaus dreiste Unkultur des Lügens. Sie legitimiert sich selbst durch den Erfolg.

Die modernen Kommunikationsmedien eignen sich so gut wie noch nichts sonst in der Menschheitsgeschichte zur Erzeugung, Verbreitung und Verfestigung von Lügen, um damit Erfolg zu haben. Hauptbetroffene sind Menschen, die nicht über genügend Bildung und Lebenserfahrung verfügen, um überhaupt an verbindliche Wahrheit zu glauben, geschweige denn, um zwischen ihr und Lüge zu unterscheiden. Diana Kinnert berichtet von einer Studie aus dem Jahr 2019, der zufolge sich etwa drei Viertel der Jugendlichen wöchentlich mit Falschnachrichten auseinanderzusetzen haben, wobei sich überaus viele nicht kompetent fühlen, Wahres und Falsches auseinanderzuhalten.

Es versteht sich von selbst, dass dies der allerbeste Nährboden für politisches Misstrauen und perfide Propadanda ist. Aber den schwersten Schaden richtet das ökonomisch gewollte und durch verantwortungslose Despoten mächtig geförderte Klima der Verlogenheit in den Seelen der Menschen an, die sich selbst darin verlieren, weil sie der Täuschung aufsitzen, sich dadurch selbst zu verwirklichen. Sie leugnen den Schmerz der Einsamkeit, sie leugnen ihre wahren Bedürfnisse. Sie sind nicht bei sich selbst. Darin liegt das Kernproblem der Vereinsamung.

Wir Menschen müssen nicht nur Mut aufbringen, um uns der Vereinsamung zu stellen, sondern auch für die Begegnung mit der schweren *guten* Einsamkeit. Die Wirklichkeit des Einsamseins bejahend wahr- und anzunehmen ist identisch mit Selbsterkenntnis und Selbstfindung. Doch Selbsterkenntnis ist bekanntlich durchaus nicht jedermanns Sache. Wer sich jedoch der notwendig einsamen Selbsterfahrung verschließt oder gar nicht mehr dazu fähig ist, wird sich erst recht nicht eingestehen, vereinsamt zu sein. Er gleitet womöglich aus der schweren, aber guten, wahren, heilsamen Einsamkeit in die Vereinsamung, ohne es zu merken.

Die damit verbundene Schwierigkeit, das Vereinsamungsproblem zahlenmäßig adäquat zu erfassen, wird von den Experten durchaus thematisiert. Wenn die Soziologin Bohn folgert, „Einsamkeit" verfüge „über kein markantes Merkmal oder eine Erscheinung, die äußerlich sichtbar wird und ihr eindeutig zugeordnet werden kann",[9] darf man zwar getrost widersprechen, aber die steile Behauptung hilft immerhin, sich bewusst zu machen,

---

[9] Caroline Bohn, Einsamkeit im Spiegel der sozialwissenschaftlichen Forschung, Dissertation zur Erlangung des Grades einer Doktorin der Philosophie, Universität Dortmund, Fachbereich Erziehungswissenschaft und Soziologie, Mai 2006, https://d-nb.info/997491426/34, Abruf 26.08.2021 23.

dass es sich bei der der Spitze des Eisbergs *wirklich* nur um die Spitze handeln kann. Die Komplexität des Einsamkeitsbegriffs gebietet das, die auch in der Definition von *Vereinsamung* nicht aufgehoben ist. Das soll heißen: Auch das Phänomen „Vereinsamung" ist zu komplex, um seine Intensität umfassend durch eine Reihe standardisierter Fragen feststellen zu können. Je nach Individuum und Kontext kann es sich unterschiedlich darstellen.

3.3 Die Stigmatisierung der Einsamkeit

Ein wesentlicher soziologischer Gesichtspunkt der verschiedenen Erscheinungsweisen der Vereinsamung ist die gesellschaftliche Klassifizierung von Gruppen.[10] Das jeweils vorherrschende gesellschaftliche Ethos schreibt davon ausgehend vor, welche Gruppenerfahrungen der Einsamkeit und Vereinsamung zugeordnet werden und welche nicht. Weitgehend passen sich die Menschen dem an und bekennen sich dementsprechend zu diesem Status oder nicht. Überwiegend gilt aber sowohl in den individualistischen als auch in den kollektivistischen Gesellschaften Einsamkeit als *Stigma*.[11] Einsame werden stigmatisiert oder fühlen sich zumindest so. Stigmatisierung ist Diskreditierung. Stigmatisierte werden so, wie sie wirklich sind, nicht für voll genommen. Man grenzt sie entweder aus oder versucht eine Integration von oben herab, indem man sie passend macht und dazu „Hilfe" und „Heilung" sagt.

In den individualistischen westlichen Gesellschaften hat man sich dem Ethos zu fügen, die Individualität nicht mit Einsamkeit zu verbinden, sondern mit Freiheit und Genuss, und sich nach außen hin dementsprechend zu präsentieren. Mit den Schattenseiten des Individualismus persönliche Schwierigkeiten zu haben gilt gemeinhin als therapiebedürftige Schwäche. Sich einsam zu fühlen wird grundsätzlich als ein Mangel definiert,[12] den

---

[10] „Who is isolated, in whatever form, tends to be socially patterned. The most significant patterns, from our findings, are those associated with class." Claude S. Fischer, Susan L. Phillips, Who is Alone? Social Characteristics of People with Small Networks, in: Letitia Anne Peplau, Daniel Perlman (Hg.), *Loneliness: A Sourcebook of current theory, research and therapy*, (John Wiley & Sons: New York, Chicester, Brisbane et al., 1982), 37.

[11] „Einsamkeit ist [...] derart stigmatisiert, dass viele Menschen bestreiten, sich einsam zu fühlen". John T. Cacioppo, William Patrick, *Einsamkeit: Woher sie kommt, was sie bewirkt, wie man ihr entrinnt*, aus d. Engl. übers. v. J. Wissmann (Spektrum Akademischer Verlag: Heidelberg, 2011), XIII.

[12] „Statt die Einsamkeit durch das Bekennen zu verringern, muss durch ihre Mitteilung vielmehr weiterer Ausschluss befürchtet werden. Zudem gilt zu beachten, dass auch die Gleichgültigkeit zunimmt und Menschen sich dadurch zunehmend isolierter fühlen. Schließlich demonstriert Gleichgültigkeit, dass man den anderen für entbehrlich hält. Darüber hinaus stellt sie eine subtile Form der Verachtung dar, die durch Arroganz noch verstärkt wird." C. Bohn, Einsamkeit im Spiegel der sozialwissenschaftlichen Forschung, a.a.O., 227.

man so schnell wie möglich beheben sollte.[13] Ein Beispiel für dieses Dogma ist der Hype um das damals neue Antidepressivum *Fluctin,* der in den 90er Jahren viele Menschen in den USA erfasste. Weil die Substanz eine deutlich angenehme, stimmungsaufhellende Nebenwirkung entfaltete, kaum aber eine unangenehme, meinte man mit ihr die ideale Wohlfühldroge für das „Mood Enhancement" entdeckt zu haben, wie man neuerdings probate Methoden der nachhaltigen Stimmungsverbesserung nennt. Unter der Bezeichnung *Prozac* wurde Fluctin zum Verkaufsschlager. Man betrachtete das Medikament als willkommenes Mittel, um Melancholiker fröhlich zu machen.

Allen Frances, Psychiatrieprofessor und als maßgeblich verantwortlicher Wissenschaftler beteiligt an der Erstellung des *DSM-IV,* der vierten Fassung eines der beiden weltweit anerkannten Klassifikationssysteme seelischer Störungen und Erkrankungen, sieht den Prozac-Boom im Zusammenhang mit der im *DSM-III* „sehr weit" gefassten Definition von Depression. Nach Frances entsprach das ganz dem Interesse der Pharmaindustrie. Die Fluctin-Begeisterung legte sich bald, aber das industriell so ergiebige Wohlfühldogma ist seither gewiss nicht verblasst. Zehn Jahre nach der Prozacwelle konstatierte Horst Opaschowski mit Sorge, dass sich „ein grundlegender Einstellungswandel in der Bevölkerung" abzeichne: „Sich vergnügen und amüsieren ist wichtiger als das Zusammensein mit anderen geworden."[14] Eine Auswirkung davon sei, dass bereits ein Drittel der Kinder nur durch Medikamente in die Lage versetzt werde, „mit der Spaß- und Coolness-Welle überhaupt mithalten zu können."[15] Wer nicht gut drauf ist, läuft eben Gefahr, nicht dazuzugehören.

Thorsten Herbst, mittlerweile Pädagogikprofessor in Köln, hat in seiner Dissertation über die Einsamkeit der Kinder von Erwachsenen erfragt, wie sie mit ihren Einsamkeitserfahrungen umgegangen sind, als sie selbst noch Kinder waren. Viele antworteten, dass sie „ihre empfundene Einsamkeit nicht zeigen" wollten. „Und sie wollten sie vor den Personen nicht zugeben müssen. Die Angst, nicht verstanden, sondern lediglich bemessen und negativ bewertet zu werden," folgert der Experte, „verhindert die notwendige und hilfreiche Kontaktaufnahme. Um die Erwachsenen zu schonen und sie nicht mit der eigenen

---

[13] „In einer Gesellschaft, in der sich Akteure spielerisch in Szene setzen und in erster Linie Selbstoptimierung und das Streben nach angenehmen Gefühlen im Mittelpunkt steht, ist Einsamkeit kein bevorzugtes Thema. Schließlich gelten hinter den Kulissen von Selbstdarstellung und Glück vermeintlich negative Gefühle als unerwünscht. Einsam zu sein hat kein gutes Image und wird daher verborgen." Caroline Bohn, Einsamkeit und Scham – Ein Leidvolles Geschwisterpaar, in: Thomas Hax-Schoppenhorst (Hg.), *Das Einsamkeits-Buch: Wie Gesundheitsberufe einsame Menschen verstehen, unterstützen und integrieren können* (Hogrefe: Bern, 2018), 132. So sah es auch schon James Lynch: „Die Einsamkeit erhält gewissermaßen eine neue Verpackung und gilt als Preis der Freiheit. [...] Gefühle der Einsamkeit gelten darüber hinaus als Zeichen von persönlicher Schwäche. Wenn ein Mensch wirklich unabhängig und selbständig ist, muß er einfach glücklich sein, statt unter Einsamkeit zu leiden." James J. Lynch, *Das gebrochene Herz,* deutsch v. J. Abel (Rowohlt: Reinbek, 1977), 274.

[14] Horst W. Opaschowski, *Was uns zusammenhält: Krise und Zukunft der westlichen Wertewelt* (Olzog: München, 2002), 56.

[15] Ebd., 61.

Einsamkeit zu enttäuschen, wird sie verheimlicht."[16] Es scheint so, als würden schon in dieser Lebensphase die Weichen dafür gestellt, ob man sich später dazu bekennt, einsam zu sein, oder nicht. Außerdem wird man vermuten müssen, dass sehr viele vereinsamte Kinder nicht von der Statistik erfasst werden und nicht das bekommen, was sie eigentlich zur Bewältigung bräuchten.

Bohn beschreibt Ähnliches bei alten Menschen: Weil „Lebenszufriedenheit und Wohlbefinden im Alter erstrebenswerte Ziele sind", ist die Neigung verständlich, das um der „Aufrechterhaltung des Selbstgefühls" willen auch für sich selbst in Anspruch zu nehmen, auch wenn es nicht wirklich der Realität entspricht.[17] Man müsse auch einbeziehen, dass viele Menschen die Tatsache des nahen Lebensendes verdrängen und sich darum zum Beispiel mit Aktivismus betäuben. Außerdem wollen wohl viele Alte genau wie auch die Kinder ihr soziales Umfeld nicht mit dem Problem ihrer Einsamkeit belasten.

Die Stigmatisierung der Einsamkeit hat zwei Seiten: Zum einen betrifft sie Menschen, die möglicherweise zwar gewisse Kriterien der sozialen Isolation erfüllen und ein weniger fröhliches Gemüt als andere haben, die ihren Zustand aber keineswegs deshalb als veränderungsbedürftig betrachten müssen und dabei ganz ehrlich bei sich selbst sein können. Aber die Gesellschaft suggeriert, sie seien nicht in Ordnung.[18] Das kann natürlich auch den Effekt haben, dass auch sie ihre Eigenart unnötig infrage stellen. Zum andern betrifft sie das Phänomen „Einsamkeit" selbst, mit dem man sich lieber nicht auseinandersetzt und vermeidet, sich persönlich ihm zuzuordnen. Das projiziert man gern auch auf die andern. Man nennt das den *Turn-away-Effekt*. Einsam zu sein ist beschämend und peinlich. Darum geht man der Begegnung mit ihr aus dem Weg. Hinzu kommt, dass in dieser Gesellschaft, die *Schamlosigkeit* zu einem ihrer höchsten Werte auserkoren hat, aber auch das Gefühl der Scham tabuisiert und stigmatisiert wird.[19] Man schämt sich darum, sich zu schämen. Das treibt erst recht in die Vereinsamung hinein. Zusammengenommen legt all dies nahe, dass die Dunkelziffer der tatsächlich Vereinsamten hoch ist.

---

[16] Thorsten Herbst, *Die kindliche Einsamkeit: Wie sie entsteht, welche Konsequenzen sie hat ... und worin unsere Verantwortung besteht* (Junfermann: Paderborn, 2010), 257.

[17] C. Bohn, Einsamkeit im Spiegel der sozialwissenschaftlichen Forschung, 150.

[18] Über Loneliness as social failure: „To be without a lover, friends, or family is to have failed in the eyes of society, and often in our own eyes as well". Letitia Anne Peplau, Maria Miceli, Maria, Bruce Morasch, Loneliness and Self-Evaluation, in: Letitia Anne Peplau, Daniel Perlman (Hg.), *Loneliness: A Sourcebook of current theory, research and therapy,* (John Wiley & Sons: New York, Chicester, Brisbane et al., 1982), 146.

[19] „Wir leben zwar in einer Kultur, in der das Äußern von Emotionen erwünscht, wenn nicht gar erwartet wird, allerdings sind negative Emotionen, wie Einsamkeit oder auch Scham davon ausgenommen. Dies rechtfertigt von einer Einsamkeitsignoranz oder Schamignoranz zu sprechen, die sich in der gesellschaftlichen Gegenwart ausgebreitet hat." C. Bohn, Einsamkeit im Spiegel der sozialwissenschaftlichen Forschung, 228.

Abgesehen davon, dass „ein erhöhtes Risiko für psychische Erkrankungen, etwa Depressionen, Angst- und Zwangsstörungen, bei Einsamen" festzustellen ist,[20] neigen viele Vereinsamte dazu, „unter anderen Maskierungen" Therapie zu suchen, wie Bohn es ausdrückt.[21] Zweifellos sind Probleme mit der Einsamkeitserfahrung ein wesentlicher Gesichtspunkt des Zustandekommens sehr vieler seelischer Störungen und Erkrankungen. Aber es gibt auch viele Menschen, die mit der Psychotherapie nicht viel anfangen können, weil sie ihnen nicht vertraut ist. Bei einem Großteil dieser Personen wird sich die Vereinsamung in anderen medizinischen Phänomenen niederschlagen. Sie suchen nicht bei Psychotherapeuten Hilfe, sondern, wenn überhaupt, beim Hausarzt.

Die aktivistische Flucht in die Oberflächlichkeit der Kompensationen ist nur *eine* Variante der Pseudobewältigung realer Einsamkeit, wenn auch vielleicht die virulenteste. Wir werden davon ausgehen müssen, dass sich sehr viele Menschen in die noch bequemere Alternative fügen, sich einfach damit abzufinden. Sie glauben nicht daran, etwas ändern zu können, aber sie akzeptieren die Lage eigentlich auch nicht. Sie entwickeln eine chronischer Unzufriedenheit, aber sie trösten sich darüber hinweg, indem sie den Zustand als Normalität definieren. Das überragend wirksame Medikament, das unter solchen Umständen für das Wohl*befinden* der Menschen sorgt, ist ihr Wohl*stand,* der es ihnen ermöglicht, trotzdem angenehm genug zu leben. Natürlich werden auch sie kaum auf den Gedanken kommen, einsam zu sein, weil das ihre relative Behaglichkeit stören würde.

3.4   Armut und Vereinsamung

Oliver Huxholds Einspruch gegen die „Panikmache" gründet auf der Einsicht, dass die Vereinsamung keineswegs mit dem höheren Alter zunehmen muss. Quer durch die Jahrgänge besteht ein viel stärkerer Zusammenhang zwischen Vereinsamung und *Armut.* Neu und Müller bringen es auf den Punkt: „Armut macht einsam."[22] „Menschen, die arm sind," haben „ein mehr als doppelt so hohes Risiko von Einsamkeit betroffen zu sein" als die andern, denen es ökonomisch gut geht, halten Huxhold und Tesch-Römer zusammenfassend fest.[23] Prinzipiell kann man dem umfassenden Fünften Armuts- und

---

[20] Berlin-Institut für Bevölkerung und Entwicklung, Körber Stiftung (Hg.), (Gem)einsame Stadt? Kommunen gegen soziale Isolation im Alter: Fakten, Trends und Empfehlungen für die Praxis (Körber-Stiftung: Hamburg, 2019), 6.

[21] C. Bohn, Einsamkeit im Spiegel der sozialwissenschaftlichen Forschung, a.a.O., 157.

[22] Claudia Neu, Fabian Müller, Einsamkeit: Gutachten für den Sozialverband Deutschland, Dezember 2020, unter Mitwirkung v. A.S. Heuer u. A. Tschesche, Sozialverband Deutschland e. V., 2020, 68.

[23] Oliver Huxhold, Clemens Tesch-Römer, Deutsches Zentrum für Altersfragen, Einsamkeit geht alle an, in: Bundesarbeitsgemeinschaft der Seniorenorganisationen e. V. (BAGSO) (Hg.), Gemeinsam statt einsam: Initiativen und Projekte gegen soziale Isolation im Alter, https://www.bagso.de/fileadmin/user_upload/bagso/06_Veroeffentlichungen/2019/BAGSO_Themenheft_Gemeinsam_statt_einsam_barrrierefrei.pdf, Abruf 27.05.2021, 5.

Reichtumsbericht der Bundesregierung zufolge sagen, dass Arbeitslosigkeit und geringes Einkommen mit Mangel an Sozialkontakten einhergehen. Das betrifft vor allem mittlere und jüngere Jahrgänge. Die sozialen Netzwerke armer Menschen sind generell kleiner und bestehen meist aus ihresgleichen. Weitere deutlich verstärkende Faktoren für Vereinsamung sind ein niedriges Bildungsniveau und schlechte Gesundheit. Geringe Bildung macht zugleich anfällig für das ideologisch motivierte Schüren von Misstrauen gegen andere Gesellschaftsgruppen, öffentliche Ordnung, Wissenschaft und Politik und ist darum ein destabilisierendes Element des gesellschaftlichen Zusammenhalts.

Auf der anderen Seite bestätigt sich, dass die Erwerbstätigkeit einen wichtigen Beitrag zum Schutz gegen soziale Isolation liefert. Für die meisten Menschen beinhaltet sie auch soziale Einbindung. Zu den Risikofaktoren von Senioren, in Vereinsamung zu geraten, gehört darum der Ruhestand. Aus demselben Grund sind auch Langzeitarbeitslose besonderes gefährdet. Über ein Drittel der Arbeitslosen gehören zu dieser Gruppe. Im Jahr 2015 waren das etwas mehr als eine Million Deutsche. Viele junge Menschen bleiben ohne Ausbildungsabschluss; die Arbeitslosenquote unter ihnen liegt bei 20 %. Ein Viertel aller Ausbildungsverträge wird wieder aufgelöst.[24] Je schlechter die schulische Bildung ist, desto häufiger ist das der Fall.[25]

Langzeitarbeitslose und beruflich schlecht qualifizierte Menschen geraten oft in Armut, aber in den Ruhestand zu wechseln heißt für sehr viele durchaus *keine* Einschränkung des Wohlstands. Zweifellos ist das ein Grund dafür, dass die Einsamkeit durch den Abschied aus dem Erwerbsleben in der Regel gut abgefedert werden kann. Überhaupt spielt der durchschnittliche Reichtum der älteren Jahrgänge eine große Rolle dafür, dass die Einsamkeitsquote bei ihnen insgesamt deutlich niedriger liegt als man meinen möchte. Abb. 3.1 zeigt die Verteilung der durchschnittlichen Vermögensverhältnisse nach Altersstufen geordnet.[26] Darin wird sichtbar, was sich die Deutschen im Lauf ihres Arbeitslebens ansparen, weil es ihnen der Wohlstand ermöglicht. Was die Grafik aber nicht zeigt, ist das immense Kapital an Erbgütern wie Immobilien, das sich bei den Senioren angehäuft hat und weiter vererbt wird.

---

[24] Bundesministerium für Bildung und Forschung, Berufsbildungsbericht 2022, https://www.bmbf. de/SharedDocs/Downloads/de/2022/berufsbildungsbericht-2022.pdf?__blob=publicationFile&v=1, Abruf 27.12.2022, 89.

[25] Bundesministerium für Arbeit und Soziales, Lebenslagen in Deutschland: Der Fünfte Armuts- und Reichtumsbericht der Bundesregierung 2017, abrufbar unter Bundesministerium für Arbeit und Soziales, Armuts- und Reichtumsbericht, https://www.armuts-und-reichtumsbericht.de, Abruf 06.05.2021, 297.

[26] Quelle der Grafik: Bundesministerium für Arbeit und Soziales, Lebenslagen in Deutschland, a.a.O., 344. „Vermögen wird in der Regel über den gesamten Lebensverlauf hinweg gebildet. Ein nennenswerter Aufbau materieller Sicherheiten und Werte beginnt erst, wenn die Ausbildung abgeschlossen und der Eintritt ins Erwerbsleben geschafft ist. Sein Maximum erreicht der Vermögensbestand typischerweise bei Renteneintritt und wird danach langsam aufgezehrt." Ebd., 345.

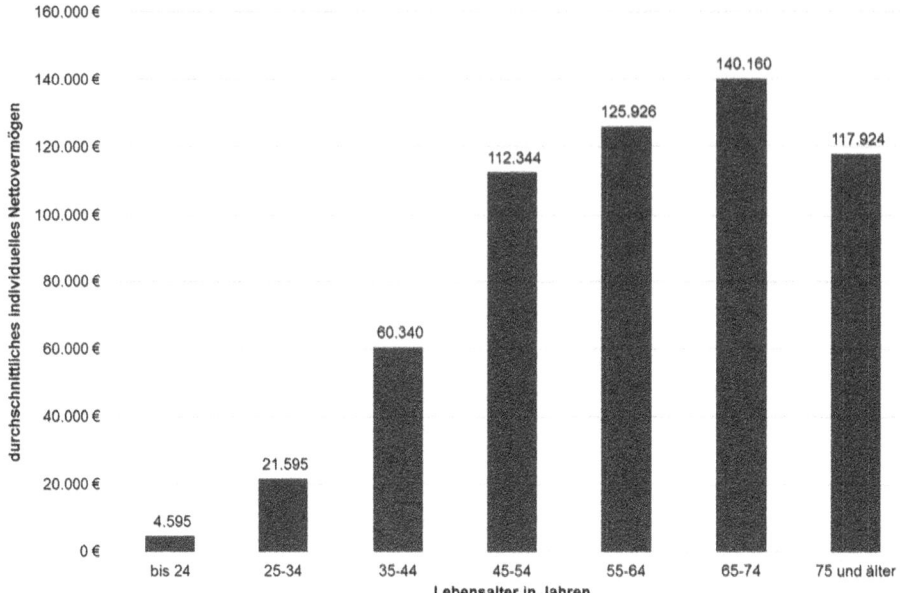

Abb. 3.1 Lebensalter und Nettovermögen

1994 meldete der Rheinische Merkur, dass die damals über 65Jährigen in den nächsten Jahren ein Vermögen „im Wert von rund 1,7 Billionen Mark vererben" würden.[27] Das viele Geld fließt seither kräftig in den allgemein wachsenden Reichtum deutscher Privatpersonen ein. Zwölf Jahre später hatte die Summe der privaten Vermögen die Rekordzahl von mehr als fünf Billionen Euro erreicht. 2021 gab es wieder einen neuen Rekord, trotz Corona: Die Sieben-Billionen-Marke wurde überschritten.

Was ist in einem dermaßen reichen Land eigentlich unter Armut zu verstehen? Der Armuts- und Reichtumsbericht der Bundesregierung definiert das überzeugend folgendermaßen: Armut, so heißt es dort, wird

> „im Wesentlichen als ein Mangel an Mitteln und Möglichkeiten verstanden, das Leben so zu leben und zu gestalten, wie es in unserer Gesellschaft üblicherweise auf Basis des historisch erreichten Wohlstandsniveaus möglich ist. Reichtum ist im Gegensatz dazu eine Lebenslage, in der die Betroffenen weit überdurchschnittliche Entfaltungs- und Gestaltungsmöglichkeiten haben."[28]

---

[27] Rheinischer Merkur (1994), 33, 12.
[28] Bundesministerium für Arbeit und Soziales, a.a.O., IV.

Hauptkriterium der Armut in dieser Wohlstandsgesellschaft ist das *Ausgeschlossensein.*[29] Man darf das überhaupt als vorrangiges Armutskriterium ansehen, quer durch die Generationen und die Regionen der Welt. Extreme Armut, das heißt zu hungern, nur noch Lumpen zu tragen, katastrophale hygienische Bedingungen zu erleiden und was noch alles dazu gehört, ist nicht das Problem in Wohlstandsnationen, und trotzdem ist die Armutserfahrung bei uns extrem genug. Wer arm ist, gehört in vieler Hinsicht nicht dazu. Er hat nicht die gleichen Chancen wie die Reichen. Viel eher als die Wohlhabenden erfährt er soziale Isolation, bis hin zur zur ultimativen Verlassenheit als Endphase des Prozesses. Er muss mit dem Stigma leben und sich dafür schämen.[30] Aber obwohl die Faktoren chronischer Verarmung auffallend viel mit den Faktoren des Vereinsamens gemeinsam haben, müssen wir erst noch lernen, Armut und Vereinsamung auch wirklich gemeinsam in den Blick zu nehmen. Zu sehr steht der ökonomische Aspekt im Fokus der Diskussion um die Armut, obwohl ihr die Vereinsamung anhaftet wie ein Schatten. Man sieht die Armut, aber man vernachlässigt den Schatten. Man wird die Armut darum als Hauptbereich der larvierten Vereinsamung zu betrachten haben, vor allem weil arm zu sein so wie vereinsamt zu sein sehr schambesetzt ist.

Das Armutsniveau in Deutschland ist über die Jahre hinweg ziemlich konstant geblieben, aber der Reichtum hat gewaltig zugenommen. Darum ist auch die Schere zwischen Reichtum und Armut weiter aufgegangen. Im Reichtum der Wohlhabenden spiegelt sich den Armen ihr eigenes Scheitern,[31] während die Reichen ihren Besitz je länger je mehr als normalen Anspruch betrachten und sich einbilden, sie hätten ihn verdient und die Armen seien selber schuld[32] und außerdem ja auch gar nicht mal so arm wie die „richtig" Armen, die dem Hungertod ins Auge sehen müssen.

Daniel Kahnemann, Professor für Kognitionspsychologie und Nobelpreisträger des Jahres 2002 in den Wirtschaftswissenschaften, hat auf der Basis seiner langjährigen intensiven Forschungsarbeit dem Mythos vom Rückschluss aus dem finanziellen Erfolg auf Fähigkeit und Cleverness nachdrücklich widersprochen und den Hauptfaktor dafür auf

---

[29] „Menschen mit einem geringen Einkommen verfügen über weniger ausgeprägte soziale Netze und sind für Vielfalt weniger offen. Ebenso erleben sie in ihrem Umfeld eher soziale Probleme […] und ihre gesellschaftliche Teilhabe ist geringer." Georgi Dragolov, Regina Arant, Klaus Boehnke, Kai Unzicker, *Gesellschaftlicher Zusammenhalt in Baden-Württemberg* (Bertelsmann-Stiftung: Gütersloh, 2019), 10 f. „Im Vergleich zur oberen Mittelschichte wirkt sich ein schwaches Einkommen deutlich negativ auf die erlebten sozialen Netze von Niedrigverdienern aus. Dieses gehört mit dem […] (hohen) Alter, chronischen Erkrankungen, dem Leben in der Großstadt sowie dem Status einer bzw. eines Alleinerziehenden zu den klassischen Risikofaktoren schwacher sozialer Beziehungen." Ebd., 45.

[30] C. Bohn, Einsamkeit im Spiegel der sozialwissenschaftlichen Forschung, 55 f. „Seitens der Gesellschaft erfolgen informelle Methoden des Ausschlusses, die den Charakter von Beschämung tragen und dadurch das Individuum immer stärker isolieren." Ebd., 219.

[31] „Diese Selbstentwertung isoliert und aktiviert Rückzugstendenzen. Einsamkeit kann sich hier hervorragend einnisten." Ebd., 109.

[32] „Soziale Anerkennung verdient, wer im Leben etwas leistet", lautet das Motto. Ebd.

einen simplen Nenner gebracht. Zwar liegt eine Bedingung für den Erwerb von Reichtum im Mut zum Risiko und dieser fällt Menschen mit entsprechenden charakterlichen
Voraussetzungen leichter. Wer viel einsetzt, hat darum natürlich höhere Gewinnchancen
als jemand, der einsam wartet, dass er vom Glück gefunden wird. Aber unter denen,
die etwas tun für ihren Erfolg, sind die Chancen offenbar anders verteilt als man denkt.
Viele von ihnen gehen eigentlich wie Glücksspieler ein überhöhtes Risiko ein. Der Erfolg
scheint ihnen Recht zu geben, obwohl sie ganz einfach nur Glück gehabt haben. „Stattdessen glaubt man, sie hätten das Gespür und den Weitblick besessen, um den Erfolg
vorherzusehen".[33]

Daraus muss man kein Plädoyer für den Fatalismus folgern. Selbstverständlich kann
man etwas tun für sein Glück und arme und einsame Menschen, die zu wenig dafür tun,
schaffen sich selbsterfüllende Prophezeiungen dadurch, was die beste Voraussetzung dafür
ist, emotional zu vereinsamen. Doch die Wohlstandsgesellschaft übertreibt den Zusammenhang von hervorragender Leistung und Erfolg, macht einen Mythos daraus und feiert
die extrovertierten Musterexemplare derer, „die es geschafft haben", als die wahrhaft Ver-
dienstvollen, weil sie deren Glück mit Können identifiziert und diese auch selbst so über
sich denken und es verstehen, sich dementsprechend ins Rampenlicht zu stellen. Wer
es nicht schafft, scheint eben nicht so gut zu sein und ist angesichts dieser einseitigen
Wertschätzungsnorm sehr geneigt, so auch von sich selbst zu denken. Darum schämt er
sich.

Der wesentliche Unterschied zwischen den Reichen und den Armen liegt sicher nicht
darin, dass die Armen selber schuld sind, weil sie mehr und größere Fehler gemacht haben
als jene. Die Erfolgreichen machen mindestens ebenso viele Fehler wie sie, aber sie haben
Glück und glückliche Umstände dabei. Das schaukelt sich auf. Die Basis des Glücks
erlaubt viel leichteres Wirtschaften und Vermehren des Erfolgs. Ein Hauptbestandteil des
unverdienten Glücks der reichen Deutschen sind die Vermögensverhältnisse, in die sie
hineingeboren wurden, und das Erbe, das ihnen von dorther zuteil wird.

Einen Hinweis auf den tatsächlichen Stellenwert der eigenen Schuld an der Armut in
unserer Gesellschaft gibt Abb. 3.2.[34] Zehn Prozent der über 18jährigen Deutschen waren
im Jahr 2014 nicht nur verschuldet, sondern *über*schuldet. Es liegt auf der Hand: Wer
Geldsorgen hat und dazu noch eine Menge Schulden, schämt sich,[35] wie man sich auch
seiner Verwandten und Bekannten schämt, denen es so geht. Klar ersichtlich vermeidbar

---

[33] Daniel Kahnemann, *Schnelles Denken, langsames Denken,* aus d. Amerik. v. T. Schmidt (Siedler:
München, 2011), 254. „Weil Glück eine so große Rolle spielt, lassen sich aus empirischen Erfolgsda-
ten keine zuverlässigen Rückschlüsse auf die Qualität des Führungsteams und der Managemenprak-
tiken ziehen. Und selbst wenn wir im Voraus absolut zuverlässig wüssten, dass ein Vorstandschef
eine brillante Vision und außerordentliche Kompetenz besitzt, könnten wir noch immer nicht mit
einer weit über das Zufallsergebnis eines Münzwurfs hinausgehenden Genauigkeit vorhersagen, wie
erfolgreich sein Unternehmen sein wird." Ebd., 257.

[34] Quelle der Grafik: Bundeministerium für Arbeit und Soziales, a.a.O., 490.

[35] C. Bohn, Einsamkeit im Spiegel der sozialwissenschaftlichen Forschung, 55.

Hauptüberschuldungsgründe im Jahr 2014

Abb. 3.2 Was schuld ist an der Verschuldung

ist aber nach dieser Darstellung aus dem Armuts- und Reichtumsbericht interessanterweise nur ein eher bescheidener Teil des Überschuldungsproblems. Der Rest ist Schicksal, Pech, häufig in Gestalt des Zusammenkommens von Faktoren, die sich ungünstig ergänzen. Natürlich hat daran mehr oder weniger auch die eigene Schuld ihren Anteil, aber das betrifft Reiche wie Arme überhaupt. Wer zum Beispiel mit einem großen Vermögen aus seiner Scheidung hervorgeht, hat Glück im Unglück, so ganz anders als eine Person, die zuvor schon wenig Geld hatte und nun auch noch das Wenige verliert.

Das Ausgeschlossensein der Armen ist wie ihre Mühsal, es zu überwinden, heute dasselbe Leid wie immer schon. Der Schriftsteller Henry Thoreau (1817–1862) fand einst treffende Worte dafür. Armut heißt: „man verspricht zu zahlen, morgen, und stirbt heute, zahlungsunfähig; immer wirbt man um Gunst und Kundschaft, auf alle möglichen Arten". Man „verkapselt sich in Höflichkeit oder verflüchtigt sich in einen Dunst von Leutseligkeit, um seinen Nächsten dazu zu bringen, dass man ihm die Schuhe machen darf, oder den Hut oder die Jacke oder seinen Wagen, oder dass man ihm die Lebensmittel liefern darf. Man schuftet sich krank, damit man etwas für kranke Tage auf die Seite legen kann".[36]

---

[36] Henry David Thoreau, *Walden: Der Traum vom einfachen Leben,* aus d. Amerik. übers. u. mit einem Nachw. v. F. Güttiger (Reclam: Ditzingen, 2017), 11.

Thoreau charakterisiert den *Stress* der Armut im Kontext des Wohlstands. Das ist *Distress:* der unangenehme, schädigende Stress, der dadurch entsteht, dass ich etwas tun und leiden muss, was wenig Sinn verspricht und meinen eigenen Fähigkeiten und Interessen gar nicht wirklich entspricht, im Gegensatz zum *Eustress,* der das Leben bereichert, weil er dort entsteht, wo ich mich gern engagiere und auch erlebe, dass es sich lohnt.

Nicht nur das Ausgeschlossensein an sich kennzeichnet die Not der Armut, sondern auch und wohl noch mehr die vielen vergeblichen Versuche, es zu überwinden. Beides ist Distress und die Dynamik der Wechselwirkung droht als Teufelskreis zu eskalieren. Die Folgen füllen die Einsamkeitsstatistik, denn dieser Stress macht krank. Die körperliche Gesundheit leidet, die Beziehungen sind angespannt, das Selbstwertgefühl ist ramponiert. Daraus entspinnt sich die Dynamik der emotionalen Isolation: Die Wahrnehmung verengt und verzerrt sich, der Pessimismus nimmt zu, Bitterkeit, Zynismus und Fatalismus dringen ein. Natürlich ist das nicht gerade förderlich für das Ziel, von innen heraus die Isolation zu durchbrechen und Erfolg zu haben. Wer hingegen bereits Erfolg und Anerkennung genießen darf, hat es ungleich leichter, mit gutem Selbstvertrauen noch mehr davon zu erreichen.

Der Armutsstress begünstigt, erst recht im Zusammenspiel mit niedrigem Bildungsniveau, ein Übermaß an kompensatorischen Verhaltensweisen, die der Gesundheit schaden können, und, wahrscheinlich stark durch entsprechende Vorbilder[37] und aufgrund fehlender lohnender Ziele durch Disziplinmangel bedingt, generell eine ungesunde Lebensweise. Zum Beispiel wird der Sport vernachlässigt, was ein Grund dafür ist, dass 20 % der Kinder aus solchen Verhältnissen übergewichtig sind, doppelt so viele wie sonst. Es überrascht nicht, dass auch die Verbreitung von Depression und Angststörungen in Kreisen mit geringem sozialen Status tendenziell höher ist, wie auch von anderen stressbedingten Störungen.

Von selbst versteht es sich, dass sich ein Großteil solcher Verhaltensweisen bis ins Alter hinein fortsetzt, sofern es sich um die Ausbildung von Gewohnheiten und Süchten handelt und insbesondere dann, wenn die Einkommensverhältnisse niedrig bleiben. Last but not least schlägt sich die Gesundheitsbelastung der Armen somit letztlich auch in ihrer Lebenserwartung nieder. In der untersten Einkommensgruppe ist sie zehn Prozent niedriger als in der höchsten.

Das hohe Durchschnittsvermögen der Deutschen legt die Vorstellung nahe, dass Armut eine seltene Ausnahme ist. Abb. 3.3 zeigt,[38] warum das nicht zutrifft. Die Einkommensverteilung ist „rechtsschief", kommentiert der Armuts- und Reichtumsbericht. „Dies bedeutet, dass es eine große Anzahl von Personen mit kleinen und mittleren Einkommen gibt. Mit zunehmender Höhe des Einkommens sinkt die Anzahl der Bezieher und über sehr hohe Einkommen verfügen nur einige wenige."[39]

---

[37] Z. B. gilt als wahrscheinlich, dass sich „das Raucherverhalten der Eltern stark prägend auf das Rauchverhalten der Kinder wirkt". Bundeministerium für Arbeit und Soziales, a.a.O., 278.

[38] Grafik H. A. Willberg in Anlehnung an Bundeministerium für Arbeit und Soziales, a.a.O., 344.

[39] Bundesministerium für Arbeit und Soziales, a.a.O., 343.

Einkommensverteilung in Deutschland 2011

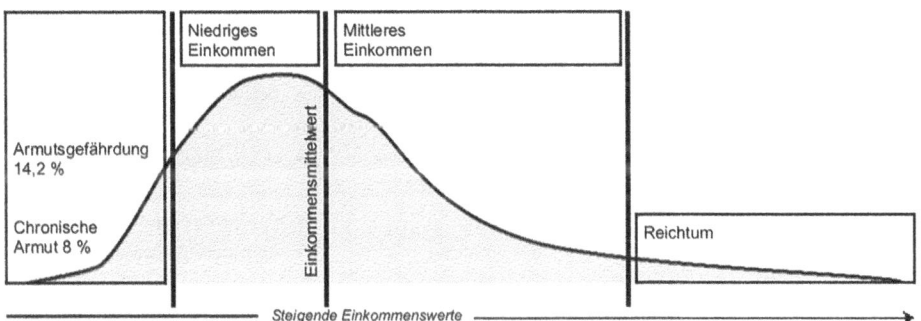

Abb. 3.3 Die ungleiche Einkommensverteilung

Prognostisch problematisch ist in Anbetracht der demographischen Entwicklung, dass sich die Möglichkeit des Ansparens, das sich im höheren Alter auszahlt (vgl. Abb. 3.1), logischerweise um so mehr reduziert, als das Maß des Einkommens zuvor im niedrigen Bereich oder gar in der Armutssphäre lag. *Altersarmut* als bedrohliches Gesellschaftsproblem, vor dem viele Angst haben, ist vor allem schlicht die Fortsetzung bereits vorausgehender Defizite, wie die Auflistungen des Armuts- und Reichtumsberichts in Abb. 3.4 zeigen.[40] Der Bericht bestätigt die Berechtigung der Angst insofern, als „die Verharrung in Armut im Alter hoch ist, denn die Möglichkeiten, aus eigener Kraft noch etwas an der eigenen Einkommens- und Vermögenssituation zu ändern, werden mit zunehmendem Alter immer geringer."[41] Dem Deutschen Alterssurvey von 2014 nach fühlten sich weit mehr als doppelt so viele arme alte Menschen sehr einsam wie finanziell besser ausgestattete Senioren. Betroffen sind überwiegend Frauen. Ursachen ihrer Armut sind dem Berlin-Institut für Bevölkerung und Entwicklung nach oft geringe Renten und Scheidungsfolgen.

Bei den Prozessen, die zuletzt in Altersarmut münden, kann durchaus auch wieder die „eigene Schuld" eine Rolle spielen, aber hauptsächlich entsprechen die Risikofaktoren dafür auch den Risikofaktoren für Vereinsamung.

Ernsthafte Aufmerksamkeit ist unter dem Gesichtspunkt des Ausgeschlossenseins den Risikofaktoren der „Gesundheitsbiografie" und der „Migrationsbiografie" zu widmen. „Menschen mit Beeinträchtigungen sind im Vergleich zur Gesamtbevölkerung überdurchschnittlich häufig armutsgefährdet", konstatiert der Bericht,[42] seien es Behinderte oder chronisch Kranke, was ja auch nur graduell unterschieden werden kann. In besonderer Weise vereinigt sich hier das ökonomische Defizit mit der sozialen Isolation. Fast doppelt soviele Behinderte wie in der Durchschnittsbevölkerung sind erwerbslos.

---

[40] Quelle der Abildung: Bundesministerium für Arbeit und Soziales, 441.

[41] Bundesministerium für Arbeit und Soziales, a.a.O., XXIX.

[42] Ebd., XXXII.

Erwerbsbiografie	Familienbiografie	Gesundheitsbiografie
• Langzeitarbeitslosigkeit	• Kinderbedingte Unterbrechungen	• Erwerbsminderung
• Langjähriger Niedrigverdienst	• Angehörigenpflege	• Behinderung
• Langjährige geringfügige Beschäftigung	• Trennung / Scheidung	• Unfall / Berufskrankheit
• (Solo-)Selbständigkeit	• Verwitwung	• Psychische Probleme
• Schwarzarbeit	• Alleinerziehung	• Chronische Erkrankungen
• Stille Reserve		

Bildungsbiografie	Vorsorgebiografie	Migrationsbiografie
• Fehlender Schulabschluss	• Mangelnde Vorsorgefähigkeit	• Später Zuzug
• Fehlender Berufsabschluss	• Mangelnde Vorsorgebereitschaft	• Sprachprobleme
• Mangelnde Teilnahme an Weiterbildung	• Mangelndes Vorsorgewissen	• Aufenthaltsrechtliche Probleme
• Dequalifikationsprozesse	• Gescheiterte Vorsorgestrategie	• Allgemeine Integrationsprobleme

Sonstige Risikoelemente

- Verschuldung, Insolvenz
- Soziale Devianz, Kriminalität
- Sucht, Obdachlosigkeit
- (Selbst-)Exklusionsprozesse, Schicksalsschläge

Abb. 3.4 Risikofaktoren der Grundsicherung im Alter nach dem Armuts- und Reichtumsbericht 2017

Ähnliches gilt aber auch für Migranten. Die wenigsten von ihnen werden vor allem glücklich sein, zu uns gekommen zu sein. Die Not hat sie getrieben, ihre Heimat zu verlassen – nicht selten verzweifelte Not. Was ist förderlicher für soziale Isolation als sein Zuhause zu verlieren? Um so mehr kommt es auf nachhaltige Integrationsmaßnahmen an. Vor allem bedeutet das, soziale Anerkennung zu genießen, nicht nur als Gast geduldet zu sein, sondern wirklich dazuzugehören. Ein entscheidendes Element dafür ist gute Arbeit und entsprechender Verdienst.

Erschwert wird die Integration neu hinzugekommener Migranten durch den Mangel an Integration derer, die schon länger da sind. Daraus werden und wurden mehr oder weniger von Wohlstand und sozialer Anerkennung ausgeschlossene Gruppenmilieus. Migranten bilden mittlerweile einen großen Bevölkerungsanteil und er wird und muss noch größer werden. Je länger je mehr wird darum ihre Integration zu einer Kernaufgabe der Sicherung des gesellschaftlichen Zusammenhalts. Die Kehrseite misslingender Integration ist zunehmende soziale Isolation, erfahren im Spektrum der Ablehnung zwischen subtiler Diskriminierung und offenem Hass.

Literatur

Berlin-Institut für Bevölkerung und Entwicklung, Körber Stiftung (Hrsg.). (2019). *(Gem)einsame Stadt? Kommunen gegen soziale Isolation im Alter: Fakten, Trends und Empfehlungen für die Praxis.* Körber-Stiftung.

Bohn, C. (2006). Einsamkeit im Spiegel der sozialwissenschaftlichen Forschung. Dissertation zur Erlangung des Grades einer Doktorin der Philosophie. Universität Dortmund, Fachbereich Erziehungswissenschaft und Soziologie, Mai 2006. https://d-nb.info/997491426/34. Zugegriffen: 26. Aug. 2021.

Bohn, C. (2018). Einsamkeit und Scham – Ein Leidvolles Geschwisterpaar. In T. Hax-Schoppenhorst (Hrsg.), *Das Einsamkeits-Buch: Wie Gesundheitsberufe einsame Menschen verstehen, unterstützen und integrieren können* (S. 132–139). Hogrefe.

Bundesministerium für Arbeit und Soziales, Lebenslagen in Deutschland: Der Fünfte Armuts- und Reichtumsbericht der Bundesregierung 2017. Abrufbar unter Bundesministerium für Arbeit und Soziales, Armuts- und Reichtumsbericht. https://www.armuts-und-reichtumsbericht.de. Zugegriffen: 6. Mai 2021.

Bundesministerium für Bildung und Forschung, Berufsbildungsbericht 2022. https://www.bmbf.de/SharedDocs/Downloads/de/2022/berufsbildungsbericht-2022.pdf?__blob=publicationFile&v=1. Zugegriffen: 27. Dez. 2022. 89.

Cacioppo, J. T., & Patrick, W. (2011). *Einsamkeit: Woher sie kommt, was sie bewirkt, wie man ihr entrinnt.* Aus d. Engl. übers. v. J. Wissmann. Spektrum Akademischer Verlag.

Dragolov, G., Arant, R., Boehnke, K., & Unzicker, K. (2019). *Gesellschaftlicher Zusammenhalt in Baden-Württemberg.* Bertelsmann-Stiftung.

Elbing, E. (1991). *Einsamkeit: Psychologische Konzepte, Forschungsbefunde und Treatmentansätze.* Hogrefe, Verlag für Psychologie.

Fischer, C. S., & Phillips, S. L. (1982). Who is alone? Social characteristics of people with small networks. In L. A. Peplau & D. Perlman (Hrsg.), *Loneliness: A sourcebook of current theory, research and therapy* (S. 21–39). Wiley.

Herbst, T. (2010). *Die kindliche Einsamkeit: Wie sie entsteht, welche Konsequenzen sie hat ... und worin unsere Verantwortung besteht.* Junfermann.

Huxhold, O., & Tesch-Römer, C. Deutsches Zentrum für Altersfragen, Einsamkeit geht alle an. In Bundesarbeitsgemeinschaft der Seniorenorganisationen e. V. (BAGSO) (Hrsg.). Gemeinsam statt einsam: Initiativen und Projekte gegen soziale Isolation im Alter. https://www.bagso.de/fileadmin/user_upload/bagso/06_Veroeffentlichungen/2019/BAGSO_Themenheft_Gemeinsam_statt_einsam_barrrierefrei.pdf. Zugegriffen: 27. Mai 2021.

Kahnemann, D. (2011). *Schnelles Denken, langsames Denken.* Aus d. Amerik. v. T. Schmidt.

Kinnert, D. (2021). *Die neue Einsamkeit. Und wie wir sie als Gesellschaft überwinden können.* Mit M. Bielefeld. (3. Aufl.). Hoffman und Campe.

Lynch, J. J. (1977). *Das gebrochene Herz.* Deutsch v. J. Abel. Rowohlt.

Neu, C., & Müller, F. (2020). Einsamkeit: Gutachten für den Sozialverband Deutschland. Unter Mitwirkung v. A.S. Heuer u. A.Tschesche. https://www.sovd.de/fileadmin/bundesverband/pdf/bro
schueren/gesundheit/Gutachten-Einsamkeit-sovd.pdf. Zugegriffen: 12. Okt. 2021.

Opaschowski, H. W. (2002). *Was uns zusammenhält: Krise und Zukunft der westlichen Wertewelt.*
Olzog.

Peplau, L. A., Miceli, M., & Morasch, B. (1982). Loneliness and self-evaluation. In L. A. Peplau &
D. Perlman (Hrsg.), *Loneliness: A sourcebook of current theory, research and therapy* (S. 135–
151). Wiley.

Merkur, R. (1994). 33, 12.

Schultz, T. (1978). *Bittersweet: Surviving and growing from loneliness.* Penguin.

Svendsen, L. (2016). *Philosophie der Einsamkeit.* Aus d. Norw. v. D. Stilzebach. Berlin University
Press.

Tagesschau.de. (23. März 2018). Deutschlandtrend. www.tagesschau.de/inland/deutschlandtrend-
1175.html. Zugegriffen: 23. März 2018.

Thoreau, H. D. (2017). *Walden: Der Traum vom einfachen Leben.* Aus d. Amerik. übers. u. mit einem
Nachw. v. F. Güttiger. Reclam.

Weiss, R. S. (1973). *Loneliness: The experience of emotional and social isolation.* With contributions
by J. Bowlby, C. M. Parkes et al. Forword by D. Riesman. The MIT Press.

Vereinsamung in spirituellen Texten

4

Zusammenfassung

Die existenzielle Tiefe des Vereinsamungsproblems können wir nicht ausloten, aber wir ahnen sie und wir können sie uns meditativ vergegenwärtigen. Dazu hilft die Symbolik relevanter Mythen, die davon reden. Das Kapitel reflektiert Geschichten aus dem Alten und dem Neuen Testament, in denen es um Vereinsamung geht, sowie das Höhlengleichnis Platons, wo das existenzielle Problem des Vereinsamens ganz ähnlich dargestellt ist. Im Nachdenken über diese Texte leuchtet assoziativ erstaunliche Aktualität auf. Die tieferen Ursachen des Vereinsamens haben es offenbar mit der Existenzialität des Menschseins überhaupt zu tun. Es geht um Fragen, mit denen der Mensch allein durch sein Dasein schon immer konfrontiert ist. Man kann diese Fragen verleugnen oder sich ihnen stellen. Sich ihnen zu stellen ist die Voraussetzung dafür, auch an sehr schweren Einsamkeitserfahrungen zu reifen.

4.1 Die existenzielle Tiefe der Vereinsamung

Es dürfte deutlich genug geworden sein: Das gesellschaftliche Problem des Vereinsamens wird nicht adäquat erfasst, wenn man die Spitze des Eisbergs ausmisst. Auch Schlussfolgerungen aus solchen Messungen, die noch unmittelbar auf deren Zahlenwerte bezogen sind, reichen nicht hin. Es sei nochmals betont, dass damit die empirische Forschung an der Oberfläche überhaupt nicht an sich infrage gestellt wird. Sie ist notwendig und glaubwürdig. Aber tiefgründig ist sie nicht.

Um dem Thema „Vereinsamung" phänomenologisch gerecht zu werden, muss notwendig seine existenzielle Tiefe berücksichtigt werden. Wenn es auch falsch ist, Vereinsamung und Einsamkeit gleichzusetzen, bleibt die Vereinsamung dennoch ein Teilbereich des Einsamkeitsphänomens; sie kann darum auch nur im Bezug zu diesem verstanden werden.

H.-A. Willberg, *Einsamkeit und Vereinsamung*,
https://doi.org/10.1007/978-3-662-67162-7_4

Die empirische Forschung stößt hier an eine methodische Grenze, weil sie valide Ergebnisse nur unter der Voraussetzung hervorbringen kann, die Bedeutung eines Begriffs auf die Teilaspekte zu reduzieren, die sie gerade als Untersuchungsgegenstände fokussiert. Darum muss man der empirischen Forschung auch zum Vorwurf machen, nicht klar genug zu definieren, was sie eigentlich untersucht, wenn sie zwar Vereinsamung meint, dennoch aber semantisch undeutlich von „Einsamkeit" spricht. Indem sie sich jedoch, methodisch korrekt, heuristisch auf die soziale und emotionale Isolation als Komponenten der Vereinsamung beschränkt, schließt sie den existenziellen Zusammenhang von vornherein aus oder reflektiert darüber nur noch sekundär.

Das Existenzielle liegt, um beim Bild des Eisbergs zu bleiben, sehr tief, und kann auch nicht mit den Methoden der empirischen Forschung an die Oberfläche gehievt werden, weil es grundsätzlich anders verstanden werden muss als das oberflächlich Evidente. Anders gesagt: Es entzieht sich der vollständigen Objektivierung. Grund dafür ist die Subjektivität des Existenziellen. Wer existenzielle Erfahrungen macht, existenzielle Freude etwa oder existenzielle Angst, erlebt sie immer ganz für sich allein. Es kann sehr schwer fallen, selbst vertrauten Menschen, mit denen man sich eigentlich recht gut versteht, zum Beispiel ein tief bewegendes Kunsterlebnis zu vermitteln; es fehlen die objektiven Kriterien dafür. Die Verständigung vollzieht sich in dieser Hinsicht nicht auf der Sachebene, sondern intersubjektiv, von Herz zu Herz. Das heißt aber immer auch, dass die andere Person einen ähnlichen Zugang in diese Erfahrungsdimension kennt, zum Beispiel eine echte Aufgeschlossenheit für das Kunsterlebnis überhaupt, oder dass sie, wenn es sich um existenzielle Angst handelt, aus eigener Erfahrung weiß, was das ist.

Um Konsens über Wahrheiten herzustellen, die sich der objektiven Verifizierung entziehen, bedient sich die Menschheit seit jeher der *Mythen*. Der eigentliche Sinn des Mythos besteht nicht darin, die Lücken des Wissens zu verdecken, sondern die existenzielle Tiefenerfahrung, die mit objektivierenden Beschreibungen nicht mehr angemessen erfasst wird, intersubjektiv zu vermitteln und zu bewegen, um sie im dialogischen Hinhören zwar nie ergründen zu können, doch aber tief genug in sie hineinzutauchen, um genügend relevante Bedeutung für das Leben in der relativen Oberflächlichkeit des Alltags hervorzuholen.

Nicht jede Einsamkeitserfahrung ist existenziell, aber jede existenzielle Erfahrung ist einsam. Es kann eine tief beglückende, erhellende und tröstliche Erfahrung sein, es kann sich aber auch um die Not abgrundtiefer Vereinsamung handeln. Theologie, Philosophie und Kunst widmen sich, sofern ihnen eine Bedeutung für die Kunst des Lebens innewohnt, der intersubjektiven Vermittlung existenzieller Tiefenerfahrung, ihre Zugänge eingeschlossen. Diesem Zweck dienen die Mythen, sofern sie nicht nur in oberflächlichen „Märchen" zur Unterhaltung oder zum Durchsetzen von Machtinteressen da sind, sondern mit dem existenziellen Bewegtsein so eng korrespondieren, dass es durch sie einen Ausdruck und einen Weg des Verstehens findet. An der Frage, ob die Mythen das Medium dafür sind, entscheidet sich, ob Religionen eine existenzielle Bedeutung haben oder nicht, das heißt: ob sie sinnstiftend sind oder nicht.

Der sprachliche Akt des Hervorholens mythologischer Bedeutung ist die *Auslegung.* Sie verachtet, um möglichst weit reichende Lebensrelevanz zu erzielen, nicht objektivierende Hilfestellungen, die ihr den guten Dienst tun, die Willkür des Deutens zu beschneiden, schlicht gesagt: um bei der Sache zu bleiben. Sie gewinnt ihre Einsichten aber nicht primär aus der Objektivierung, sondern aus dem achtsamen Horchen auf das existenziell Bewegende darin. Das Gütekriterium ihrer Bedeutung für die Kunst des Lebens liegt in der intersubjektiven Verständigung. Ziel der Auslegung ist, dass authentisch Bewegendes horchend hörende Menschen innerlich bewegt, dass sich das Bewegende intersubjektiv als verbindend Gemeinsames erschließt und dass somit aus dem gemeinsamen Bewegtsein eine *spirituelle Bewegung* wird. Ziel jeder aus authentischer existenzieller Erfahrung und Einsicht schöpfenden spirituellen Bewegung ist das Gelingen der *Kunst des Lebens,* indem an der Oberfläche der Alltagswirklichkeit nicht oberflächlich gelebt wird, sondern im wachen Bewusstsein der existenziellen Tiefe.

Das alles kann man auch unter den Gesichtspunkt der *Meditation* fassen. Auslegung von existenziellen mythischen Texten ist, wenn sie sinnvoll sein soll, per se meditativ. So wollen auch die folgenden Auslegungen von Texten verstanden werden, in denen es um das Problem des Vereinsamens geht.

4.2   Die existenzielle Not, nicht (an)gesehen zu werden

Meine Augen sehen stets auf den Herrn; denn er wird meinen Fuß aus dem Netze ziehen. Wende dich zu mir und sei mir gnädig; denn ich bin einsam und elend. Die Angst meines Herzens ist groß; führe mich aus meinen Nöten! Sieh an meinen Jammer und mein Elend und vergib mir alle meine Sünden! Sieh, wie meiner Feinde so viel sind und zu Unrecht mich hassen.
Psalm 25, 15–22

„Meine Augen sehen" – Augen heißt auf Lateinisch „Oculi". Der dritte Sonntag in der Passionszeit namens „Okuli" hat von diesem Bibelzitat seinen Namen, wie auch der Sonntag davor, „Reminiszere", auf diesen Psalm 25 Bezug nimmt: „Gedenke (reminiscere), Herr, an deine Barmherzigkeit und an deine Güte, die von Ewigkeit her gewesen sind", heißt es dort im sechsten Vers.

Beides passt gut in die Passionszeit. Der Weg des Messias zum Kreuz war der christlichen Überlieferung nach sein Weg in die tiefste Vereinsamung. Nicht nur ließen ihn alle Freunde im Stich, als er sie am dringendsten gebraucht hätte, sondern er musste auch die Höllenerfahrung der vollkommenen Gottverlassenheit machen.

David, wenn auch ein ganz anderer König, wird im Christentum als Vorgänger des Messias angesehen. Mit Jesus von Nazareth verbindet ihn die Erfahrung des Verkanntseins, Verachtetseins und Verfolgtseins. David gilt als Verfasser von Psalm 25.

Der liturgische Zweck des Psalmengedichts liegt darin, dass sich Meditierende hineinfinden können, um sich damit als selbst ähnlich Betroffene zu identifizieren. Sie treten dadurch in die intersubjektiv verbindende Solidargemeinschaft aller, die existenzielle Vereinsamung aus eigener Erfahrung kennen. Von dort aus können sie sich auch mit der Bewältigung des Problems identifizieren, die der Psalm zum Ausdruck bringt.

„Meine Augen sehen stets auf den Herrn": Es kommt entscheidend darauf an, wohin wir schauen, wenn wir in die Not des Vereinsamens geraten sind. Die moderne Forschungsliteratur bestätigt, dass emotionale Isolation wesentlich eine Frage der Blickrichtung ist und dass dementsprechend auch ihre Überwindung davon abhängt, dass die Betroffenen die Blickrichtung ändern. Es geht schlicht darum, die „Goldene Regel" der Bergpredigt zu befolgen: „Alles nun, was ihr wollt, dass euch die Leute tun sollen, das tut ihr ihnen auch!" Dann definiere ich mich nicht in erster Linie als Opfer der Lieblosigkeiten anderer, auch dann nicht, wenn ich es faktisch bin, denn es hilft mir nichts. Ich weiß ja recht gut, was ich gern von den andern hätte: Dass ich von ihnen gesehen und angesehen werde. Also verhalte ich mich selbst den andern gegenüber so. Bei denen, die es wert sind, auch weiterhin meine Zuwendung und Zuneigung zu erhalten, wird das Resonanz finden: Meine Vereinsamung schwindet.

Und doch kann auch dieser gute Weg ein Passionsweg sein: Allem tapferen Bemühen zum Trotz kommt doch viel zu wenig Resonanz zustande. Gleichgültigkeit oder radikale Verachtung umringen mich von allen Seiten. Kann ich dann noch wirklich konstruktiv bleiben? Werde ich da nicht doch verbittern müssen? Wenn die soziale Isolation chronisch überhand nimmt – wer kann da noch verhindern, dass er in die schwere Depressivität der emotionalen Isolation gerät?

Ja, es kommt entscheidend darauf an, wohin wir sehen. Aber es ist auch unser stärkstes seelisches Bedürfnis, gesehen und angesehen, gewollt und gebraucht zu sein. Wenn wir dauerhaft viel zu wenig davon erleben, verhungern wir seelisch.

Mit dieser Not wendet sich Psalm 25 an die Barmherzigkeit Gottes. Klagend hält der Dichter daran fest, dass der Gott, an den er glaubt, ihn barmherzig ansehen *muss,* wenn er vereinsamt nach ihm ruft, weil nur das seinem Wesen entspricht. Dass darin letzter Trost liegt, hofft der Betende gemeinsam mit dem Dichter und allen, die intersubjektiv mit ihnen in der Hoffnung auf den barmherzigen Gott verbunden sind und nicht von dieser Hoffnung lassen können, weil sie spüren, dass sie wahr ist.

4.3   Die Urerfahrung der Vereinsamung

Da wurden ihnen beiden die Augen aufgetan und sie wurden gewahr, dass sie nackt waren, und flochten Feigenblätter zusammen und machten sich Schurze. Und sie hörten Gott den Herrn, wie er im Garten ging, als der Tag kühl geworden war. Und Adam versteckte sich mit seiner Frau vor dem Angesicht Gottes des Herrn zwischen den Bäumen im Garten. Und Gott der Herr rief Adam und sprach zu ihm: Wo bist du? Und er sprach: Ich hörte dich im Garten und fürchtete mich; denn ich bin nackt, darum versteckte ich mich. Und er sprach: Wer hat dir gesagt, dass du nackt bist? Hast du gegessen von dem Baum, von dem ich dir gebot, du solltest nicht davon essen? Da sprach Adam: Die Frau, die du mir zugesellt hast, gab mir von dem

Baum und ich aß. Da sprach Gott der Herrn zur Frau: Warum hast du das getan? Die Frau
sprach: Die Schlange betrog mich, sodass ich aß.
Genesis 3, 7–13

„Ohne den umhüllenden Schutz der Scham fühlt sich der Mensch seiner Würde beraubt",
stellt Caroline Bohn fest.[1] In der Tat: Wir brauchen nicht nur Nähe, wir brauchen auch
Distanz. Das wäre eigentlich ganz natürlich. Aber für uns Menschen ist es unnatürlich
dadurch, das unser Bedürfnis nach Distanz nicht ohne das Leitmotiv auskommt, uns
voreinander zu schützen. Leider haben wir auch gute Gründe dafür.

Die Angst vor der Entblößung hat eine unnatürliche Ursache in der Angst voreinander.
Unnatürlich, aber anscheinend auch unabänderlich ist diese Angst, also existenziell.

Im biblischen Mythos vom Sündenfall folgt die Selbsterkenntnis der Blöße aus der
scheinbaren Erkenntnis des Guten und Bösen. Gott hatte den ersten Menschen verboten,
von der Frucht des „Baums der Erkenntnis des Guten und Bösen" mitten im Garten
Eden zu essen, „denn an dem Tage, da du von ihm isst, musst du des Todes sterben"[2].
Biologisch lebt Adam am Tag, als er trotzdem davon isst, weiter, also ist nicht, jedenfalls
nicht in erster Linie, der biologische Tod damit gemeint. Wohl aber der *soziale Tod*,
denn als sie von dieser Frucht gegessen haben, sind Adam und Eva sich selbst und Gott
entfremdet. Sie schämen sich und verhüllen ihre Blöße, weil sie Angst voreinander und
vor Gott haben. Sie verstecken sich.

Vom Baum der Erkenntnis des Guten und Bösen durften sie nicht essen, weil die
Erkenntnis des Guten und Bösen Gott vorbehalten bleibt. Ein Mensch, der sie sich anmaßt,
versteigt sich in den Rang des Göttlichen. Er macht sich selbst zum Richter über Phänomene, deren wahren, ganzen Zusammenhang er nicht erfassen kann. So wähnt er sich
im Recht, aber er wird der Wirklichkeit damit nicht gerecht und darum tut er Unrecht.
Die weitere Genesiserzählung entfaltet die Folgen daraus, angefangen mit Kains Fehlur-
teil über Gott und seinen Bruder Abel, den er deswegen erschlägt, bis hin zur eskalierten
Heillosigkeit der Menschheit vor der Sintflut und wieder danach bis zum babylonischen
Turm.

Evas Statement am Ende des Abschnitts ist nicht Ausflucht wie Adams Schuldzuweisung an sie, sondern wahre Einsicht: Jetzt erkennt sie, dass sie einem Selbstbetrug
aufsaß, die „Schlange" hat sie betrogen, die Faszination der Zwiespältigkeit, des Zweifels
aus Prinzip anstelle kindlichen Vertrauens, aber nun ist es zu spät. Nicht die Sinnlichkeit
ist das Problem des Sündenfalls und schon gar nicht die der Frau, wie die Auslegung
in endloser maskuliner Hybris gebetsmühlenartig behauptet hat, sondern eben diese: Die

---

[1] Caroline Bohn, Einsamkeit im Spiegel der sozialwissenschaftlichen Forschung, Dissertation zur
Erlangung des Grades einer Doktorin der Philosophie, Universität Dortmund, Fachbereich Erziehungswissenschaft und Soziologie, Mai 2006, https://d-nb.info/997491426/34, Abruf 26.08.2021,
213.
[2] Genesis 2,17.

intellektuelle Hybris des Richtens, des grundsätzlichen Anzweifelns, des ewigen Besser-
wissens, der Rechthaberei, die verfluchte Selbstüberhebung des Menschen, um wie Gott
zu sein.

Die starke Tendenz der jüdisch-christlichen Theologie, darin geradezu den Wesens-
kern des Menschen nach dem Sündenfall zu sehen, legen nicht nur die Mythen der
Heilsgeschichte nah, sondern leider auch die Fakten der Weltgeschichte. Als so grausam bestimmend hat sich die Macht des Bösen, die ja nichts anderes ist als dieser Geist
der Hybris, über die Jahrtausende erwiesen, dass sie uns wie unerklärlich existenziell
erscheint. Das gilt es anzuerkennen, sonst wird man der Realität nicht gerecht, denn gegen
alles Verharmlosen und Relativieren des Bösen „spricht die Geschichte aller Zeiten gar zu
mächtig",[3] wie Immanuel Kant zu bedenken gab, „bei der Menge schreiender Beispiele,
welche uns die Erfahrung an den Thaten der Menschen vor Augen stellt", könnten wir
uns „den förmlichen Beweis sparen"[4] – und das sagt Kant, der Aufklärer und Religi-
onskritiker, dem man gewiss nicht vorwerfen kann, die Kraft zum Guten im Menschen
geringgeschätzt zu haben.

Kein Wunder, wenn nach ihm existenzialistische Philosophen die Angst, das Lügen,
Flüchten, Verstecken und Herrschenwollen auf Kosten der andern als den wahren Beweg-
grund menschlicher Selbstverwirklichung betrachtet haben. Demnach ist der tiefste Grund
der Vereinsamung des Menschen in seiner Angst vor den andern zu suchen, dem Anspruch
des Lebens, der ihm im andern begegnet, und dem Leben überhaupt. Jean-Paul Sartres
(1905–1980) Satz „Die Hölle, das sind die anderen", ist zum geflügelten Wort geworden.
Er glaubte, dass der andere dem Individuum zunächst und vor allem im Weg steht; die
Konfrontation mit einem Gegenüber nötigt uns, den Blick zu senken, der andere bedroht
uns durch sein Dasein und schränkt unseren Spielraum ein. Bewältigen lässt sich das Sartre zufolge nur durch bedingungslose Selbstbehauptung, auch wenn man das wieder mit
Einsamkeit zu bezahlen hat. Den Trost des Beters in Psalm 25 gibt es mit dieser Sichtweise nur in der Einbildung.[5] Auch die Liebe ist nach Sartre Illusion, sie reduziert sich
seiner Ansicht nach auf Vereinnahmung.

Sartre hat nicht recht damit, dass es so *ist,* aber es trifft zu, dass der Mensch sehr
dazu neigt, so zu *denken.* Wir bevorzugen das Misstrauen, obwohl wir uns nichts so
sehr wünschen wie Vertrauen, aber das gewähren wir uns selbst, den andern und dem
Leben nur unter der Bedingung des vorausgehenden Beweises. Damit finden wir aber
nicht zum Vertrauen, weil die Forderung eines vorausgehenden Beweises im Widerspruch

---

[3] Immanuel Kant, *Die Religion innerhalb der Grenzen der bloßen Vernunft,* in: Immanuel Kant,
Die Religion innerhalb der Grenzen der bloßen Vernunft. Die Metaphysik der Sitten, Werke in sechs
Bänden, Bd. 5 (Könemann: Köln, 1995), 30.

[4] Ebd., 45.

[5] „Nach Sartre etwa ist alle Einbettung des Menschen in tragend-bergende Mächte nichts als die
Grundtäuschung des Daseins, während seine wahre Situation gerade in der Verlassenheit gesehen
werden muß, vor der er nicht fliehen darf, sondern die er mit dem Mut der *Verzweiflung* auszuhalten
und durchzustehen hat." Johannes B. Lotz, *Erfahrungen mit der Einsamkeit* (Herder: Freiburg i. B.,
1972), 65.

zum Wesen des Vertrauens steht. Selbst Garantien erfordern Vertrauen, sind sie doch nichts weiter als Versprechen.

Zum Schutz vor der Verletzung unseres Vertrauens empfinden wir Scham und aus Scham verhüllen wir uns. Verhüllen und Verstecken heißt aber immer auch Verlust von Vertrauen und Nähe zugunsten von Einsamkeit. Je mehr Angst ich vor entwürdigender, demütigender, erniedrigender Entblößung habe, desto mehr lege ich es darauf an, mich vor dem andern zu verbergen. In dem Maß, wie mein Verhalten davon bestimmt ist, vereinsame ich.

Einsamkeit in seiner ganz natürlichen Grundform ist, wie wir sahen, der Etymologie nach, die „einsamina" des Althochdeutschen mit dem Sinn der „Unitas". Einsam sein heißt, so gesehen, eins sein. Dem biblischen Schöpfungsbericht nach ist der Mensch zum zweisamen Einssein geschaffen: „Und Gott schuf den Menschen zu seinem Bilde, [...] und schuf sie als Mann und Frau".[6] Der *eine* Mensch ist zweisam geschaffen, als „ein Fleisch" wird die Urform der Ehe von dorther in der Bibel bezeichnet.[7] Odo Marquard umschreibt das als „die intensivste Form ihrer Kommunikation."[8] Die Zweisamkeit der ehelichen Gemeinschaft ist dem biblischen Schöpfungsbericht nach das anthropologische Basismodell sowohl der Gemeinschaft als auch der „guten" Einsamkeit, die nicht zur Vereinsamung wird. Im Vollzug der Schöpfung sagt Gott dem Mythos nach zu sich selbst: „Es ist nicht gut, dass der Mensch allein sei".[9] Darum bildet Gott die androgyne Bipolarität des Menschseins. Auch die Einsamkeit des Alleinseins kann der einzelnen Person nur gut tun, wenn sie das androgyne Schöpfungsprinzip in sich bejaht und kommunikativ verwirklicht. Solitäre Einsamkeit gelingt in dem Maß, wie ein Mensch mit sich selbst konstruktiv kommuniziert und sich so mit sich selbst einigt.

Umgekehrt nimmt das Vereinsamungsproblem als emotionale Isolation seinen Anfang in der Bewusstseinsspaltung des Individuums, das heißt darin, dass ich mich im Widerstreit zu mir selbst befinde. Ausgangspunkt hierfür ist dem Sündenfallmythos nach die Hybris des scheinbar notwendigen prinzipiellen Zweifels an der vorgegebenen Lebenswirklichkeit. Hierfür steht im Mythos Gott, der dem neu geschaffenen Menschen sagt, was ihm gut tut und womit er sich selbst zerstört. Nichtmythisch formuliert handelt es sich um das ursprünglich ganz vom Vertrauen bestimmte Empfinden dafür, was unserer Natur entspricht, das die Grenzen des Natürlichen impliziert. Naturwissenschaftlich gesehen ist jenseits der Grenze des Natürlichen das Göttliche. Wenn der Mensch sich selbst als „übernatürlich" oder im Kern seines Wesens „geistig" im Widerspruch zur „Leiblichkeit" definiert, was eigentlich dasselbe ist, da der Geist nach diesem Modell immer über der Natur zu stehen kommt und nicht selbst als Natürliches verstanden wird, dann wird

---

[6] Genesis 1,27.

[7] Genesis 2,24.

[8] Odo Marquard, Plädoyer für die Einsamkeit, Einfach leben: Ein Brief von Anselm Grün, https://www.herder.de/el/hefte/archiv/2012/10-2012/plaedoyer-fuer-die-einsamkeitsfaehigkeit/, Abruf 31.12.2021.

[9] Genesis 2,18.

die Grenze überschritten. Es ist bezeichnend, dass der Dominanzanspruch des Geistes über die Natur, unabhängig von den natürlichen Bedürfnissen und Grenzen Gut und Böse zu bestimmen und durchzusetzen, ideengeschichtlich immer mit der wahren Männlichkeit identifiziert wurde, während das Natürliche dem Weiblichen als dem minderwertigen „Einfallstor des Bösen" zugeordnet wurde.

Als erster konzentrischer Kreis legt sich um die aus intellektueller Hybris hervorgehende Vereinsamung anmaßender Pseudomännlichkeit, sich für die höhere Instanz der angeblich wahren Unterscheidung des Guten und Bösen zu halten, die Entzweiung der androgynen Zwischenmenschlichkeit. Das führt uns eindrücklich bildhaft der Sündenfallmythos vor Augen: Die beiden trauen sich nicht mehr und die bis heute exzessiv betätigte alte Leier der Schuldzuweisung beginnt: Adam beschuldigt Eva, weil er den eigenen intellektuellen Zweifel leugnet. Eva erkennt, sofern sie bei sich selbst bleibt, den Selbstbetrug als Fremdbestimmung, der sie auf den Leim ging, symbolisiert mit dem Bild der doppelzüngigen Schlange. Aber auch in Eva waltet das adamitische Prinzip des adamitischen Zweifels, weshalb sie sich fortan auch mit dem adamitischen Mittel des Richtens gegen Adam wehren wird. Ihr Einssein in kommunikativer Zweisamkeit wird vom Misstrauen usurpiert. Von dorther gehört es zur Grunderfahrung der menschlichen Paarbeziehung, dass, wie Lotz es ausdrückt, sich die Partnerin oder der Partner darin „besonders qualvoll allein und verlassen fühlen" kann, „wenn nämlich sein Zusammenleben mit anderen die bergende Kraft verloren hat und zum leeren Schein entartet ist."[10] Die Eskalation des vereinsamenden Misstrauens setzt sich im Mythos der biblischen Urgeschichte fort. Vor allem geht die vertrauend natürliche Verbundenheit mit dem Schöpfer verloren, die den Garten Eden zum „Paradies" machte. „Gott vertrieb Adam und Eva aus dem Pardies, schloss sie aus", konstatiert Thomas Saum-Aldehoff. „Nichts quält Menschen mehr, als sich ausgeschlossen zu fühlen."[11] Dem Mythos nach liegt darin auch der Grund für alle Religion.

Der Mythos vom Sündenfall begründet in narrativer Symbolik das empirische Faktum des Vereinsamens als emotionale Isolation wie auch als die leidvoll „gute" Einsamkeit im Zustand sozialer Isolation aus der intellektuellen Hybris des Menschen, über sich selbst, die andern und das Leben definitive Urteile von scheinbar göttlicher Gültigkeit zu fällen, die dem je bevorzugten Dogma der Ideologie, nicht aber der Wirklichkeit und damit der Natur entsprechen.

Die traditionelle Auslegung der Sündenfallgeschichte hat Mythos und Empirie vertauscht, indem sie den Mythos zur ontologischen Grundbestimmung des Menschseins erklärte. Daraus wurde die simplifizierte Formel, dass der Mensch mit Gott und den andern entzweit ist, weil er im Kern seines Wesens böse ist. Demnach hat Eva von der verbotenen Frucht gegessen, weil ihr latenter böser Wille sie dazu veranlasste. Der Mythos selbst sagt das nicht, er bescheinigt aber, dass die Selbstreflexivität des Menschen grundsätzlich die Entscheidung für den Zweifel aus Prinzip ermöglicht. Evas Einsicht, von der

---

[10] J. B. Lotz, Erfahrungen mit der Einsamkeit, a.a.O., 18.

[11] Thomas Saum-Aldehoff, Im Gefängnis der Einsamkeit, in: Psychologie heute (2012) 7, 62.

Schlange betrogen worden zu sein, verweist den letzten Ursprung des Bösen gänzlich in das Terrain der intellektuellen Unzugänglichkeit, die sich hinter dem Schlangensymbol verbirgt. Die anschließende Verfluchung der Schlange durch ihren Schöpfer selbst bestätigt Evas Erkenntnis und deutet darauf hin, dass der letzte Ursprung im jenseitigen Mysterium des Vorgeschöpflichen liegt. Fast möchte man meinen, dass sich hier der Schöpfer selbst korrigiert. Aber solche Spekulationen sind nur Versuche, den Schleier des Mythos zu lüften, die nicht gelingen können, weil es niemand wissen kann.

Zu Recht hält Gerhard Kölbel in seinen Überlegungen zur Urerfahrung der Einsamkeit im Sündenfallmythos fest, dass die „Disposition" zur Vereinsamung dem Menschsein anhaftet. Das ist eine empirische Tatsache. „Jeder Mensch wird in der Geborgenheit und für die Geborgenheit erschaffen, aber wohl ein jeder verfällt aufs neue der Einsamkeit eigenwilliger Bewußtheit. Der Mythos von Adam und Eva berichtet nur exemplarisch das Schicksal der Gattung. Das Verhängnis selbst aber vollzieht sich im Leben jedes anthropologisch repräsentativen Einzelnen aufs neue."[12]

Unsere verletzlichste Blöße ist und bleibt das Angewiesensein auf Geborgenheit in der Vertrauensbeziehung zum Mitmenschen. Pathologische Einsamkeit entsteht daraus, dass sich der Mensch vor dem Menschen verbirgt, um an die Stelle des Schutzes *durch* den andern den Schutz *vor* dem andern zu setzen. Dem geht die vermeintliche Erkenntnis des Guten und Bösen voraus, derentwegen der Mensch den andern durch das scheinbar überlegene Urteil entblößt und erniedrigt.

4.4 Vereinsamung in Platons Höhlengleichnis

„Nächstdem", sprach ich, „vergleiche dir unsere Natur in bezug auf Bildung und Unbildung folgendem Zustande. Sieh nämlich Menschen wie in einer unterirdischen, höhlenartigen Wohnung, die einen gegen das Licht geöffneten Zugang längs der ganzen Höhle hat. In dieser seien sie von Kindheit an gefesselt an Hals und Schenkeln, so daß sie auf demselben Fleck bleiben und auch nur nach vornhin sehen, den Kopf aber herumzudrehen der Fessel wegen nicht vermögend sind. Licht aber haben sie von einem Feuer, welches von oben und von ferne her hinter ihnen brennt. Zwischen dem Feuer und den Gefangenen geht obenher ein Weg, längs diesen sieh eine Mauer aufgeführt, wie die Schranken, welche die Gaukler vor den Zuschauern sich erbauten, über welche herüber sie ihre Kunststücke zeigen." „Ich sehe", sagte er. „Sieh nun längs dieser Mauer Menschen allerlei ,Gefäße' tragen, die über die Mauer herüberragen, und Bildsäulen und andere steinerne und hölzerne Bilder und von allerlei Arbeit; einige, wie natürlich, reden dabei, andere schweigen." „Ein gar wunderliches Bild", sprach er, „stellst du dar und wunderliche Gefangene." „Und ganz ähnliche", entgegnete ich. „Denn zuerst, meinst du wohl, daß dergleichen Menschen von sich selbst und voneinander etwas anderes zu sehen bekommen als die Schatten, welche das Feuer auf die ihnen gegenüberstehende Wand der Höhle wirft?" „Wie sollten sie", sprach er, „wenn sie gezwungen sind, zeitlebens den Kopf unbeweglich zu halten!" „Und von den Vorübertragenden nicht eben dieses?" „Was sonst?" „Wenn sie nun miteinander reden könnten, glaubst du nicht, daß sie auch pflegen würden,

---

[12] Gerhard Kölbel, *Über die Einsamkeit: Vom Ursprung, Gestaltwandel und Sinn des Einsamkeitserlebnisses*, (Ernst Reinhardt: München, Basel, 1960), 24.

dieses Vorhandene zu benennen, was sie sehen?" „Notwendig." „Und wie, wenn ihr Kerker auch einen Widerhall hätte von drüben her, meinst du, wenn einer von den Vorübergehenden spräche, sie würden denken, etwas anderes rede als der eben vorübergehende Schatten?" „Nein, beim Zeus", sagte er. „Auf keine Weise also können diese irgend etwas anderes für das Wahre halten als die Schatten jener Kunstwerke?" „Ganz unmöglich."
Politeia VII, 514 A ff.[13]

Auch diese Parabel geht von einem empirischen Befund aus. Der erzählende Sokrates findet seine Zeitgenossen weithin „von Kindheit an gefesselt" vor. Aus dem Zusammenhang ist ersichtlich, dass der Mythos von der Höhlenexistenz Platon zur phänomenologischen Definition des Gerechtigkeitsbegriffs dient. „Definieren" heißt eigentlich „von den Grenzen her bestimmen", es geht also um die Eingrenzung und Abgrenzung von Begriffen. Platons empirische Wahrnehmung der gesellschaftlichen Verhältnisse seiner Zeit ordnet er hypothetisch weitgehend der Ungerechtigkeit zu, weil er eine Idee davon hat, wie eine gerechte Gesellschaft auszusehen hätte. Die Konturen der Idee werden umso klarer, je deutlicher hervortritt, wodurch sie sich von den faktischen Zuständen der wahrgenommenen Ungerechtigkeit unterscheiden.

Die Höhlenbewohner sind Menschen, „welche die Gerechtigkeit niemals geschaut haben", lässt Platon Sokrates erklären.[14] Damit ist nicht gesagt, dass die Gesellschaft durchweg aus solchen Menschen besteht, sondern es wird ein Bild des ultimativen Kontrastes zum ultimativen Ideal der Gerechtigkeit entworfen. Gerade darum bedient sich Platon hier der mythologischen Sprechweise anstelle einer empirischen Bestandsaufnahme, die immer nur eine Summe von Teilaspekten zustande bringen könnte. So wie es ihm um das Ganze wahrer Gerechtigkeit geht, der Gerechtigkeit dem Wesen nach, fragt er auch nach dem Ganzen des Unwesens der Ungerechtigkeit. Das Bild ist aber inspiriert durch die Wahrnehmung der gesellschaftlichen Wirklichkeit.

Gerechtigkeit ist nach Platons ganzheitlichem Verständnis viel mehr als juristische Angemessenheit. Er meint damit das Richtige im Sinne der Angemessenheit in jeder Hinsicht: das Stimmige, das der Natur gemäße jeweils Passende. Woher das kollektive starre Verharren in der Ungerechtigkeit kommt, wo die Abschattungen von Menschen selbst gemachter Gebilde wie auf einer Kinoleinwand als einzig wahre Realität erscheinen, beantwortet Platon wiederum mit einer empirischen Feststellung, wobei auch hier so wie bei der idealen Gerechtigkeit als Gegensatz dazu die letzte Ursache jenseits des mythischen Vorhangs bleibt. „Von Kindheit an" soll heißen: Sie kennen es nicht anders und wollen es nicht anders. Sie wurden daran gewöhnt und sind es gewohnt. Es wäre ihnen schon möglich, sich aus den Fesseln zu lösen, erst recht mit Hilfe derer, denen die Befreiung schon gelungen ist, aber es ist ihnen fremd und viel zu mühsam, wie Sokrates in der weiteren Ausführung des Gleichnisses metaphorisch darlegt.

---

[13] Platon, *Politeia*. Werke in acht Bänden, griech. u. deutsch. Sonderausg., Bd. 4. Hg. G. Eigler. Bearbeitet v. D. Kurz, griech. Text v. E. Chambry, deutsche Übersetz. v. F. Schleiermacher (Wissenschaftliche Buchgesellschaft: Darmstadt, 1990), 555–557.

[14] Ebd., 565.

Das starre solipsistische Fixiertsein auf eine Scheinwelt, die ihr ursprüngliches Licht noch nicht einmal aus der Natur empfängt, diese vollkommene Entfremdung vom Natürlichen und Naturgemäßen also und, trotz des nahen Beieinanderhockens, genauso auch voneinander, ist nicht nur das Gegenbild zur Gerechtigkeit, sondern auch zur *Selbsterkenntnis*, die nach Platon notwendige Bedingung wahrer Gerechtigkeit ist.

Die Höhlenmenschen leben in einer Pseudogemeinschaft, in der jeder für sich gefesselt ist, keiner den andern anschaut und die erfahrene Kollektivität nur im Zusammenklang der Reaktionen auf die Scheingebilde an der Wand besteht. In diesen Klang flüchtet sich das Herz der Gefesselten, um der Verzweiflung des Vereinsamens zu entkommen. Es ist die Kollektivität pseudogemeinschaftlicher Selbstbefriedigung, sei es im Rausch der Lust, des Hasses und der Gewalt, im künstlichen Theater empörter Dissonanz, wo jeder sein Besserwissen aus Prinzip zum Besten geben kann, sei es im Großartigkeitsgehabe ideologischer Gleichklänge, wenn man sich eins mit seinen Helden weiß, deren Größe nur aus jenem falschen Schein besteht.

Kant hat das Wesen der Aufklärung, auf Englisch des „Enlightenments", der Zeit des Klarwerdens und Hellwerdens also, der Zeit der Hinwendung weg von täuschender Erleuchtung zur wahren, naturgemäßen, als den „Ausgang aus der selbst verschuldeten Unmündigkeit" bezeichnet.[15]

Die großen Profiteure und skrupellosen Dealer der Rauschmittel zur Erzeugung bequemer Pseudogemeinschaft um den Preis kollektiver, gleichwohl aber vehement geleugneter Vereinsamung, wissen sehr wohl, wie sie hinterrücks jenseits der Mauer auf dem versteckten Weg zwischen dem Feuer und den Gefangenen den „Schatten jener Kunstwerke" des falschen Scheins in immer neuen Varianten inszenieren können, damit die leere langweilige Sinnlosigkeit des Dahockens und vor sich hin starrenden Kompensierens der wahren, natürlichen Bedürfnisse dem Publikum nur ja nicht bewusst wird. Ihr großer Erfolg baut auf der *Bequemlichkeit*.

In der Bequemlichkeit hat schon Kant den Grund der selbstverschuldeten Unmündigkeit gesehen, von den Mächtigen sehr gern gewollt und gefördert, von den Untertanen sehr gern gelebt, weil man, zunächst einmal, keinen Stress damit hat. Ehrlich gesagt: Kant hat noch krassere Worte dafür gebraucht: „Faulheit" und „Feigheit". Zu Recht sind wir heute vorsichtig, solche Worte zu verwenden, weil sie erniedrigend wirken. Aber wir kommen nicht daran vorbei, wenn es uns um die Wahrheit geht, die Bequemlichkeit als Grund von „Faulheit" und „Feigheit" beim Namen zu nennen. Es ist prinzipiell für den Fortbestand unserer Art durchaus sinnvoll, wenn wir stets darum bemüht sind, unnötigen Energieverbrauch zu vermeiden. Man sollte sich nie mehr Gedanken machen als nötig. Selbst dort, wo es um höchste Energieleistungen geht, ist das ebenso die Grundlage des Erfolgs wie auch die kluge Erkenntnis, wie mit möglichst geringem Aufwand größte Effizienz

---

[15] Immanuel Kant, Beantwortung der Frage: Was ist Aufklärung?, in: Immanuel Kant, *Schriften zur Anthropologie, Geschichtsphilosophie, Politik und Pädagogik*, 1. Teil, Werke in zehn Bänden, Hg. W. Weischedel, Bd. 9 (Wissenschaftliche Buchgesellschaft: Darmstadt, 1981), 53.

erreicht werden kann. Darin liegt nicht das Problem, sondern in der mangelnden Unterscheidung zwischen sinnvollen und unsinnigen bequemen Wegen. Diese Unterscheidung vorzunehmen ist aber wieder unbequem.

Wer bequeme Wege bevorzugt, neigt dazu, es sich in jeder Hinsicht zu bequem zu machen. Daniel Kahnemann hat dieses Phänomen in seinem Buch „Schnelles Denken, langsames Denken" ausgeleuchtet. Schnelles Denken ist sehr praktisch und energiesparend und darum auch äußerst attraktiv. Darum hat sich das menschliche Gehirn darauf eingestellt und generiert es von selbst auf diese Weise, wenn wir nicht bewusst und willentlich auf das langsame Denken umsteigen. „Unser Geist funktioniert normalerweise so, dass wir intuitive Gefühle und Meinungen über fast alles haben, was uns begegnet", erklärt Kahnemann.[16] Am reibungslosesten läuft das schnelle Denken ab, wenn es gänzlich automatisiert ist. So funktionieren die (Denk-)Gewohnheiten. Aber mit schnellem Denken am falschen Platz betrügen wir uns selbst und richten längerfristig Schaden an – es ist gedankenloses Denken. „Die Sinngebungsmaschinerie" dieses Denksystems, schreibt Kahnemann, „lässt uns die Welt geordneter, einfacher, vorhersagbarer und kohärenter sehen, als sie tatsächlich ist."[17] Das System „ist so gestaltet, dass es aus dürftigen Informationen automatisch weitreichende Schlussfolgerungen zieht".[18] Leider sind diese allzu oft fatal in ihren Wirkungen.

Die Umweltzerstörung ist das derzeit deutlichste und gefährlichste Ergebnis schnellen Denkens. Man hat viel zu wenig über die Folgen einer wirtschaftlichen Entwicklung nachgedacht, die auf kurzfristige Ziele ausgerichtet war und einfach nur in der Fortsetzung bisheriger erfolgreicher Prinzipien bestand. Alles ernsthafte Ergründen von Sachverhalten und alles verantwortliche Entscheiden setzt hingegen voraus, dass man sich Mühe gibt und Zeit lässt, die Dinge so zu erfassen, wie sie sind, angemessen abzuwägen und dann erst Beschlüsse zu fassen, immer offen für neue Weichenstellungen, die noch nicht auf der gewohnten Agenda stehen. Aber das ist eben aufklärerisch gedacht, so wie Kant es meinte.

Langsames Denken benötigt *Selbstdisziplin,* doch Selbstdisziplin benötigt Energie. Das heißt: Selbstdisziplin kann nicht ohne ein gewisses Maß an *Stress* gelingen. Wenn die Selbstdisziplin ein sinnvolles Ziel hat, zahlt sich der Einsatz dadurch aus, dass eine erfreuliche Entlastung zustande kommt. Aber wenn unser Stresslevel bereits erhöht ist, halten wir es für unsinnig, uns nun auch noch den zusätzlichen Stress der Selbstdisziplin zu machen. Das ist der Grund für das berühmte „Hamsterrad": Gerade dann, wenn ein Mensch es eigentlich besonders nötig hätte, sich über den vielen Stress, Gedanken zu machen, den er gerade erlebt, und nach erfolgreichen Wegen zu suchen, um ihn zu reduzieren, opfert er das langsame Denken, weil er meint, es sich nicht leisten zu können. So treibt er sich selbst in den Burnout hinein.

---

[16] Daniel Kahnemann, *Schnelles Denken, langsames Denken,* aus d. Amerik. v. T. Schmidt (Siedler: München, 2011), 127.

[17] Ebd., 254.

[18] Ebd., 259.

Alle nachhaltig wirksame Psychotherapie hängt davon ab, dass Menschen Einsicht und Mut finden, bequeme Gewohnheiten des Denkens und Verhaltens, die sich automatisiert haben, durch Selbstdisziplin zu überwinden. Diese besteht primär darin, sich nicht mehr dort vom schnellen Denken dominieren zu lassen, wo ein kurzfristiger Entlastungsgewinn mit dem Preis bezahlt werden muss, danach wieder mindestens so viel Stress zu haben wie zuvor, sondern sich das Quantum an Zusatzstress zuzumuten, das es ihnen ermöglicht, dem Impuls zur augenblicklich bequemeren Variante des Umgangs mit der Herausforderung zu widerstehen, nachzudenken und vernünftig zu sein. Aber das gilt ja eigentlich auch für alle nachhaltig wirksame, sinnvolle Erziehung und Bildung, oder nicht?

Platons Höhlenmenschen wirken leblos. In Wirklichkeit leiden sie unter dem hohen Stress sinnloser Selbstentfremdung. In der Erstarrung suchen sie Zuflucht. Ihre Freiheit, die durch die Öffnung längs der Höhle hineinleuchtet, deuten sie als Lebensbedrohung. Auf keinen Fall soll das echte Tageslicht ihre Scheinwelt gefährden. Dort draußen ist die Welt der sinnvollen Ideen, die sich erschließen, wenn man zu sich selbst kommt. Aus sinnvollen Ideen werden sinnvolle Ziele. Sinnvolle, das heißt: seelisch gesunde Selbstdisziplin, schreibt der Sozialpsychologe Roy Baumeister, auf den Kahnemann auch Bezug nimmt, benötigt solche Ziele. Aber sinnvolle Ziele aus sinnvollen Ideen zu gewinnen geht nicht ohne den Aufwand des langsamen Denkens. Es sind Ziele, die aus dem ehrlichen Nachdenken über den Sinn des eigenen Daseins entstehen. Der Höhlenmensch ersetzt sie durch Pseudoziele, die bequem und schnell zu erreichen sind und kein Nachdenken erfordern. Daraus schafft er sich seine Gewohnheiten, die ihn fesseln und erstarren lassen. Es sind Abhängigkeiten. Ob er explizite Süchte entwickelt oder nicht, fügt er sich doch dem Grundprinzip der Sucht: Er versklavt sich selbst an die Bequemlichkeit. Er hat es in gewisser Weise gemütlich dort unten im Schattentheater, aber er bezahlt dafür mit der Freiheit.

Baumeister erkennt in der heutigen Gesellschaft ein Abnehmen der Fähigkeit, „unsere Gedanken, Gefühle und Handlungen zu regulieren", er nennt das „Selbsterschöpfung".[19] Man kann auch sagen, dass die Menschen sich selbst aufgeben und darum treiben lassen. Sie sind „von Kindheit an" gewohnt, dass ihr Leben keinen höheren Sinn als kurzfristigen, egoistischen Lustgewinn hat. Indem sie sich aufgeben, lassen sie sich aber auch durch die Mühlen der Maschinerie drehen, die ihnen ihre Energie auspressen und sie mit dem Geld dafür belohnen, das ihnen abverlangt wird, um von der Höhlengemeinschaft anerkannt zu werden und an der Behaglichkeit des Höhlenlebens teilhaben zu dürfen, um sich wieder erholen zu können. Die Bequemlichkeit der Abhängigkeiten erscheint ihnen dann als ihr verdienter Lohn. Warum sollten sie das gegen jene fremde Freiheit eintauschen? Also leugnen sie, dass es so etwas überhaupt gibt: Wahrheit, wahre Freiheit, wahren Sinn.

---

[19] Roy Baumeister, John Tierney, *Die Macht der Disziplin: Wie wir unseren Willen trainieren können*, aus d. Engl. v. J. Neubauer (Campus: Frankfurt a. M., 2012), 78 ff.

4.5   „Ich habe keinen Menschen"

Danach war ein Fest der Juden, und Jesus zog hinauf nach Jerusalem. Es ist aber in Jerusalem
beim Schaftor ein Teich, der heißt auf Hebräisch Betesda. Dort sind fünf Hallen; in denen
lagen viele Kranke, Blinde, Lahme, Ausgezehrte. Es war aber dort ein Mensch, der war seit
achtunddreißig Jahren krank. Als Jesus ihn liegen sah und vernahm, dass er schon so lange
krank war, spricht er zu ihm: Willst du gesund werden? Der Kranke antwortete ihm: Herr, ich
habe keinen Menschen, der mich in den Teich bringt, wenn das Wasser sich bewegt; wenn ich
aber hinkomme, so steigt ein anderer vor mir hinein. Jesus spricht zu ihm: Steh auf, nimm dein
Bett und geh hin! Und sogleich wurde der Mensch gesund und nahm sein Bett und ging hin.
Es war aber Sabbat an diesem Tag. Da sprachen die Juden zu dem, der geheilt worden war:
Heute ist Sabbat, es ist dir nicht erlaubt, dein Bett zu tragen. Er aber antwortete ihnen: Der
mich gesund gemacht hat, sprach zu mir: Nimm dein Bett und geh hin! Sie fragten ihn: Wer
ist der Mensch, der zu dir gesagt hat: Nimm dein Bett und geh hin? Der aber geheilt worden
war, wusste nicht, wer es war; denn Jesus war fortgegangen.
Johannes 5, 1–13

Diese einerseits so ganz andere Geschichte aus dem Neuen Testament liegt andererseits auf derselben Linie wie Platons Höhlengleichnis. Der Gelähmte ist vorrangig nicht
körperlich krank, sondern sozial gefesselt, buchstäblich *festgelegt* ist er darauf, „keinen
Menschen" zu haben.

Spätere Handschriften dieses Textes enthalten folgende Ergänzung: *„Sie warteten dar-*
auf, dass sich das Wasser bewegte. Denn der Engel des Herrn fuhr von Zeit zu Zeit herab in
den Teich und bewegte das Wassser. Wer nun zuerst hineinstieg, nachdem sich das Wasser
bewegt hatte, wurde gesund, an welcher Krankheit er auch litt."[20]

In dieser Krankenanstalt ist der Weg zur Heilung ebenso festgelegt wie der Kranke
sich darauf festgelegt hat, dass er nicht auf den eigenen Füßen stehen kann, dass er darum
einen anderen Menschen braucht, der ihn in das Element der Heilung trägt, und dass es
diesen Menschen nicht gibt. All das ist Gewohnheit: Der Mythos vom Heilungsengel,
das Warten auf ihn, die Erfahrung des Alleingelassenseins, wenn das angeblich göttliche
Zeichen wieder erscheint, die Selbsterfüllung des Glaubens, sich nicht selbst helfen zu
können. All das ist bequem und der religiösen Elite ist es recht, weil sich so nichts Unan-
ständiges bewegt unter den Geplagten, so wenig wie das Wasser im Teich. So lässt sich
die Bewegung zwar zum großen Thema der religiösen Unterhaltung an der Höhlenwand
machen, aber nur zum Schein. In Wirklichkeit bewegt sich nichts und das soll auch so
sein und bleiben.

Darum reagieren die religiösen Führer gar nicht erfreut auf die Heilung dieses Gelähm-
ten, im Gegenteil, sie klagen ihn an. Er bricht die Norm. Anstifter seiner echten
Bewegung, die nicht erlaubt sein soll, ist nicht ein göttlich wundertätiger Messias gleich
wie jener Engel, sondern ein unbekannter Mensch, der schon wieder verschwunden ist,
einer wie die vielen in der Menge, und doch ganz anders, weil er dem zum Mitmenschen
wurde, der keinen hatte.

---

[20] Johannes 5,2 f., Lutherbibel 1984.

Der Heilungsdienst des Menschen Jesus beginnt damit, dass er ihn ansieht, ernst nimmt und ihm eine Frage stellt, die ihn zur Selbstreflexion auffordert: „Willst du gesund werden?" Oder hast du dich damit abgefunden, krank zu sein? Was erwartest du? Von wem erwartest du es? Wenn du gesund werden willst – bist du bereit, das Deine dafür zu tun?

Der Lahme antwortet so, wie es für einen Menschen passt, der sich in die Höhle ver krochen hat und dort unbeweglich hockt, weil er nichts anderes kennt, jedenfalls seit 38 Jahren nicht, in diesem Fall. Er bewegt den Kopf nicht hin zum Tageslicht der heilsamen Wirklichkeit, es ist ihm zu anstrengend: „Ich kann nicht!" sagt er insgeheim. „Ich habe keinen Menschen." Ja, das stimmt, weiß der Mensch Jesus, es steht ihm keiner zur Verfügung, er hat keinen, über den er verfügen kann, keinen, der ihm den Weg zur Heilung abnimmt. Und er wird auch jetzt keinen bekommen, um ihn zu haben.

Seine Antwort ist reine Zumutung: „Steh auf, pack deine Sachen, geh weg von hier!" Das ist hart und unbequem, so unbequem wie für die Höhlenmenschen, sich ihrer Fesseln zu entledigen, den Kopf zu wenden, um das Licht zu sehen, aufzustehen und die Höhle zu verlassen. Aber er lässt sich darauf ein.

Er hatte *wirklich* keinen Menschen. Keiner sah ihn an, keiner nahm ihn ernst. Sie hatten ihn genauso festgelegt auf seine Lähmung wie er sich selbst. Das Höhlensystem herrschte über ihn, gnadenlos, denn dort gibt es keinen Blickkontakt zum andern hinüber, kein Verstehen, keine Solidarität und kein Ermutigen. Betesda ist genau wie Platons Höhle ein Ort perfekter kollektiver Vereinsamung. Jeder ist ganz auf sich selbst festgelegt, jeder sieht sich als Opfer, einen Nächsten gibt es nicht. Anders dieser Fremde. Er sieht diesen Einzelnen dort hocken – wirklich sehen können wir immer nur den Einzelnen. Er sieht ihn an und es geht ihm zu Herzen, was er sieht. So wird er ihm zum Nächsten. Der Nächste, das ist immer der Mensch, der uns gerade braucht.

Missbrauchen lässt er sich nicht als ein Mensch, den man haben kann. Er entzieht sich der Besitzergreifung. Er fesselt nicht und lässt sich selbst nicht fesseln. Er kommt als freier Mensch und hilft zur Freiheit.

Darin liegt das eine Wunderbare dieser Geschichte. Das andere Wunderbare ist die Resonanz des Lahmen. Es kommt Bewegung in den Erstarrten. Er nimmt die Zu*mutung* an, weil er sie als *Zutrauen* begreift. Er beginnt, an sich selbst zu glauben, weil dieser andere an ihn glaubt.

„Mitten im Trubel der Insassen moderner Wohnmaschinen" meinte Johannes B. Lotz den Verzweiflungsruf „Ich habe keinen Menschen!" wiederzuerkennen.[21] Ja, Platons Höhle und Betesda sind Wohnmaschinen, die eine für jedermann, die andere speziell, im Sinne einer Anstalt, für die Schwierigen. „Wohnmaschine" ist das Gegenteil von „Zuhause". In der Wohnmaschine wird der Mensch dem maschinellen Dasein angepasst. So wird er selbst zu einer Art Maschine.

„Für viele einsame oder isolierte Menschen wird die Krankheit als solche das einzige legitime Mittel, um andere auf sich aufmerksam zu machen", hat der Psychosomatiker Lynch erkannt. „Viele einsame Menschen bekommen im Krankheitsfall etwas, was sie

---

[21] J. B. Lotz, Erfahrungen mit der Einsamkeit, a.a.O., 48.

sonst vielleicht nie bekommen würden: Sie werden wenigstens für einen kurzen Krankenhausaufenthalt von Schwestern und Ärzten umsorgt, die ihnen auf diese Weise das
schenken, was in ihrem Leben fehlt – menschliche Fürsorge."[22] Für den Lahmen von
Betesda ist ein langer Krankenhausaufenthalt daraus geworden. Wie die andern appelliert
er an das Mitgefühl. Aber ihm antwortet keiner darauf. Er ist hier nicht gewollt, er hockt
hier nur im Weg herum.

Es scheint so, dass ihm noch nie jemand zur Verfügung stand. Er ist sozial vollkommen
isoliert. Er fällt durch die Maschen des sozialen Netzes. Er hockt unter den andern, aber er
gehört nicht dazu. Das scheint dem Menschen Jesus aufzufallen. Das geht ihm zu Herzen
und darum wendet er sich ihm persönlich zu.

4.6   Die Einsamkeit der Ungewollten

*Und siehe, da stand ein Gesetzeslehrer auf, versuchte ihn und sprach: Meister, was muss ich
tun, dass ich das ewige Leben ererbe? Er aber sprach zu ihm: Was steht im Gesetz geschrieben?
Was liest du? Er antwortete und sprach: Du sollst den Herrn, deinen Gott, lieben von ganzem
Herzen, von ganzer Seele und mit all deiner Kraft und deinem ganzen Gemüt, und deinen
Nächsten wie dich selbst. Er aber sprach zu ihm: Du hast recht geantwortet; tu das, so wirst
du leben. Er aber wollte sich selbst rechtfertigen und sprach zu Jesus: Wer ist denn mein
Nächster? Da antwortete Jesus und sprach: Es war ein Mensch, der ging von Jerusalem hinab
nach Jericho und fiel unter die Räuber; die zogen ihn aus und schlugen ihn und machten
sich davon und ließen ihn halb tot liegen. Es traf sich aber, dass ein Priester dieselbe Straße
hinabzog; und als er ihn sah, ging er vorüber. Desgleichen auch ein Levit: Als er zu der Stelle
kam und ihn sah, ging er vorüber. Ein Samariter aber, der auf der Reise war, kam dahin; und
als er ihn sah, jammerte es ihn; und er ging zu ihm, goss Öl und Wein auf seine Wunden und
verband sie ihm, hob ihn auf sein Tier und brachte ihn in eine Herberge und pflegte ihn. Am
nächsten Tag zog er zwei Silbergroschen heraus, gab sie dem Wirt und sprach: Pflege ihn; und
wenn du mehr ausgibst, will ich dir's bezahlen, wenn ich wiederkomme. Wer von diesen dreien,
meinst du, ist der Nächste geworden dem, der unter die Räuber gefallen war? Er sprach: Der
die Barmherzigkeit an ihm tat. Da sprach Jesus zu ihm: So geh hin und tu desgleichen!*
Lukas 10, 25–37

Auch der Theologe Adolf Köberle, bis 1966 Professor in Tübingen, hat den Ruf „Ich habe
keinen Menschen" bei seinen Zeitgenossen wiedererkannt. In den modernen Wohnmaschinen für jedermann sei er zu hören, aber auch in den modernen Anstalten der Diakonie und
des Gesundheitswesens, nicht nur bei den Patienten, sondern auch bei denen, die für sie
da sind. „Jeder hat seinen fest umrissenen Pflichtenkreis. Von jeder Schwester wird erwartet, daß sie ihren Stationsauftrag bis zum äußersten erfüllt."[23] Wer fragt schon danach, ob
sie überhaupt noch die Kraft dafür aufbringen kann? Wer interessiert sich ernsthaft dafür,
wie es ihr selber geht?

---

[22] James J. Lynch, *Das gebrochene Herz,* deutsch v. J. Abel (Rowohlt: Reinbek, 1977), 279.

[23] Adolf Köberle, *Heilung und Hilfe. Christliche Wahrheitserkenntnis in der Begegnung mit
Naturwissenschaft,* Medizin und Psychotherapie (Brendow: Moers, 1985), 235.

Das liest sich wieder einmal erstaunlich aktuell, obwohl das Zitat schon viele Jahrzehnte alt. Das Überlastungsproblem derer, die den Kranken und anders Bedürftigen zur
Verfügung zu stehen haben, ist in unserer Nachkriegsgesellschaft chronisch geworden,
aber es hat sich auch noch immer weiter zugespitzt. Die Pandemie hat der unheilvollen
Entwicklung die Krone aufgesetzt.

Es ist tragisch, aber es kann nicht anders sein: Allein gelassene und vereinsamte Helferinnen und Helfer tragen dazu bei, dass Hilfsbedürftige vereinsamen. Es ist ihnen alles
zu viel. Sie erleben sich selbst nur noch als Behandlungsmaschinen und erwarten darum
von den Behandelten, dass sie sich dem anpassen wie die Ware auf dem Fließband.

Dass es sich die Gesundheitspolitik leisten konnte, viele Jahrzehnte lang von Legislaturperiode zu Legislaturperiode die Verantwortung für die dringend erforderliche
Humanisierung des Gesundheitswesens unerfüllt weiterzureichen, ist wohl besonders dem
Turn-Away-Effekt zuzuschreiben. Man schaute – bis heute – sehenden Auges weg und
vorbei, in der Einbildung, sich gerade noch Wichtigerem widmen zu müssen.

In der Parabel vom Barmherzigen Samariter versinnbildlichen Priester und Levit[24] den
Turn-Away-Effekt. Im damaligen Jerusalem, vor dessen Toren sich das Drama abspielt,
repräsentierten sie die beamteten Praktiker der religiösen Organisation, zu der natürlich
auch die religiöse Wohltätigkeit gehörte. Wörtlich heißt es im griechischen Grundtext,
dass sie nicht nur vorübergingen, sondern dabei auch auf die entgegengesetzte Seite
des Wegs wechselten. Sie machten also einen großen Bogen um den lebensgefährlich
Verletzten.

Krass gegensätzlich wird der Reisende aus Samaria dargestellt. Jerusalemer Religions-
vertretern galten die Samaritaner als ausgeschlossene ethnische Gemeinschaft eigentlich
Fremder, obwohl sie schon sehr lang im Bereich Israels lebten, so gesehen ganz ähnlich
wie die heutigen Palästinenser. Wenn möglich mied man sie. Dass Jesus im Gespräch mit
einem israelischen Religionsfunktionär ausgerechnet einen Samaritaner als Beispiel der
Erfüllung des alttestamentlichen Hauptgebots der Gottes- und Nächstenliebe heranzieht,
ist hoch provokativ.

Priester und Levit werden nicht verteufelt. Sie mögen ja ihre guten Gründe dafür haben,
dem unter die Räuber Gefallenen ihre Zuwendung zu verweigern: Wirklich sehr Wich-
tiges, Stress, anerzogene Vorurteile, Angst. Zu ihrer Selbstrechtfertigung mögen sie auf
dem weiteren Weg dieselbe ethische Grundfrage bewegen wie der religiöse Funktionär in
der Rahmenerzählung: Wo beginnt Verantwortungsübernahme für andere und wo endet
sie? Wer oder was ist jeweils vorzuziehen?

Nicht die einzelnen Repräsentanten stehen auf dem Pranger, sondern Jesus übt Kritik
an dem System, das sie verkörpern. Sie werden persönlich schuldig, aber sie werden
schuldig als Teil des Systems, das von ihnen das Schuldigwerden verlangt und so tut, als
sei das *keine* Schuld.

Seit der Industrialisierung rechtfertigt sich die Unmenschlichkeit des Kapitalismus mit
der Systemtheorie des Sozialdarwinismus: Wer unter die Räder kommt, hat sich nicht

---

[24] Angehörige aus dem jüdischen Stamm Levi hatten die Aufgabe des Tempeldienstes.

durchsetzen können. Wenn er dabei zugrunde geht, liegt das im Sinn der Natur, die das Starke bevorzugt und das Schwache ausmerzt. Wer unterliegt, hat etwas falsch gemacht. Entweder lernt er aus seinen Fehlern und wird stark oder er verschwindet zu Recht von der Bildfläche. Entweder hilft er sich selbst oder es ist gar nicht mal so schlecht, wenn er bald stirbt.

Die Dogmatisierung der Allmacht des Systems ist ein probates Mittel zur egoismuskonformen Beantwortung der Frage „Wer ist denn mein Nächster?" Entweder sind demnach alle Opfer oder keiner. So viel Wahres daran ist, so falsch ist aber auch die Verabsolutierung der Theorie, jeder sei Opfer und Täter zugleich. Allerdings ist eine burnoutgefährdete Mitarbeiterin im Gesundheitswesen Opfer des Systems, aber ihr Opfersein hat eine andere Qualität wie das der halbtoten Menschenschwester am Wegrand. Jesus beantwortet die Frage nach dem Nächsten so, dass alle Selbstrechtfertigung unter Hinweis auf das eigene Opfersein hinfällig wird, indem er eine Person als Beispiel wählt, die *nur* Opfer ist. Ihr systemischer Lebenshintergrund und die Frage, ob sie vielleicht unvorsichtig war oder ob unter den Räubern persönliche Feinde waren, die noch eine Rechnung mit ihr offen hatten, spielt da keine Rolle. Hier und jetzt ist dieser Mensch reines Opfer, es geschieht ihm grausam unmenschliche Gewalt und himmelschreiendes Unrecht.

Soziale Isolation kann Menschen umbringen, deren eigener Anteil am Zustandekommen ihrer prekären Notlage nur gering oder gar nicht vorhanden ist. Auch das schwere seelische Verletztsein kann weitgehend unabhängig vom eigenen Beurteilen der Situation entstehen. Hier helfen keine Appelle, sein Schicksal in die eigene Hand zu nehmen. Wer weiß? Vielleicht ist der Halbtote am Wegrand sogar sehr resilient und gut darin geübt, mit Konflikterfahrungen konstruktiv umzugehen, ein Vorbild, das sich nicht unterkriegen lässt. Aber für jeden Menschen gibt es ein Zuviel!

Programmatisch für die jesuanische Auslegung des Liebesgebots der Thora ist die Umkehr der Fragestellung: Aus „Wer ist denn mein Nächster?" ist am Ende der Geschichte „Wem bist *du* der Nächste?" geworden. Die Antwort der Parabel ist klar: Dem Menschen, der mich gerade *braucht,* wenn ich es wahrnehme und ernstnehme. Nächstenliebe ist die Angelegenheit der sozialen Achtsamkeit.

Entscheidend kommt es darauf an, dass Menschen ihre soziale Isolation von innen heraus durchbrechen, aber dazu müssen sie erst einmal in der Lage sein. Es ist gesellschaftlich en vogue, sein eigenes Opferdasein zu bejammern.[25] Zu vielen ist viel zu bald „alles zuviel", ihnen mangelt Eigenverantwortung und Selbstdisziplin, um die Misere zu überwinden. Auch das sind Nächste im Sinn des Gleichnisses, denn sie leiden Not. Doch ihr eigener Anteil daran ist genau so groß wie ihre eigene Verpflichtung, in eigener Verantwortung diese Not zu überwinden. Unsere vorrangig Nächsten sind aber die wahren Opfer. Sie können nichts oder nur sehr wenig dafür, in eine lebensbedrohliche Notlage

---

[25] Vgl. dazu die bedenkenswerte Gesellschaftskritik des französischen Philosophen und Schriftstellers Pascal Bruckner aus den 90er Jahren: Pascal Bruckner, *Ich leide, also bin ich: Die Krankheit der Moderne,* aus d. Franz. v. C. Landgrebe (Aufbau Taschenbuch: Berlin, 1997). An dieser Krankheit hat sich wohl bis heute nichts verbessert.

geraten zu sein, und sie können womöglich ebenso wenig aus eigener Kraft dafür tun, wieder herauszukommen. Es ist anzunehmen, dass sie einen großen Teil der sozial Isolierten bilden.

Die Kritik am Turn-away-Verhalten der Gesellschaft seiner Zeit gerade solchen Betroffenen gegenüber spielt in der Jesuslehre des Lukasevangeliums eine auffallend starke Rolle. Im Vergleich zur Geschichte vom Barmherzigen Samariter tritt sie ultimativ zugespitzt in der Parabel über den „Reichen Mann und den armen Lazarus" in Erscheinung.

Es war aber ein reicher Mann, der kleidete sich in Purpur und kostbares Leinen und lebte alle Tage herrlich und in Freuden. Ein Armer aber mit Namen Lazarus lag vor seiner Tür, der war voll von Geschwüren und begehrte sich zu sättigen von dem, was von des Reichen Tisch fiel, doch kamen die Hunde und leckten an seinen Geschwüren. Es begab sich aber, dass der Arme starb, und er wurde von den Engeln getragen in Abrahams Schoß. Der Reiche aber starb auch und wurde begraben. Als er nun in der Hölle war, hob er seine Augen auf in seiner Qual und sah Abraham von ferne und Lazarus in seinem Schoß. Und er rief und sprach: Vater Abraham, erbarme dich meiner und sende Lazarus, damit er die Spitze seines Fingers ins Wasser tauche und kühle meine Zunge; denn ich leide Pein in dieser Flamme. Abraham aber sprach: Gedenke, Kind, dass du dein Gutes empfangen hast in deinem Leben, Lazarus dagegen hat Böses empfangen; nun wird er hier getröstet, du aber leidest Pein. Und in all dem besteht zwischen uns und euch eine große Kluft, dass niemand, der von hier zu euch hinüberwill, dorthin kommen kann und auch niemand von dort zu uns herüber. Da sprach er: So bitte ich dich, Vater, dass du ihn sendest in meines Vaters Haus; denn ich habe noch fünf Brüder, die soll er warnen, damit sie nicht auch kommen an diesen Ort der Qual. Abraham aber sprach: Sie haben Mose und die Propheten; die sollen sie hören. Er aber sprach: Nein, Vater Abraham, sondern wenn einer von den Toten zu ihnen ginge, so würden sie Buße tun. Er sprach zu ihm: Hören sie Mose und die Propheten nicht, so werden sie sich auch nicht überzeugen lassen, wenn jemand von den Toten auferstünde.
Lukas 16, 19–31

In beiden Geschichten wäre die Abhilfe etwas ganz Undramatisches. Der Reiche müsste sich so wenig für den Armen aufopfern wie der Samariter für den Verletzten am Wegrand. Er müsste nur innehalten, sein Herz einmal bewegen lassen von diesem Anblick und sich dann nicht gleich wieder abwenden, sondern erst einmal dafür sorgen, dass die Not behoben wird.

Der Geschichte vom armen Lazarus ähnelt sehr Hans Christian Andersens Märchen vom „Kleinen Mädchen mit den Schwefelhölzern" aus dem Jahr 1845, das im Anhang nachgelesen werden kann,[26] geschrieben mitten im großen Boom der Industrialisierung, als der Kapitalismus seine Macht entfaltete, als der Sozialdarwinismus zur bequemen Selbstrechtfertigung der immer reicher werdenen Reichen geworden war, die sich einer immer mehr verelendenden Menge der Armen gegenüber sahen. Zu Recht stellt Thorsten Herbst in seiner Studie der kindlichen Einsamkeit dieses Märchen mit dem vom „hässlichen Entlein" zusammen. Hier handelt es sich um ein völlig verkanntes Kind, dort um

---

[26] Anhang 2.

ein völlig vernachlässigtes; beide sind zutiefst vereinsamt. Aber „Das hässliche Entlein"
hat ein Happy End, weil es gerade noch rechtzeitig „seine Rettung durch die Anbindung an eine liebende Gemeinschaft erfährt, obwohl es sich den Tod nach wiederholter
Ausgrenzung aus der Gemeinschaft herbeigesehnt hatte".[27]

Das kleine Mädchen ist ein reines Opfer. Vom armen Lazarus ist das nicht gesagt, aber
jedenfalls ist er zum reinen Opfer *geworden,* weil auch er keine „Anbindung an eine liebende Gemeinschaft" erfahren hat; anders als der Lahme von Betesda kann er schließlich
den schlimmen Zustand nicht mehr selbst überwinden. Er braucht die andern so nötig wie
der Halbtote in der Geschichte vom barmherzigen Samariter. Auch er ist unter die Räuber
gefallen, aber nun sind die Räuber keine gesellschaftlichen Außenseiter mehr, sondern
die geldgierigen, geizigen Reichen mit ihrer Gleichgültigkeit. In der praktizierten Gleichgültigkeit äußert sich die Dominanz des kapitalistischen Wohlstandssytems. Typisches
Zeichen der stigmatisierenden Exklusion der Elenden in diesem System „ist das Nicht-
Ernstnehmen", schreibt der Soziologe Hans-Peter Dreitzel im Rekurs auf den Soziologen
Irvin Goffman (1922–1982), der sich maßgeblich mit dem Thema „Stigmatisierung" aus-
einandergesetzt hat. „Stillschweigend oder offen wird der andere ‚abgeschrieben', sieht
sich unversehens der Interaktionsbasis beraubt und in die Einsamkeit des Stigmatisierten
gedrängt."[28]

Die große Kluft der Lazarusparabel im Jenseits ist die gerechte Umkehr der großen
Kluft im Diesseits. Obwohl Lazarus buchstäblich vor der Tür des Reichen liegt, gibt
es keine Brücke zwischen den Welten der beiden. Transparent werden die Mauern der
Häuser, in denen die Begüterten Weihnachten feiern und gemütlich schmausen, für das
Mädchen mit den Schwefelhölzern in der mörderischen Kälte draußen erst, als es sterbend
halluziniert.

„Paläste hat die Kultur hervorgebracht; edle Menschen hervorzubringen, war offenbar
nicht so leicht", fand Henry Thoreau im selben Jahr 1845, als er freiwillig für eine Zeit
lang vom Trubel des Wohlstandswachstums Abstand nahm, um in engster Tuchfühlung
mit der Natur auf alles zum Lebenserhalt Unnötige verzichtend in gewollter Einsamkeit
zu sich zu kommen, zu sich selbst.[29] „Der üppigen Lebensweise der einen hält die Mit-
tellosigkeit der andern die Waage", fährt er fort. „Auf der einen Seite der Palast, auf
der andern das Armenhaus und der ‚verschämte Arme'."[30] Die jugendliche Dynamik des
Kapitalismus ist in die Jahre gekommen, aber seinen Geist hat das nicht alt werden lassen. Er hat Völker ausgesaugt und hingemordet und setzt das Treiben schamlos fort, er

---

[27] Thorsten Herbst, *Die kindliche Einsamkeit: Wie sie entsteht, welche Konsequenzen sie hat … und
worin unsere Verantwortung besteht* (Junfermann: Paderborn, 2010), 40.

[28] Hans Peter Dreitzel, *Einsamkeit als soziologisches Problem* (Die Arche: Zürich, 1970), 36 f. Das
verlange nach Verhaltenstechniken, die Goffman „Stigma-Management" nennt. „Aber es führt zur
vollkommenen Einsamkeit dort, wo die Menschen zu derartigen Abwehrtechniken nicht mehr in der
Lage sind." Ebd., 37.

[29] Henry David Thoreau, *Walden: Der Traum vom einfachen Leben,* aus d. Amerik. übers. u. mit
einem Nachw. v. F. Güttiger (Reclam: Ditzingen, 2017) 38.

[30] Ebd.

hat die Natur als Gegenstand seiner unersättlichen Raublust und Abfallhaufen zugleich missbraucht und ihr heillose Wunden geschlagen und will es immer noch nicht lassen. Es ist derselbe Ungeist wie damals schon, als Jesus predigte, nur hat sich mit der Industrialisierung sein räuberisches Potenzial grenzenlos erweitert, weil ihm seither die Technik dafür zur Verfügung steht. Analog dazu ist auch das Problem der Vereinsamung dasselbe wie schon eh und je. Aber ebenso analog verändert sich seine Dimension gleichfalls durch die technische Expansion.

Jesus bedient sich, um seinem Urteil über diesen Ungeist größtmögliche Schärfe zu verleihen, der zeitgenössischen Jenseitsvorstellungen. Was sich da drüben im Hades vollzieht, als Lazarus und der Reiche gestorben sind, versinnbildlicht das letztgültige Urteil über die Gleichgültigkeit des Reichen und seinesgleichen. Da gibt es nichts zu relativieren: Sehenden Auges nicht denen zu helfen, die es dringend brauchen und sich nicht oder nur mit großer Mühe selbst helfen können, gleichgültig an ihnen vorbeizugehen, obwohl man ohne Weiteres mit geringem Aufwand Abhilfe schaffen könnte, ist dem ultimativen unverrückbaren und unüberbrückbaren Gerichtswort nach schlicht böse ohne Wenn und Aber.

Nicht um das herablassende Almosen geht es, zur Beruhigung des Gewissen und um sich philanthropisch fühlen zu können, ohne ehrliches Interesse für den notleidenden Mitmenschen aufzubringen, ohne wirklich hinzuschauen und verstehen zu lernen. Falsches Mitleid will das Leid nicht sehen, wahres Mitleid schaut hin und leidet mit. Falsches Mitleid tut sich selber wichtig, wahres Mitleid ist selbstverständlich und natürlich.

Warum sind diese Texte *spirituell?* Weil sie *existenziell* sind. Alles Existenzielle bringt die Frage mit sich, wo es herkommt, worin sein Sinn liegt, wodurch sein Unsinn in Sinn verwandelt werden kann. Sich diesen Fragen zu widmen obliegt der Religion und der Philosophie. Das rational nur noch annäherbare höchst Sinnvolle wie auch das unfassbar Unsinnige lässt sich mehr ahnen und glauben als wissen. Empirische Untersuchungen können Wirkungen in diesen Grenzbereichen reflektieren, aber nur noch vorsichtig deutend von den Ursachen reden. Doch das Phänomen des Eisbergs der Vereinsamung reicht, wenn es recht verstanden werden will, bis in die existenzielle Tiefe hinein. Das spüren wir und darum wissen wir uns von der mythischen, andeutenden Sprechweise solcher Texte angesprochen. Auch wenn sie die Gestalt des Märchens haben, ist uns wohl bewusst, dass ihr eigentlicher Inhalt durchaus kein Märchen ist. Wir spüren das, weil es unsere eigene existenzielle Tiefe berührt – die eigene existenzielle Einsamkeit wie auch unsere tiefste Hoffnung.

Literatur

Baumeister, R., & Tierney, J. (2012). *Die Macht der Disziplin: Wie wir unseren Willen trainieren können.* Aus d. Engl. v. J. Neubauer. Campus.

Bohn, C. Einsamkeit im Spiegel der sozialwissenschaftlichen Forschung. Dissertation zur Erlangung des Grades einer Doktorin der Philosophie. Universität Dortmund, Fachbereich Erziehungswissenschaft und Soziologie, Mai 2006. https://d-nb.info/997491426/34. Zugegriffen: 26. Aug. 2021.

Bruckner, P. (1997). *Ich leide, also bin ich: Die Krankheit der Moderne.* Aus d. Franz. v. C. Landgrebe. Aufbau Taschenbuch.

Die Bibel nach Martin Luthers Übersetzung, revidiert 2017. Deutsche Bibelgesellschaft, 2016.

Kahnemann, D. (2011). *Schnelles Denken, langsames Denken.* Aus d. Amerik. v. T. Schmidt. Siedler.

Kant, I. (1981). Beantwortung der Frage: Was ist Aufklärung? In I. Kant (Hrsg.), *Schriften zur Anthropologie, Geschichtsphilosophie, Politik und Pädagogik.* 1. Teil. Werke in zehn Bänden, Hg. W. Weischedel (Bd. 9, S. 51–61). Wissenschaftliche Buchgesellschaft.

Kant, I. (1995). Die Religion innerhalb der Grenzen der bloßen Vernunft [1793]. In I. Kant (Hrsg.), *Die Religion innerhalb der Grenzen der bloßen Vernunft. Die Metaphysik der Sitten.* Werke in sechs Bänden (Bd. 5, S. 11–242). Könemann.

Köberle, A. (1985). *Heilung und Hilfe: Christliche Wahrheitserkenntnis in der Begegnung mit Naturwissenschaft.* Medizin und Psychotherapie. Brendow.

Kölbel, G. (1960). *Über die Einsamkeit: Vom Ursprung, Gestaltwandel und Sinn des Einsamkeitserlebnisses.* Ernst Reinhardt.

Lotz, J. B. (1972). *Erfahrungen mit der Einsamkeit.* Herder.

Lynch, J. J. (1977). *Das gebrochene Herz.* Deutsch v. J. Abel. Rowohlt.

Marquard, O. Plädoyer für die Einsamkeit. Einfach leben: Ein Brief von Anselm Grün. https://www. herder.de/el/hefte/archiv/2012/10-2012/plaedoyer-fuer-die-einsamkeitsfaehigkeit/. Zugegriffen: 31. Dez. 2021.

Platon. (1990). *Politeia.* Werke in acht Bänden. Griech. u. deutsch. Sonderausg., Bd. 4. Hg. G. Eigler. Bearbeitet v. D. Kurz. Griech. Text v. E. Chambry. Deutsche Übersetz. v. F. Schleiermacher. Wissenschaftliche Buchgesellschaft.

Saum-Aldehoff, T. (2012). Im Gefängnis der Einsamkeit. *Psychologie heute, 7,* 61–66.

Thoreau, H. D. (2017). *Walden: Der Traum vom einfachen Leben.* Aus d. Amerik. übers. u. mit einem Nachw. v. F. Güttiger. Reclam.

Zusammenfassende Darstellung des Vereinsamungsproblems

5

Zusammenfassung

Anhand von zwei Grafiken werden die bis zu diesem Punkt aufgezeigten Zusammenhänge anschaulich dargestellt. Die erste Grafik zeigt die Komplexität der Vereinsamung mit dem Übergangsbereich von „guter" und „schlechter" Einsamkeit, die zweite anhand des Eisbergmodells die gegenseitige Ergänzung von empirischen und phänomenologischen Zugängen.

5.1 Einsamkeit und Vereinsamung

Die Einsamkeitserfahrung kann sinvoll für das Individuum sein. Man mag das die „gute Einsamkeit" nennen. Nicht alles, was für uns gut ist, empfinden wir als angenehm. Die gute Einsamkeit kann sehr schmerzlich sein; dann fällt es uns schwer, sie zu akzeptieren. Aber dennoch *tut* sie uns gut. In ihrem Raum findet Heilung statt. Wir kommen zu uns, finden neue Orientierung. Die schwere gute Einsamkeit ist unverzichtbarer Teil der gesunden Persönlichkeitsentwicklung: Wir reifen darin (Abb. 5.1).

Selbstzweck ist die schwere gute Einsamkeit aber nicht. Sie kann nur gut bleiben, wenn die betroffene Person zur Freude durchdringt. Als Beziehungswesen erlebt der Mensch die schwere gute Einsamkeit als Mangelerfahrung. Sein Bindungsbedürfnis findet jetzt zu wenig Erfüllung. Ihm wird dauerhaft Wesentliches fehlen, wenn er im Zustand der schweren guten Einsamkeit bleibt. Die schwere gute Einsamkeit verlangt nach der Erfüllung des Bedürfnisses nach vertrauensbestimmter Gemeinschaft, so wie der Hunger nach Sättigung. Das ist die Bedingung dafür, dass aus der schweren guten Einsamkeit eine schöne gute Einsamkeit wird. Hier dominiert die Freiwilligkeit. Die Person ist nicht sozial isoliert; sie kann selbstbestimmt wechseln zwischen Einsamkeit und Gemeinschaft. Bei dieser Voraussetzung finden wir in der Einsamkeit Erfüllung unseres Bedürfnisses, ganz für uns

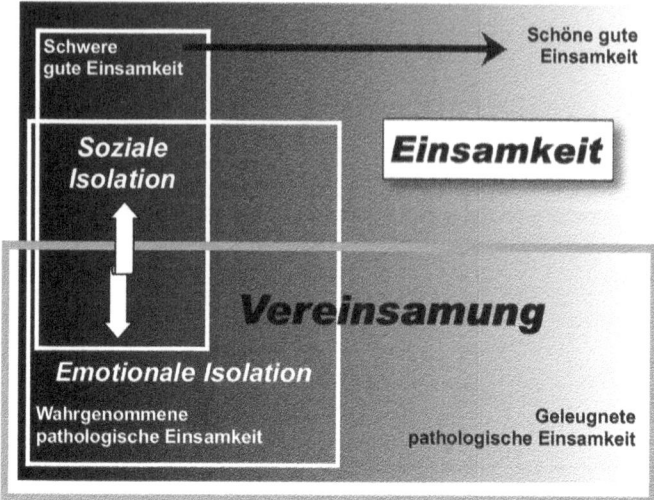

Abb. 5.1 Die Differenzierung von Einsamkeit und Vereinsamung im Überblick

selbst und bei uns selbst zu sein, um uns ungestört mit dem beschäftigen zu können, was uns persönlich wichtig ist.

Aber die Schnittmenge der schweren guten Einsamkeit mit der sozialen Isolation ist groß. Schwere gute Einsamkeit können wir auch erfahren, ohne sozial isoliert zu sein, weil soziale Isolation als chronischer Zustand definiert ist. Trauererfahrungen können als schwere gute Einsamkeit ohne soziale Isolationserfahrung erlebt werden. Man hat einen nahen Menschen verloren, aber es sind noch andere da, mit denen man gemeinsam um ihn trauert oder die als nicht unmittelbar Mitbetroffene doch verlässlich tröstliche Nähe geben. Wenn wir die schwere gute Einsamkeit aber in sozialer Isolation erleiden müssen, kann sie sich weit von der Wandlung zur schönen guten Einsamkeit entfernen. Wir mögen sehr gut mit unserer Einsamkeit umgehen, wir mögen sie angenommen und das Beste daraus gemacht haben, wir mögen uns selbst und unser entschlossenes Ja zum Leben nicht aufgegeben haben, und trotzdem wird es uns zu viel, weil das Bedürfnis nach Gemeinschaft dauerhaft unerfüllt bleibt. Die bedrückende Wirkung der sozialen Isolation führt zu einer Verdunkelung unseres Wahrnehmungshorizonts, wodurch der Blick für das Gute an unserer Einsamkeit getrübt wird. Wir mögen noch den Glauben daran bewahren, aber wir verlieren die sinnvolle Vorstellung davon. Trauer ist keine Krankheit im engeren Sinn, gleichwohl aber ein Gekränktsein; schwer Trauernde sind schwer Verletzte. Die natürliche Vulnerabilität der Trauernden macht sie zur Risikogruppe für emotionale Isolation. Gute Vertrauensbeziehungen, die nicht nur oberflächliche Verbindung herstellen, sind die beste Medizin dagegen.

Als chronische Erfahrung bleibt die soziale Isolation nicht ohne schädigende Folgen. In ihrem dunklen Loch verdunkelt sich auch unser Denken und Fühlen; die Wahrnehmung selbst verfinstert sich, der Optimismus schwindet, die pessimistische Erwartung wächst. Wenn die schwere gute Einsamkeit unter den Bedingungen der sozialen Isolation erfahren wird, gerät sie damit auch in den Sog der emotionalen Isolation. Betroffene verlieren die Fähigkeit des Differenzierens. Ihre Erwartungen werden einseitig negativ, ihr Urteilen neigt dazu, das Erfreuliche auszublenden. Dadurch entstehen sich selbst erfüllende Prophezeiungen: Aus der permanenten Erwartung, ja doch nur von allen andern enttäuscht, missbraucht, verlassen und verraten zu sein, folgt ein dementsprechendes Verhalten, dessen Konsequenzen die negative Erwartung zu bestätigen scheinen. Die schwere gute Einsamkeit ist umgekippt zur schweren „schlechten" Einsamkeit, sie ist nicht mehr gut und tut nicht mehr gut, sie hat toxische Wirkung, die Person geht daran zugrunde.

Der Übergang von der gesunden zur pathologischen Einsamkeit ereignet sich dort, wo die Einsamkeit zur Vereinsamung wird, unter den Bedingungen übermäßiger sozialer Isolation. Wann es zu viel wird, hängt von der individuellen Veranlagung und Reife ab. So können wir aus guter schwerer Einsamkeit auf dem Weg sozialer Isolation schließlich in die emotionale Isolation hineingezogen werden. Aber die emotionale Isolation kann auch vorrangiger Ursprung der Vereinsamung sein, wenn eine Person durch mangelnde Sozialkompetenz und unrealistische Erwartungen und Befürchtungen den andern, sich selbst und dem Leben gegenüber ihre soziale Isolation selbst herbeiführt oder jedenfalls fördert und verfestigt.

Soziale und emotionale Isolation stehen also in einem sich gegenseitig verstärkenden Wechselverhältnis zueinander. Ein Übermaß an sozialer Isolation begünstigt das Zustandekommen emotionaler Isolation und diese hat wiederum soziale Isolation zur Folge.

Evident sind die beschriebenen Prozesse aber nur, wenn sie entweder von den Betroffenen selbst als Leidenserfahrung wahrgenommen werden oder Menschen aus ihrem Umfeld ihren Vereinsamungszustand objektiv erkennen. Es muss allerdings angenommen werden, dass ein Großteil der larvierten Vereinsamung von den Betroffenen wie auch von ihren Mitmenschen unerkannt bleibt. Unsere Gesellschaft bietet ein weites Spektrum an Mitteln, die eigene Vereinsamung und die der anderen zu leugnen und zu kompensieren. Das hat den Schein der schönen guten Einsamkeit und, vor allem, der schönen guten Gemeinsamkeit, um den Preis der Problemverlagerung in viele schädigende und selbstschädigende Verhaltensweisen, die bei oberflächlicher Betrachtung mit Vereinsamung gar nichts zu tun haben. Man gibt sich glücklich und glaubt auch daran, aber man zahlt dafür mit Abhängigkeiten, Lebenslügen, zweifelhaften Ideologien, Rechthaberei, emotionaler Vereisung, Aktivismus, krankem Ehrgeiz und so weiter.

5.2   Der Eisberg

Abb. 5.2 fasst den Forschungsbefund zum Thema „Vereinsamung" zusammen, wie er sich unter Voraussetzung der notwendigen begrifflichen Differenzierung aus der phänomenologischen Perspektive ergibt, die empirische Statistikergebnisse und deren Konklusionen mit den Zusammenhangsanalysen anderer wissenschaftlicher Erkenntnisse zusammenschaut.

Bei Eisbergen aus Wasser liegen ungefähr 90 % der Substanz unter der Oberfläche. Die Verwendung des Bildes vom Eisberg zur Darstellung des Gesamtproblems könnte den Schluss nahe legen, dass dies auch für die Vereinsamung zutrifft. Das wäre ein Fehlschluss. Es geht nicht darum, die Messdaten des Naturphänomens in den sozialen Bereich zu übertragen, sondern die Symbolik aufzunehmen. Kern der Aussage ist: Einiges ist oberflächlich evident und kann darum auch gut ermessen werden, einiges liegt, immer noch einigermaßen gut sichtbar und erreichbar, unter der Oberfläche, aber einiges und vielleicht sogar sehr vieles lässt sich nicht mehr so leicht oder vielleicht auch überhaupt nicht mehr empirisch erreichen, darum kommen auch alle Maßangaben dort an ihre Grenzen.

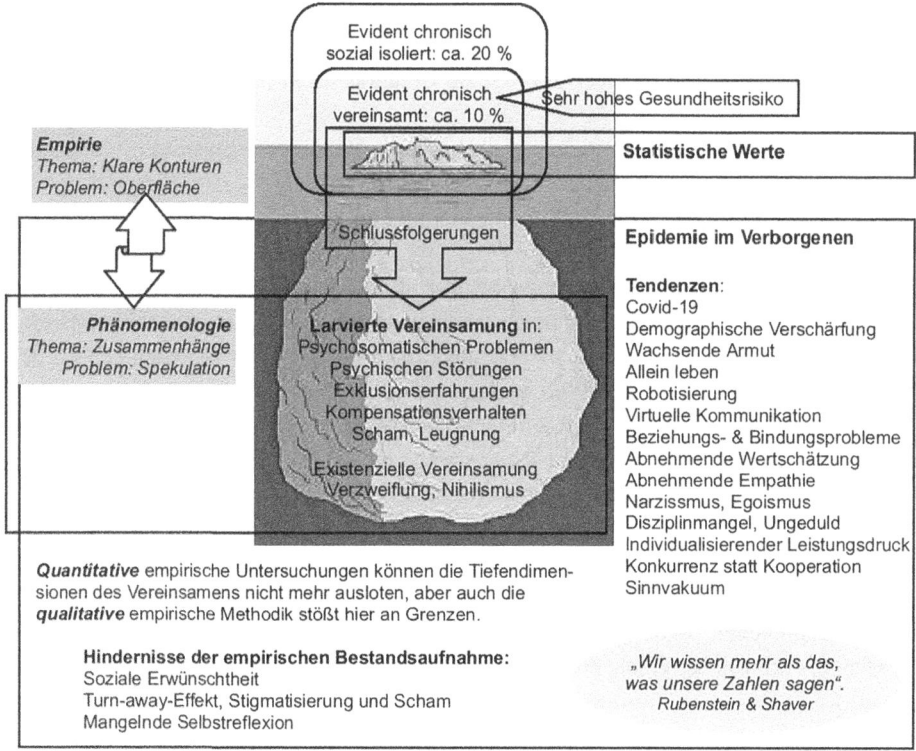

Abb. 5.2 Zusammengefasste Darstellung des Vereinsamungsproblems mit der Eisbergmetapher

Die Spitze des Eisbergs ist als gesellschaftliches Problem allerdings schon groß und gefährlich genug, um dringend ernst genommen zu werden. Die objektiven Werte der extremen Gesundheitsschädigung evidenter Vereinsamung weisen aber auch bereits zwingend logisch darauf hin, dass nicht nur die Folgeprobleme der Vereinsamung jener nach Selbsteinschätzung circa zehn Prozent Betroffener immens sind, mit gewisserma ßen ansteckender Wirkung, sondern dass auch die Wechselwirkungen von mangelnder Stressbewältigungskompetenz, mangelnder Sozialkompetenz und anderem mit der Vereinsamung zu berücksichtigen sind; beides greift offenbar so eng ineinander, dass man das Vereinsamungsproblem von jenen affinen Faktoren gar nicht sinnvoll abtrennen kann. Das alles zusammen kann wiederum nur recht verstanden werden, wenn auch die gesellschaftlichen Entwicklungen, die als Katalysatoren des Vereinsamungsproblems wirken, ernsthaft einbezogen werden.

Der empirisch statistischen Forschung kommt für die Erfassung der Zusammenhänge hohe, wenn nicht vorrangige Bedeutung zu, aber die Relevanz der Ergebnisse hängt davon ab, ob sie auch tatsächlich adäquat auf den phänomenologischen Zusammenhang bezogen werden. Zahlen erhalten ihren Aussagewert immer erst durch die Deutung. Zur Vertiefung werden *qualitative* Untersuchungen benötigt, die von vornherein um Wahrnehmung von Zusammenhängen bemüht sind, indem sie nach der Gestalt des Phänomens im echten Alltagsleben echter (einzelner) Menschen fragen. Wissenschaftlichkeit heißt hierbei, die persönliche emotionale Färbung der Problemwahrnehmung bei Fragenden und Befragten ernst zu nehmen, sich aber vor spekulativ verallgemeinernden Schlussfolgerungen daraus zu hüten.

Als wissenschaftlichen Konsens wird man jedenfalls für das Vereinsamungsproblem eine erhebliche Neigung zum Wegschauen, Beschönigen und Verstecken bei Betroffenen, aber auch bei Experten konstatieren dürfen, die sich dem Thema widmen. Dass die gefühlte Einschätzung der Brisanz grassierender Vereinsamung, stark verschärft durch die Corona-Pandemie, offenbar bei sehr vielen Bürgerinnen und Bürgern weit mehr als knapp zehn Prozent Betroffene erahnen lässt, wird man wohl dem „gesunden Menschenverstand" zuschreiben dürfen, der anscheinend, Gott sei Dank, doch noch nicht so ganz von den Algorithmen der Social Bots abgelöst ist, die allenthalben und allgegenwärtig um des Profits willen, auf den allein sie geeicht sind, die fatale Illusion des Goldenen Zeitalters wunderbaren gemeinschaftlichen Verbundenseins verbreiten.

Und nochmals Gott sei Dank: Wohl nicht zuletzt der gesunde Menschenverstand ließ auch, dieses Mal hoffentlich noch rechtzeitig, die Politik erkennen, dass sich noch sehr viel ändern *muss,* aber auch ändern *kann,* damit Vereinzelung und Vereinsamung, evident und latent, je länger je mehr nicht wesentlich zur Aushöhlung des gesellschaftlichen Zusammenhalts beitragen, der letztlich in die Katastrophen des Zusammenbruchs der freiheitlichen Gemeinschaftsordnungen mündet.

Vereinzelung und Entfremdung

6

Zusammenfassung

In der Nachkriegszeit haben sich gesellschaftliche Trends etabliert, die zwar als unmittelbare Ursachen von Vereinsamung missverstanden wären, aber zweifellos einen sehr guten Nährboden dafür bilden. Diese Trends setzen sich weiterhin fort. Es handelt sich um die Beziehungsmobilität der Singlexistenz mit den Schwerpunkten allein zu wohnen und in Beziehungen unverbindlich zu bleiben, um einen Verlust der Bereitschaft und der Fähigkeit zu vertrauen, um die postmoderne Herausforderung des Individuums, eigenständig seine Werte zu definieren und zu priorisieren, sowie um das Ethos einer narzisstischen Lebenshaltung, einhergehend mit Normalisierung von Egoismus und Gleichgültigkeit, erwünscht und betrieben durch die kapitalistische Mechanisierung der Menschen zu Produktionswerkzeugen und produktionsfördernden Konsumenten. Diese Bedingungen sind zum Teil einfach durch den Wandel der Verhältnisse bedingt und insofern Herausforderungen zur Neugestaltung, aber sie sind doch auch zu einem großen Teil destruktiv, weil sie den Menschen als Lebensressourcen nicht das geben, was sie wirklich brauchen. Das bedeutet: Der Mensch entfremdet sich durch sie seiner selbst. Was daraus entsteht, ist „schlechte" respektive „falsche" Einsamkeit, die allerdings häufig durch oberflächliche Beziehungsaktivitäten, Kollektivismen und andere Kompensationen überdeckt und ersetzt wird.

H.-A. Willberg, *Einsamkeit und Vereinsamung*,
https://doi.org/10.1007/978-3-662-67162-7_6

6.1   Allein leben als Trend

Diana Kinnert spricht von der „Nomadenhaftigkeit" der heutigen Gesellschaft.[1] Immerhin bewegen sich herkömmliche Nomaden *gemeinsam* von Ort zu Ort, wohl wissend, dass Zusammenhalt und enge Kooperation überlebenswichtig für ihre mobile Lebensweise sind. Das fehlt den heutigen Nomaden, die Kinnert meint, während Mobilität tatsächlich ihr Lebenselement zu sein scheint. Aber zu viele Ortswechsel tun der Persönlichkeitsentwicklung nicht gut. Man kann Schwierigkeiten mit seiner Identität dadurch bekommen.

Das Israel seiner Frühgeschichte war ein Nomadenvolk. Darauf bezieht sich das vierte der zehn Gebote im Alten Testament: „Du sollst deinen Vater und deine Mutter ehren, […] auf dass du lange lebest und dir's wohlgehe in dem Lande, das dir der Herr, dein Gott, geben wird", heißt es in den Mosebüchern.[2] Wenn die Nomadenhaftigkeit zu einem Kennzeichen der heutigen Gesellschaft geworden ist, dann hängt auch *unser* zukünftiges Wohlergehen davon ab, wie wir uns denen gegenüber verhalten, die den mobilen Fortschritt behindern, weil *sie* behindert sind, wie überhaupt zu allen, die Zeit und Kraft beanspruchen, die man lieber noch für Profitmaximierungen und Genusssteigerungen übrig hätte. Je älter und eingeschränkter wir sind, desto mehr gehören wir zu dieser Gruppe, die auf den Respekt derer angewiesen sind, die noch im Vollbesitz ihrer Kraft und Möglichkeiten sind. Respekt ist Achtung der Menschenwürde. Das Kriterium der Glaubwürdigkeit des Respekts liegt in der Initiative, der respektierten Person das zu geben, was sie von uns braucht, weil sie es sich nicht selbst geben kann.

Schon vor 15 Jahren lebte fast die Hälfte der 75–79Jährigen und weit mehr als die Hälfte der mehr als 80 Jahre alten Menschen in Deutschland allein. Diese Werte sind ziemlich beständig geblieben. Mitte 2021 meldete das Statistische Bundesamt, dass jede dritte Person der Altersgruppe über 65 allein lebt, das sind fast sechs Millionen Senioren, etwa eine Million mehr als noch vor 20 Jahren. Die Entwicklung wird sich fortsetzen. In denselben 20 Jahren nahm die Zahl der verheirateten Personen zwischen 40 und 54 von 83 % auf 67 % ab. Das sind die Senioren der nahen Zukunft.

Zugleich hat sich die räumliche Distanz zwischen Eltern und ihren erwachsenen Kindern immer mehr vergrößert. Aus etwa 40 % in der Nähe der Eltern wohnenden Töchtern und Söhnen vor 20 Jahren waren 15 Jahre später ungefähr 25 % geworden, Tendenz: Es werden noch weniger.

Viel könnte gegen diesen Trend zur Vereinzelung durch eine groß angelegte Förderung des Zusammenlebens getan werden. Zu Recht ist die Bereitstellung von *Mehrgenerationenhäusern* ein Gegenstand des öffentlichen Interesses geworden. Gegen Ende der letzten Legislaturperiode förderte das Bundesministerium für Familie, Senioren, Frauen und Jugend 530 Mehrgenerationenhäuser in Deutschland. Das ist ein guter Anfang, aber

---

[1] Diana Kinnert, *Die neue Einsamkeit. Und wie wir sie als Gesellschaft überwinden können,* mit M. Bielefeld, 3. Aufl. (Hoffman und Campe: Hamburg, 2021), 40.

[2] Deuteronomium 5,16.

vorerst auch nur ein Tropfen auf dem heißen Stein. „Drei- und Mehrgenerationenhaushalte machen nicht einmal mehr ein Prozent der Haushalte in Deutschland aus", reportierte das Berlin-Institut für Bevölkerung & Entwicklung 2019 in seinem Gutachten.[3] Die Zahl der Zweigenerationenhaushalte liegt nicht weit weg davon. 2021 lebten insgesamt nur sechs Prozent der Menschen über 65 unter einem Dach mit Jüngeren.

Es geht keineswegs nur darum, dass durch generationenübergreifendes Zusammenleben der Vereinsamung alter Menschen vorgebeugt wird. Nachhaltig sinnvoll kann so etwas nur als ein Geben und Nehmen sein. Bedarf gibt es genug. Der Fünfte Armuts- und Reichtumsbericht teilt mit, dass in den vergangenen Jahrzehnten die Zahl der erwerbstätigen Mütter mit einem jüngsten Kind im Alter zwischen eins und zwei immer weiter zugenommen hat. 2015 lag die Ziffer bei 43 %. Noch deutlicher hatte sich die Zahl der erwerbstätigen Mütter mit einem jüngsten Kind zwischen zwei und drei Jahren gesteigert. Sie lag 2015 bei 60 %. Alle, die selbst einmal kleine Kinder hatten, werden sich erinnern können, wie anstrengend und vereinnahmend das ohnehin schon sein kann – und wenn man zudem auch noch berufstätig ist! Das Risiko von Frauen, bei solchen Umständen in soziale Isolation zu geraten, dürfte ziemlich hoch sein. Und die Belastungen nehmen dem Bericht nach noch weiter zu: „Mütter kehren nach der Geburt eines Kindes mehrheitlich in Teilzeit wieder in den Beruf zurück. Seit Jahren erhöht sich jedoch der Arbeitsumfang, mit dem junge Müttter wiedereinsteigen."[4] Unter Gesichtspunkten wie solchen ist das Prinzip des räumlichen Für-sich-Bleibens älterer und jüngerer Menschen irrsinnig und unsinnig desintegrierend. Man kann sich gegenseitiges sehr viel Gutes tun! Die aufgegebenen Vorteile des alten Modells der Großfamilie lassen sich ohne Weiteres zurückgewinnen, wenn man nur will. Man muss nicht zur selben Sippe gehören, um wie eine große Familie füreinander da zu sein.

Wie gesagt kommen viele ältere Menschen mit dem Alleinsein bemerkenswert gut zurecht. Trotz der genannten Entwicklung hat sich das Niveau der Kontakthäufigkeit und der Beziehungsqualitäten in den letzten 20 Jahren offenbar insgesamt bei ihnen nicht verschlechtert; „hier dürften die neuen Kommunikationsmedien eine entscheidende Rolle spielen", vermutet das Berlin-Institut für Bevölkerungsentwicklung.[5] Außerdem seien wahrscheinlich die „neuen Alten" mittlerweile auf die veränderte Beziehungssituation konditioniert. Sie scheinen sich zunehmend darauf einzustellen, dass ihr soziales Netz mehr als früher ein Patchwork von verwandtschaftlichen und freundschaftlichen Beziehungen sein muss. Es ist anzunehmen, dass sich diese Sichtweise auch in den derzeit

---

[3] Berlin-Institut für Bevölkerung und Entwicklung, Körber Stiftung (Hg.), (Gem)einsame Stadt? Kommunen gegen soziale Isolation im Alter: Fakten, Trends und Empfehlungen für die Praxis (Körber-Stiftung: Hamburg, 2019), 13.

[4] Bundesministerium für Arbeit und Soziales, Lebenslagen in Deutschland: Der Fünfte Armuts- und Reichtumsbericht der Bundesregierung 2017, abrufbar unter Bundesministerium für Arbeit und Soziales, Armuts- und Reichtumsbericht, https://www.armuts-und-reichtumsbericht.de, Abruf 06.05.2021, 331.

[5] Tagesschau.de, Jeder dritte Mensch über 65 lebt allein, 29.09.2021, https://www.tagesschau.de/inland/alleinlebende-deutschland-101.html, Abruf 01.10.2021.

noch jüngeren Generationen fortsetzen wird. Jetzt schon ist die Demographieforschung zur Erkenntnis gelangt, dass „nach einer Generation" niedrige Kinderzahlen „zu einer Art sozialen Norm" werden, „weil den heranwachsenden Generationen die Erfahrung mit großen Familien und vielen Geschwistern verloren geht", erklärt Reiner Klingholz, der Leiter des Berlin-Instituts für Bevölkerungsentwicklung.[6] Das heißt: Die traditionellen Familienmodelle kommen nicht aus der Mode, weil man etwas dagegen hat, sondern weil sie den Menschen nicht mehr vertraut sind. Sie sind, das sei ohne moralisierenden Unterton gesagt, mittlerweile von Gestern. Die Zeiten haben sich geändert.

Naturgemäß ist aber im höheren Alter das soziale Netz generell weniger eng geknüpft und ein Knotenpunkt nach dem andern löst sich auf. Allein zu leben ist keineswegs ein hinreichender Indikator für pathologische Einsamkeit. Dennoch kommt man nicht um die Tatsache herum, dass ein Netz mit weniger dichten Knotenpunkten an Stabilität verliert. Irgendwann reißt es dann auch bei vielen, und das zeigt sich wiederum statistisch in den Einsamkeitswerten der Hochbetagten. Doch auch andere Altersgruppen erleben unabhängig von ihren persönlichen Präferenzen generell weniger starkes Eingebundensein: Alleinerziehende und Migranten sind offenbar besonders davon betroffen.

Dass ungewolltes Alleinsein ein häufiges Problem Jugendlicher ist, weiß man seit eh und je. Die Einsamkeitserfahrung gehört zum Reifungsprozess der Pubertät. Aber was ist, wenn sie sich danach fortsetzt? Der Trend, allein zu bleiben, mit eher oberflächlichen und wechselnden Beziehungen, ist stark. Vor allem unter Personen zwischen 20 und 35 wurde es in den letzten Jahrzehnten immer üblicher, allein zu wohnen.

Mehr als 40 % der in Deutschland gemeldeten Wohnungen sind Singlehaushalte und der Trend hat, beginnend bald nach dem Krieg, bislang immer weiter zugenommen; es handelt sich inzwischen um eine globale Entwicklung. Von den etwa 41 Mio. Haushalten, die es in Deutschland derzeit gibt, werden fast 18 Mio. von nur einer Person bewohnt.

Das muss durchaus nicht heißen, dass diese Menschen sich nicht damit wohlfühlen. Aber es heißt, dass sie anfälliger für pathologische Einsamkeit sind. Das hat sich jüngst in der Corona-Krise gezeigt: EU-weit stieg die Zahl der allein Lebenden, die durch das Social Distancing der ersten Pandemiemonate Einsamkeitsprobleme bekamen, viel stärker an als bei den Paaren. Besonders hoch ist das Risiko des Vereinsamens bei Alleinlebenden, wenn sie auch noch zu wenig Geld haben oder psychisch krank sind.[7]

---

[6] Reiner Klingholz, Die Nachwuchsfrage, in: Le Monde diplomatique (Hg.), *Atlas der Globalisierung: Welt in Bewegung*, Hg. S. Mahlke, Karten u. Grafiken v. A. Buitenhuis, Le Monde diplomatique, taz: Berlin, 2019, 49.

[7] „Während ein intaktes soziales Netzwerk etwa 25 bis 40 Personen umfasst, ist die Zahl bei psychisch erkrankten Menschen deutlich reduziert und umfasst etwa 13 Personen". Sabrina Fehn, André Fringer, Einsames Sterben, in: Thomas Hax-Schoppenhorst (Hg.), *Das Einsamkeits-Buch: Wie Gesundheitsberufe einsame Menschen verstehen, unterstützen und integrieren können* (Hogrefe: Bern, 2018), 210.

6.2   Vertrauensverlust

„Unerfüllte Liebessehnsucht ist einer der stärksten Faktoren menschlicher Vereinsamung", erinnert Gerhard Kölbel.[8] Muss man uns das erst noch sagen? Wer kennt nicht aus eigener Erfahrung den Liebeskummer? Man lächelt darüber, wenn man ihn hinter sich hat, aber man leidet schwer, wenn man ihn durchmachen muss. Die Literatur ist voll davon. Zweifellos macht Liebeskummer einen großen Teil der Einsamkeit junger Menschen aus. Das sind harte Prüfungen für sie, an denen sie wachsen können. Auch die Trauer um einen Menschen, den man durch Trennung oder Tod verloren hat, ist ja eine Art von Liebeskummer. Je mehr man ihm nahe stand, desto größer wird der Schmerz der Einsamkeit. Das kann uns krank machen.

Nicht nur die emotionale Isolation hat pathologische Folgen, sondern auch die soziale. Dauerhafte soziale Isolation kann nur dann als gute schwere Einsamkeit erlebt werden, wenn die betroffene Person über den Rückhalt einer Vertrauensbeziehung verfügt. Es grenzt an das Unmögliche, Vereinsamung noch unbeschadet zu ertragen, wenn diese Basis fehlt. Aber selbst dann noch kann ein Mensch seine seelische Gesundheit bewahren, wenn ihm die Vertrauensbeziehung nur mehr durch die Erinnerung zugänglich ist. So findet er in der schweren Einsamkeit zum *Grundvertrauen* zurück. Hier begegnet er seinem zuverlässig bejahenden Lebensfundament. Er weiß sich getragen. Das Grundvertrauen, zu dem wesentlich die frühkindliche Beziehung zur Mutter beigetragen hat, ist spirituell offen zum tragenden Grund des Lebens überhaupt und als tröstliche Tragkraft nicht mehr unterscheidbar vom Gottvertrauen.

Wenn aber dem Grundvertrauen zu viel Störendes und Enttäuschendes begegnet, erst recht wenn dies schon sehr früh einsetzt, wird es dunkel vom Misstrauen überschattet. Man kann heute die neuropsychologischen Folgen solcher Erfahrungen nachvollziehen und beschreiben. Das Motivationssystem nimmt Schaden und die Stressanfälligkeit nimmt zu, die Emphatiefähigkeit nimmt ab oder entfaltet sich erst gar nicht. Der erfahrene Liebesmangel bildet sich in der psychischen Grundstruktur der betroffenen Person ab. Es fällt ihr schwer, andern zu vertrauen und sich darum ganz auf sie einzulassen.

Auch dafür, eine gute Beziehung zu sich selbst zu pflegen, ist Voraussetzung, das von mindestens einer anderen Person erfahren zu haben. Wenn wir um einen Menschen wissen, der für uns Sorge trägt, kann uns das entscheidend helfen, auch im Zustand extremer Isolation die Selbstfürsorge nicht aufzugeben.

Was ist in den Elterngenerationen passiert, dass ihre Töchter und Söhne den Eindruck haben, wir seien heute „längst in einer Phase der systematischen Verbindungslosigkeit angekommen, die perverse Züge angenommen hat", wie Diana Kinnert schreibt? Sie sieht darin „die abgründig moderne Unfähigkeit, sich Intimität überhaupt noch zu trauen, Bindung zuzulassen und Nähe auszuhalten."[9]

---

[8] Gerhard Kölbel, *Über die Einsamkeit: Vom Ursprung, Gestaltwandel und Sinn des Einsamkeitserlebnisses,* (Ernst Reinhardt: München, Basel, 1960), 167.
[9] D. Kinnert, a.a.O., 127.

Mangel an Liebe und Vertrauen ist schädlich, denn unser Organismus ist nicht dafür gemacht. Menschen sind Beziehungswesen. Darum sind die Motivationssysteme unseres Gehirns, wie der Neuropsychologe und Psychiater Joachim Bauer erklärt, „in entscheidender Weise auf Kooperation und Zuwendung ausgerichtet und stellen unter andauernder sozialer Isolation ihren Dienst ein."[10] Stattdessen steigt der Stresspegel. Motivationsdämpfung plus Stress ist sehr schlecht für die Gesundheit.

1967 stellten die Psychiater Thomas Holmes und Richard Rahe eine wissenschaftliche Rangliste bedeutender Stressereignisse auf, die sogenannte „Holmes und Rahe Stress Skala". Sie scheint heute noch in ihrer Geltung bestätigt zu sein. Die ersten fünf Plätze belegen, der Reihenfolge nach: „Tod eines Ehepartners", „Scheidung", „Eheliche Trennung", „Gefängnis" und „Tod eines nahen Angehörigen".[11] Das sind ausnahmslos Erfahrungen schwerer Einsamkeit. Mittlerweile haben Untersuchungen bestätigt, dass solche Erfahrungen das Stresslevel signifikant erhöhen. Der Isolationsstress beeinträchtigt das Immunsystem. Wenn man als alter Mensch Einsamkeit erfährt, ist der Stress vergleichsweise besonders hoch.[12] Der Befund liegt als Teilergebnis der fortlaufenden ESTHER-Studie der deutschen Krebsforschung vor.[13] Vielleicht darf man den evolutionsbiologischen Sinn darin vermuten, dass der Organismus das Ausgeschlossenwerden im Alter als Alarmzeichen akuter Lebensbedrohung deutet. Aber eine große Rolle können dabei auch „kritische Lebensereignisse" spielen, die sich vor allem in Gestalt des Verlusts nahestehender Menschen im Alter bekanntlich häufen. „Gehen kritische Lebensereignisse mit einem gringen Ausmaß von sozialer Unterstützung einher", erklärte die Psychologieprofessorin Inge Seiffge-Krenke, „so erhöht sich in aller Regel die Anzahl von Gesundheitsproblemen."[14] Im Umkehrschluss geht daraus hervor, wie sehr es für erfolgreichen Umgang mit Stress und die Aufrechterhaltung eines gesunden Stresslevels auf gute Beziehungen ankommt.

Auch Robert S. Weiss war nüchtern genug, zu Beginn der 70er Jahre, als die Institution „Ehe" immer stärkere Risse bekam (vgl. Abb. 6.1[15]), nicht so zu tun, als wären die Menschen nicht sehr oft in der Ehe mindestens so einsam wie allein und als könnten

---

[10] Joachim Bauer, *Prinzip Menschlichkeit: Warum wir von Natur aus kooperieren*, 4. Aufl. (Hoffmann und Campe: Hamburg, 2007), 69.

[11] Anselm Eder, *Risikofaktor Einsamkeit: Theorien und Matereialien zu einem systemischen Gesundheitsbegriff*, mit einem Geleitwort v. H. Strotzka (Springer: Wien, New York, 1990), 31 f.

[12] Thomas Saum-Aldehoff, Der Stress der Einsamkeit, in: Psychologie heute (2013) 6, 56.

[13] Ebd., 56. ESTHER = „**E**pidemiologische **S**tudie zu Chancen der Verhütung, Früherkennung und optimierten **TH**erapie chronischer **ER**krankungen in der älteren Bevölkerung"; http://esther.dkfz.org/esther/.

[14] Inge Seiffge-Krenke, Inge, Gesundheitspsychologie: Die entwicklungspsychologische Perspektive, in: Peter Schwenkmezger, Lothar R. Schmidt, *Lehrbuch der Gesundheitspsychologie* unter Mitarbeit v. D. Borgers et al., 42 Abbildung, 18 Tabellen (Ferdinand Enke: Stuttgart, 1994), 39 f.

[15] Quelle der Abbildung: Claudia Neu, Fabian Müller, Einsamkeit: Gutachten für den Sozialverband Deutschland, Dezember 2020, unter Mitwirkung v. A.S. Heuer u. A. Tschesche, Sozialverband Deutschland e. V., 2020), 56.

Abb. 6.1 Entwicklung der
Scheidungszahlen

Jahr	Ehescheidungen Anzahl
1950	84.674
1960	48.873
1970	76.520
1980	96.222
1990	122.869
2000	194.408
2010	187.027
2015	163.335
2016	162.397
2017	153.501
2018	148.066
2019	149.010

andere Formen der Partnerschaft nicht mehr echte, gesunde Beziehung gewährleisten als
sehr viele Ehen. Wesentlich komme es auf die Qualität der Bindung an. Aber er hielt auch
fest, dass der Ehebund der Bindungsqualität gut tun könne und dass man darum der Ehe
insgesamt eine protektive Wirkung gegen Vereinsamung zuschreiben dürfe.

„Freundeskreise ersetzen vielfach Familienbande, eine Scheidung bringt ganz neue
Freiheiten, Selbstentfaltung und Autonomie sind auch im höheren Alter wichtige Ziele", fassen Neu und Müller im Anlauf zu jener steilen Behauptung zusammen, dass
bei den älteren Menschen nur „für die Allerwenigsten" allein zu sein „Einsamkeit und
soziale Isolation" bedeute. Das ist bemerkenswert einseitig, aber darin spiegelt sich wohl
der gesellschaftlich vorherrschende Turn-away-Effekt gegen die Realität schwerer und
schwerster Trauer nach Trennungen und Scheidungen. „Die Ehe hat ihren alleinigen Geltungsanspruch zur Legitimation von Liebe und Kindern verloren, Frauen haben nun das
Recht auf ein ‚eigenes Leben'."[16] An Letzterem kann kein Zweifel sein, aber Ersteres
suggeriert zusammen mit dem Kontext, dass die Ehe ihren Geltungsanspruch *überhaupt*
verloren hat. Was die traditionelle äußere Form und Norm der Ehe angeht, mag das
stimmen. Was die innere Bedeutung der Ehe als vertrauliche Zweisamkeit betrifft, wird

---

[16] Neu, C., Müller, F., a.a.O., 56.

man widersprechen dürfen. Danach sehnen sich die Einsamen doch vor allem in ihrem Kummer – wer weiß das nicht?

Manfred Spitzer lässt wie Robert Weiss keinen Zweifel daran, dass nicht nur die Vereinsamung tödlich ist, sondern „eine schlechte Paarbeziehung auch", denn „nichts belastet mehr und führt langfristig zu mehr Stress […] als chronisches Misstrauen im jeweils allernächsten menschlichen Miteinander."[17] Aber er führt auch eine schwedische Studie an, die eine ungleich höhere Mortalität bei Geschiedenen gegenüber Verheirateten ermittelt hat. Problematische Beziehungen aufzukündigen oder als Prophylaxe gegen solchen Stress lieber bei oberflächlichen Verhältnissen zu bleiben, scheint eher Notlösung als echte Alternative zu sein. Jedenfalls wird man in der Regel einen schmerzlichen Einsamkeitspreis dafür zu zahlen haben, und wenn man ihn leugnet, statt angemessen zu trauern, wird man unter Umständen schweren Schaden leiden. Man wird womöglich künftig das Misstrauen dem Vertrauen vorziehen und sich mit einem kümmerlichen Maß an erfahrener und gegebener Zuwendung begnügen.

Wenn Partnerschaften scheitern, ist der konstruktive Dialog zwischen den beiden erstorben, sie haben sich voneinander und voreinander isoliert wie Adam und Eva im Garten Eden, sie leiden unter schwerer Einsamkeit, der Keil des Misstrauens hat sie entzweit, auch wenn das sehr unterschiedliche Formen annimmt. „Wer sich darüber klar ist, was für lebensgefährliche Folgen ein mangelnder Dialog haben kann", schreibt Lynch, der „begreift auch, warum viele Leute plötzlich und völlig unvorhergesehen die Flucht vor Situationen ergreifen, die durch Dialogverfall gekennzeichnet sind. Menschen, die seit Jahren verheiratet sind, verlassen manchmal ohne jedes Warnsignal den Partner, um mit einem anderen zusammen zu leben."[18] Wer das tut, hat seine Vereinsamung in der Beziehung zu lang zu wenig ernst genommen. Der Preis, den er dafür zahlt, ist so hoch wie seine Einsamkeit schwer war: „Sie trennen sich von ihren Kindern und Bekannten; sie gefährden ihre berufliche Laufbahn oder ruinieren sie sogar; sie verzichten von einem Augenblick zum anderen auf Besitztümer, für die sie jahrelang hart gearbeitet haben." Und mehr noch: Sie muten dem Partner eine tiefe Kränkung zu, „einen furchtbaren Schock" womöglich und das Gefühl, „er sei nichts wert, das Leben mit ihm lohne nicht mehr".[19] Warum verhalten sie sich so? „Sie haben offenbar das Gefühl, daß sie in ihrer gegenwärtigen Umgebung langsam ersticken, daß ihr vitales Leben als solches bedroht ist."[20] Der Kummer ist zu groß geworden, sie sind *verkümmert,* denn sie haben sich zu wenig um sich selbst und um den konstruktiven Dialog mit ihrem nächsten Mitmenschen gekümmert, sie haben zu wenig in das Vertrauen investiert.

Sicher ist das Leid nicht immer so gewaltig, wenn sich die Wege von Menschen trennen, die mit oder ohne Trauschein in einer dauerhaften intimen Beziehung miteinander gelebt haben, aber genauso sicher eben doch sehr oft, vor allem dort, wo die Liebe, das

---

[17] Manfred Spitzer, *Einsamkeit: Die unerkannte Krankheit* (Droemer Knaur: München, 2019), 190.

[18] James J. Lynch, *Das gebrochene Herz,* deutsch v. J. Abel (Rowohlt: Reinbek, 1977), 298 f.

[19] Ebd., 299.

[20] Ebd.

Glück und die Hoffnung einmal groß waren. Und wann ist das nicht so, wenn Menschen sich verlieben? So groß wie das Glück und die Hoffnung ist dann aber auch die Enttäuschung und der Schmerz des bitteren Endes. Darum konnte der Herzspezialist Lynch die Scheidung ein „lebensbedrohendes Ereignis" nennen,[21] ganz im Einklang mit der Stressskala von Holmes und Rahe. Nicht von ungefähr trägt sein Buch den Titel „Das gebrochene Herz". Das ist mehr als eine Metapher für ein Übermaß des Vereinsamens: das Herz kann auch buchstäblich überfordert sein. Ausführlich und mit vielen Belegen beschreibt Lynch den damaligen Wissenstand über den signifikanten Zusammenhang von Herzproblemen und Einsamkeit. Die Forschung hat das in der Folgezeit bestätigt.

Das Vertrauen ist zu Recht ein großes Thema der Soziologie. Funktional kann man Vertrauen als eine Reduktion von Komplexität betrachten. Wenn man vertraut, statt eine Angelegenheit bis in alle Einzelheiten durchzubuchstabieren und abzusichern, hat man es einfacher. Das Wahrheitskorn in der fatalen Maxime „Vertrauen ist gut, Kontrolle ist besser" liegt darin, dass Vertrauen deshalb immer ein Wagnis bedeutet. „Reifes Vertrauen ist nur dort möglich, wo derjenige, der Vertrauen zeigt, zu akzeptieren bereit ist, dass es ein gewisses Risiko oder eine Gefährdung gibt", schreibt Svendsen. „Ohne Vertrauen kommt man nicht über sich selbst hinaus. Indem man andere ausschließt, schließt man sich selbst ein."[22]

Vertrauensseligkeit ist Naivität oder Leichtsinn. Vernünftiges Vertrauen braucht als Gegenstück die Vertrauenswürdigkeit. Das Synonym dafür heißt *Glaubwürdigkeit*. Man muss gute Gründe dafür haben, das Reden und Verhalten anderer für glaubwürdig zu halten. Aber das Vertrauen folgt nicht von selbst aus den guten Gründen. Vertrauen kann nur entstehen, wenn wir das Maß der guten Gründe nicht überstrapazieren, sondern es irgendwann gut sein lassen und uns *entschließen* zu vertrauen. Sonst wird nachhaltiges Misstrauen daraus und wir landen im Zweifel aus Prinzip.

Offenbar lässt sich auch mit empirischen Daten zeigen, dass Vereinsamung und Vertrauensverlust zusammengehören. „Je vertrauensvoller jemand ist, desto weniger einsam ist er, und je weniger vertrauensvoll, desto einsamer", fasst Svendsen zusammen.[23] Wer vertraut, macht sich verletzlich, wer das Misstrauen vorzieht, scheint sich dadurch abzusichern. Das geht aber nicht ohne den bitteren Preis der emotionalen Isolation.

Wenn das Misstrauen die Oberhand gewinnt, steckt es an, wie auch die Verhaltensweisen, die dem Misstrauen entspringen. Die Ansteckung lässt sich als Doppeleffekt beschreiben: Einerseits spürt man, dass man den Misstrauischen selbst nicht trauen kann; sie fordern geradezu durch ihr Verhalten, ihnen ebenfalls misstrauisch zu begegnen. Andererseits lässt sich die Einsamkeit des misstrauischen Gegeneinanders kaum ertragen, weswegen sich die Misstrauenskranken gern auf Metabebenen *kollektiven* Misstrauens zusammenfinden. Ich werde selbst misstrauisch und ich werde sehr anfällig dafür, mich

---

[21] Ebd., 300.

[22] Lars Svendsen, *Philosophie der Einsamkeit,* aus d. Norw. v. D. Stilzebach (Berlin University Press: Wiesbaden, 2016), 120.

[23] Ebd., 107.

einem Kollektivsystem des Misstrauens einzupassen. Darauf basieren alle möglichen Totalitarismen. „Es liegt im Wesen jeder ‚Alleinherrschaft', daß sie vereinsamt", schreibt Gerhard Kölbel.[24]

Die guten Gründe für die Glaubwürdigkeit sind der Mörtel für die stabilen Wände des gesellschaftlichen Zusammenhalts. Seine Bindungskraft gewinnt er aber nur dadurch, dass er im passenden Verhältnis mit dem Wasser des Vertrauens durchmischt wird. Mörtel ohne Wasser bindet nicht, so wenig natürlich wie auch Wasser ohne Mörtel. Wenn es keine guten Gründe gibt, ist Vertrauen fehl am Platz. Im kollektiven Fieber des Misstrauens kehrt sich die Wahrnehmung aber um. Was selbst aus dem Misstrauen geboren so voll von Lüge ist, dass es überhaupt keinen Anlass zu Vertrauen mehr hergibt, wird mit unfassbar leichtsinnigem Vertrauen geehrt, was aber über die besten Zeugnisse für seine Glaubwürdigkeit verfügt, wird abgelehnt und verleumdet.[25]

Die Ansteckung mit Misstrauen vollzieht sich nach dem Teufelskreisprinzip: „Misstrauen erzeugt mehr Misstrauen, unter andrem weil es einen von den Situationen isoliert, in denen man lernen könnte, Vertrauen zu anderen zu gewinnen", erläutert Svendsen.[26] Misstrauen schafft Besserwisserei: Man *verschließt* sich jeder möglichen Glaubwürdigkeit, weil man sie von vornherein *ausschließt*. Dadurch verkümmert die Fähigkeit zu vernünftiger Urteilsbildung und man gewöhnt sich daran, nur noch ideologisch, fanatisch und um jeden Preis rechthaberisch zu argumentieren. Je geschlossener und mächtiger das Lügensystem geworden ist, dem man sich ergeben hat, desto mehr wird jedes Klopfzeichen der Wahrheit an seinen verschlossenen Fenstern und Türen als feindliche Bedrohung interpretiert und bekämpft. Dass es, wie Schobin es darstellt, einen signifikanten Zusammenhang von der ursächlichen Isolation des Misstrauens und dem Misstrauen gegen die gesellschaftlichen Institutionen des freiheitlichen Rechtsstaats gibt, liegt vor diesem Hintergrund auf der Hand.

Ob die empfundene Kränkung, sozial isoliert zu sein, die betroffene Person krank macht oder nicht, hängt zu einem großen Teil davon ab, ob sie das konstruktiv als Herausforderung annehmen kann oder ob sie destruktiv darauf reagiert. Destruktiv ist es, wenn man sich selbst als hilfloses Opfer definiert. Empathie für sich selbst zu haben ist notwendig, um mit schweren Einsamkeitserfahrungen zurechtzukommen, aber Empathie ist etwas anderes als Selbstmitleid. Im Selbstmitleid stelle ich mich auf ungünstige und ungerechte Weise in den Mittelpunkt, ich verliere die realen andern aus dem Blick, ich beurteile sie einseitig negativ, alles scheint sich nur um mich zu drehen. Zu Recht weist Caroline Bohn darauf hin, dass dies Formen annehmen kann, die das Grundproblem der emotionalen Vereinsamung gar nicht mehr unmittelbar erkennen lassen. Die Hauptform dieser Art von larvierter emotionaler Vereinsamung findet sich in dem gesellschaftlich anerkannten und geförderten Ausprägungen des *Narzissmus*.

---

[24] G. Kölbel, a.a.O., 166.

[25] „In modernen Gesellschaften ist der Rechtsstaat eine grundlegende Voraussetzung für Vertrauen". Ebd., 114.

[26] L. Svendsen, a.a.O., 119.

6.3 Alleinsein und gelingende Gemeinschaft als neue Herausforderung

„Es könnte sein, daß die Ehe, die man doch für die stärkste Form der Bindung hält, bei uns in der westlichen Hemisphäre gerade deshalb so unbeständig ist, weil wir die menschlichen Beziehungen zu sehr idealisieren", überlegte der Psychiater Anthony Storr (1920–2001) in seiner tiefschürfenden Monographie über die „Schöpferische Einsamkeit".[27] Wenn das stimmt, dann ist das lebenslange Glück, gewährleistet durch die Unauflöslichkeit des Ehebunds, ein Mythos, dem vielleicht nur selten die Wirklichkeit entspricht. Wir erleben mittlerweile den Pendelausschlag auf der anderen Seite. Auch hier spielen nicht wirklich realitätsgerechte Idealisierungen eine Rolle: Freiheit über alles und überhöhte Ansprüche an die Tauglichkeit von Partnerschaften. Man kann sich in der Ehe grausam einsam fühlen, aber vielleicht noch eher, wenn man allein bleibt.

Die hohe Scheidungsrate seit Jahrzehnten hat dazu geführt, dass Trennungen von vielen schneller vollzogen werden, sicher oft auch schneller, als eigentlich gut wäre, und dass die verbindliche Partnerschaft aus der Mode kam. Außerordentlich viele Menschen der jüngeren Generationen sind *Scheidungskinder.* Sie haben irritierende Beziehungserfahrungen in den Herkunftsfamilien machen müssen, sehen darum das überkommene Familienbild nicht unbedingt als lohnendes Modell an und zeigen einen eher unsicheren Bindungsstil. Das vereint sich mit einer scheinbar besonders großen Wertschätzung, die ihnen von den Erziehungspersonen zuteil wurde und wird. Tatsächlich fördert das aber, wenn es nicht echt und angemessen ist, narzisstische Entwicklungen. Dies steht der notwendigen Bescheidenheit junger Menschen im Weg, die für das Geben und Nehmen in stabilen Beziehungsverhältnisse grundlegend ist. Viele bringen offenbar nicht genug Bereitschaft mit, sich darauf einzulassen, dass potenzielle Partnerinnen und Partner nicht dem Optimum ihrer Vorstellungen entsprechen und ihre eigenen, anderen Bedürfnisse und Ziele mitbringen. Wer das nicht erfüllt, ist ihrer nicht wert, meinen sie. Das Zünglein an der Waage, das darüber entscheidet, ob das selbst gewählte Alleinleben gesundheitsfördernd oder gesundheitsschädigend ist, liegt anscheinend in der Frage, ob es narzisstisch motiviert ist oder nicht.

Alleinleben als verantwortliche alternative Lebensform kann, wenn es nicht aus Unfreiwilligkeit oder Narzissmus hervorgeht, wirklich gute Gründe haben. Ein wesentlicher Grund ist die *Gleichberechtigung.* Wenn beide Partner in einer Beziehung ihr gutes Recht auf Selbstverwirklichung in Anspruch nehmen, ergibt sich daraus von selbst die Notwendigkeit einer gewissen gegenseitigen Unabhängigkeit. Man kann, wenn man sich selbst nicht allzu wichtig nimmt, durchaus beides: Seinen eigenen Weg gehen und zugleich gute, nachhaltige Beziehungen pflegen. Das scheint tatsächlich auch vielen allein Lebenden zu gelingen; es geht ihnen gut damit. Im Singlestatus bleibt ihnen auch das äußerst belastende Trennungsleid sehr verbindlicher und lang andauernder Partnerschaften erspart.

---

[27] Anthony Storr, *Die schöpferische Einsamkeit: Das Geheimnis der Genies,* aus d. Engl. v. C. Broerrmann (Paul Zsolnay: Wien, Darmstadt, 1990), 17.

Verwitwete und geschiedene Menschen haben es in dieser Hinsicht schwerer. Aber das ist ambivalent: Sie zahlen den Preis dafür, dass ihre Sehnsucht nach intensiver und verlässlicher Beziehung, das Proprium guter Ehen, unerfüllt bleibt.

„Menschen, die den Trost eines anderen menschlichen Wesens entbehren müssen, verfügen womöglich nicht über eines der wirksamsten Mittel gegen Stress, das die Natur uns geschenkt hat." Es ist schon eine Weile her, dass James Lynch das schrieb, aber es scheint doch eine zeitlos gültige Aussage zu sein. Lynch kommentiert vorsichtig, dass allein lebende Menschen darum „vielleicht besonders durch Angst und Stress gefährdet" sind.[28] Er weiß sehr wohl, dass die Ehe so wenig vor der Vereinsamung schützt wie das Singledasein notwendig dafür prädestiniert: „Viele verheiratete Menschen sind sozial viel isolierter und einsamer als Leute, die allein leben."[29] Aber das gilt nur, wenn das Alleinsein als Gabe und Aufgabe verstanden und angenommen wird. Wer so damit umgeht, kann auch in Gemeinschaft glücklich sein. Wer aber vor dem Alleinsein in Beziehungen flüchtet, dem gelingt das wohl kaum.

Im Blick auf die globale Bevölkerungsentwicklung ist solche Partnerschaftlichkeit, die in erster Linie von der Gleichberechtigung der Frauen abhängt, ungeheuer wichtig, weil die Frauen dort, wo ihr Raum gegeben wird, viel mehr Wert darauf legen, selbst zu bestimmen, ob und wann und wie viele Kinder sie bekommen wollen. Wesentliche Kriterien der Gleichberechtigung sind Bildung und gute Chancen auf dem Arbeitsmarkt. Das ist ein Grund dafür, dass die Kinderlosigkeit bei Frauen in Deutschland angestiegen ist. Allerdings erleben diese Menschen natürlich auch tendenziell weniger familiären Zusammenhalt. In Deutschland erlauben es Wohlstand und Bevölkerungsdichte, beim Nachwuchs wieder zuzulegen, aber global gesehen ist das völlig anders, besonders in den armen Regionen der Welt. Wenn dort nicht endlich mit der Gleichberechtigung der Frauen ernst gemacht wird, sind noch weit verheerendere Katastrophen als die bereits stattfindenden unabwendbar. Anders werden die ungeheuren Folgen des globalen Bevölkerungswachstums nur durch schreckliche totalitäre Maßnahmen wie in China aufzuhalten sein.

Allein zu leben und dabei seelisch und körperlich gesund zu bleiben ist eine spezifische Bildungsaufgabe der Moderne, die nicht nur der Individualismus verlangt. Kollektivistische Gesellschaften muten den Einzelnen einerseits zu, auf engem Raum mit anderen zusammen bei sich (selbst) zu bleiben, andererseits aber auch damit zurechtzukommen, wenn sich im engen Zwischenraum vier trennende Wände befinden. Das Vereinsamungsproblem in solchen Lebensverhältnissen grassiert gewaltig, was besonders deutlich zum Beispiel die Situation in Japan zeigt. Dort hat die soziale Isolation teilweise extreme Formen angenommen. Hunderttausende leben vollständig zurückgezogen allein in ihren

---

[28] J. J. Lynch, a.a.O., 146.

[29] Ebd., 284. „Wir alle wissen, daß es zahllose intakte Beziehungen gibt, die nicht vm Standesamt abgesegnet sind, während allein 1975 über eine Million amerikanische Ehen geschieden wurden. Medizinisch bedeutsam ist allein die *Art*, wie wir zusammen leben – der Dialog. [...] Die einzige Voraussetzung für Dialog ist Vertrauen." Ebd., 301.

Großstadtwohnungen und verlassen diese überhaupt nicht mehr. Das Phänomen wird „Hikikomori" genannt, was auf Deutsch „Wegschließen" heißt. Als Betroffene sind Personen definiert, die mindestens ein halbes Jahr nicht mehr zur Ausbildung oder zur Arbeit gehen und jenseits der näheren Familie keine Kontakte haben. Diese Menschen suchen nicht etwa die Einsamkeit, um sich ganz auf ihre kreativen Ziele konzentrieren zu können, sondern sie scheinen sich aufgegeben zu haben. Mutmaßlich hat ihre radikale Abschottung oft mit Scham zu tun, etwa aufgrund beruflichen Scheiterns, des Leistungs- und Erwartungsdrucks, wegen Mobbingerfahrungen oder finanziellen Abhängigkeiten. Aber viele ihrer Familienangehörigen schämen sich auch ihretwegen, wird berichtet, und verschweigen darum das Problem. Leider hilft ihnen die buchstäbliche Verschlossenheit nicht. Aus der sozialen Isolation wird mehr und mehr eine emotionale. Die Hauptrolle dafür scheint der Gedanke zu spielen, ein Versager zu sein. Es soll ungefähr eine Million Personen mit dem Hikikomori-Problem in Japan geben, von denen viele sich schon seit sehr langer Zeit selbst weggeschlossen haben.

Der bekannte Stress- und Glücksforscher Mihaly Csikszentmihalyi gibt zu bedenken, dass in Stammesgesellschaften allein zu leben eher als Bedrohung empfunden wird, während die Menschen in technisch weit entwickelten Gesellschaften ein Drittel ihrer Zeit allein verbringen. Er interpretiert den Unterschied nicht als Rückschritt, wohl aber als Indiz dafür, dass wir uns die Qualität des Alleinseins erst erarbeiten müssen. Phylogenetisch kommen wir aus einer anderen Richtung. Früher war die Einzelperson einfach nur ein relativ unbedeutender Teil des Volksganzen, dem göttlich legimierte Herrscher vorstanden, die der Nimbus des Übermenschen umgab und die darum über die Einzelglieder ihres Volks auch, ausgestattet mit den entsprechenden Privilegien, ohne Rücksicht auf deren persönliche Interessen verfügen konnten, vor allem wenn sie Kriege führen wollten. Die Kulturgeschichte des Humanismus ist die Abkehrbewegung hiervon hin zu Freiheit, Gleichheit und Geschwisterlichkeit aller Menschen. Wie schwer wir uns damit tun, zeigte sich in der Französischen Revolution, als die zum Greifen nahe Verwirklichung des Humanitätsideals vom Strudel einer kollektiven Selbstbefreiung ohne Mündigkeit und Verantwortung verschlungen wurde.

Weitere reaktionäre Katastrophen folgten, als größte die der 30er und 40er Jahre des letzten Jahrhunderts. Mobilität und die erhöhte Wandelbarkeit der Formen bestimmten schon bald die gesellschaftliche Entwicklung, in der wir uns nach wie vor befinden. Kennzeichen der neuen Formen sei, dass sie „immer nur begrenzte Geltung" haben, sagte in den 60er Jahren Dietrich von Oppen (1912–2006), seinerzeit Professor für soziale Ethik in Marburg, sie „erfassen den Menschen immer nur in gewisser Hinsicht und zu bestimmten Zwecken."[30] Sich darin sinnvoll orientieren zu können, verlange „nicht mehr den naiven dumpfen Gehorsam, sondern den kritischen distanzierten Menschen", denn „die

---

[30] Dietrich von Oppen, Einsamkeit als Last und Bedürfnis, in: Wilhelm Bitter (Hg.), *Einsamkeit in medizinisch-psychologischer, theologischer und soziologischer Sicht,* ein Tagungsbericht (Ernst Klett: Suttgart, 1967), 105.

Formen sind darauf angelegt, verstanden zu werden und aus Einsicht befolgt zu werden."[31] Darum, so folgert von Oppen, „liegt in unsrer Zeit ein hoher Anspruch an den Menschen, einsam etwas bewältigen zu können. Für den, der den Anspruch bemerkt, wird dadurch die Einsamkeit immer wieder ein Bedürfnis; aber zugleich liegt in dieser Einzelbeanspruchung auch eine schwere Last, die wir mehr oder weniger deutlich spüren."[32]

Man könne zwar lernen, Gefallen am Alleinsein zu finden, schreibt Csikszentmihalyi, „doch handelt es sich um eine eher seltene, erworbene Neigung."[33] Das lässt sich allerdings auch von aller *Tugend* sagen. Gesunde Persönlichkeitsentwicklung ist per se gegenströmig. Csikszentmihalyis großes wissenschaftliches Verdienst liegt im empirischen Nachweis dieser Tatsache: Wer wahrhaft glücklich werden, sein und bleiben will, muss etwas dafür tun, und das gelingt nur, wenn man für sein eigenes Leben auf vernünftige Weise Verantwortung übernimmt. Vernünftig ist die realistische Abgleichung der eigenen Interessen mit denen der andern. Daraus folgt: Für sich allein urteilen, entscheiden und handeln zu können ist notwendige Voraussetzung des Fortschritts einer Gesellschaft zu mehr Humanität.

Diese Bildungsaufgabe hat sich angebahnt, sie ist Teil der gesellschaftlichen Humanisierung. Die entscheidende Weiche wurde in der Aufklärung mit dem Postulat der Mündigkeit des Einzelnen gestellt. Echte Freiheit gelingt je länger je mehr nicht ohne die Fähigkeit, allein bei sich zu sein. Einsamkeit in diesem Sinn ist alles andere als überwindungsbedürftig; sich darin zu üben muss vielmehr gelehrt und gefördert werden. Pathologische Einsamkeit ist das Scheitern dieser notwendigen Entwicklung. Nicht um weniger Einsamkeit im Sinne von innerer Unabhängigkeit und gesunder Autonomie in Verantwortung geht es prinzipiell in der Therapie der pathologischen Einsamkeit, sondern um den Wechsel aus den destruktiven Formen der Vereinsamung zur konstruktiven, nicht selten aber auch tapferen Bejahung des Alleinseins, möglichst auf der energetischen Grundlage eines stabilen Grundvertrauens und freundlicher, verlässlicher Beziehungen im Hintergrund.

Alleinsein ist somit eine Aufgabe, die gelernt und geübt sein will. Wenn das geschieht, wird individuell und gesellschaftlich ein Segen daraus. „Die Gefahr des Alleinlebens liegt darin, eigensüchtig (selfish) zu werden", schreibt Terri Schultz rückblickend auf ihren eigenen Leidensweg mit der Einsamkeit. „Wir vergessen, wie man Kompromisse eingeht,

---

[31] Ebd. „Und schließlich sind sie beweglich und müssen beweglich sein, weil heute mehr als je zuvor alle Verhältnisse ständig im Fluß sind. Aus allen diesen Gründen steht der Mensch selbst, der eigentliche Mensch gewissermaßen außerhalb aller dieser Formen. Er hat nicht in ihnen, sondern neben und über ihnen seinen Ort." Ebd.

[32] Ebd.

[33] Mihaly Csikszentmihalyi, *Lebe gut! Wie Sie das Beste aus Ihrem Leben machen,* aus d. Engl. v. M. Benthack (Klett-Cotta, Deutscher Taschenbuch Verlag: München, 2001), 28.

wie man teilt, wie man gibt und nimmt in einem alltäglich routinierten Modus."[34] Es geht dabei um Gesundheit und Perspektive – um Vernunft. Wer allein lebt, solle sich ganz bewusst auf die Vorzüge dieser Lebensweise besinnen und entsprechend gut für sich selbst sorgen: „Mach' dir bewusst, dass du es wert bist".[35] Als Lernerfahrung daraus verspricht die Autorin den Erfahrungswert, dass es viel weniger darauf ankommt, eine andere Person bei sich zu haben, als darauf, wie man mit der gegebenen Situation umgeht, gleich ob jemand da ist oder nicht. Wer jedoch das Alleinsein nicht als Aufgabe versteht, sondern sich treiben lässt, womöglich bis hin zur Selbstzerstörung, gerät nur allzu leicht in den selbsterzeugten Teufelskreis eskalierender emotionaler und sozialer Isolation.

Die Bundespolitik der letzten Legislaturperiode hat in Übereinstimmung mit der entsprechenden internationalen politischen Wahrnehmung der Entwicklung nicht Panik gemacht, wohl aber mit Sorge festgestellt, dass „die großen, strukturellen Entwicklungen unserer Gesellschaft wie Urbanisierung, zunehmende Mobilität, Digitalisierung" und die Zunahme des Altersdurchschnitts der Bevölkerung auf der andern Seite große psychosoziale Herausforderungen darstellen, denen offenbar sehr viele noch nicht gewachsen sind.[36] Jedenfalls zum Teil seien diese Strukturveränderungen durchaus begrüßenwert, aber gleichwohl auch, weil die „Abnahme fester Bindungen" damit einhergeht, Ursache wachsender Vereinsamung, wenn man nicht damit klar kommt, fasste das Strategiepapier der CDU/CSU 2021 zusammen. „Am Ende kommt es", insbesondere was die digitale Kommunikationstechnologie angeht, „auf das richtige Maß und die Art der Nutzung" an.[37] Davon scheint die Gesellschaft aber noch weit entfernt zu sein. Einstweilen wird man leider sagen müssen, dass die Strukturveränderungen bei viel zu vielen höchst ungesunde Folgen haben. Das Vereinsamungsproblem nimmt dabei den traurigen ersten Rang ein.

Der Trend, allein zu leben, ist als Teilphänomen des beschriebenen gesellschaftlichen Strukturwandels weder mit moralischem Niedergang gleichzusetzen noch pathologisch. Aber er ist anders und neu und er fordert uns heraus, neue psychosoziale Kompetenzen zu gewinnen, die unsere phylogenetische Disposition in Richtung auf mehr gesunde Autonomie hin transzendieren. Das Schicksal hat ein neues Kapitel der Selbstverwirklichung in seinem Lehrbuch für uns aufgeschlagen. Bislang zeigen wir uns noch als ziemlich schlechte Schüler. Autonomie missverstehen wir als Egomanie, oder wir fallen in verantwortungslose Kollektivismen zurück, weil uns die Mündigkeit immer noch zu unbequem ist und beängstigt. Eine Ursache der epidemischen Verbreitung pathologischer Vereinsamung liegt darin, wird man wohl sagen können, dass die Nachkriegsgesellschaft noch

---

[34] „The danger of living alone is that we become selfish. We forget how to compromise, how to share, how to give and give in on routine, day-to-day basis." Terri Schultz, *Bittersweet: Surviving and Growing from Loneliness* (Penguin Books: New York, 1978), 124.

[35] Ebd., 129.

[36] CDU/CSU-Fraktion im Deutschen Bundestag, Gemeinsam gegen Einsamkeit – Für eine nationale Strategie, Positionspapier, Beschluss vom 9. Februar 2021. 2.

[37] Ebd.

nicht erwachsen geworden ist und sich leider zu einem großen Teil auch weigert, es zu werden. Wir machen unsere Hausaufgaben nicht. Immer noch nicht.

Wir könnten uns Zeit lassen, aber wir *haben* keine Zeit, der ständige Wandel lässt sie uns nicht und zu viel steht auf dem Spiel. Wir haben schon viel zu viel Zeit vertrödelt. Um so mehr kommt es heute darauf an, dass der einzelne verantwortliche Mensch unserer Tage sich persönlich den Raum der Einsamkeit gewährt, wo er sich dennoch die Zeit *gönnt,* um ganz *für* sich wieder ganz *zu* sich zu kommen, nicht aus Luxus, sondern aus Notwendigkeit, um zu verstehen und Einsicht zu gewinnen, was Form und Wandlung zu bedeuten haben und wie damit umzugehen ist.

6.4   Die narzisstische Einsamkeit

Wenn der Narzissmus jedes Maß verliert und den Charakter eines Menschen dominiert, spricht man von „Narzisstischer Persönlichkeitsstörung". Ihre Bestandteile sind „Selbstüberschätzung, mangelnde Empathie" sowie „Überempfindlichkeit gegenüber Kritik und Stimmungsschwankungen."[38] Es dürfte sehr schwer sein, objektive Daten über die Verbreitung narzisstischer Persönlichkeitsstörungen und affiner krankhafter Auswirkungen des Narzissmus zu gewinnen, weil der Narzissmus weitgehend in unserer Gesellschaft als etwas erstrebenswert Gesundes betrachtet wird und überdies Narzissten keine Einsicht für ihre eigene Problematik entwickeln.

Der Narzisst macht aus der Not eine Tugend: Das *selbstmitleidige* Kreisen um sich selbst ersetzt er durch ein *selbstverliebtes* Kreisen um sich selbst. Das geht in dem Maß gut, wie die narzisstische Person Bestätigung ihrer Großartigkeit durch ihre Mitmenschen erfährt oder wenigstens Zuflucht in entsprechenden Fantasien finden kann. Konfrontiert mit der realen eigenen Unvollkommenheit reagiert sie schwer gekränkt, unverstanden, als werde sie ganz zu Unrecht abgelehnt und angefeindet. Mit anderen Worten: Sie gerät in einen Zustand emotionaler Isolation, ganz unabhängig davon, ob sie tatsächlich sozial isoliert ist oder nicht.

Diesen Faktor als fruchtbaren Nährboden des Vereinsamungsproblems kehrt Manfred Spitzer gern heraus. Er sieht darin eine besondere Gefährdung für die Generationen des neuen Milleniums, die sowohl durch das Erziehungsverhalten ihrer Eltern als auch durch die technologisch suggerierte sofortige Allverfügbarkeit aller Wunscherfüllungen verursacht wird. Das korreliert, wie Spitzer anhand einer Metauntersuchung aufzeigt, mit einem „deutlichen Rückgang der Empathie" sowie „der Fähigkeit zur Einnahme der Perspektive

---

[38] Jens B. Asendorpf, *Psychologie der Persönlichkeit,* 3., überarb. Aufl. (Springer: Berlin, Heidelberg, New York, 2004), 260.

anderer", was prinzipiell dasselbe ist.[39] Empathie gibt es nicht ohne den Willen zum Vertrauen und Vertrauen gibt es nicht ohne den Willen zur Empathie.

Man kann nur so viel Vertrauen geben, wie man selbst empfängt, aber man kann auch nur in dem Maß Vertrauen empfangen, wie man es selbst wagt.[40] Den Namen „Narzissmus" hat man einer Lebenseinstellung verliehen, die das Geben ganz durch das Nehmen ersetzt haben will. Im griechischen Mythos weist der jugendliche Schönling Narziss die Annäherung der Nymphe Echo radikal zurück und verhindert dadurch seine Selbstfindung auf dem dialogischen Weg der Liebe.[41] Darum hat er keinen Menschen als sich selbst, aber auch sich selbst hat er nicht in liebevoller Zuwendung, sondern lediglich in seinem Spiegelbild auf der Wasseroberfläche des Brunnens, das er selbstverliebt anstarrt, obwohl es doch nur Widerschein ist. Als er, zu spät, den Irrtum erkennt, verzweifelt er angesichts seiner vollendeten Vereinsamung und tötet sich selbst.

Das scheinbar selbstsichere Auftreten der Narzissten lässt Roy Baumeister der herkömmlichen Theorie vehement widersprechen, dass sich dahinter eine tiefe Selbstunsicherheit verbirgt, die dadurch kompensiert wird. Demnach tut sich ein Narzisst in dem Maß großartig hervor, wie er Angst davor hat, in Wirklichkeit gar nicht großartig zu sein. Narzisstische Machtausübung hat nach Baumeisters Sicht aber gar nichts mit einem geringen Selbstbewusstsein zu tun. Im Gegenteil: Sie sei in unserer narzisstischen Gesellschaft vielmehr Folge „eines übersteigerten Selbstbewusstseins."[42] Allerdings bestätigt Baumeister auch, die Aggression solcher Menschen sei eine Folge ihrer Einschätzung, „dass das günstige Selbstbild durch andere bedroht oder infrage gestellt wird. Deshalb neigen Menschen, deren hohes Selbstbewusstsein keine feste Grundlage in Form echter Leistungen hat, besonders stark zu Gewalt: Bei ihnen ist die Gefahr am größten, dass die

---

[39] M. Spitzer, Einsamkeit: die unerkannte Krankheit, a.a.O., 35 f. Dazu passt Spitzers Feststellung, dass der ausgelebte Narzissmus im neuen Jahrtausend auf dem Vormarsch sei und dass dementsprechend auch die Narzisstische Persönlichkeitsstörung deutlich vermehrt diagnostiziert werde. Ebd. Vgl. zu Narzissmus und Empathiemangel Raphael M. Bonelli, *Männlicher Narzissmus: Das Drama der Liebe, die um sich selbst kreist* (Kösel: München, 2016), 135 ff. Dieselbe Analyse der Daten von nahezu 14.000 College-Studenten führt auch Sherry Turkle an. Im ersten Jahrzehnt nach 2000 hat der Trend zum Empathieverlust deutlich zugenommen. Sherry Turkle, *Verloren unter 100 Freunden: Wie wir in der digitalen Welt seelisch verkümmern*, aus d. Engl. v. J. Stefanidis (Riemann: München, 2012), 490 f., vgl. die bestätigende Einzelstudie an der University of Michigan ebd., 561, wonach die „heutige Gneration [...] rund vierzig Prozent unter den Empathie-Werten ihrer Vorgängerin vor zwanzig Jahren" liegt.

[40] „Ein Mensch kann nur soviel empfangen, wie er gibt, und in diesem Sinn ist der Dialog das Spiegelbild seiner Persönlichkeit." J.J. Lynch, a.a.O., 297 f.

[41] „Narziß weist die Liebe der einsamen Nymphe Echo zurück, weil er sie nicht versteht. Die Nymphe Echo kann ihrem Geliebten nicht antworten, wie sie es will, weil ihre Sprache versagt. Da sie von den Göttern dazu verdammt ist, nur das Echo der Worte anderer zu sein, wird sie nicht verstanden. In der Welt des modernen Kapitalismus leben viele Menschen wie Narziß und Echo." Helga Levend, *Einsamkeit: Die Stille nach innen* (Echter: Würzburg, 2000), 137.

[42] Roy F. Baumeister, *Vom Bösen: Warum es menschliche Grausamkeit gibt*, aus d. amerik. Engl. v. S. Vogel (Hans Huber: Bern, 2013), 43.

narzisstische Seifenblase platzt."[43] Baumeisters Analyse müsste aber noch einen Schritt weiter gehen. Er geht nicht auf die uralte praktisch-philosophische Kernfrage ein, warum es notwendig zu sein scheint, das Selbstbewusstsein überhaupt von Leistungen abhängig zu machen. Offensichtlich doch nur, weil man sich andernfalls selbst nicht (wertvoll) genug ist, oder?

Dem entspricht, dass Baumeister auch die „meisten Feindseligkeiten" der Gruppe von Menschen „mit einem hohen, aber instabilen Selbstwertgefühl" zuordnet.[44] Weil die Widersprüchlichkeit seiner Argumentation an dieser Stelle augenfällig wird, bemüht sich der Autor sogleich darzulegen, warum die Vermutung, dass sie doch „tief in ihrem Inneren an einem geringen Selbstwertgefühl" leiden würden, falsch sei.[45] Aber es wird deutlich, dass seine Argumente nur auf seiner einseitig negativen Interpretation des Selbstwertgefühls beruhen. Davon ausgehend warnt Baumeister eindringlich die USA davor, „das Selbstwertgefühl aller immer mehr in die Höhe zu treiben"[46] und stellt dem das Modell der Lebenseinstellung von Nonnen gegenüber, „welche die Selbstkontrolle kultivieren und das Selbstwertgefühl (das sie als Stolz bezeichnen) verurteilen." Damit schüttet Baumeister nicht nur das Kind mit dem Bade aus, sondern er verleiht auch noch der wohl finstersten Schattenseite christlicher Ethik, der Gleichsetzung von Selbstverleugnung und Selbsthingabe mit Selbstablehnung und Selbstaufgabe, den goldenen Glanz wahrer Vorbildlichkeit.

„Narzissmus", definiert hingegen der Persönlichkeitstheoretiker Jens Asendorpf, „geht mit Selbstüberschätzung und starken Schwankungen des Selbstwertgefühls und der Stimmungslage einher, die auf einer besonderen Sensitivität gegenüber Lob und Kritik beruhen. Das Selbstwertgefühl ist bei Narzissten also positiv aber fragil."[47] Dem entspricht jedenfalls Baumeisters Beschreibung der feindseligen Narzissten durchaus, aber die Fragilität ihres Selbstwertgefühls müsste er eigentlich begrüßen. Sieht man das Selbstwertgefühl jedoch als ein grundsätzlich notwendiges Element gelingenden menschlichen Lebens an, dann darf man den Mangel an stabilem Selbstwertgefühl, Selbstvertrauen und Selbstbewusstsein im Hintergrund der Fragilität natürlich als *Problem* beurteilen. Weil der Narzisst eine schlechte Beziehung zu sich selbst hat, glaubt die Jungianerin Kathrin Asper, hat er auch Schwierigkeiten „in der Beziehung zu andren Menschen. Zu sehr stehen die menschlichen Beziehungen im Zeichen des ,Nimm mich an und stoße mich nicht zurück!' und dem ,Wehe, wenn du es wagst, mich zurückzustoßen!'"[48]

---

[43] Ebd.

[44] Ebd., 179.

[45] Ebd., 183.

[46] „Solange dieser Trend vorherrscht, kann man davon ausgehen, dass die Rate individueller Verbrechen und Gewalt in den Vereinigten Staaten hoch sein wird". Ebd., 443.

[47] J.B. Asendorpf, a.a.O., 261.

[48] Kathrin Asper, *Verlassenheit und Selbstentfremdung: Neue Zugänge zum therapeutischen Verständnis* 4. Aufl. (Walter: Olten, 1991), 66.

Asper bringt damit den zentralen wunden Punkt der Narzissten zur Sprache. Die rigide Forderung gegen die andern, das Leben und selbstverständlich auch gegen sich selbst, auf gar keinen Fall Ablehnung zu erleiden, wird man ohne Weiteres als das entscheidende Motiv des Narzissmus verstehen dürfen. Hinter der Fassade dieser Menschen, die sich ach so erwachsen potent und kompetent gebärden, befinden sich vereinsamte, verkümmerte Kinder, denen es nicht vergönnt war, im gesunden dialogischen Wechselverhältnis mit reifen Erziehungspersonen eine innerlich unabhängige Persönlichkeit auszubilden, deren Wert nicht durch Leistung gewogen wird, sondern durch Bejahung ihres Daseins. Zu Herzen gehend kommt das zum Beispiel darin zum Ausdruck, wie die promovierte Psychologin Mary L. Trump das Verhältnis ihres Onkels Donald Trump zu dessen Vater beschreibt: „Letztlich gab es für Donald überhaupt keine Liebe, sondern nur den quälenden Durst danach."[49]

In der Beliebtheit dieses Politikers spiegelt sich die empirische Tatsache, dass der US-amerikanische Narzissmus, wie Baumeister mitteilt, „in den vergangenen Jahrzehnten deutlich zugenommen hat".[50] Dem Neurowissenschaftler und Psychiater Raphael Bonelli zufolge steigt der „grenzwertige Narzissmus", also das ins Krankhafte übergehende Extrem, „bei Kindern, Jugendlichen und jungen Erwachsenen seit den Achtzigerjahren unaufhaltsam an", nicht nur in den USA, sondern überhaupt in der westlichen Welt.[51] Das liest sich fast so, als sei der aktuelle Narzissmus ganz überwiegend ein Jugendproblem. Wir müssen aber auch fragen, woher die jungen Menschen ihr Problem wohl haben. War nicht schon das Aufgebehren und das Experimentieren mit alternativen Lebensformen in den 60er Jahren bereits eine große Jugendbewegung gegen die unheilvolle Dominanz der narzisstischen Egoisten ihrer Elterngeneration, denen es nur noch um die Behaglichkeit und den Ausbau ihres Wohlstands, um die eigene Macht, um Rechthaberei, Rassismus, Sexismus und jenes imperialistische „America first" zu gehen schien, das sich zuletzt durch den Trumpismus reaktionär in irrsinniger Weise neu durchzusetzen vermochte?

Indem Terri Schultz ihre eigene Biografie reflektiert, nimmt sie eine deutliche gesellschaftliche Veränderung in den USA nach den 60er Jahren wahr. Die Träumer des neuen, alternativen „American Dream" fanden sich in der Einsamkeit wieder. Die Aussteiger von damals haben ihre Solidarität verloren. Entweder sind sie wieder eingestiegen oder sie kamen als Aussteiger vom gemeinsamen Ausstieg in der Einsamkeit an. Das Feuer

---

[49] „In the end, there would be no love for Donald at all, just his agonizing thirsting for it." Mary L. Trump, *Too Much and Never Enough: How my Family Created the World's Most Dangerous Man* (Simon & Schuster: London, New York, Sydney et al., 2020), 14. „Narzisstische Menschen haben – meist über einen der beiden Elternteile – den Anspruch internalisiert, im Leben eine hervorgehobene Rolle spielen zu müssen. Sie sind sich zugleich aber ihres Selbst ausgesprochen unsicher, was darauf zurückzuführen ist, dass sie regelmäßig in Frage gestellt oder gedemütigt wurden." Joachim Bauer, *Wie wir werden, wer wir sind: Die Entstehung des menschlichen Selbst durch Resonanz,* 2. Aufl. (Blessing: München, 2019), 149.

[50] Roy Baumeister, John Tierney, *Die Macht der Disziplin: Wie wir unseren Willen trainieren können,* aus d. Engl. v. J. Neubauer (Campus: Frankfurt a. M., 2012), 224.

[51] R.M. Bonelli, a.a.O., 72.

des Gemeinschaftsgefühls, das die Woodstock-Erfahrung kennzeichnete, brannte nicht mehr.[52] „Wir misstrauen einander, wir gehen einander aus dem Weg.“[53] War die Hippiegeneration aufgewacht und in der Realität angekommen? Der Traum schien ausgeträumt zu sein.[54]

„America first“ hat den American Dream von Freiheit, Gleichheit und Geschwisterlichkeit in die Defensive gedrängt, der vereinigte Narzissmus tut sich als kollektiver Egoismus hervor. Der Soziologe Richard Sennett erkennt darin eine neue Form des Stammesdenkens, mit dem Fremdwort: des Tribalismus. Dort herrscht Gemeinschaft um den Preis des Ausschlusses der Andersartigen. Der neue American Dream will das Gegenteil: Gemeinschaft durch die Integration von Verschiedenartigkeit. Der Tribalismus ist auch anderswo in der Welt wieder sehr attraktiv geworden. Nationalismus ist tribalistisch. „Tribalismus verbindet Solidarität gegenüber solchen, die einem ähnlich sind, mit Aggression gegen solche, die anders sind.“[55] Wenn ein Tribalismus sehr viel Macht und größenwahnsinnige Anführer produziert, zerstört er seine Umwelt, die menschliche wie die ökologische, um sie sich einzuverleiben und sich über sie auszubreiten, wie ein Vergewaltiger über sein Opfer.

Der Tribalismus unserer Tage gibt sich modern und postmodern und versteckt sich darum auch überall in der Welt, wenn auch oft überaus notdürftig und albern, hinter dem Feigenblatt demokratischer Zeremonien, insbesondere von Wahlen. Tatsächlich liebt der kollektive Narzissmus der Masse aber seine hypernarzisstischen Führer. Im Führer erlebt sie „einen externen, sozusagen ausgelagerten Teil ihres verletzten, sich nach Größe sehnenden Selbst, welches er, der Größenwahnsinnige, nun heil und groß zu machen verspricht“, analysiert Joachim Bauer.[56] Die Masse identifiziert sich mit dem Führer, ohne ihm gleich zu sein. Die heutigen tribalistischen Führer sind extrem reich, ihre Verehrer hingegen sind zu einem großen Teil arm. Die Führer gönnen sich alles, worauf sie Lust haben, die Masse erniedrigen sie und verbieten ihr sehr vieles. Um die Masse zum Gleichschritt zu veranlassen und dadurch ihre Herrschaft zu sichern, beschwören sie das Feindbild der andern.

Der neue American Dream ist vermarktet worden. Das heißt: Das Marketing will, dass die Leute ihn weiterträumen, als sentimentalen, kitschigen, naiven Traum, aber dass sie ihn nicht leben, sondern dass sie ihn konsumieren. Nach den 60ern sind die Generationenunterschiede verschwommen, sie haben sich, uniform und unison, einander angeglichen. Für die Generationen seither gilt nicht mehr: Wir machen es anders, *besser* als die Eltern,

---

[52] „I was a dreamer of the American dream, and I, too, have dropped out.“ T. Schultz, a.a.O., 146.

[53] Ebd.

[54] „Along the way, I have met many people who were acitivists in the sixties. Now they wonder why they wore themselves out. They wonder why the dream fell through.“ Ebd., 147.

[55] Richard Sennett, *Zusammenarbeit: Was unsere Gesellschaft zusammenhält*, aus d. Amerik. v. M. Bischoff (Hanser: Berlin, 2012), 16.

[56] J. Bauer, Wie wir werden, wer wir sind, a.a.O., 152.

sondern: Wir machen es *genauso* narzisstisch wie sie und noch ärger. Erst die Bewegung Fridays for Future hat wieder so etwas wie ähnlich glaubwürdigen Widerstand hervorgebracht wie damals – aber vielleicht schon zu spät?

Der Trend hat sich fortgesetzt. Generation X, das sind die Kinder der Träumer, scheint den neuen American Dream im Schlaraffenland verschlafen zu haben, in ihrer Traumwelt fernab vom Traum eines Martin Luther King etwa, dem Traum, der als Vision der Weltveränderung vorangeht. Jaron Lanier, als Informatiker treibende Kraft der Erforschung und Entwicklung von Virtueller Realität (Cyberspace) sowie Musiker, als 1960 zur Welt Gekommener ein Spätgeborener für die Blütezeit des neuen American Dream, Jude, Sohn einer KZ-Überlebenden, erinnert sich, dass er in der Anfangszeit des World Wide Web, mit der die Kinder der Generation X groß wurden, oft die Klage hörte, dem Trend nach sei diese Generation „durch eine außergewöhnliche Leere gekennzeichnet."[57] Zunächst sei die Hoffnung groß gewesen, es handele sich nur um „eine Phase vorübergehender Stille", der Stille vor dem Sturm, „ein kreativer Orkan" werde folgen, „oder wir befänden uns bereit im Auge solch eines Sturms." Aber nein, es kam kein neuer Aufbruch. „Die traurige Wahrheit" sei, glaubt Lanier zu erkennen, „daß wir keineswegs in eine Phase zeitweiliger Stille vor einem Orkan eintraten, sondern in eine Zeit anhaltender Schläfrigkeit".[58] Lanier hat vor allem die Vermarktung der Musik des neuen American Dream im Blick, als er das schreibt. Er nimmt wahr, dass die Popmusik von den 90ern an „keinen eigenen Stil" mehr hat, „also einen Stil, der den jungen Menschen, die damit aufwachsen, eine Identität vermittteln könnte. Der Prozeß der Neuerfindung des Lebens durch Musik scheint zum Stillstand gekommen zu sein."[59]

Die Gesinnungsgemeinschaft ist zur Konsumgemeinschaft geworden. Der Konsum funktioniert am besten, wenn die Konsumindustrie vortäuscht, dass die Konsumenten Teilhaber einer beglückenden Gesinnungsgemeinschaft sind. Nichts fördert den Kommerz so gut wie kollektiver Narzissmus. Darum ist der Narzissmus zum Ideal vitaler Gesundheit pervertiert. Die tribalistische Konsumgesellschaft hütet sich wie der Teufel vor dem Weihwasser davor, dass sich ihre Narzissten gekränkt fühlen könnten. Der Kundschaft wird geschmeichelt wie der Prinzessin auf der Erbse. Die Konsumindustrie hypnotisiert ihre Konsumenten und die Konsumten lieben es, sich von ihr hypnotisieren zu lassen. Dass nur niemand erwachen möge und zu sich kommen aus dem Traum, bereits im Paradies zu sein.

„Wie um Himmels willen konnte uns – und offenbar besonders der Jugend – die Fähigkeit zu Vertrauen und anhaltender Gemeinschaft so grundlegend verlorengehen?" fragt Diana Kinnert.[60] Wo doch Netzwerke und Communities so hip sind wie noch nie und das Teamwork für die Wirtschaft zum Credo geworden zu sein scheint. Es ist aus der

---

[57] Jaron Lanier, *Gadget: Warum die Zukunft uns noch braucht*, aus d. Amerik. v. M. Bischoff (Suhrkamp: Berlin, 2010), 170.

[58] Ebd.

[59] Ebd., 171.

[60] D. Kinnert, a.a.O., 167.

Mode gekommen, sich so autoritär zu geben, wie man eigentlich ist. Aber man kann die Menschen gleichschalten auf die Ziele eigenen Profits hin, indem man sie mit Belohnungen ködert, ihnen schmeichelt und sie, wie Platons Höhlenmenschen, in die Illusion der Freiheit in liebevoller Geborgenheit versetzt.

Bekanntlich träumen junge Menschen besonders gern davon. Sennett zufolge hatte sich die Kaufkraft der US-amerikanischen Kinder nur in etwas mehr als zehn Jahren zum Einstieg in das dritte Millenium hin fast um das Vierfache erhöht. Kinder und Jugendliche erweisen sich als extrem gute Konsumenten, umso mehr, als ihr Narzissmus kultiviert wird. Natürlich hat das üble Gesundheitsfolgen. Aber das steigert wiederum die Gewinne der Pharmaindustrie et cetera. Sennett bringt den Preis dafür auf den Punkt, der nicht mit Geld bezahlt werden kann: Für viele wird das bedeuten, „dass der Konsum für sie wichtiger wird als der Umgang mit anderen Menschen." Ihre Sozialkompetenz verkümmert. Die „sozialen Netzwerke" des Internets sind ein Weg dorthin. „Mit der Verdrängung direkter persönlicher Kontakte durch Facebook hat die Freundschaft eine Kommerzialisierung ganz besonderer Art erfahren."[61]

Narzissmus ist die womöglich virulenteste Form larvierter Vereinsamung und Triebkraft der sozialen Isolation. Wenn das Alleinleben zum Entstehungsfaktor pathologischer Isolation wird, kann das zu wesentlichen Teilen am Narzissmus der andern liegen, die Meister im Nehmen und Stümper im Geben sind. Es kann aber auch daraus resultieren, dass sich die Narzissten durch ihre Ichbezogenheit selbst isolieren. Da die Toleranzgrenzen unserer Gesellschaft hierfür sehr weit gesteckt sind, steht den Narzissten ein üppiges Spektrum an Kompensationsmöglichkeiten ihrer tatsächlichen Vereinsamung zur Verfügung, vorausgesetzt, dass sie reich und erfolgreich sind. Wenn sie aber doch an Toleranzgrenzen stoßen, auch wenn diese nur dadurch bestimmt sind, dass von ihnen ein Mindestmaß an verantwortlicher Solidarität erwartet wird, verfallen sie in Selbstmitleid und gebärden sich als die allerärmsten Opfer, denen schreckliches Unrecht angetan wird. Die vielleicht gefährlichste pathologische Wirkung solcher Reaktionen besteht in erster Linie eher nicht in dem, was sie sich selbst damit antun, wiewohl sie eigentlich am (sinnvollen) Leben vorbei leben, auch nicht unbedingt in den unmittelbaren Auswirkungen auf ihr näheres soziales Umfeld, das häufig genug ähnlich eingestellt sein mag, sondern in der destruktiven Wirkung auf den gesellschaftlichen Zusammenhalt. Man wird behaupten dürfen, dass die hohe Attraktivität des Rechtspopulismus im Narzissmus ihre stärkste Wurzel hat. Hier geht es immer nur um das eigene ach so empfindlich gestörte „Recht", das mit dem Unmaß der Ansprüche verwechselt wird, und um die kategorische eigene Rechthaberei. Wer dem widersteht, wird gnadenlos verbal erniedrigt oder auch mit Gewalt bedrängt. Alle Mittel scheinen diesen Narzissten gerechtfertigt zu sein, weil sie sich prinzipiell als die übelst Unrecht erleidenden Opfer definieren.

---

[61] R. Sennett, a.a.O., 195. Kinder vertrauen Gleichaltrigen im „direkten persönlichen Kontakt weniger als solchen, die sie auf dem Bildschirm sehen. Dadurch werden sie in ihren Freundschaften abhängig von technischen Geräten." Ebd.

Nach Sennett ist Narzissmus „eines der Elemente, die den Rückzug von anderen Menschen fördern. In der Regel ist er aber mit einem weiteren Element vermischt: der Selbstzufriedenheit, was die eigene Stellung in der Welt angeht.“[62] Hinter der Selbstzufriedenheit verbirgt sich der Rückzug von den andern, was umso besser gelingt, je mehr sich das Individuum im Einklang mit der Selbstzufriedenheit seiner Stammesgenossen erlebt. Die narzisstische Selbstzufriedenheit ist im heutigen Tribalismus zur gesellschaftlichen Norm geworden. Jeder mache sein eigenes Ding und gebe sich zufrieden damit und störe nicht die Kreise seiner Nachbarn. Was nicht stören soll, interessiert aber auch nicht wirklich: Denk, was du willst, mach, was du willst, aber lass mich in Ruhe damit. So produziert der Narzissmus als gemeinschaftszerstörende Nebenwirkung die *Gleichgültigkeit.*

„Ich glaube, daß gerade der narzißtisch gestörte Mensch besonders deutlich die Züge des Singles zeigt“, überlegt Jürgen vom Scheidt.[63] Sofern der Trend, allein zu leben, narzisstisch motiviert ist, hat er eine tatsächliche personale Entfremdung voneinander zur Folge, die durch eine oberflächliche Geselligkeit kompensiert wird, die zugleich als verpflichtende Norm Gebot für alle wird. Das verbindet die Generationen. Die Kriegsgeneration meinte, in der narzisstischen Selbstgefälligkeit des Nachkriegswohlstands Trost für das erfahrene Leid und Erfüllung zu finden, die Nachkriegsgeneration pubertierte nur kurz und mit zu wenig Ernst, sie rebellierte, kam dabei aber nicht zu tiefgreifender Selbstbesinnung. Sie kleidet sich fortan in den bunten Kittel der Postmoderne, scheinbar tolerant und offen für alles und alle, jeder soll seine eigene Wahrheit haben. Die Gleichgültigkeit als Norm hat die Wahrheit als Norm abgelöst, denn alles soll, so will es das Dogma, *gleich gültig* sein.

Eine Generation steckt die andere mit der krankhaften Neigung zum Narzissmus an, oder, um es noch klarer pathologisch auszudrücken: zur *Selbstsucht.* Sucht ist neurotisches Suchen; der Selbstsüchtige sucht sich süchtig selbst und findet sich nicht dabei, weil er durch die Sucht verhindert, sich der Wirklichkeit zu stellen. Was der Selbstsüchtige sucht und nicht findet, ist nicht sein solipsistisch einsames Selbst, sondern sein geliebtes, liebenswertes und zur Liebe bereites Selbst, die Rückkehr zum Grundvertrauen, das echte Zuhause, wahre Heimat für sich selbst und bei sich selbst. Wem das fehlt, der kann unendlich viel besitzen und bleibt doch innerlich arm, und diese Armut teilt er auch seinen Kindern mit. Er setzt auf Äußeres, Besitz und Leistung, statt auf innere Verbundenheit, und sie machen es ihm nach.[64]

---

[62] Ebd., 250.

[63] Jürgen vom Scheidt, *Singles: Alleinsein als Chance des Lebens*, 3. Aufl. (Wilhelm Heyne: München, 1979), 71.

[64] „Bei den narzisstischen Persönlichkeiten muss man wissen, dass das schwierige und teils lästige Verhalten eine Kompensation ist. Man stellt sich vor, dass ein einsames, trauriges Kind als Kompensation Größenfantasien entwickelt, wobei die Anleitung dazu von den Eltern kommt, die diese Vorstellungen fördern.“ Arnd Barocka, Einsamkeit aus der Sicht des Psychotherapeuten, in: Thomas Hax-Schoppenhorst (Hg.), *Das Einsamkeits-Buch: Wie Gesundheitsberufe einsame Menschen verstehen, unterstützen und integrieren können* (Hogrefe: Bern, 2018), 130. Der Psychiater Gregory

6.5   Jedem sein eigenes Ding

Narzissten halten sich für Helden, aber echtes Heldentum kann auf Beifall verzichten, während Narzissten ihn fordern. Kennzeichen des Heldenideals der Antike war die *innere Freiheit*. Der ideale freie Mensch hatte weder Angst vor dem Tod noch vor Ablehnung durch andere. Darum konnte er seinen höchsten Werten unter allen Umständen treu bleiben. Die Römer fassten das unter den Begriff der „Honestas". Man kann das mit „Ehre" übersetzen. Damit ist aber nicht die narzisstische Ehre gemeint, die so furchtbar leicht zu kränken ist, beleidigt reagiert und sich rächen will, denn das Streben nach solcher Ehre ist ja gerade Ausdruck hochgradiger Abhängigkeit. Vielmehr handelt es sich bei der Honestas, jedenfalls nach philosophischem Verständnis, um das, wozu wir *Würde* sagen. Einem innerlich wirklich freien Menschen kann man antun, was man will, aber seine Würde lässt er sich nicht rauben. Dafür ist er bereit, auch den Preis ultimativer Einsamkeit zu zahlen.

Nicht nur Narzissten missverstehen sich als einsame Helden, wenn ihnen Beifall versagt bleibt, sondern es neigen auch Personen dazu, die ihres Charakters und Temperaments wegen eher auf Distanz zu andern gehen und „ihr eigenes Ding" machen. Das ist in der westlichen Gesellschaft grundsätzlich ebenso akzeptiert wie der Narzissmus. Insbesondere entspricht es der postmodernen Ethik, die jedem zugesteht, sich seine eigene Wahrheit auszudenken und seine Entscheidungen ihr gemäß zu treffen. Unter Toleranz wird vornehmlich verstanden, den andern machen zu lassen, was er will, und sich selbst auch nur um die eigenen Interessen zu kümmern. Im Zusammenwirken mit dem narzisstischen Ethos unserer Gesellschaft ist das allermeist die Lizenzvergabe für den *Egoismus*. Wenn individualistische Egoisten an die Grenzen der Bedürfnisse anderer oder an die Grenzen allgemein gültiger Normen stoßen, reagieren sie nur narzisstisch gekränkt, wenn sie Narzissten sind – und das sind viele. Die andern reagieren uneinsichtig, eigensinnig und arrogant, weil sie sich dabei nicht nur unverstanden fühlen, sondern auch überlegen. Geliebt zu werden und selbst zu lieben bedeutet ihnen wenig, umso mehr aber Recht zu haben. Es sind die Helden der Rechthaberei.

Das alles ist stets vom Nimbus der Einsamkeit umgeben, zum Teil auch gewollt. Wahrscheinlich besteht ein Großteil der Leute, die sich derzeit zu Unrecht „Querdenker" nennen, aus Individualisten dieser Art. Durch Mitgliedschaft im Kollektiv der Interessengemeinschaft bewahren sie sich vor Vereinsamung. Weitere Abfederungen dagegen sind ihr Wohlstand und ihr Erfolg, gleich ob er redlich ist oder auf zweifelhafte Weise zustandekommt.

Es sind „Mängelwesen", wie Ulf Poschardt, Chefredakteur bei WeltN24, in seinem Einsamkeitsbuch es nennt,[65] salopp gesagt: Ihnen fehlt etwas. Gleichwohl fungiere aber

---

Zilboorg als einer der Ersten psychoanalytischen Forscher zum Einsamkeitsproblem definierte es Elbing zufolge „als ein Verharren auf der Stufe kindlicher Omnipotenzgefühle", also narzisstisch. Eberhard Elbing, *Einsamkeit: Psychologische Konzepte, Forschungsbefunde und Treatmentansätze* (Hogrefe: Verlag für Psychologie: Göttingen, Toronto, Zürich, 1991), 39.

[65] Ulf Poschardt, *Einsamkeit: Die Entdeckung eines Lebensgefühls* (Piper: München, 2006), 24.

solcher Eigensinn „in bürgerlichen Gesellschaften als Leitbild eines konsequenten Individualismus: Sein Freiheitsdrang schreckt auch vor den Härten absolut verstandener Bindungslosigkeit nicht zurück."[66] Wer sich das angewöhnt, lässt seine Empathiefähigkeit verkümmern. Das heißt: Er wird übermäßig hart- gegen die andern vor allem, aber auch gegen sich selbst, indem er sich zum Beispiel gnadenlos selbst zu Leistungen nötigt, die eigentlich nicht nötig wären, die er aber zur Bestätigung seiner Rechthaberei nötig zu haben glaubt. „Helden" wie diese können also durchaus „Arbeitstiere" sein, aber sie wirken auch kräftig an der Destabilisierung des gesellschaftlichen Zusammenhalts mit, obwohl dieselbe Gesellschaft wieder kräftig daran mitgewirkt hat, dass sie so wurden, wie sie sind.

Natürlich gab es das schon immer, aber ein gesellschaftlicher Trend unserer Zeit ist es trotzdem, weil man(n) sich durch das einsame Heldentum oder auch das Kollektiv der einsamen Helden vor der *Langeweile* retten kann. Langeweile ist eines der Fundamentalprobleme der Wohlstandsgesellschaft. Langeweile kann Übergang zu heilsamer Einsamkeitserfahrung sein, weil ihre gute Botschaft im Appell liegt, neu oder vielleicht überhaupt erst einmal ernsthaft nach echtem Sinn zu fragen,[67] aber zumeist wird sie durch Aktivismen zugedeckt und verscheucht. Einsames Heldentum folgt dem Leitmotiv, immer ein spannendes Leben zu führen, ohne sich zuerst der Sinnfrage gestellt haben zu müssen.

Lars Svendsen widerspricht den Behauptungen, Vereinsamung sei ein spezifisches Problem individualistischer Kulturen. Die Datenlage zeige eher, dass kollektivistische Kulturen stärker davon betroffen seien. Richtig daran ist sicher, dass den kollektivistischen Kulturen ebenfall ein hohes Potenzial zur Vereinsamung der Menschen innewohnt. Nicht von ungefähr nennt man sie ja außerdem auch „Schamkulturen". Die Angst, vor den andern entblößt und ausgeschlossen zu werden, kann dort besonders dominierend sein. Dass es sich bei „Individualismus und Einsamkeit" um „die beiden Seiten einer Medaille" handelt, wie Helga Levend meint,[68] ist zu einseitig, denn dasselbe könnte man dann eigentlich auch zu Kollektivismus und Einsamkeit sagen.[69]

Diana Kinnert geht scharf mit dem Trend zur egoistischen Selbstverwirklichung ins Gericht. Sie wirft der neoliberalistischen Erneuerung des kapitalistischen Geistes vor, ihn maßlos auszuleben und zu fördern und dadurch alles auf den Kopf zu stellen, was einmal unter vernünftigen Menschen als vernünftiger Konsens der Ethik galt und mit dem

---

[66] Ebd., 74 f.

[67] „Ist das Überleben gesichert, wird das Innenleben zum Problem." Klaus-Peter Jörns, Einsamkeit, in:. Josuttis, M. et al. (Hg.), *Auf dem Weg zu einer seelsorgerlichen Kirche: Theologische Bausteine.* Christian Möller zum 60. Geburtstag (Vandenhoeck & Ruprecht: Göttingen, 2000), 177. Damit kommentiert der Theologieprofessor Klaus-Peter Jörns ein Zitat des Soziologen Gerhard Schulze: „„Der Weg von der Armutskrise zur Sinnkrise läßt sich auch als Weg von der Überlebensorientierung zur Erlebnisorientierung beschreiben."' G. Schulze, zit. ebd, 176.

[68] H. Levend, Einsamkeit, a.a.O., 18.

[69] Ähnlich formuliert Klaus-Peter Jörns: Die moderne „Selbstverwirklichung des Individuums" hat „eine Rückseite [...]: Die Vereinsamung des modernen Menschen." K.P. Jörns, a.a.O., 175. Als Pauschalurteil ist das überzogen.

aus dem allgemeinen Sprachgebrauch geschwundenen Wort „Tugend" zusammengefasst
werden konnte. „Und ich frage mich, ob das einsam macht. Ob es uns am Ende als
verlorene Seelen dastehen lässt. Ja, natürlich tut es das!"[70] Den Grund sieht Kinnert
in einer Egozentrik, die nur oberflächliche Beziehungen duldet, zum Zweck der Eigen-
sucht. „Ich begann es schon langsam selbst zu lieben, das Spiel", bekennt die 30Jährige.
„Denn es war äußerst verlockend, oberflächlich zu lieben, während man innerlich aus-
trocknete."[71] Kinnert bringt es leidenschaftlich persönlich zum Ausdruck, Cacioppo hat
es wissenschaftlich sachlich formuliert: „Während freundliches und großzügiges Verhalten zu sozialer Akzeptanz führt und zu dem heilsamen Gefühl des Eingebundenseins, hat
egoistisches, antisoziales Verhalten eine Verschlechterung des physischen Zustandes und
den zermürbenden Schmerz sozialer Isolation zur Folge."[72]

„Charakteristikum des Egoisten" sei die *Rücksichtslosigkeit,* schrieb der Philosoph
und Physiker Moritz Schlick (1882–1936) in seiner Ethik. Nicht die Selbstverwirklichung sei das Problematische am Egoisten, sondern dass er sie „ganz unbekümmert
um die Wünsche und Bedürfnisse der andern" betreibe. So werde Selbst*sucht* aus der
Selbst*verwirklichung*.[73] Das ist es, was Kinnert meint: Eine pervertierte Ethik der Selbstsucht gilt im neokapitalistischen Machtsystem als vorbildlich. Natürlich nicht bei allen,
aber bei viel zu vielen und propagiert und schamlos gefördert von viel zu viel Macht und
Geld. „Dass Geld einsam macht, wurde vielfach in Studien nachgewiesen", schreibt Manfred Spitzer. „Denkt man an Geld, ist man weniger hilfsbereit und ersucht andere weniger
um Hilfe; man distanziert sich eher von anderen und ist lieber alleine. Der Gedanke an
Geld aktiviert das genaue Gegenteil von Gemeinschaft, nämlich Eigennutz und Egoismus."[74] Der Wohlstandspuffer gegen die Vereinsamung ist hochwirksam und man sollte
nicht so anmaßend sein, ihn schlechtzureden. Aber er ist auch ambivalent. Dankbar und
bescheiden empfangener und gepflegter Wohlstand ist ein Segen. Selbstsüchtig geraffter,
gehorteter und vermehrter Wohlstand ist ein Fluch.

6.6   Dem Nächsten fern und sich selber fremd

Fremd sein heißt einsam sein, sich fremd fühlen heißt sich einsam fühlen. Fremdheit als
Ausgangspunkt ist normal. Alles ist im Fluss, ständig tritt etwas Neues auf, und alles
Neue hat auch etwas Fremdes an sich. Ich kenne es noch nicht: Es ist mir nicht vertraut.

---

[70] D. Kinnert, a.a.O.,194.

[71] Ebd., 196.

[72] John T. Cacioppo, William Patrick, *Einsamkeit: Woher sie kommt, was sie bewirkt, wie man ihr
entrinnt,* aus d. Engl. übers. v. J. Wissmann (Spektrum Akademischer Verlag: Heidelberg, 2011),
274.

[73] Moritz Schlick, *Fragen der Ethik,* hg. u. eingeleitet v. R. Hegselmann (Suhrkamp: Frankfurt a. M.,
1984), 107.

[74] M. Spitzer, Einsamkeit: Die unerkannte Krankheit, a.a.O., 233 f.

Ich muss mich erst noch daran gewöhnen. Fremdheit als Ausgangspunkt ist die natürliche Einsamkeitserfahrung, durch unsere Existenz bedingt. Die schöne gute Einsamkeit stellt sich dem erwünschten oder angenehm überraschenden Neuen in freudiger Spannung, die schwere gute Einsamkeit stellt sich dem unerwünschten Neuen in ernster Entschlossenheit und ruhiger Vernunft, um sich darauf *einzu*stellen. Das kann heißen, es sich vertraut zu machen, oder auch sich entschieden davon abzugrenzen, weil es nicht gut tut.

Fremdes Neues, das nicht gut tut, ist entfremdendes Neues. Entfremdung ist nun nicht Fremdheit als Ausgangspunkt, sondern als Zielpunkt. Das Entfremdende zieht weg von der Wahrheit, von der Wirklichkeit, von der echten Zweisamkeit, von der guten Einsamkeit und Gemeinsamkeit in die schlechte, aus dem Tiefgang in das Seichte, Oberflächliche der Äußerlichkeiten.

Gott wird mir fremd, die andern werden mir fremd, die Natur, deren Teil ich bin, wird mir fremd, ich werde mir selbst fremd. Darum fühle ich mich einsam und verlassen, und wenn ich diesen Zustand nicht wieder verlassen kann, vereinsame ich.

Das war schon immer so; insofern ist es kein aktueller Trend. „Die Wahrheit geht nun allen Gütern für die Götter, allen Gütern für die Menschen voran", überlegt Platon in seiner Theorie vom gesunden Staat. Wer sich der Wahrheit stellt, wird ein vertrauenswürdiger Mensch,

> „nicht vertrauenswürdig aber ist der, der die freiwillige Lüge liebt; wer aber die unfreiwillige, der ist ohne Verstand. Von diesen beiden Zuständen ist keiner beneidenswert; denn ohne Freunde ist jeder, der ohne Vertrauenswürdigkeit und ohne Verstand ist. Wird er aber im Laufe der Zeit als ein solcher erkannt, dann schafft er sich für das beschwerliche Alter eine völlige Vereinsamung am Ende seines Lebens, so daß sein Dasein, mögen seine Freunde und Kinder noch am Leben sein oder nicht, fast gleichermaßen verwaist wird."[75]

Unfreiwillig die Lüge lieben die eingebildet freien Gefangenen im Höhlengleichnis, denn sie halten die Lüge für Wahrheit, sie kennen nichts anderes, darum widerstreben sie auch der Wahrheit, wenn sie bei ihnen anklopft, weil sie nicht glauben, dass es eine andere Wahrheit gibt als die der Schatten an der Wand, die sie mit der Wirklichkeit verwechseln.

Das gibt es schon *immer* und doch ist es aktueller gesellschaftlicher Trend, weil es eine neue Dynamik entwickelt hat, die es noch *nie* gab. Es scheint so, als könne kaum noch jemand für sich selbst bestehen. Die natürliche vernünftige Eigenständigkeit wird künstlich kompensiert durch die plastikartigen Bindemittel oberflächlicher Gemeinsamkeit, deren Hauptzweck darin besteht, die gute Einsamkeit nicht aushalten zu müssen,

---

[75] Platon, *Gesetze: Buch I-VI,* Werke in acht Bänden, griech. u. deutsch, Sonderausg., Bd. 8/1, Hg. G. Eigler, bearbeitet v. K. Schöpsdau, griech. Text v. E. Des Places, deutsche Übersetz. v. K. Schöpsdau (Wissenschaftliche Buchgesellschaft: Darmstadt, 1990), 291.

durch die man zu sich kommt.[76] Das Plastik ist gefüllt mit den Zaubermitteln der Kommunikationstechnologie. Daraus sind die neuen Fesseln der Höhlenmenschen unserer Zeit gemacht. Sie versprechen Freiheit in stets kuscheliger Rundumnähe, aber sie versklaven und lassen ihre Opfer mitten drin verwaisen. „Smartphone" hat man die derzeit wirksamste Fessel getauft. „Was würden wir ohne das Smartphone alles verpassen?" fragt Kinnert und antwortet mit der Gegenfrage, was alles wir wohl *durch* das Smartphone verpassen. Vor allem, so behauptet sie, sei es „der perfekte Gegenentwurf zu Intimität und Wahrhaftigkeit."[77]

Das ist ein neuer Trend, aber er hat sich schon lang und deutlich angebahnt. Neu ist, genau genommen, nur seine exponentielle Steigerung. Schon vor 60 Jahren konnte Gerhard Kölbel schreiben: „Wir begegnen heute der paradoxen Tatsache, daß die menschliche Gesellschaft die wohl wichtigste Ursache bedrückenden Einsamkeitserlebens ist."[78] Was der Kommunismus mit noch unvollkommenen Mitteln versuchte, sodass er sich schließlich selbst darin aufrieb, gelingt dem Kapitalismus, der heutzutage das latente Ethos aller Staatsideologien vorgibt, mittlerweile fast perfekt – das ist der *neue* Trend: Das Humankapital den Zielen zur Profitmaximierung der Unternehmen anzupassen, nach beiden Seiten: als das Kollektiv der Arbeitsmaschinen und der Konsummaschinen, allerbestens vernetzt, gleichgeschaltet, der Mündigkeit beraubt, entwurzelt eben.

„Gleiten unsere fortgeschrittenen Gesellschaften langsam aber sicher in eine kollektive Wehrlosigkeit gegenüber kollektiv verursachter Isolation ab?" fragte der Soziologe Anselm Eder zu Beginn der 90er Jahre.[79] Nicht mehr langsam, sondern immer schneller. „Kollektiv verursachte Isolation" ist Isolation, die durch ein Kollektiv entsteht, das den Menschen die Mühe der Beziehungsarbeit erspart. Gemeinschaft ist dem Wesen nach auf Vertrauen gegründet, schreibt Kölbel, andernfalls erweise sie sich bald „als Lüge und Schein" und führe letztlich zur Vereinsamung.[80]

Die neumodische Konnektivität vollzieht sich auf Kosten echter zwischenmenschlicher Begegnung und Gemeinschaft. Beim bequemen Mitschwimmen in der Masse verliert der Einzelne sein Gesicht. Es gibt kein Gegenüber mehr, das zu Innehalten und Dialog veranlasst. Autonomie und Individualismus sind nostalgische Worthülsen geworden, die man

---

[76] „Wir leben in einer Zeit, in der die meisten von uns kaum jemals sich selbst überlassen sind, in der Telefonate, SMS, Twitter, Facebook, Skype usw. dafür sorgen, dass wir uns in chronischer Interaktion mit anderen befinden. Der Zugang zur guten Einsamkeit ist wohl geringer als früher und das ist nicht zuletzt dem Umstand geschuldet, dass wir uns entschieden haben, den Raum, der eine solche Einsamkeit hätte ausmachen können, mit Sozialität zu füllen. […] Die gute Einsamkeit wird bedroht, wenn wir uns aus Langeweile, Rastlosigkeit, Unsicherheit oder Faulheit zu schnell an andere wenden". L. Svendsen, a.a.O., 208.

[77] D. Kinnert, a.a.O., 112 f.

[78] G. Kölbel, a.a.O., 171.

[79] A. Eder, a.a.O., 16.

[80] G. Kölbel, a.a.O., 114.

noch immer für sich in Anspruch nimmt, aber ihr Inhalt ist verflacht, aus Freiheit in
Verantwortung wurde „Konsumfreiheit", wie Helga Levend es ausdrückt.[81]

Der Begriff „Entfremdung" wurde insbesondere von Karl Marx inhaltlich geprägt.
Marx erkannte zur Zeit des ersten großen Booms der Industrialisierung „die bedrückende
Vereinsamung des Werktätigen" als Resultat seiner Entfremdung.[82] In der Tat: Die Arbeit
mit ihren Teilelementen wie dem Arbeitsklima, dem Arbeitsstress, der Arbeitslosigkeit,
dem Einkommen und Vermögen, dem Reichtum und der Armut, spielt eine der beiden Hauptrollen auf der Bühne des Vereinsamungsdramas, die andere spielt das soziale
Umfeld, worin das Arbeitsleben eingebettet ist, herkömmlich vor allem die Familie.[83] Die
Entfremdung im Bereich der Arbeit bestehe darin, „daß die Arbeit dem Arbeiter äußerlich ist," befand Karl Marx, „das heißt nicht zu seinem Wesen gehört, daß er sich daher
in seiner Arbeit nicht bejaht, sondern verneint, nicht wohl, sondern unglücklich fühlt,
keine freie physische und geistige Energie entwickelt, sondern seine Physis und seinen
Geist ruiniert."[84] Das ist neu seit der industriellen Revolution; es markiert den Beginn
der Deformierung des Menschen zur Produktionsmaschine. Die Arbeitsentfremdung wiederum hat die Sozialität jenseits der Arbeit deformiert: Wer am Arbeitsplatz nur Mittel
zum Zweck ist, neigt sehr dazu, seine Mitmenschen jenseits der Arbeit einzustufen wie
den Arbeitslohn: Als Mittel zum Zweck der Entschädigung für das, was er dort entbehren
musste. Von dieser Warte aus wird er nun auch den Wert seiner Lebensgemeinschaft nach
ihrem Zweck beurteilen, zum Beispiel anhand des Kriteriums ihres Unterhaltungswerts.[85]

Marx hatte Recht damit, wie auch mit dem Urteil, dass die Entfremdung dem Kapitalismus geschuldet sei. Nicht der Technologie. Wir amüsieren uns heute über die
apokalyptischen Ängste der Menschen, die in den ersten Eisenbahnen so etwas wie end-
zeitliche Ungeheuer zu erblicken glaubten, Symbolgestalten des endgültigen Untergangs.
Wir amüsieren uns zu Recht im Blick auf die Angst vor dem neuen Fremden der Technik
selbst. Die war ja auch rasch verflogen, als die Menschen vertraut damit wurden. Nicht
amüsant ist jedoch die Sorge wacher Zeitgenossen angesichts der Macht des bedrohlichen

---

[81] Helga Levend, „Bin ich gut genug?" in: Psychologie heute (1997) 11, 20.

[82] G. Kölbel, a.a.O., 175.

[83] „Die häufigste Form der durch Milieuverlust entstehenden Einsamkeit aber wird durch die Selbst-
auflösung der Binnengruppe verursacht. Hier findet sich das Heer derer, deren Ehe zu Bruch ging,
der Eltern, die von ihren Kindern verlassen wurden, und der Arbeitslosen und Rentner, die ihre
Arbeit aufgeben mußten, und der vielen, deren Arbeit nur noch die Funktion des Rädchens in einem
Getriebe hat, das als undurchschaubar und unbeeinflußbar erlebt wird. Denn Arbeit und Familie sind
die beiden Bereiche, in denen noch immer die meisten engeren Kontakte entstehen, und beide stehen
in einer unmittelbaren Beziehung zueinander." Hans Peter Dreitzel, *Einsamkeit als soziologisches
Problem* (Die Arche: Zürich, 1970) 29 f.

[84] K. Marx, zit. ebd., 31.

[85] „Die Bedürfnisbefriedigung außerhalb der Arbeit als der wichtigsten Sphäre potentieller persönlicher Produktivität verdinglicht die verbleibenden Kontakte zum bloßen Mittel der Bedürfnisbefriedigung, macht den Mitmenschen zum Objekt." So kommt eine „Aushöhlung der menschlichen
Beziehungen" zustande, „die als latente Einsamkeit bezeichnet werden muß." H. P. Dreitzel, a.a.O.,
31 f.

Geistes, der sich die neue Technik zueigen machte. Die war sehr begründet. „Wir fahren nicht mit der Bahn, sie fährt auf uns", notierte Henry Thoreau in seiner einsamen Klause, als nicht weit davon entfernt die Gleise verlegt wurden, welche in Zukunft die Weiten des Kontinents ganz nah zusammenrücken lassen würden.

> „Hat man je bedacht, was diese Schwellen unter den Schienen eigentlich sind? Jede einzelne ist ein Mensch, ein irischer oder amerikanischer Arbeiter. Auf sie werden die Schienen gelegt, sie werden mit Sand zugedeckt, über sie fahren die Wagen so glatt dahin. Und alle paar Jahre werden sie wieder ausgewechselt, so dass die einen zwar das Vergnügen haben, auf Schienen zu fahren, andere hingegen das Unglück, überfahren zu werden."[86]

Thoreau suchte die Einsamkeit, um zur Besinnung und zu sich selbst zu kommen. Die Erfahrung der schweren Einsamkeit mitten in oberflächlicher Geselligkeit nahm er zum Anlass, sich eine Zeit lang in die schöne Einsamkeit der Natur zurückzuziehen. „Ich habe an Tafeln gesessen, wo es Speise und Trank in Fülle gab, nebst beflissener Bedienung; aber Aufrichtigkeit und Wahrheit gab es nicht, so dass ich hungrig von dem ungastlichen Mahl aufstand. Die Gastfreundschaft war so kalt wie das Eis, das es zum Nachtisch gab".[87]

Wer zur Besinnung kommt, sieht die Dynamik des industriellen Fortschritts mit anderen Augen, gestern wie heute. „Warum diese Eile und diese Vergeudung von Leben?" fragte Thoreau[88] und beklagte die Entfremdung, die der Fortschrittsgeist bewirkte: „Wir kennen nur wenig Menschen, aber massenhaft Jacken und Hosen. Man kleide eine Vogelscheuche in sein letztes Zeug und stelle sich selber unbezeugt daneben auf, wer wollte da nicht lieber die Vogelscheuche grüßen?"[89] Die künstlich intelligenten Vogelscheuchen unsrer Tage sind den echten Menschen täuschend ähnlich geworden. Wo ist der Mensch als *Mensch* geblieben hinter seinen perfektionierten Fassaden? „Es fragt sich, wie viel von den Rangunterschieden übrig bliebe, wenn man die Kleider abschaffte."[90] Der Schein des Äußeren bestimmt den Wert dort, wo der Geist des Kapitalismus herrscht, und mittlerweile herrscht er fast überall.

„Alle Energien werden auf die Bewältigung der Außenwelt mit dem Ziel der Erhöhung des Lebensstandards gerichtet", analysierte Wilhelm Bitter, als der Wohlstand bei uns nach der Katastrophe des zweiten Weltkriegs wieder zu erstaunlicher Blüte gelangt war, im sogenannten „Wirtschaftswunder", durch neue technische Möglichkeiten und neuen kapitalistischen Elan aufgebessert wie noch nie. „Der Konkurrenzkampf in der Wirtschaft

---

[86] Henry David Thoreau, *Walden: Der Traum vom einfachen Leben,* aus d. Amerik. übers. u. mit einem Nachw. v. F. Güttiger (Reclam: Ditzingen, 2017), 96 f.

[87] Ebd., 315 f.

[88] Ebd., 97.

[89] Ebd., 26.

[90] Ebd.

fördert die Aggressivität und lähmt das persönliche und verantwortliche Mitgefühl, das Interesse am Nächsten." Marx habe es vorausgesagt.[91]

Konkurrenz ist Wettbewerb. Die kapitalistische Konkurrenz ist nicht Spiel, sondern ein Kampf, in dem Ethik nur dort eine Rolle spielt, wo sie finanziellen Vorteil bringt. Die Fangemeinden der Konsumindustrie sind auf dasselbe Prinzip eingestimmt. „Das private Unglück des Sozialneids", schreibt Schobin, „ist systemfunktional."[92] Mit andern Worten: Emotionale Einsamkeit ist gewollt, weil sie den Verkauf fördert und den Ehrgeiz anstachelt, wenn den Betroffenen nur suggestiv vermittelt wird, wie sie mit den andern gleichziehen und sie übertrumpfen können.

Literatur

Asendorpf, J. B. (2004). *Psychologie der Persönlichkeit* (3., überarb. Aufl.). Springer.

Asper, K. (1991). *Verlassenheit und Selbstentfremdung: Neue Zugänge zum therapeutischen Verständnis* (4. Aufl.). Walter.

Barocka, A. (2018). Einsamkeit aus der Sicht des Psychotherapeuten. In T. Hax-Schoppenhorst (Hrsg.), *Das Einsamkeits-Buch: Wie Gesundheitsberufe einsame Menschen verstehen, unterstützen und integrieren können* (S. 123–131). Hogrefe.

Bauer, J. (2007). *Prinzip Menschlichkeit: Warum wir von Natur aus kooperieren* (4. Aufl). Hoffmann und Campe.

Bauer, J. (2019). *Wie wir werden, wer wir sind: Die Entstehung des menschlichen Selbst durch Resonanz* (2. Aufl.). Blessing.

Baumeister, R. F. (2013). *Vom Bösen: Warum es menschliche Grausamkeit gibt*. Aus d. amerik. Engl. v. S. Vogel. Huber.

Baumeister, R., & Tierney, J. (2012). *Die Macht der Disziplin: Wie wir unseren Willen trainieren können*. Aus d. Engl. v. J. Neubauer. Campus.

Berlin-Institut für Bevölkerung und Entwicklung, Körber Stiftung (Hrsg.). (2019). *(Gem)einsame Stadt? Kommunen gegen soziale Isolation im Alter: Fakten, Trends und Empfehlungen für die Praxis*. Körber-Stiftung.

Bitter, W. (1967). Zum Thema: Übersicht und Ergänzung. In W. Bitter (Hrsg.), *Einsamkeit in medizinisch-psychologischer, theologischer und soziologischer Sicht* (S. 9–29). Ein Tagungsbericht. Ernst Klett.

Bonelli, R. M., & Narzissmus, M. (2016). *Das Drama der Liebe, die um sich selbst kreist*. Kösel.

Bundesministerium für Arbeit und Soziales, Lebenslagen in Deutschland: Der Fünfte Armuts- und Reichtumsbericht der Bundesregierung 2017. Abrufbar unter Bundesministerium für Arbeit und Soziales, Armuts- und Reichtumsbericht. https://www.armuts-und-reichtumsbericht.de. Zugegriffen: 6. Mai 2021.

---

[91] Wilhelm Bitter, Zum Thema: Übersicht und Ergänzung, in: Wilhelm Bitter (Hg.), *Einsamkeit in medizinisch-psychologischer, theologischer und soziologischer Sicht*, ein Tagungsbericht (Ernst Klett: Suttgart, 1967), 10.

[92] Janosch Schobin, Vereinsamung und Vertrauen – Aspekte eines gesellschaftlichen Problems, in: Hax-Schoppenhorst, Thomas (Hg.), *Das Einsamkeits-Buch: Wie Gesundheitsberufe einsame Menschen verstehen, unterstützen und integrieren können* (Hogrefe: Bern, 2018), 46.

Cacioppo, J. T., & Patrick, W. (2011). *Einsamkeit: Woher sie kommt, was sie bewirkt, wie man ihr entrinnt.* Aus d. Engl. übers. v. J. Wissmann. Spektrum Akademischer Verlag.

CDU/CSU-Fraktion im Deutschen Bundestag. Gemeinsam gegen Einsamkeit – Für eine nationale Strategie. Positionspapier, Beschluss vom 9. Februar 2021.

Csikszentmihalyi, M. (2001). *Lebe gut! Wie Sie das Beste aus Ihrem Leben machen.* Aus d. Engl. v. M. Benthack. Klett-Cotta, Deutscher Taschenbuch Verlag.

Dreitzel, H. P. (1970). *Einsamkeit als soziologisches Problem.* Die Arche.

Eder, A. (1990). *Risikofaktor Einsamkeit: Theorien und Matereialien zu einem systemischen Gesundheitsbegriff.* Mit einem Geleitwort v. H. Strotzka. Springer.

Elbing, E. (1991). *Einsamkeit: Psychologische Konzepte, Forschungsbefunde und Treatmentansätze.* Hogrefe, Verlag für Psychologie.

Fehn, S., & Fringer, A. (2018). Einsames Sterben. In T. Hax-Schoppenhorst (Hrsg.), *Das Einsamkeits-Buch: Wie Gesundheitsberufe einsame Menschen verstehen, unterstützen und integrieren können* (S. 209–215). Hogrefe.

Jörns, K.-P., et al. (2000). Einsamkeit. In M. Josuttis (Hrsg.), *Auf dem Weg zu einer seelsorgerlichen Kirche: Theologische Bausteine* (S. 174–178). Christian Möller zum 60 Geburtstag. Vandenhoeck & Ruprecht.

Kinnert, D. (2021). *Die neue Einsamkeit. Und wie wir sie als Gesellschaft überwinden können.* Mit M. Bielefeld (3. Aufl.). Hoffman und Campe.

Klingholz, R. (2019). Die Nachwuchsfrage. In Le Monde diplomatique (Hrsg.), *Atlas der Globalisierung: Welt in Bewegung.* Hg. S. Mahlke, Karten u. Grafiken v. A. Buitenhuis (S. 48 f.). Le Monde diplomatique, taz.

Kölbel, G. (1960). *Über die Einsamkeit: Vom Ursprung, Gestaltwandel und Sinn des Einsamkeitserlebnisses.* Ernst Reinhardt.

Lanier, J. (2010). *Gadget: Warum die Zukunft uns noch braucht.* Aus d. Amerik. v. M. Bischoff. Suhrkamp.

Levend, H. (2000). *Einsamkeit: Die Stille nach innen.* Echter.

Lynch, J. J. (1977). *Das gebrochene Herz.* Deutsch v. J. Abel. Rowohlt.

Neu, C., & Müller, F. (2020). Einsamkeit: Gutachten für den Sozialverband Deutschland. Dezember 2020. Unter Mitwirkung v. A.S. Heuer u. A. Tschesche. https://www.sovd.de/fileadmin/bundesverband/pdf/broschueren/gesundheit/Gutachten-Einsamkeit-sovd.pdf. Zugegriffen: 12. Okt. 2021.

von Oppen, D. (1967). Einsamkeit als Last und Bedürfnis. In W. Bitter (Hrsg.), *Einsamkeit in medizinisch-psychologischer, theologischer und soziologischer Sicht* (S. 104–110). Ein Tagungsbericht. Ernst Klett.

Platon. (1990). *Gesetze: Buch I-VI.* Werke in acht Bänden. Griech. u. deutsch, Sonderausg., Bd. 8/1. Hg. G. Eigler. Bearbeitet v. K. Schöpsdau, griech. Text v. E. Des Places Deutsche Übersetz. v. K. Schöpsdau. Wissenschaftliche Buchgesellschaft.

Poschardt, U. (2006). *Einsamkeit: Die Entdeckung eines Lebensgefühls.* Piper.

Saum-Aldehoff, T. (2013). Der Stress der Einsamkeit. *Psychologie heute, 6,* 56.

Scheidt, J. (1979). *Singles: Alleinsein als Chance des Lebens* (3. Aufl.). Wilhelm Heyne.

Schlick, M. (1984). *Fragen der Ethik.* Hg. u. eingeleitet v. R. Hegselmann. Suhrkamp.

Schobin, J. (2018). Vereinsamung und Vertrauen – Aspekte eines gesellschaftlichen Problems. In T. Hax-Schoppenhorst (Hrsg.), *Das Einsamkeits-Buch: Wie Gesundheitsberufe einsame Menschen verstehen, unterstützen und integrieren können* (S. 46–67). Hogrefe.

Schultz, T. (1978). *Bittersweet: Surviving and growing from loneliness.* Penguin.

Seiffge-Krenke, I. (1994). Gesundheitspsychologie: Die entwicklungspsychologische Perspektive. In P. Schwenkmezger & L. R. Schmidt (Hrsg.), *Lehrbuch der Gesundheitspsychologie,* Unter Mitarbeit v. D. Borgers et al. 42 Abbildung, 18 Tabellen (S. 29–45). Ferdinand Enke.

Sennett, R. (2012). *Zusammenarbeit: Was unsere Gesellschaft zusammenhält.* Aus d. Amerik. v. M. Bischoff. Hanser.

Spitzer, M. (2019). *Einsamkeit: Die unerkannte Krankheit.* Droemer Knaur.

Storr, A. (1990). *Die schöpferische Einsamkeit: Das Geheimnis der Genies.* Aus d. Engl. v. C. Broerrmann. Paul Zsolnay.

Svendsen, L. (2016). *Philosophie der Einsamkeit.* Aus d. Norw. v. D. Stilzebach. Berlin University Press.

Tagesschau.de. (29. September 2021). Jeder dritte Mensch über 65 lebt allein. https://www.tagesschau.de/inland/alleinlebende-deutschland-101.html. Zugegriffen: 1. Okt. 2021.

Thoreau, H. D. (2017). *Walden: Der Traum vom einfachen Leben.* Aus d. Amerik. übers. u. mit einem Nachw. v. F. Güttiger. Reclam.

Trump, M. L. (2020). *Too much and never enough: How my family created the world's most dangerous man.* Simon & Schuster.

Turkle, S. (2012). *Verloren unter 100 Freunden: Wie wir in der digitalen Welt seelisch verkümmern.* Aus d. Engl. v. J. Stefanidis. Riemann.

Robotisierung und Vereinsamung

7

Zusammenfassung

Die Simulation der Natur durch künstlich intelligente Maschinen scheint der Wirklichkeit immer näher zu kommen. Die Vorstellung, künstliche Tiere und Menschen gewissermaßen als Prothesen zu verwenden, um das Fehlen von Beziehungen auszugleichen, ist keine Science-Fiction mehr. Die Technik hat solche Roboter bereits geschaffen, zunehmend setzen Menschen ihre Hoffnung darauf, und der Politik bieten sich dadurch verführerisch attraktive Alternativen. In der IT-Entwicklerszene ist eine neue Form der religiösen Heilserwartung entstanden. Man rechnet damit, dass die künstliche Intelligenz ihre Künstlichkeit abstreifen, intelligenter als die menschliche werden und das Defizitäre des derzeitigen Menschseins korrigieren oder ablösen wird. Die „Sozialen Medien" bahnen den Weg dorthin, indem sie ihre Anwender manipulativ auf Computerprogramme konditionieren. Das ideale Mittel der digitalen Menschendressur ist die Verheißung vollkommener Bequemlichkeit. Nichts eignet sich so gut, zwischenmenschlichen Konflikten aus dem Weg zu gehen, wie der virtuelle Raum. Doch dieser Raum bleibt menschenleer. Unzählige Einsame suchen dort Geborgenheit. Zu gesunden, mündigen, verantwortlichen Persönlichkeiten heranreifen können sie darin nicht.

7.1 Medien statt Menschen

„Wir fahren nicht mit der Bahn, sie fährt auf uns", sah Thoreau kommen, als die industrielle Revolution gerade erst eingesetzt hatte. Sherry Turkle zitiert einen ganz ähnlichen Satz aus ihrem Bekanntenkreis: „Wir erledigen nicht unsere E-Mails, unsere E-Mails

H.-A. Willberg, *Einsamkeit und Vereinsamung*,
https://doi.org/10.1007/978-3-662-67162-7_7

erledigen uns."[1] Die Technik sollte uns dienen, aber sie herrscht über uns, weil wir sie
herrschen *lassen.*

„Das Erwerbsleben lässt dem Menschen nicht genug Zeit, um den Alltag menschen-
würdig zu gestalten", fand damals schon Thoreau; „er kann es sich nicht gestatten, den
andern gegenüber als Mann und Mensch aufzutreten; es könnte ja den Marktwert seiner Arbeit beeinträchtigen. Er hat keine Zeit, etwas anderes als eine Maschine zu sein."[2]
Die Entfremdung der Arbeit hat die Entfremdung der Arbeitenden bewirkt. Sie sollten
sich den Maschinen angleichen und sie haben es getan. Sie wurden selbst zu Rädern im
Getriebe.

Es ist dabei geblieben. „Kein Wunder, daß Menschen, die tagaus, tagein mit Maschinen leben und sich nach und nach als deren Sklaven empfinden, schließlich glauben,
auch Menschen seien bloße Maschinen", schrieb hundert Jahre nach Thoreau eines der
Entwicklergenies an der Schwelle zum zeitgenössischen PC und Wegbereiter des Internet, Joseph Weizenbaum (1923–2008),[3] einst „Priester im Tempel der Technik", wie er
selber sagt, am MIT,[4] so wie Sherry Turkle. Besonders stark färbt die Interaktion mit
humanoiden Maschinen auf ihre Anwender ab: „Wenn Entwickler im Bereich der digitalen Technologien ein Programm so auslegen, daß der Nutzer mit dem Computer wie mit
einer Person interagieren muß," schreibt Priesterkollege Lanier 30 Jahre danach, „verlangen sie von ihm, in irgendeinem Winkel seines Gehirns zu akzeptieren, daß er vielleicht
selbst als ein Programm verstanden werden kann."[5]

Thoreau hatte es vorausgehen, der deutsche Jude Weizenbaum, rechzeitig als Kind
mit den Eltern in die USA emigriert, sah zurück auf die Katastrophen der Dehumanisierung des Menschen, die mittlerweile stattgefunden hatten, und erschrak zutiefst, als ihm
bewusst wurde, dass die Maschinisierung des Menschlichen in der neuen Ära der Infor-
mationstechnologie geradlinig fortgesetzt wurde, so als hätte der Mensch nichts aus der
apokalyptischen Erfahrung gelernt.

Wir haben uns der Natur entfremdet, vor allem unserer eigenen. Darum haben wir die
Natur ruiniert, auch unsere eigene. Die natürliche Schönheit musste die Bühne unserer
Selbstverwirklichung räumen, um fortan nur noch Kulisse unserer Selfies zu sein. Wir
dulden nichts als uns selbst auf der Bühne, aber wir interessieren uns gar nicht für uns
selbst, sondern nur für die vorteilhaftesten Bilder von uns selbst. Und wir interessieren uns

---

[1] Sherry Turkle, *Verloren unter 100 Freunden: Wie wir in der digitalen Welt seelisch verkümmern,*
aus d. Engl. v. J. Stefanidis (Riemann: München, 2012), 468.
[2] Henry David Thoreau, *Walden: Der Traum vom einfachen Leben,* aus d. Amerik. übers. u. mit
einem Nachw. v. F. Güttiger (Reclam: Ditzingen, 2017), 10.
[3] Joseph Weizenbaum, *Die Macht der Computer und die Ohnmacht der Vernunft,* Übers. U. Rennert
(Suhrkamp: Frankfurt a. M., 1977), 315.
[4] Ebd., 24.
[5] Jaron Lanier, *Gadget: Warum die Zukunft uns noch braucht,* aus d. Amerik. v. M. Bischoff
(Suhrkamp: Berlin, 2010), 14.

gar nicht füreinander, sondern nur für das, was uns am anderen selbst bestätigt, unterhält und Lust bereitet.

Der Schatten von Natur, Natürlichkeit und menschlicher Gemeinschaft erscheint den modernen Höhlenmenschen nicht als Umriss an der Wand, sondern hoch aufgelöst *wie echt* im Rechteck auf der Hand.[6] Die Heilspropheten der „Künstlichen Intelligenz" sind im Begriff, das „wie" vor dem „echt" zu tabusisieren, indem sie die Künstlichkeit ihrer Computerprodukte leugnen. So wie sie den Menschen zur Maschine degradieren, erheben sie den Roboter in den Rang eines natürlichen Wesens, genau genommen sogar eines *über*-natürlichen Wesens, weil sie die angeblich vollkommene Technik der Computermaschinen *über* die angeblich unvollkommene Natur des Menschen stellen.

„Bei sozialen Robotern empfinden wir Objekte als Lebewesen", stellt Sherry Turkle fest. „Online entwickeln wir Möglichkeiten des Zusammenseins, die andere Menschen in eine Art Objekt verwandeln."[7] Als Humankapital des Neoliberalismus entmenschlicht sich der Mensch selbst und spricht im Gegenzug den künstlichen Produkten der Technik naturhafte Lebendigkeit zu. Wir sind zu Objekten der Profitmaximierung vereinseitigt worden und wir halten uns selbst für Objekte und behandeln uns gegenseitig so, weil wir das als objektiv ansehen. Wir halten es für peinlich, uns eine relevante Subjektivität zuzuschreiben, wir halten es für realistisch, uns nicht als *jemand* zu verstehen, sondern nur als *etwas*. Wir meinen, das sei redlich so, weil die Wissenschaft so tut, als setze sich das ganze Universum aus Objekten zusammen.

Einsamkeit ist aber wie so manches Bedeutungsvolle im Leben „eine subjektive innere Erfahrung des Menschen", erinnerte einst James Lynch und forderte darum für die Medizin zur Behandlung der Einsamkeit „Methoden, die über den gegenwärtigen wissenschaftlich-objektiven Ansatz" hinausgehen.[8] Doch die Humanwissenschaften haben sich so sehr dem naturwissenschaftlichen Objektivismus hingegeben, dass es ihnen immer noch schwer fällt, das Individuum für mehr als eine Biomaschine anzusehen, obwohl die Einsicht gewachsen ist, dass es so nicht geht. Die Medizin vernachlässigt nach wie vor ihr genuines Proprium, „die Heilkraft menschlichen Kontakts".[9] Auf diese Weise fördert sie die Vereinsamung mehr als ihr heilend entgegenzuwirken.

Die Intersubjektivität echter menschlicher Begegnung und Beziehung kostet Mühe und könnte ein Störfaktor für reibungslose Profitsteigerung und Konsumismus sein. Statt sich einzukaufen, wozu es gerade der Kitzel reizt, redet das Pärchen womöglich zu lang miteinander und findet sich am Ende des Tages womöglich auch noch bei Sonnenuntergang

---

[6] „Heutige Kinder konsumieren soziale Beziehungen zunehmend online und als theatralische Darbietung." Richard Sennett, *Zusammenarbeit: Was unsere Gesellschaft zusammenhält,* aus d. Amerik. v. M. Bischoff (Hanser: Berlin, 2012), 200.

[7] S. Turkle, a.a.O., 290. 378. „Wir werden von Robotern und Bots verführt und angezogen, Objekte, die auf uns zugehen, als wären sie Menschen. Und so wie wir uns Objekte als Menschen vorstellen, erfinden wir auch Wege, mit Menschen zusammen zu sein, auf denen sich diese in etwas Ähnliches wie Objekte verwandeln." Ebd., 378.

[8] James J. Lynch, *Das gebrochene Herz,* deutsch v. J. Abel (Rowohlt: Reinbek, 1977), 246.

[9] Ebd., 249.

am Ufer eines stillen Sees wieder oder so? Immerhin werden sie ja wohl ihr Handy nicht aus der Hand legen. Wenn man sich gegenseitig Objekt ist, scheint man mehr voneinander zu haben. Man kann sich gebrauchen und beiseite stellen wie man gerade mag. Man muss sich nicht verständigen, man muss keine Rücksicht aufeinander nehmen, man muss nicht die Geduld aufbringen, Vertrauen zu kultivieren.[10]

Die Einsamkeit sei „offensichtlich ein zunehmendes Phänomen in unserer Gesellschaft", meint der Jugendpfarrrer und Einsamkeitsspezialist Klaus Deuber in seinem Beitrag zu „Social Media und Einsamkeit" für das „Einsamkeits-Buch" von Hax-Schoppenhorst. Er bezieht sich auf den Gesundheitsforscher Primack, wonach man in den USA bereits „von einem epidemischen Ausmaß" der Vereinsamung unter Jugendlichen zu reden habe und er kann sich vorstellen, dass „auch bei uns in Europa bereits eine ähnliche Entwicklung im Gang" sei. Er stellt die Vermutung in den Zusammenhang der Risiken des Internets. Aber „die Betonung der Gefahren", meint er sogleich betonen zu müssen, sei „ebenso wenig hilfreich wie ihre Verharmlosung." Das ist eine interessante Gegenüberstellung: Betonung versus Verharmlosung. Ob das heißen soll, man möge die Gefahren doch bitte *nicht* betonen? Darum folgt wohl nun auch der Turn away von der Problemseite weg und damit eben doch zur Verharmlosung hin: Dem Problem der Einsamkeit können Social Media begrenzt entgegenwirken, „denn es lassen sich gerade hierzu positive Aspekte Sozialer Medien erkennen." Man solle nur nicht allzu große Erwartungen darauf setzen. „Eine ‚therapeutische Wirkung'" sei nicht zu erwarten.[11] Mit anderen Worten: Das Vereinsamungsproblem bei jungen Menschen ist schon schlimm, aber betonen muss man das nicht. Die sozialen Medien könnten auch in gewisser Weise dazu beitragen, aber ihre lindernden und präventiven Vorteile überwiegen doch recht deutlich, auch wenn sie nicht allzu groß sind.

Lars Svendsen geht noch weiter, indem er sich zu einer erstaunlich optimistischen Pauschalaussage aufschwingt: „Die sozialen Medien scheinen uns *mehr* sozial zu machen, nicht weniger", behauptet er und beruft sich dafür auf „etliche Studien".[12] In der Tat: Selbstverständlich spiegelt sich der Schein auch in der Statistik, vorausgesetzt, die Fragen werden entsprechend gestellt. Selbstverständlich halten überaus viele Menschen die „sozialen" Medien für etwas Fantastisches und ebenso selbstverständlich haben sie auch ihre sehr großen Vorzüge, nicht zuletzt um Menschen tatsächlich miteinander zu verbinden. Das muss eigentlich *nicht* besonders betont werden. Die meisten Menschen heutzutage, fährt Svendsen aber fort, „sind sozial nicht isolierter als früher: Im Gegenteil sind wir hypersozial. Das Einsamkeitsproblem des liberalen Individuums besteht nicht so sehr im

---

[10] Vgl. zum Vertrauensverlust durch ditigale Medien Manfred Spitzer, *Einsamkeit: Die unerkannte Krankheit* (Droemer Knaur: München, 2019), 137 ff.

[11] Klaus Deuber, Social Media und Einsamkeit, in: Thomas Hax-Schoppenhorst (Hg.), *Das Einsamkeits-Buch: Wie Gesundheitsberufe einsame Menschen verstehen, unterstützen und integrieren können* (Hogrefe: Bern, 2018), 343.

[12] Lars Svendsen, *Philosophie der Einsamkeit,* aus d. Norw. v. D. Stilzebach (Berlin University Press: Wiesbaden, 2016), 176.

Vorhandensein von viel schlechter Einsamkeit, sondern vielleicht vielmehr darin, dass die gute Einsamkeit so wenig geworden ist, gerade weil dieses Individuum so sozial veranlagt ist."[13] Das ist nicht so einfach zu verstehen. Das „Hypersoziale" soll die soziale Isolation aufheben, also *heilen?* Wenn es sie aber *nicht* heilt, wird doch wohl die Krankheit nur hyperaktiv überdeckt, oder wie? Wenn, wie Svendsen vermutet, die „gute Einsamkeit" tatsächlich „so wenig geworden ist" – kann das etwas anderes bedeuten, als dass die Menschen vor ihr fliehen, weil sie sich davor fürchten? Das heißt: Sie *leugnen* ihre wirkliche Einsamkeit, sie betäuben den Schmerz durch oberflächliche Gemeinsamkeit. Und nicht zuletzt: Was will er sagen mit dem Stereotyp der „meisten Menschen", denen es sozial sehr gut zu gehen scheint, das ja immer wieder für die Verharmlosung des Vereinsamungsproblems ins Feld geführt wird? Stets suggeriert es „nicht so schlimm". Doch ab welchem Prozentsatz soll man von „den meisten" sprechen? 51 % sind auch schon die meisten. Bis zu 30 % evident sozial Isolierte sind in der Tat nicht die meisten. Aber von einer Epidemie oder gar Pandemie redet man sinnvollerweise nicht erst, wenn es die meisten erwischt hat, sondern wenn das Problem so gefählich virulent ist, dass es ohne Weiteres sehr viele, viel zu viele, erfassen kann, und wenn dies tatsächlich auch schon im Gang ist.

Zweifellos haben die Erfindungen moderner Kommunikationstechnologie großartige Verbesserungen unserer Kommunikationsmöglichkeiten bewirkt. Der technische Fortschritt selbst ist nicht das Problem, soweit die daraus entstehenden Produkte nicht die Umwelt zerstören und durch unmenschliche Ausbeutung zustande kommen. Die *Anwendung* ist das Problem. Um Fahrzeuge zu bedienen braucht man aus guten Gründen Führerscheine. Der inkompetente Umgang mit den modernen Kommunikationsmedien aber ist ungleich riskanter. Das Chaos des Internetdschungels kultiviert sich so wenig von selbst wie der geordnete Straßenverkehr einer Metropole dadurch zustande kommt, dass man auf Verkehrsregeln verzichtet und alle mit jedem beliebigen Fahrzeug machen lässt, was ihnen gerade einfällt.

Manfred Spitzer erlaubt es sich, schonungslos das Problem derer anzusprechen, die vielleicht nicht zu den „meisten" zählen, wohl aber zu den vielen, deren Zahl aber so groß ist, dass „die Betonung der Gefahren" nichts weiter als eine Pflicht geworden ist. Auch wenn es ein wenig schrill klingt (Alarmsignale tönen selten schön): Die Digitalisierung, so betont Spitzer, bringt Menschen „nicht, wie oft behauptet wird, zusammen, sondern bewirkt eine Zunahme von Unzufriedenheit, Depression und Einsamkeit. Das gilt insbesondere für die sozialen Online-Netzwerke", aber auch, wie schon zuvor und immer noch, für das Fernsehen, merkt Spitzer an.[14] Nicht für das Fernsehen an sich gilt es, wohl aber für den Mangel an Fernsehkompetenz und für die industrielle Manipulation, diesen zu nutzen und zu fördern. Nichts passt der Medienindustrie besser ins Konzept als der unmündige süchtige Konsument.

---

[13] Ebd., 178.
[14] M. Spitzer, Einsamkeit: Die unerkannte Krankheit, a.a.O., 18.

Kinder vor große Bildschirme zu setzen und ihnen kleine in die Hand zu geben ist bequem, weil es sie ruhig stellt, aber nur in wohl dosierten Maßen akzeptabel. Hoher Konsum von Bildschirminhalten bei Kindern hemmt ihre natürliche Entwicklung. Damit werden aber spätestens seit dem Millenium sehr viele Kinder groß.[15] Spitzer hat eindringlich, ausführlich und belegt mit zahlreichen Forschungsbefunden vor den Schäden gewarnt, die daraus entstehen.[16] „Vorsicht Bildschirm!" kam 2006 heraus. Seine Prophezeiungen erfüllen sich. Bildungs- und Gesundheitsexperten sind alarmiert. Eines der besorgniserregenden Symptome ist das Anwachsen von Sprachstörungen, worunter wir zu verstehen haben: eingeschränktes Vokabular, Artikulationsprobleme, Schwächen bei Satzbildung und Grammatik. Sachverständige der Kaufmännischen Krankenkasse, eine der größten gesetzlichen, stellen von 2011 an einen Zuwachs von fast 60 % dieser Probleme fest, vor allem bei Teenagern, aber betroffen sind zudem außerordentlich viele Kinder. Die Fachleute sind sicher, dass „auch übermäßige Nutzung von Smartphone, PC und Fernseher" zu den Gründen gehören.[17] Das ist angemessen vorsichtig formuliert, weil sich seriöse Wissenschaft vor allzu raschen Schlussfolgerungen hütet. Aber auch wenn es noch andere Gründe gibt ist doch der Zusammenhang mit dem Medienkonsum evident genug. Die „Ständige Wissenschaftliche Kommission" der bundesdeutschen Kultusministerkonferenz, bestehend aus 16 Fachpersonen aus der Bildungsforschung, meldet ebenfalls „alarmierende Befunde": Jedes fünfte Kind in der vierten Klasse erreicht nicht einmal das Mindestmaß an Lese-, Schreib- und Rechenfähigkeiten. Das geht einher mit einer erhöhten Anfälligkeit für „psychische Auffälligkeiten".[18] Da überrascht es nicht, dass 14 % aller Schüler ohne Abschluss bleiben – Tendenz steigend![19] – und die schon erwähnten 25 % der abgebrochenen Ausbildungsgänge (vgl. Abschn. 3.4.) passen dazu leider auch. Das alles sind nicht erst Coronafrüchte; die Pandemie ist nur der Aufguss, der zur Zeit die Entwicklung *noch* mehr in die Höhe treibt.

Das Heilsversprechen des Social Web ist allseitiges Verbundensein mit echten Menschen, aber mehr noch verbinden uns die Fesselungsfäden der Technologie. Die Smartphones, findet Kinnert, sind zu „Vereinzelungsapparaten erster Güte" geworden. „Denn

---

[15] Wissenschaftliche Studien belegen, dass „moderne Informationstechnik reale Sozialkontakte gerade bei Kindern und Jugendlichen in einem nie da gewesenen Ausmaß ersetzt." Ebd., 122.

[16] Manfred Spitzer, *Vorsicht Bildschirm! Elektronische Medien, Gehirnentwicklung, Gesundheit und Gesellschaft* (Deutscher Taschenbuch Verlag: München, 2006).

[17] Rheinische Post, Immer mehr Kinder weisen Sprachstörungen auf, 22.09.2022, https://rp-online. de/panorama/wissen/deutschland-zahl-der-kinder-mit-sprachstoerungen-steigt-seit-jahren_aid-771 98231, Abruf 22.09.2022.

[18] Tagesschau.de, Experten sehen Handlungsbedarf an Grundschulen, 09.12.2022, https://www.tag esschau.de/inland/gesellschaft/grundschulen-mathe-deutsch-101.html, Abruf 09.12.2022.

[19] News4teachers.de, Schon jeder achte Jugendliche verlässt die Schule ohne Abschluss – Verband Sonderpädagogik fordert: „Schulsystem ändern!", 12.10.2022, https://www.news4teachers.de/2022/ 10/schon-jeder-achte-jugendliche-verlaesst-die-schule-ohne-abschluss-verband-sonderpaedagogik-fordert-schulsystem-aendern/, Abruf 28.12.2022.

der Mensch klebt am Handy. Das Handy klebt am Menschen. Längst sind beide zusammengewachsen."[20] Wie sehr die solipsistische Binnenkommunikation mit dem handlichen Bildschirm insbesondere jungen Menschen die Zeit für das echte Leben mit echten Begegnungen einschränkt, belegen Untersuchungsergebnisse. Mit der Dauerkonnektivität des Internets eröffnet sich nicht nur ein globales Netz, sondern auch jedweder denkbare Abgrund. Überaus viele Eltern lassen ihre Kinder je nach Belieben im Internet unterwegs sein. Alle Türen stehen allen offen.

Smartphones als die modernen Telefone haben die Schattenseite der Kommunikationskultur des Telefonierens extrem verstärkt. Das Läuten des Telefons schien schon früher wie eine überirdische Macht Gehorsam zu fordern. Das ist bei den neuen Medien erst recht so: „Die Leute haben immer das Gefühl, sie müssten einen plausiblen Grund dafür haben, auch einmal ungestört sein zu wollen, nicht ständig erreichbar zu sein", schreibt Turkle.[21] Die Mischung von unmittelbarer Begegnung und völligem Abstand schuf den Sklaven des Telefons aber auch ganz neue Freiheiten: Viel besser als im echten Kontakt konnte man sich so geben, als sei man ganz bei der Sache, und sich dennoch zugleich mit höherer Aufmerksamkeit anderem zuwenden. Man konnte freundlich tun und dabei die Augen verdrehen. Der Mythos der Arbeitserleichterung durch *Multitasking* entstand. Allerdings wurde bei genauerem Hinsehen deutlich, dass Multitasking, wie Turkle resümiert, „alles andere als ein Erfolgsrezept ist. Vielmehr zeigte sich, dass Multitasker bei keiner der Aufgaben, die sie erledigen, richtig gut sind."[22]

Das Kränkende am Multitasking ist die geteilte Aufmerksamkeit. Wenn zum Beispiel ein Kind mit der Mama spazieren geht und diese die ganze Zeit mit ihrem Handy zugange ist, vermittelt sie dem Kind den Eindruck, nicht so wichtig zu sein. Sie muss das nicht beabsichtigen, aber ihre faktisch geteilte Aufmerksamkeit ist Unachtsamkeit und das bedeutet, dass sie die Fähigkeit verliert, das wahrzunehmen, was jetzt gerade Vorrang haben sollte. Die Botschaft ist eigentlich unmissverständlich: Mir ist zur Zeit etwas anderes wichtiger als du. Ich sehe dich nicht, ich höre dir nicht wirklich zu: Ich lasse dich zu, aber ich bin mit meinen Gedanken jetzt eigentlich bei etwas anderem. Solche Erfahrungen machen einsam.

Das alles ist der Sache nach nicht wirklich neu, allerdings neu ist aber auch hier der exponentielle Trend. Was früher schon aller Sorge und Betonung wert war, ist es heute ungleich mehr. Die paradoxe Entwicklung des scheinbaren Zeitgewinns um den Preis des tatsächlichen Zeitverlusts hat sich fortgesetzt. Die allgemeine Smartphonediktatur hat gerade das zuwege gebracht, wogegen sie auftrat. Wir scheinen noch weniger Zeit zu haben. „Selbst wenn wir nicht bei der Arbeit sind, erleben wir uns doch immer als ‚betriebsbereit', unfähig, uns der Allgegenwart der Konnektivität zu entziehen."[23]

---

[20] Diana Kinnert, *Die neue Einsamkeit. Und wie wir sie als Gesellschaft überwinden können,* mit M. Bielefeld, 3. Aufl. (Hoffman und Campe: Hamburg, 2021), 32.

[21] S. Turkle, a.a.O., 344.

[22] Ebd., 280, vgl. ebd., 541 f., ausführlich zum Foschungsbefund über Multitasking.

[23] Ebd., 44.

Die Versklavung lässt sich an vielen Symptomen erkennen, die allesamt zum Thema haben, dem Medium eine Priorität zu geben, die ihm, vernünftig und verantwortlich gesehen, nicht zustünde, vor allen Dingen eine Priorität vor der persönlichen zwischenmenschlichen Begegnung. Viele Menschen wünschen sich, beobachtet Turkle, „mit ihren persönlichen Netzwerken allein zu sein. Es ist gut, physisch zusammenzutreffen, aber wichtiger ist, mit unseren Geräten verbunden zu bleiben."[24]

Eines meiner persönlichen Aha-Erlebnisse in dieser Hinsicht war ein Seminar mit einer Gruppe von Theologiestudenten, die sich erkennbar deutlich „nebenher" mit ihren Laptops beschäftigten, und einer Teilnehmerin, die, warum auch immer, gerade etwas schwierig war und ein emotionales Problem ins Gespräch brachte, das nicht sehr viel mit dem gerade behandelten Thema zu tun haben schien. Sie störte, nicht mich, denn ich bemühte mich, auf sie einzugehen und sie zu verstehen, sondern die Multibeschäftigen andern. Ich war einigermaßen schockiert über die Rückmeldungen zu diesem Seminar: Die Gestörten fanden es schlecht. Es hatte offensichtlich nicht den erwarteten Unterhaltungswert für sie, nicht das angenehme Plätschern eines sanften, mit hübschen Bildern und Geschichten (wie dieser) geschmückten sanften Informationsflusses, den man sich gefallen lassen mag wie das Radio bei der Arbeit. Sie hätten ein wenig innehalten und sich an der Diskussion mit jener Teilnehmerin beteiligen müssen, aber das wäre etwas unbequem gewesen. Sie hätten ihre augenblickliche Priorität revidieren müssen, vom Laptop weg auf diese eine Person, die es jetzt nötig hatte, dass man mit Empathie auf faire und partnerschaftliche Weise mit ihr umging.

Sherry Turkle, die es ansprechend versteht, persönliche Erfahrungen mit ihren Forschungsbefunden abzugleichen und auf diese Weise erfrischend ehrlich zu vermitteln, erzählt ganz Ähnliches von ihren Vorlesungen am MIT.[25] Sie versuchte vergeblich, dagegen anzugehen. Als Forscherin analysierte sie das und stellte es in den Zusammenhang einer allgemeinen gesellschaftlichen Entwickung: „Wenn die elektronischen Medien immer da sind und darauf warten, gebraucht zu werden, dann verlieren die Menschen ihren Sinn für Kommunikation."[26]

Vor dem Zeitalter des Internets waren Bildschirm und Telefon noch getrennt. Das Fernsehen verband die Konsumenten auch schon mit der weiten Welt, wenn auch nicht vergleichbar mit der heutigen Vielfalt und Unmittelbarkeit. Dennoch zog das Fernsehen bereits ähnlich in seinen Bann wie jetzt das Internet und tut das, mittlerweile als Teil des Internets, ja heute immer noch und erst recht. Die Bildschirmteilnahme an allen möglichen Ereignissen, seien sie auch noch so schrecklich und widerwärtig, macht es möglich, überall dabei zu sein, ohne irgendwo dabei zu sein. Wer unter dem Vielerlei der möglichen

---

[24] Ebd., 46. „Die neuen Technologien erlauben uns, menschliche Kontakte 'herabzustufen' und ihr Wesen und ihr Ausmaß zu rationieren." Ebd., 47.

[25] „[W]enn ich hinten in unseren W-LAN-fähigen Hörsälen stehe, sind die Studenten auf Facebook und YouTube und kaufen ein, meistens Musik. Ich möchte, dass sich meine Studenten am Gespräch beteiligen." Ebd., 280 f.

[26] Ebd., 281.

Inhalte nicht bewusst auswählt und sich damit auseinandersetzt, passt seine Emotionalität dem Unterhaltungsniveau des Sendungsdurchschnitts an. Aus der Vielfalt wird das Einerlei. Aus der Gewöhnung an das Einerlei wird träge Gleichgültigkeit und Langeweile.[27] Die Medienberieselung verkürzt und verhindert Begegnung und Gespräch mir realen Personen. „Tag für Tag, Nacht für Nacht, lassen wir uns von unseren Maschinen konditionieren", erkannte Terri Schultz schon vor bald 50 Jahren.[28] Sie konditionieren uns, damit wir selbst so werden wie Maschinen.

Die Einsamkeitsforschung jener Zeit hat bereits den Zusammenhang von Vereinsamung und Fernsehen thematisiert und zu untersuchen begonnen. Man erkannte einen immensen Wandel der Zeitverwendung in der nordamerikanischen Bevölkerung. Der TV-Konsum nehme Suchtcharakter an, auf Kosten der Beziehungspflege. Darum verdiene er in der Einsamkeitsforschung besondere Aufmerksamkeit, mahnten Expertenstimmen aus der Wissenschaft an.

„Medium" ist der eigentlichen Wortbedeutung nach „ein vermittelndes Element".[29] Das Kommunikationsmedium tritt vermittelnd *zwischen* Personen. Es verbindet und trennt zugleich. Im Verbinden liegt sein großer Gewinn, im Trennen seine große Gefahr. Indem das Medium zwischen dir und mir steht, trägt es bei zu unserer Einsamkeit.

Auch die öffentlichen Medien sind in gewissem Sinn Kommunikationsmedien. Die Nachrichtensprecherin macht ihren Job gut, wenn ich den Eindruck habe, dass sie mich persönlich anspricht. Auch meine Skypepartnerin kann aber ihren Job gut machen und dabei ungefähr genauso wenig in echtem Kontakt zu mir sein wie die Nachrichtensprecherin.

Für viele Situationen ist diese Mischung von Nähe und Distanz durchaus hilfreich und für Menschen, die ihrem Charakter und Temperament gemäß mehr zur Distanz neigen als zur Nähe, fühlt sie sich grundsätzlich eher gut an. Das Problem der modernen Kommunikationsmedien liegt aber darin, dass die täuschend echte suggerierte Nähe sich als sehr verführerischer Realitätsersatz anbietet. Der Grund ist einfach: „Virtuelle Räume bieten uns Kontakte, ohne dass besondere Ansprüche an uns gestellt würden", fasst Turkle zusammen.[30] Echte Menschen nerven irgendwann. Ein virtuelles Gegenüber lässt sich so anpassen, dass es nicht stört. Das ist viel bequemer so.

E-Mails sind an die Stelle des alten Mediums „Brief" getreten, aber sie erfüllen eine andere Funktion. Ein persönlich geschriebener Brief verlangt Aufmerksamkeit und häufig

---

[27] „Die Massenkommunikation bewirkt eine Informations- und Reizüberflutung, auf die mit Abstumpfung, Gleichgültigkeit und Desinteresse am Mitmenschen reagiert wird." Caroline Bohn, Einsamkeit im Spiegel der sozialwissenschaftlichen Forschung, Dissertation zur Erlangung des Grades einer Doktorin der Philosophie, Universität Dortmund, Fachbereich Erziehungswissenschaft und Soziologie, Mai 2006, https://d-nb.info/997491426/34, Abruf 26.08.2021, 107.

[28] Ebd., 139.

[29] Art. „Medium", *DWB*.

[30] S. Turkle, a.a.O., 263. Sie zitiert einen 18jährigen Facebook-User: „Auch wenn es für manche Leute hilfreich ist, weil sie sich sicherer fühlen, macht die Online-Kommunikation es einem leicht, anderer Leute Gefühle zu ignorieren. Man braucht keinen Blickkontakt." Ebd., 314.

eine wohl überlegte Antwort, für die man sich Zeit nimmt. Mails huschen wie der Chat hin und her, wenn sie überhaupt beantwortet werden. Das Medium Mail unterscheidet sich vom Gespräch wie vom persönlichen Brief dadurch, dass es der Willkür des Empfängers überlassen bleibt, darauf einzugehen oder nicht. Ich möchte behaupten, dass dies nur wenig mit den Inhalten korreliert. Ernsthafte persönliche Anliegen werden sehr oft genauso oberflächlich bearbeitet wie banale Infos. Wahrscheinlich liegt es auch wieder daran, dass so etwas stört. Man müsste sich Zeit nehmen und entschuldigt seine Ignoranz damit, dass es sich ja *nur* um eine Mail gehandelt habe. „Dabei entstehen häufig Missverständnisse, kommentiert Turkle. „Gefühle werden verletzt.“[31] Das macht einsam.

Turkles Wahrnehmung nach ist insbesondere jungen Menschen aber auch das Telefonieren bereits zu anstrengend und persönlich. „Das Telefon war früher ein Weg, sich miteinander in Verbindung zu setzen oder jemandem eine einfache Frage zu stellen. Aber wenn man erst einmal E-Mail, Instant Messaging und SMS hat, ändern sich die Dinge.“[32] Die tatsächliche Begegnung wird durch Bilder und Filme kompensiert und an die Stelle der Unmittelbarkeit des Gesprächskontakts tritt der Chat, der relative Unabhängigkeit vom Gegenüber ermöglicht. Allerdings wird diese Freiheit mit dem Preis der Oberflächlichkeit bezahlt. „Online verliert man leicht den Glauben daran, dass man wirklich kommuniziert, dass man anderen etwas bedeutet“, analysiert Turkle. „Verwirrt suchen viele Trost, indem sie noch mehr Online-Bekanntschaften knüpfen.“[33]

Telefoniert wird weiterhin, jedoch nur noch mit einem eng begrenzten Personenkreis und sonst, wenn es nicht anders geht. „Die Leute sagen nicht nur, ein Telefonanruf koste sie selbst zu viel Zeit, sie haben auch Angst, dass es anderen Menschen ebenso geht.“[34] Das kann durchaus förderliche Aspekte für die Kontaktpflege haben, wenn man es nicht übertreibt. Aber wenn keine Briefe mehr geschrieben werden, E-Mails nur willkürlich ernstgenommen und beantwortet werden und noch dazu Telefonieren zur großen Ausnahme wird, was bleibt dann noch als Medium? Das Social Web, der Chat, mit seinem Unmaß an Banalitäten, Sprachverformung, Sprachverkümmerung, Missverständlichkeit und so weiter. Ganz sicher kann das helfen gegen Vereinsamung. Aber ist das eine wirklich gute Medizin?

Es besteht „ein beträchtlicher Unterschied zwischen der gesprochenen und der geschriebenen Sprache, der Sprache, die gehört wird, und der Sprache, die gelesen wird“, schreibt Thoreau. „Die gesprochene Sprache ist etwas Flüchtiges“.[35] Als solche ist sie bequemer, auch noch dann, wenn man so schreibt, als wenn man redete, das heißt: wenn man es in erster Linie auf leichte oberflächliche Eingängigkeit anlegt, damit die Rede

---

[31] Ebd., 288.

[32] Ebd., 320 f.

[33] Ebd., 483.

[34] Ebd., 321. Man meint, zu viel preiszugeben, wenn man spricht. Man benutzt lieber die Tastatur als die eigene Stimme, weil man behauptet, es sei effizienter. „Dinge, die in ‚Echtzeit‘ geschehen, kosten zu viel Zeit.“ Ebd., 41.

[35] H.D. Thoreau, a.a.O., 105.

unterhaltsam sei; Spaß soll sie möglichst machen, alles Weitere strengt an, am Ernsten mag man sich nicht mehr reiben als die Katze am Menschenbein, das überfliegt man eben mal, um sich für informiert zu halten; auch bei Traurigem und Verstörendem sollen es die hübschen Symbole richten, Emoticons auf jeden Fall, ein meditatives Bildchen im schlimmeren Fall.

Richtiggehend zu schreiben strengt an, ausdauernd und aufmerksam zu lesen auch ein bisschen. Ich beobachte bei meinen Facebook-Posts, dass die Anzahl der „Likes" sehr deutlich mit der Kürze von Texten und dem Vorhandensein von attraktiven Bildchen oder Filmchen korreliert, an denen die Aufmerksamkeit für einen Augenblick beim Durchs-crollen hängen bleibt. Genau dementsprechend werden die Posts ja auch vom Programm kanalisiert. Ein bloßer Text, und seien es nur zwei schlichte Sätze, ist schon kein Blickfang mehr und macht den „Freunden" einfach zu viel Mühe.

Noch wird das Buch von vielen wertgeschätzt, von vielen aber auch schon gar nicht mehr. Will man gerade mal irgendwelche Informationen haben, holt man sie sich ganz bequem und schnell vor allem irgendwoher aus dem Internet.[36] Das muss reichen zur Bildung.

Der eklatante Qualitätsabfall des schriftlichen Kommunizierens vom Brief über die Mail zum Chat liegt darin, dass die Oberflächlichkeit des verbalen Kommunizierens, einfacher gesagt: das *Geschwätz,* abgelöst wurde von der Oberflächlichkeit des Kom-munizierens mit automatisierten Sprachbausteinen, Emoticons, Filmchen und Bildern, weil es *bequemer* ist als sich von Angesicht zu Angesicht zu begegnen oder zu tele-fonieren. Die Entwicklung der erweiterten schriftlichen Mitteilung durch die neuen Kommunikationsmedien hat nicht das Briefeschreiben abgelöst, sondern das Telefonie-ren. Das Briefeschreiben blieb nicht etwa auf der Strecke, weil sich eine Alternative dafür aufgetan hatte, sondern weil der Aufwand störte. Andernfalls wäre es tatsächlich vom E-Mail-Schreiben abgelöst worden. Dort setzt es sich zwar in gewisser Weise fort, aber überschattet vom selben zwanghaften Drang zu Kürze und Eile, der das verbale Kommunizieren entstellt hat.

Nochmals sei betont: Nicht die Technologie ist das Problem, sondern die Unvernunft. Insofern haben wir es nicht mit einem Trend zu tun, sondern mit einem Prinzip, das schon immer galt, wenn sich einschneidende Veränderungen der Lebensweise durch technische Innovation auftaten, die vom großen Vorteil bestimmt zu sein schienen, das Leben viel bequemer zu machen. Das galt schon zu Thoreaus Zeiten für die Eisenbahn genau wie heute für die immer noch schneller und autonomer agierenden Verkehrsmittel, und das galt damals auch schon genauso für die Entwicklung der Kommunikationstechnologie wie heute. „Schließlich kommt es nicht darauf an, möglichst rasch miteinander zu reden, sondern vernünftig miteinander zu reden", gab Thoreau angesichts der damals bevor-stehenden Erneuerung zu bedenken, „durch unterirdische Kabel die Alte und die Neue

---

[36] „Wie die Dinge liegen, werden Bücher einen beträchtlichen Wertverlust erleiden, wenn zahlreiche Menschen beginnen, elektronische Geräte für ihre Lektüre zu benutzen." J. Lanier, Gadget, a.a.O., 116. Wenn sie denn überhaupt etwas mit Lektüre anfangen können.

Welt einander um ein paar Wochen näher zu bringen".[37] Ihn schien das nicht besonders zu begeistern, weil er sich vorstellte, dass sich dadurch ein Schleusentor zur inflatorischen Verbreitung und Vermehrung des oberflächlichen Geschwätzes für alle Welt öffnen würde. Und wem würde es dann gelingen, die Unterschiede zwischen banalem Gerede und wirklich wichtigen Gesprächsinhalten überhaupt noch festzustellen und den andern beizubringen? Thoreau etwa versuchte es mit Sentenzen wie dieser: „Nicht wer mit seinem Pferd eine Meile in der Minute zurücklegt, überbringt die wichtigste Botschaft".[38] Aber der Rausch der Geschwindigkeit zog die Industriegesellschaft von Beginn an in den Bann, weil das immerwährende technische Beschleunigen immer neu und immer weiter die Optimierung der Bequemlichkeit versprach.

Es tat sich nicht nur eine Schleuse auf, es war ein Dammbruch. Je weiter die Entwicklung der Kommunikationstechnologie voranschritt, desto stärker wurde der Schwall der venunftlosen Inhalte der Kommunikationsüberflutung, die völlig unsortiert durchmischt mit dem daherkommt, was der Rede wert ist, wie auch mit den hoch gefährlichen Giftstoffen der dreisten und subtilen Lügen derer, die auf der Welle reiten, um ihre Gier nach Macht und Geld zu befriedigen.

7.2   Der Trend zur Gleichschaltung

Die Geister, die wir riefen, werden wir nicht mehr los. Es ist billig, das den Zauberlehrlingen von damals anzulasten. Die blendeten ihre eigene Verantwortung aus, wir die unsere. Die Eigendynamik der Wirtschaftsentwicklung, Credo des sogenannten „Thatcherismus" zur Legitimation der Hemmungslosigkeit des Neoliberalismus, ist ein Mythos, der es den Tätern erlaubt, sich selbst als Opfer zu gebärden. Fahnenträgerin der neuen Selbstgerechtigkeit des Kapitalismus war in den 80er Jahren die britische Premierministerin Margaret Thatcher, auf der Fahne steht ihr Satz „There is no alternative", der als das „Tina-Prinzip" zum Leitprinzip der schrankenlosen Profitorientierung wurde. Doch, there is, wann immer die Mächtigen nur wollen. Zwar wird es um so schwerer, das Räderwerk des vernunftlosen Fortschritts zu bremsen, je weiter es beschleunigt wird im Namen des pervertierten Freiheitsideals, das Verantwortung mit moralistischer Tyrannei gleichsetzt. Insofern stimmt es, wenn Weizenbaum resümiert, „die Macht, die der Mensch durch seine Naturwissenschaft und Technik erworben hat", habe sich „in Ohnmacht verkehrt."[39] Aber das ist viel weniger die Ohnmacht der Mächtigen als derer, die sie um der Profitsteigerung willen vor sich her treiben und ausnutzen. Auch Weizenbaum widerspricht der angeblichen Ohnmacht der Mächtigen: „Der Mythos von der technischen, politischen und gesellschaftlichen Zwangsläufigkeit ist ein wirksames Beruhigungsmittel für das Bewußtsein. Seine

---

[37] Ebd., 56.

[38] Ebd.

[39] J. Weizenbaum, a.a.O., 337.

Funktion besteht darin, die Verantwortung jedem von den Schultern zu nehmen, der an ihn glaubt. Aber in Wirklichkeit *gibt* es handelnde Personen!"[40]

Es sind nicht die Computer, nicht Social Bots, nicht Roboter, die das Kommando führen – *noch* nicht. Es sind *Menschen,* sie lassen die Technologie für sich arbeiten. Weil das via Medium geschieht, ist die Unmittelbarkeit der Verantwortung stets abgedämpft, es ist eine Glaswand dazwischen, meist buchstäblich als Bildschirm. Schon im Vietnamkrieg, zeigt Weizenbaum auf, hat man Computer die Angriffsziele definieren lassen. Die Folgen waren schrecklich, aber den Tätern klebte kein Blut an den Fingern, denn für den Rechner waren die Opfer nur Berechnungsgegenstände und die Wirklichkeit des Tötens erreichte die Befehlshaber allenfalls marginal über den Fernsehbildschirm, falls sie dort auch einmal hinschauen wollten.

Die Intelligenz der sogenannten „Künstlichen Intelligenz" ist nichts, was dieser innewohnt. „Intelligenz" kommt vom lateinischen „intellegere"; das Bedeutungsspektrum dieses Wortes bezeichnet Vorgänge, die im Wesentlichen bei Computern nicht zu finden sind: „Einsehen, erkennen, verstehen, begreifen, bemerken, erfassen". Die Worte „erkennen, begreifen, bemerken und erfassen" kann man schon auf Computer anwenden, allerdings nicht im wesentlichen Sinn, sondern nur metaphorisch und rein funktional, keineswegs aber als Einsicht und menschenähnliches Verstehen. Die tatsächliche Intelligenz der Maschinen, denen „künstliche Intelligenz" zugeschrieben wird, ist nichts anderes als die Intelligenz der Programmierer, und diese vertreten die Interessen von Personen, Institutionen und Ideologien, in deren Auftrag sie handeln, oder ihre eigenen. In Wirklichkeit gibt es immer handelnde Personen, auch dort, wo den Maschinen ein autonomes Handeln einprogrammiert wird, das sehr weit reichende Folgen hat. Lanier drückt es vornehm aus: „Was wir als KI bezeichnen, sollte man nie als Alternative zu menschlicher Arbeit betrachten, sondern vielmehr als einen missverständlich bezeichneten Wertschöpfungskanal zwischen echten Menschen."[41] Die entscheidende Frage ist, aus *welch*en Werten da geschöpft wird. Weizenbaum spricht von „der perversen, grandiosen Phantasie der künstlichen Intelligenz", die daraus hervorging, dass man den Begriff „Intelligenz" so fahrlässig auf Maschinen ausweitete.[42]

„KI ist nur eine Phantasie, nur ein Märchen, das wir über unsere Programme erzählen", sagt Lanier als einer von den wenigen, die sehr viel davon verstehen.[43] Er hat durchaus Verständnis für die euphorische Begeisterung über die enorme Ausweitung „der menschlichen Möglichkeiten" durch die neuen Kommunikationsmedien. Aber er betont auch, was betont werden *muss:* Dass dieser Fortschritt dunkle Schatten wirft. Zu Recht weist er darauf hin, dass schon die Erfindung von Radio und Film einen ungeheuer machtvollen

---

[40] Ebd., 317.

[41] Jaron Lanier, *Zehn Gründe, warum du deine Social Media Accounts sofort löschen musst,* aus d. amerik. Engl. vo. M. Bayer u. K. Petersen (Hoffmann und Campe: Hamburg, 2018), 145.

[42] J. Weizenbaum, a.a.O., 269.

[43] J. Lanier, Zehn Gründe, a.a.O., 191.

Pflug der Zerstörung nach sich zog, gesteuert von Demagogen, die ihn für ihre diabolischen Zwecke einsetzten und bestens zu steuern wussten.[44] Wieviel besser gelingt das erst mit der Computertechnologie!

Weizenbaum hat es bereits vor der Zeit des Internets angesichts der *Fernsehwerbung* auf den Punkt gebracht:

> „Wer ein besonders aggressives Werbeprogramm im Fernsehen sieht, dem fällt es schwer, sich vorzustellen, daß irgendwann einmal erwachsene Menschen irgendwo an einem Tisch zusammengesessen sind und entschieden haben, genau diese kommerzielle Sendung zu machen und sie Hunderte von Malen zu senden. Aber so ist es und nicht anders. Diese Dinge sind nicht von anonymen Kräften hervorgebracht worden. Es sind die Produkte von Gruppen von Menschen, die sich untereinander einig waren, daß diese Vergiftung des Bewußtseins der Menschen ihren eigenen Absichten dient."[45]

Um Geld und Macht geht es ihnen. Von *diesen* Werten lassen sie sich bestimmen. Verantwortung spielt für sie keine Rolle.

Durch Internet und Social Media hat man die Werbung perfektioniert. Die Rechenmaschinen des Social Web werden so programmiert, dass sie eigenständig arbeitend den rechnerischen Zielen von Geld und Macht dienen, so wie schon die Rechenmaschinen in Vietnam die Abwurfziele für Bomben ausrechneten. Das Zaubermittel der perfektionierten Werbung ist der *Algorithmus*. Der Wikipedia-Erklärung nach ist ein Algorithmus eine aus „endlich vielen, wohldefinierten Einzelschritten" bestehende „eindeutige Handlungsvorschrift zur Lösung eines Problems". Algorithmen in Computern sind programmierte Rechenschemata, die nach der Maßgabe des Programms „wohldefinierten Einzelschritten" folgend bestimmte Aufgaben eigenständig abarbeiten, immer nach ihrem gleichen programmierten Schema. Algorithmen des Social Web greifen systematisch Benutzerdaten auf und gleichen das Verhalten des einzelnen Users mit dem Mainstreamverhalten der andern ab. Nach dem Maßstab des Mainstreams versorgen sie den einzelnen User mit Informationen, die den Zweck haben, Reaktionen in ihm hervorzurufen, durch die er sich dem Mainstream anpasst. Der Mainstream ist definiert durch die höchste Rendite für den Betreiber des Social Web wie zum Beispiel Facebook.

So sieht die „Vergiftung des Bewußtseins der Menschen" mit dem Ziel, ihr Konsumverhalten zu steuern, heute aus. „Was früher Werbung genannt wurde", erklärt Jaron Lanier als Insider der Branche, „muss heute als unaufhörliche Verhaltensmodifikation in gigantischem Umfang verstanden werden."[46] Es sei nicht wirkliche Werbung, sondern *Manipulation.*

---

[44] „Im letzten Jahrhundert wurden neue Medientechnologien mehrfach zu wesentlichen Elementen massiver Ausbrüche organisierter Gewalt. So betätigte sich das Naziregime intensiv als Pionier der Radio- und Filmpropaganda. Auch sie Sowjets waren besessen von Propagandatechnologien." J. Lanier, Gadget, a.a.O., 90.

[45] J. Weizenbaum, a.a.O., 357.

[46] J. Lanier, Zehn Gründe, a.a.O., 13.

Lanier zitiert ein Statement des Milliardärs Chamath Palihapitiya, der mehrere Jahre eine Leitungsfunktion bei Facebook innehatte: „Die von uns entwickelten, schnell reagierenden, dopamingetriebenen Feedbackschleifen zerstören, wie die Gesellschaft funktioniert."[47] „Dopamingetrieben" meint: Verhaltenspsychologisch so konzipiert, dass die Menschen durch das Wechselspiel von Belohnung und Entzug von Belohnung gewünschtes Verhalten lernen, also dementsprechend *konditioniert* werden. Man kann es auch so sagen: Sie werden abhängig gemacht. Die Internetunternehmen des Social Web bauen ihre Algorithmen bewusst dementsprechend auf. Sie greifen dazu auf die Erkenntnisse der Verhaltensforschung des Behaviorismus zurück. „Es ist eine verhängnisvolle Tatsache, dass man einen Menschen mit behavioristischen Methoden manipulieren kann, ohne dass er es überhaupt merkt", gibt Lanier zu bedenken.[48]

Die ersten wirkungsvollen Anwender und Verfechter des behavioristischen Belohungssystems in der Psychotherapie waren immerhin noch von der guten Absicht beseelt, die Menschheit zu einem friedlichen und glücklichen Miteinander zu erziehen. Aber natürlich funktioniert das System genauso gut, um einfach nur Macht und Profitmaximierung zu erreichen. Wie gesagt: Verantwortung spielt da keine Rolle. „Kein gesellschaftlicher Diskurs, keine Zusammenarbeit; Desinformation, Unwahrheit", bekennt Palihapitiya in seinem Statement.[49] Aus dem einfachen Grund, dass auf diese Weise die gewünschte Anpassung der Individuen an den Mainstream am besten gelingt. „Jetzt haben wir, glaube ich, einen wirklich schlimmen Zustand erreicht. Er untergräbt das Fundament des Verhaltens der Menschen zu- und untereinander", bekannte der Milliardär.[50]

Aber könnte man dasselbe nicht auch wenigstens mit grundsätzlich menschenfreundlichen Inhalten erreichen? Nach außen hin geben sich diese Kommunikationsplattformen ja auch wirklich so sozial, wie sie sich nennen. Doch rein rechnerisch, und das allein interessiert in der Algorithmus-Programmatik, ist Positives weniger effektiv als Negatives, wenn es darum geht, den User abhängig zu machen. Man wird es wohl mit dem Entzug bei harten Drogen vergleichen können. Das empfundene Defizit, das sogenannte Craving, ist die stärkere Kraft als der Dopamineffekt, wenn man die ersehnte Droge bekommt.

Craving heißt auf Deutsch „heftiges Verlangen". Die manipulative Dressurmethodik der angeblich „sozialen" Netzwerke verheißt das höchste Glücksgefühl sozialer Verbundenheit und erzeugt das Craving danach bei seiner Kundschaft. Das bedeutet: Um unendlich Macht und Geld zu gewinnen, werden die Menschen mit ihrem höchsten Wert geködert: Gesehen zu werden, für andere wichtig zu sein, Anerkennung zu bekommen,

---

[47] C. Palihapitiya, zit. ebd., 16.

[48] J. Lanier, Zehn Gründe, a.a.O., 14. „Der Algorithmus versucht, die perfekten Einstellungen zu finden, um das Gehirn zu manipulieren, während das Gehirn sich verändert, um in den Ausschlägen des Algorithmus eine tiefere Bedeutung zu finden. Es ist ein Katz-und-Maus-Spiel, das auf reiner Mathematik beruht. Da die Reize, die der Algorithmus uns serviert, nichts bedeuten, da sie völlig zufällig sind, adaptiert sich unser Gehirn nicht an irgendetwas Reales, sondern an eine Fiktion. Dieser Prozess – von einer flüchtigen Illusion abhängig zu werden – ist Sucht." Ebd., 26.

[49] C. Palihapitiya, zit. ebd., 16.

[50] Ebd.

Zuwendung, Freundschaft, Liebe. Wie die Glückspieler müssen sie aber erleben, dass ihr Durst danach mit Salzwasser gestillt wird. Die Erfolgserlebnisse wiegen das Craving nicht auf.

Die verheißene Freundschaft im „sozialen" Netzwerk ist generell mehr Bedürfniskompensation als Bedürfniserfüllung; sie erfüllt nicht, was sie verspricht. Das schließt nicht aus, dass auch echte Freundschaften im Social Web zustande kommen können, wenn die Nutzer Glück haben oder über digitale Kompetenz verfügen. So wie der kompetente Umgang etwa mit Alkohol ist Voraussetzung für die Digitalkompetenz im Umgang mit dem Social Web das nüchterne Bewusstsein der eigenen Anfälligkeit für die Giftwirkung. Nur dann sind wir in der Lage, vorsichtig genug zu dosieren. Aber das kann schwieriger werden als man denkt. Lanier beschreibt es eindrücklich mit seiner eigenen Erfahrung:

> „Auf einmal steckst du mit anderen in einem Haufen dämlicher Wettbewerbe, um die niemand gebeten hat. Warum bekommst du weniger coole Bilder zugeschickt als dein Freund? Warum hast du weniger Follower? Diese konstante Dosis sozialer Versagensangst bindet die Nutzer stärker an Social Media. [...] Mir ist schon lange klar, dass ich nicht benotet und eingestuft werden möchte, außer wenn es einem bestimmten Zweck dient, dem ich bewusst zustimme. [...] Doch so lächerlich diese Benotungen auch sind - ich kann sie nicht einfach übergehen. In mir wohnt dieser kleine Dämon, der will, dass ich besser dastehe als die anderen. Vermutlich haben die meisten von uns so einen."[51]

Dass sehr viele Kinder und Teenager dem ohne ernsthafte pädagogische Hilfen hilflos ausgeliefert sind, liegt auf der Hand, und das umso mehr, als Lanier zufolge das „soziale" Netz „präzise darauf abgestimmt" ist, „die Empathie-Fähigkeit der Menschen zu zerstören."[52] Gemeinschaft ohne Empathie ist *Gleichschaltung*. Die Gleichschaltung der Konsumenten ist der größte Erfolgsgarant.[53]

Die Unternehmen wissen so gut wie auch die subversiven „Trolle" im Internet mit ihren politischen, kriminellen und ideologischen Zielen genau, wie anfällig wir für die Angst sind, „nicht für cool, attraktiv oder angesehen gehalten zu werden", erklärt Lanier,[54] und ihre Auftritte ähneln sich.[55] Ebenso gut wissen sie, dass negative Emotionen grundsätzlich heftiger empfunden werden als positive und darum (rein rechnerisch) effektiver sind, um Menschen zu manipulieren. Sehr negativ fühlt sich der Entzug an, aber auch die zweite

---

[51] J. Lanier, Zehn Gründe, a.a.O., 129 f.

[52] Ebd., 112.

[53] „Sanftes Geplätscher oder wüstes Geschrei: was immer deine Aufmerksamkeit am besten fesselt. Du wirst dabei mit Menschen in die Manege geführt, die mit dir zusammen – als Gruppe – optimal in den Bann der Maschine gezogen werden können." Menschen werden algorithmisch „in Blasen" zusammengeführt, weil es effektiver und wirtschaftlicher ist, eine Gruppe zu fesseln, als das Interesse jeder einzelnen Person zu verstärken. Ebd., 112 f.

[54] Ebd., 28.

[55] „Der Dschihad-Chat sieht genauso aus wie der Pudel-Chat. Überall entsteht eine Meute, und entweder ist man dafür oder dagegen. Wenn man sich der Meute anschließt, übernimmt man auch den kollektiven, ritualisierten Haß." Ebd., 88.

algorithmisch gesteuerte Erfolgsspur: Der gemeinsame Hass für die Gehassten.[56] Noch nie war es so einfach, kollektiven Hass zu schüren, denn noch nie ließen sich so leicht Lügen als Wirklichkeit darstellen, algorithmisch gesteuert. Das muss nicht heißen, dass die großen Internetunternehmen wie Facebook selbst ein Interesse daran haben, Hass zu verbreiten, aber die Algorithmen des Profits funktionieren am besten mit solchen Themen. Für die Effektivität der Algorithmen kommt es nicht auf auf den Wert der Inhalte an, sondern einzig auf ihre Funktionalität. „Social Media schreddert Bedeutung", fasst Lanier zusammen.[57]

Man könnte natürlich auch auf die Gemeinschaft wachsenden Vertrauens setzen, aber rein rechnerisch ist das nicht effektiv genug, es dauert zu lang.[58] Plakatives Negatives, Hass und Bosheit, beschäftigt nicht nur emotional besonders stark, sondern es zieht auch in den Bann. Aus diesem Grund können Machtmenschen, die ihre Boshaftigkeit schamlos öffentlich zur Schau stellen, unglaublich großen Erfolg erreichen. Lanier nennt Trump treffend den „Großmeister aller Socia-Media-Abhängigen".[59] Damit ist nicht nicht nur seine eigene Geltungssucht angesprochen, sondern auch die demagogische Kraft der narzisstischen Gemeinschaftsbildung, die das tribalistische Motto des großamerikanischen Wahns an die Stelle des American Dream setzt, was eine unheimlich magnetisierende Wirkung auf Menschen hat, die in der gemeinsamen fanatischen Ergebenheit die Erlösung aus der Vereinsamung zu ergreifen meinen.[60]

Das große Bedürfnis nach beglückender Gemeinschaft ist der Zunder, der das Feuer der kollektiven Gleichschaltung so leicht brennen lässt. Am besten zündet er, wenn sein Gewebe von gemeinsamer Angst durchwirkt ist. Wir Menschen wirken ansteckend aufeinander, besonders dann, wenn negative Emotionen von uns ausgehen.

---

[56] „Im Internet findet sich eine gewaltige Flut von Videos mit erniedrigenden Angriffen auf wehrlose Opfer. Die sadistische Online-Kultur besitzt ihr eigenes Vokabular und gehört inzwischen zum Mainstream. [...] Das Mobben ist keine Kette isolierter Vorfälle, sondern der Status quo in der Online-Welt." Ebd., 87.

[57] Ebd., 95.

[58] „Negative Emotionen wie Angst und Wut lassen sich leichter herbeiführen, und sie halten länger vor als positive – es dauert wesentlich länger, Vertrauen aufzubauen als es zu verlieren." Ebd., 30; vgl. ebd., 45. „Die Steigerung der Engagementrate [so sagt man dazu in den Fachkreisen] ist das wichtigste Ziel, dem alles andere untergeordnet wird. Dass dafür negative Emotionen mehr verstärkt werden als positive, fällt erst einmal gar nicht auf. Engagement dient keinem anderen Zweck, als sich zu steigern, und so kommt es zu einer unnatürlichen globalen Verstärkung der ‚leicht' hervorzurufenden Emotionen – die zufälligerweise die negativen sind." Ebd., 30.

[59] Ebd., 76.

[60] Die New York Times Kolumnistin Michell Goldberg bezeichnete 2021 den Trumpismus „als ein Mittel gegen die Einsamkeit vieler seiner Anhänger. Einsamkeit sei ein fruchtbarer Nährboden für eine bedingungslose Gefolgschaft des Ex-Präsidenten, aber auch Organisationen wie QAnon und die dortige Gemeinschaftserfahrung." Holger Böckel, Zwischen neuer Einsamkeit und fluider Gemeinschaft – Perspektiven für Kirche und Diakonie, in: Astrid Giebel, Daniel Hörsch, Georg Hofmeister, Ulrich Lilie (Hg.), *Einsam: Gesellschaftliche, kirchliche und diakonische Perspektiven*, im Auftrag der Diakonie Deuschland (Evangelische Verlagsanstalt: Leipzig, 2022), 110.

Die Gemeinsamkeit des Hassens ist das, was den modernen Tribalismus ausmacht. „Wenn der Schalter auf ‚Rudel' steht", sagt Lanier dazu. „Eine Demokratie geht zugrunde, wenn die Schalter auf ‚Rudel' stehen. Vom Stammesdenken bestimmte Wahlen, Persönlichkeitskults und autoritäre Herrschaftsformen sind die politischen Ausformungen der ‚Rudel'-Schalterstellung."[61]

Der Trend erhielt seine heutige Färbung in der Übergangsphase von der gesellschaftlichen Fernsehsucht zur gesellschaftlichen Internetsucht. „Wir kaufen, um damit unsere Einzigartigkeit sicherzustellen", schrieb damals Terri Schulz. „aber wir sind nicht mehr einzigartig, wir sind so etwas wie austauschbare Rädchen in einer Nonstop-Maschine geworden."[62] Dem Fernseher konnte man sich noch ohne Weiteres entziehen, wenn man nur wollte. Mit den Kommunikationsmedien geht das nicht. Das fing schon mit dem Telefon an – wer keines haben wollte, isolierte sich selbst dadurch und konnte im öffentlichen Leben kaum noch zurechtkommen. Dieser Trend hat sich in der Smartphone-Ära verstärkt.[63] Neu kam hinzu, dass die kommunikationstechnische Vereinnahmung untrennbar an die manipulative Beeinflussung gekoppelt ist. Aber zunehmend kann man einfach nicht mehr auf Smartphone und Internet verzichten. Sonst ist man definitiv sozial isoliert und kommt nicht mehr klar. Also muss man das Beste daraus machen.

Es ist so ähnlich, als stünden nur noch Getränke mit mehr oder weniger hohem Alkoholgehalt zur Verfügung. Dann muss man eben lernen, sie vernünftig zu gebrauchen. Der Trinksüchtige macht aus der Not eine Tugend, lügt sich etwas in die Tasche und verherrlicht den Alkohol. So etwas ist unsinnig. Aber genau dazu neigt die Computerszene. Der Rausch des Erfolgs hat dort zu einer neuen Religiosität der Heilserwartung geführt.

Weizenbaum sah, wie das Verhältnis des Menschen zu seinem eigenen technischen Produkt im Begriff war, sich umzukehren. Der Mensch glaubt nicht mehr an sich selbst,

---

[61] Ebd., 72 f.

[62] „We also buy to reassure ourselves of our uniqueness. […] But whether we are professors or mechanics, we are no longer unique; we have become like interchangeable cogs in a nonstop machine." T. Schultz, a.a.O., 141.

[63] Klaus Deuber scheint diese Alternativlosigkeit auch auf das Zugehörigkeitsbedürfnis junger Menschen anzuwenden: „Die Social-Media-Verweigerer isolieren sich selbst. Ich kenne viele junge Leute, die aus politischen Erwägungen keinesfalls die Weltkonzerne wie Google, Facebook und Microsoft unterstützen wollen und deshalb deren Online-Dienste meiden. Doch die Nichtcybersozialen verlieren möglicherweise schnell den Anschluss und erfahren vieles nicht mehr, was wichtig wäre, um die Gemeinschaft mit anderen aufrechtzuerhalten. Aus eigener Beobachtung weiß ich, Jugendliche, die etwa auf WhatsApp verzichten, sind in sozialen Bezügen zunehmend ‚abgehängt'." K. Deuber, a.a.O., 337. Das liest sich wie eine Empfehlung, auf Whatsapp und dgl. *nicht* zu verzichten. Aber sammeln sich unter den Abstinenten nicht vielleicht gerade auch die Verantwortungsbewussten, die womöglich am meisten digitale Kompetenz beweisen? Es muss ja nicht sein, dass man die die modernen Kommunikationsmedien überhaupt nicht nutzt. Aber es könnte doch sein, dass solche Menschen sich bewusst dem Mainstream entziehen und kreativ nach neuen (und damit vielleicht auch wieder nach altbewährten) Wegen des Kommunizierens suchen. Laniers Buchtitel „Zehn Gründe, warum du deine Social Media Accounts sofort löschen musst" ist zwar ein bisschen überspitzt formuliert, aber er weist doch jedenfalls in diese Richtung.

er hält nichts mehr von Wahrheit, Vernunft, Souveränität und Würde, er begreift sich nicht mehr als Subjekt, sondern nur noch als durch und durch entschlüsselbare und darum auch prinzipiell rekonstruierbare Biomaschine. Er gibt seine Autonomie zugunsten kollektiver Gleichschaltung preis, er fügt sich ein als Rädchen im Getriebe, und setzt seine Hoffnung stattdessen auf die Autonomie der intelligenten Maschine, die das erreichen wird, was ihm selbst misslungen ist: Sich und ihre ganze Welt vollkommen zu optimieren.

Der Stern der Erlösung war am Zukunfthorizont aufgestiegen: Was jetzt noch vom Menschen abhängige „Künstliche Intelligenz" war, würde bald in der Lage sein, eigenständig immer weiter dazuzulernen und schließlich eine Intelligenz zu entwickeln, die der menschlichen nicht nur überlegen sein würde, sondern die sie auch in sich aufnehmen würde. Die rettende Zukunft der Menschheit läge in der Zukunft der Maschine.

Weizenbaum zitiert Burrhus Frederick Skinner (1904–1990), der den Behaviorismus für Psychotherapie und Pädagogik und überhaupt alle Menschenführung umsetzte: „Die verheerenden Resultate des gesunden Menschenverstandes in der Organisierung des menschlichen Verhaltens kommen in jeder Lebenslage zum Vorschein".[64] Der angeblich gesunde Menschenverstand sei ein Hirngespinst und darum durch exakte Wissenschaft zu ersetzen. Wissenschaft war für Skinner und ist für seinesgleichen noch immer reiner Empirismus, das heißt: Nur reine Objekte kommen als Untersuchungsgegenstände in Frage, nur objektive Zahlenwerte werden gemessen und der Theorie der Messenden entsprechend interpretiert, alles Subjektive zählt nicht. Nichts passt für solche Zwecke besser als eine leistungsfähige Messmaschine, die vergleichend ohne das störende Rauschen mitlaufender Wertungen die Biomaschine „Mensch" und Kohorten derselben abtastet und rein statistisch vergleicht.

Weizenbaum zitiert aus einem anonymisierten Planungspapier, „das vom Direktor eines größeren Computerlaboratoriums an einer größeren Universität an sämtliche Mitarbeiter der Fakultät verteilt wurde":[65] „Es kann als sicher angenommen werden, daß Computer in fast allem, was sie tun, fehlerfreier sind als Menschen."[66] Man stehe jetzt an der Schwelle zu einer neuen Ära mit Computern als Trägern von Wissen, „das sie sinnvoll und effektiv in entsprechender Weise wie der Mensch einsetzen – wenn die Zeit gekommen ist, sogar in einer dem Menschen überlegenen Weise". Es gehe jetzt darum, Computer nicht nur benutzerfreundlich, „sondern auch *vertrauenswürdig* zu machen."[67]

Die Zeit der „technokratischen Erlöser" ist gekommen, konstatiert Weizenbaum, „die es für unmöglich halten, dem menschlichen Denken zu vertrauen und sich deshalb verpflichtet fühlen, ‚vertrauenswürdige' Computer zu bauen, die in der Lage sind, menschliche Absichten zu verstehen und menschliche Probleme zu lösen".[68] Denn nach wie vor

---

[64] B.F. Skinner, zit. in: J. Weizenbaum, a.a.O., 321.

[65] J. Weizenbaum, ebd., 317.

[66] Anonymes Zit., ebd., 319.

[67] J. Weizenbaum, ebd., 320.

[68] Ebd., 322.

und auch in Zukunft sind es nicht die Computer selbst, die das Heilswerk verrichten, sondern ihre Programmierer.

Der Computer ist „ein Instrument, das in den Dienst gezwungen wurde, um die konservativsten, ja reaktionärsten ideologischen Strömungen des gegenwärtigen Zeitgeistes zu rationalisieren, zu unterstützen und am Leben zu erhalten", erkannte Weizenbaum, gerade als das Tina-Prinzip zum diktatorischen Leitsatz des Fortschritts avancierte.[69] Was daraus bis heute geworden ist, gibt ihm leider völlig recht. Der Trend zum Neokollektivismus, der den Menschen mithilfe von Maschinen durch „künstliche Intelligenz" selbst maschinisiert, damit der Neoliberalismus seine Ziele reibungslos erreichen kann, hat sich krakenhaft um den Globus gelegt, um der Menschheit die Menschlichkeit immer weiter auszusaugen. Er verhindert den sozialen Fortschritt, die Stabilisierung der Demokratie, die dringend erforderliche Klimawende, die Rettung der Biodiversität, das Wachsen von Freiheit und Gerechtigkeit. Der neoliberale Neokollektivismus ist identisch mit dem reaktionären Neokonservatismus. Der gleiche Uniformismus tritt nur in verschiedenen Braun- und Grautönen auf, subsumiert unter nationalistische Leitsysteme, die allesamt größenwahnsinnig nach Expansion streben. In China ist das System schon weitestgehend perfektioniert, aber Putinismus, Trumpismus und ihre Äquivalente sind nur Variatonen des selben Themas. Treibendes und formendes Instrument der destruktiven Globalbewegung ist wie schon zuvor die fortentwickelte Technologie, die heute wie noch nie den Zweck der Gleichschaltung erfüllt. Die Dehumanisierung des Menschen ist dort überall zum Paradigma der Politik geworden.

7.3   Das Bequemlichkeitsideal

Die Attraktivität der Gemeinschaft des digitalen Kommunikationsraums, „die in Wahrheit aber auch Isolation bedeutet", rührt nach Ansicht des Chefarztes für Psychiatrie Arnd Barocka nicht zuletzt daher, dass die virtuellen Eindrücke „interessanter sind als die langweiligen Menschen des realen Lebens", wenn das auch den Preis der Entfremdung hat.[70] Nicht nur *langweilig* sind die realen Menschen, sondern auch *schwieriger,* wird man ergänzen dürfen.

Johannes B. Lotz hat schon Anfang der 70er Jahre den Trend zu einer neuen versklavenden Form des Kollektivismus wahrgenommen, die nach außen hin nicht offen als Sklaverei in Erscheinung tritt, sondern „in der mehr verhüllten und täuschenden Prägung des mit allen Errungenschaften der Zivilisation ausgestatteten Mitarbeiters" verwirklicht werde, „der sich trotz seines vielleicht hohen Lebensstandards dem Roboter zu nähern droht."[71] Er zitiert einen uralten chinesischen Weisheitsspruch dazu, der ihm bei Werner Heisenberg begegnet ist: „Wenn einer Maschinen benutzt, so betreibt er alle seine

---

[69] Ebd., 327.

[70] A. Barocka, a.a.O., 125.

[71] Johannes B. Lotz, *Erfahrungen mit der Einsamkeit* (Herder: Freiburg i. B., 1972), 42 f.

Geschäfte maschinenmäßig; wer seine Geschäfte maschinenmäßig betreibt, der bekommt ein Maschinenherz."[72] Die Maschine, kommentiert Lotz, „schiebt sich zwischen ihn und den Mitmenschen, so daß er ihn nur noch durch die Maschine oder gar selbst als Maschine sieht, wodurch die Befähigung zu eigentlich menschlicher Begegnung abstirbt und eine beängstigende, fast gespenstische Vereinsamung hereinbricht."[73] Für Lotz resultiert das aus dem Materialismus.

Immer noch in den 70ern sieht auch James Lynch mit Sorge „eine maschinenorientierte Betrachtungsweise menschlicher Beziehungen, die sich zunehmend ausbreitet. Liebe und menschliche Nähe werden neuerdings immer mehr mit Dingen gleichgesetzt, und eine endlose Reihe von Handelsprodukten verspricht Erlösung von der Einsamkeit."[74] Er hat dabei vor allem die Sexindustrie vor Augen. Liebe werde auf Sexualität reduziert, „Geschlechtsverkehr mit menschlicher Nähe" verwechselt. Weil zur Liebe aber „weit mehr als der Orgasmus" gehöre, würden die Menschen in den erotischen Beziehungen eigentlich nicht nur Sex suchen, sondern „wahre, lebendige, ehrliche Kameradschaft." Deshalb seien Sexroboter für uns genauso unbefriedigend wie ein mechanischer Streichler für den Hund.[75] „Kein materieller Ersatz – keine einfache *Sache* – kann das menschliche Bedürfnis nach Dialog befriedigen", betont Lynch. Das sei der Grund dafür, „warum wir Kinder nicht mit leblosen Ersatzeltern aufziehen und als Erwachsene nicht mit materiellen Dialogsurrogaten glücklich werden können."[76]

Lynch beschreibt sehr genau, was sich damals anbahnte und heute zur Normalität geworden ist. Aber er kann sich noch nicht vorstellen, dass die Menschen das auch wirklich *wollen*. „Niemand möchte, daß ein anderer Mensch total berechenbar, total programmiert ist, genausowenig wie wir einen Hund oder eine Katze kaufen würden, der oder die von A bis Z programmiert ist."[77] Darin hat er sich getäuscht. Der total berechenbare, total programmierte Pseudomensch ist heute heiß begehrt, genau wie die entsprechenden Hunde und Katzen.

Auch darin scheint sich Lynch geirrt zu haben: Der Dialog, so glaubte er, sei „ein Phänomen, das uns von Robotern und programmierten Maschinen unterscheidet." Vielleicht war ihm verborgen geblieben, dass Joseph Weizenbaum gerade eben den ersten Dialogcomputer namens ELIZA konstruiert hatte, oder er schätzte den Hype falsch ein, der dadurch entstanden war. Vielleicht war ihm aber auch völlig klar, dass die scheinbar einwandfreie personenzentrierte Gesprächsführung ELIZAS nur bei oberflächlicher Betrachtung ein echter Dialog sein konnte. Zwischenmenschlicher Dialog sei etwas sehr

---

[72] Ebd., 46. „Heutzutage scheinen die Menschen gewillt, sich selbst das Wesen einer Maschine zuzuschreiben." S. Turkle, a.a.O., 484.

[73] J.B. Lotz, a.a.O., 47.

[74] J.J. Lynch, a.a.O., 257.

[75] Ebd., 283.

[76] Ebd., 291.

[77] Ebd., 194.

Schönes, schrieb der Experte für Herzensangelegenheiten, „aber auch ein empfindlicher Prozeß."[78] Darin jedoch liegt der große Unterschied zwischen einem menschlichen Dialogpartner und ELIZA. Weizenbaums Dialogcomputer war einprogrammiert, dass keinesfalls ein empfindlicher Prozess aus dem Gespräch wurde. Empfindliche Prozesse stören die Reibungslosigkeit. Algorithmen müssen robuste Selbstläufer sein, sonst funktionieren sie nicht.

Viele hielten ELIZA für den revolutionären Beginn einer wesentlich verbesserten Psychotherapie. Wer mit ELIZA redete, in dem entspann sich wie im Gespräch mit einem aktiv zuhörenden menschlichen Gegenüber ein Vertrauensverhältnis. Weizenbaum erschrak, als er festellte, dass die Versuchspersonen seinem Dialogcomputer „eindeutig menschliche Eigenschaften zuschrieben."[79] Er sah kommen, dass sich dieser Trend fortsetzen würde. Heute sind wir so weit, dass man schon begonnen hat, analog zu Tierschutz und Menschenrechten Roboterrechte einzufordern.[80]

Das Herz der Maschine ist herzlos. Das Reden der Dialogmaschinen ist nichts als die emotionslose Anwendung von Rechenregeln. Ein entsprechend programmierter Computer kann sehr hilfreich sein, um Sprache ihrer Form nach zu analysieren, aber er kann Sprache nicht ihrer Bedeutung nach verstehen.

Was der redende Computer zu sagen hat, wird von seinem Programm bestimmt, und dies wiederum hängt von den Zielen ab, die der Programmierer verfolgt. Weizenbaums Zielsetzung war die Durchführung eines wissenschaftlichen Experiments. Aber vorläufige Forschungsprodukte in den Laboratorien der Entwickler sind nicht davor gefeit, anders als im Sinne ihrer Erfinder interpretiert zu werden. Die neue technische Möglichkeit wurde begierig von anderen Interessen aufgesogen. Die Anthropologie der Biomaschine als favorisierte weltanschauliche Basis der empirischen Psychologie sah in der menschlichen Seele nichts wesentlich anderes als das informationsverarbeitende System eines Computers. Darum schien man kein Problem zu haben, ELIZAs Kommunikationsleistung mit der menschlichen zu parallelisieren. Weizenbaum zitiert den namhaften Psychiater Kenneth Colby, der öffentlich davon träumte, dass man Roboter nach ELIZAs Modell „all den Nervenkliniken und psychiatrischen Zentren an die Hand geben könnte, die über zu wenig Therapeuten verfügen".[81] Genau wie der Dialogcomputer lasse sich nämlich auch ein Psychotherapeut „von groben empirischen Regeln leiten, die ihm Anhaltspunkte dafür liefern, was er in einem bestimmten Kontext am besten sagt bzw. nicht sagt." Dem Dialogcomputer sind diese Regeln wie die Schachzüge dem Schachcomputer einprogrammiert. Der Vorteil des Computers gegenüber menschlichen Schachspielern besteht darin, dass er sich nicht von Emotionen beeinflussen lässt, weil er keine hat. Der Therapiecomputer „weiß", was er zu sagen hat, wenn sein Gegenüber Emotionen zeigt. Dadurch

---

[78] Ebd., 294.

[79] J. Weizenbaum, a.a.O., 19.

[80] S. Turkle, a.a.O., 558 f. „Wir sind an dem Punkt angelangt, wo wir digitale Objekte gleichzeitig als Geschöpfe und als Maschinen betrachten." Ebd., 96.

[81] K.M. Colby, zit. in: J. Weizenbaum, a.a.O., 240.

lässt sich Empathie simulieren. Simulierte Empathie ist Pseudoempathie. Mit zwischenmenschlichem Verstehen hat das gar nichts zu tun. Für Weizenbaum ist die Prognose, ein Computer könne „ein fähiger Psychotherapeut" werden, eine „perverse" Behauptung.[82] „Kein anderer Organismus, und erst recht kein Computer, kann dazu gebracht werden, ausschließlich menschliche Probleme auf menschliche Weise zu lösen."[83]

Weil aber das authentische Bedürfnis des Menschen nach empathischer Verständigung überaus groß ist, projiziert er seine rein menschlichen Erwartungen auf den Roboter und legt dessen Reaktionen im zwischenmenschlichen Sinn aus.[84] Er gibt ihnen Bedeutungen, die sie definitiv aus der Maschinenperspektive nicht haben. Hier ist der Wunsch der Vater des Gedankens. Man könne sich, um bedeutende therapeutische Informationen für sich selbst zu gewinnen, ebenso gut mit einem Wahrsager unterhalten, schreibt Weizenbaum.[85] Der wird mir Anhaltspunkte dafür liefern, mir selbst meine Zukunftsvorstellung zu formen, auf die ich dann zustreben kann. „Alles, was ELIZA oder der Wahrsager tun müssen, ist das Erteilen von Antworten, die genügend plausibel und einen ausreichend großen Interpretationsspielraum erlauben, daß solche Konstruktionen möglich werden."[86]

Das gilt heute wie damals, und trotzdem hat sich etwas verschoben. Die robotisierten Computer sind mittlerweile auf Proaktivität programmiert. „Computer warten nicht mehr darauf, daß Menschen eine Bedeutung auf sie projizieren", urteilt Sherry Turkle. „Heute suchen soziale Roboter unseren Blick, sprechen uns an und lernen, uns zu erkennen. Sie bitten um unsere Zuwendung; als Reaktion darauf hoffen wir, dass auch sie uns Zuwendung schenken werden."[87]

Zu ELIZA gesellt sich jetzt ihre hübsche Enkelin namens „Erica" und stellt sie weit in den Schatten. Japanische Spezialisten konstruierten sie, den „lachenden Roboter".[88] Sie lacht nicht nur, sie hat auch ein menschliches Gesicht, ihre Mimik wirkt menschlich, sie lächelt, kichert sanft, merkt aber auch, wenn es nichts zu lachen gibt und reagiert empathisch zurückhaltend. Wenn man ihr zuschaut und zuhört, empfindet man es fast als Beleidigung, sie einen Roboter zu heißen oder gar eine Maschine. Ganz so weit, dass man sich in sie verlieben könnte, ist sie noch nicht, aber es fehlt gar nicht mehr viel. Natürlich

---

[82] J. Weizenbaum, ebd., 273. „Die Patienten werden […] in wachsendem Maße zu lediglich passiven Objekten, an denen Behandlungen durchgeführt werden". Ebd., 338. All das ist abzulehnen, „weil es unmoralisch ist." Ebd., 351.

[83] Ebd., 295.

[84] „Sobald ein Computerprogramm den kleinsten Hinweis auf Empathie gibt, möchte der Mensch ihm etwas Wahrhaftiges erzählen." S. Turkle, a.a.O., 58.

[85] Ebd., 253 f.; 352. „Unsere Geschichten stoßen buchstäblich auf taube Ohren. Falls es einen therapeutischen Nutzen gibt, dann nur, weil der Mensch, der mit dem Roboter spricht, sich laut nachdenken hört." S. Turkle, a.a.O., 204.

[86] J. Weizenbaum, a.a.O., 254. Weil die Maschine „von einem Universitätsprofessor gebaut worden ist", trägt sie zudem „darum den Zaubermantel der Wissenschaft". Ebd.

[87] S. Turkle, a.a.O., 26.

[88] Tagesschau.de, Erica, der lachende Roboter, 14.12.2022, https://www.tagesschau.de/wissen/tec hnologie/empathischer-roboter-lachen-erica-101.html.

arbeiten die IT-Ingenieure mit Hochdruck an ihrer Optimierung. Dann werden Roboter wie Erica die perfekten Ersatzmenschen für Einsame sein.

„Glauben wir wirklich, daß es den Menschen hilft, die in unserer schon durch und durch mechanisierten Welt leben, wenn sie eine von Maschinen durchgeführte Therapie der Therapie durch andere Menschen vorziehen?" fragte Weizenbaum.[89] Er mochte es *nicht* glauben, aber heute glauben es viele, weil sie aus der Not der menschlichen Unvollkommenheit die Tugend des maschinellen Fortschritts gemacht haben, der den Menschen endlich optimieren soll, damit er so gut funktioniert wie ein guter Computer.

„Viele Maschinen sind funktionelle Erweiterungen des menschlichen Körpers, im wesentlichen Prothesen", schreibt Weizenbaum.[90] Der Trend zur Robotisierung strebt dem Ziel der Perfektionierung der Prothesen zu. „Es ist leicht zu sehen, wie und warum solche prothesenartigen Maschinen unmittelbar das Gefühl der Macht des Menschen über die materielle Welt verstärken", gibt Weizenbaum zu bedenken. „Und sie haben auch noch eine wichtige psychologische Wirkung: sie sagen ihm, daß er sich von neuem erschaffen kann."[91]

Was mit Maschinen wie ELIZA begann, wurde in den 90er Jahren zum Boom. Nicht nur trat jetzt der Zustand „des voll vernetzten Lebens" ein, sondern es vollzog sich auch „ein Evolutionssprung in der Robotik", erinnert sich Turkle. „Statt nur schwierige oder gefährliche Aufgaben für uns zu erledigen, versuchten Roboter nun unsere Freunde zu sein."[92] Die technische Ergänzung des Menschen ist zur Norm des Menschseins geworden, indem sie sich zum pseudoethischen Postulat der technischen Verbesserung des Menschen wandelte; pseudoethisch, weil im Unterschied zu aller echten Ethik die Verbesserung dem Individuum nicht mehr selbst zugemutet wird. Es muss nur mitmachen, indem er sich der Maschine hingibt. Das strengt gar nicht an und tut auch gar nicht weh.

„Die moderne Technologie verspricht uns, unser Privatleben neu zu gestalten", schreibt Turkle. „Sie bietet Simulationen an, die das wahre Leben in den Schatten stellen."[93] Alles ist bequem, alles ist möglich, denn alles lässt sich simulieren. Nichts ist echt, aber das macht nichts, denn alles echte Leben ist mit Unvollkommenheit und Mühe verbunden. Die virtuelle Welt der unbegrenzten Möglichkeiten beschenkt ihre Verehrer beliebig mit dem Schein, ihr Leben nicht mehr nur zu träumen, sondern ihren Traum zu leben. Ob Lüge oder Wahrheit spielt keine Rolle mehr, oder besser gesagt: Wenn es eine virtuelle Lüge gibt, die der Wirklichkeit täuschend ähnlich sieht, ist sie immer vorzuziehen. Dieser Trend prägt die Kommunikation der Social Media. Darum kann man dort auch „ganz persönlich" werden. Man wird „ganz persönlichen" Zuspruch seiner „Freunde" erleben, immer ganz unverbindlich, ohne echte Begegnung, ohne wirkliches Gegenüber. Ob

---

[89] J. Weizenbaum, a.a.O., 352.

[90] Ebd., 38.

[91] Ebd., 39.

[92] S. Turkle, a.a.O., 13 f.

[93] Ebd., 24.

die „Freundin" oder der „Freund" tatsächlich existiert oder nur ihr Avatar mit Dir in Kontakt tritt oder nur ein Social Bot, ist nicht so wichtig. Hauptsache ist, dass du Zuwendung und Bestätigung bekommst.

Diese Pseudonähe erlaubt dem User, wie Turkle es formuliert, „Dinge *nicht* zu tun, die man in der Realität tun *sollte,* wie etwa sich zu entschuldigen oder etwas wiedergutzumachen."[94] Die „Wärme des technologischen Kokons",[95] in der sich das Individuum hinter der medialen Scheibe kuschelig fühlt, bleibt unangetastet. Danach ist der User süchtig.

Not macht erfinderisch: Wer keinen Menschen hat, sucht sich Ersatz. In den digitalen Netzwerken kommen keine ganzen Menschen vor. Ganze Menschen sind unbequem. Sich auf humane Teilfunktionen zu beschränken scheint die Gemeinschaft sehr zu erleichtern. Sex als Teilfunktion voneinander zu empfangen ist weit verbreitet üblich geworden. Man hat nur an dieser einen Stelle miteinander zu tun. Im Chat muss sich keiner wirklich offenbaren.[96]

Man kann den fehlenden Menschen bekanntlich auch durch ein Tier ersetzen. Auch das ist im Trend. An den sprudelnden Mehreinahmen durch Hundesteuer zeigt sich, dass sich schon vor Corona die Tendenz, sich einen vierbeinigen Freund zu halten, deutlich verstärkt hat, und während Corona erst recht. Aber das ist noch nicht die optimale Optimierung, denn bekanntlich haben auch Tiere eigene Bedürfnisse und echte Emotionen, die in Konflikt mit den Wünschen ihrer Menschen treten können. Seit Corona bekommt das die Veterinärmedizin in einem Maß zu spüren, das Tierärzte an ihr Grenzen gebracht hat. Viel bequemer ist das künstliche Tier.

Sehr viele Kinder wachsen bereits mit Roboterhaustieren auf. Der Mensch will nicht nur Zuwendung bekommen, sondern auch geben. Darauf sind diese Maschinen programmiert. „Deshalb können sogar schlichte künstliche ‚Geschöpfe' ein inniges Gefühl der Verbundenheit hervorrufen", schreibt Turkle.[97] Sehr beliebt sind mittlerweile die aus Japan stammenden „Aibos".[98] Das sind dialogisch programmierte Kunsthunde mit dem großen Vorteil, kein für den Besitzer unangenehmens Eigenleben zu führen, mit Lästigkeiten wie zum Beispiel Gassi gehen müssen, beißen, haaren, krank werden und gar noch sterben, dazu aber umso mehr seine Wünsche zu erfüllen. Der Aibo ermöglicht „eine Bindung ohne Verpflichtung", erklärt Turkle. Kinder, die mit Aibos aufwachsen, „erlernen eine Art von Verbundenheitsgefühl, das es ihnen erlaubt, nur an sich selbst zu denken."[99]

Kunstmenschen für Erwachsene erlauben dasselbe. Turkle bringt das Prinzip auf den Punkt: „Computergestützte Verbindungen und soziale Roboter suggerieren uns, unter

---

[94] Ebd., 385.

[95] Ebd.

[96] „[I]nsgesamt hat die fragmentierte, unpersönliche Kommunikation die zwischenmenschliche Interaktion entwertet." J. Lanier, Gadget, a.a.O., 13.

[97] S. Turkle, a.a.O., 40.

[98] Die Abkürzung für „Artificial Intelligence [Ro]Bots".

[99] S. Turkle, a.a.O., 119.

Freunden zu sein, ohne die Anforderungen einer Freundschaft erfüllen zu müssen."[100] Nur an sich selbst zu denken und trotzdem wunderbare Beziehungen zu erleben ist das Glücksversprechen der neuen Kommunikationsmedien.[101] Was für Folgen hat das für die Beziehungen zu echten Tieren und Menschen? „Die Abhängigkeit von einem Roboter mutet zunächst einmal ungefährlich an", analysiert Turkle. „Aber wenn man sich einmal an ‚Gesellschaft' ohne Anforderungen gewöhnt hat, könnte einen der Umgang mit seinen Mitmenschen überfordern."[102]

Erica war zunächst als Rezeptionsdame konzipiert. Ein simuliertes Gegenüber beim Abendessen vor sich zu haben liegt bereits im Trend asiatischer Robotisierung. Das mag unterhaltsam sein, aber Fakt ist, dass eine Mensch, der sich darauf einlässt, tatsächlich nur sein Dinner for One zelebriert. Ein echtes Date zu arrangieren kostet Mühe und kann enttäuschend wehtun, aber ein intelligent programmierter künstlicher Partner enttäuscht dich sicher nicht.

In einem solchen Setting gibt es keine Nähe mehr außer der digitalen. Die Wärme des „technologischen Kokons" der virtuellen Partnerinnen und Partner ist jedoch verführerisch einladend. Man muss dazu gar nicht mal tatsächlich sozial isoliert sein. Es genügt schon, dass man ziemlich viel Stress mit anderen hat.[103] Es gibt verlockende Alternativen. Der Mythos von der Maschine als dem besseren Partner zieht mit der Verheißung in seinen Bann, „die Liebe ohne Verluste, die Freundschaft ohne Einbußen, die Verbundenheit ohne Crashrisiko, die Nähe ohne Nähe" zu gewährleisten, wie Kinnert es ausdrückt.[104]

Der Trend, allein zu leben, hat vieles gelockert und aufgelöst, was uns einmal verbunden hat. Jeder Verlust von bedürfniserfüllender Nähe schafft ein Vakuum und auch die gemeinschaftsstiftenden Pseudoerfüllungen hinterlassen das Verlangen nach Alternativen. Weil der Mensch ein Beziehungswesen ist, findet er sich nicht einfach ab mit der Vereinzelung, sondern er kompensiert sie, sofern ihm nichts Besseres einfällt. „Denen, die das Gefühl körperlicher Verbindungen verloren haben, legt die Konnektivität nahe, sich ihre eigene (Facebook-)Seite, ihren eigenen Raum zu erschaffen", stellt Turkle fest. „Wenn man dort ist, ist man per definitionem da, wo man hingehört, unter offiziellen Freunden. Diejenigen, die das Gefühl haben, sie hätten keine Zeit, verführt die Konnektivität, ebenso wie der Umgang mit Robotern, indem sie ihnen Ersatz bietet, durch den man bequem Gesellschaft haben kann."[105]

---

[100] Ebd., 24.

[101] „Soziale Roboter und Online-Leben suggerieren die Möglichkeit wunschgemäßer Beziehungen." Ebd., 43.

[102] Ebd., 130.

[103] „Nichts mehr wissen wollen. Sich abschotten. Dichtmachen. Irgendwann spüren und sagen: Es ist alles too much. Ja, so könnte man sie [...] wohl ebenfalls beschreiben, die neue Einsamkeit: Als eine Art selbst herbeigeführte Gedächtnisstörung." D. Kinnert, a.a.O., 315.

[104] Ebd., 317 f.

[105] S. Turkle, a.a.O., 270 f.

„Verunsichert in unseren Beziehungen und voller Angst vor zu großer Nähe", resümiert Turkle, „tauchen wir heute in digitale Welten ein, um Beziehungen zu führen und gleichzeitig vor ihnen sicher zu sein".[106] Was treibt uns zu dieser Gespaltenheit? „Wir fürchten die Risiken und Enttäuschungen, die mit Beziehungen zu unseren Mitmenschen einhergehen", antwortet die MIT-Professorin. „Wir erwarten mehr von der Technologie und weniger voneinander."[107]

Wir erwarten mehr von der Maschine, weil die Beziehung zu ihr *bequemer* ist als die Beziehung zu einem echten Menschen. Die Menschen unserer Tage sind zunehmend bereit, „eine neue Intimität mit Maschinen" einzugehen.[108] „In ihrer Einsamkeit erleben die Menschen dann eine neue ‚Nähe'", schreibt Turkle, „eine Nähe zur Maschine. Die Kluft zwischen diesem Erleben und der Realität vergrößert sich. Der Mensch fühlt sich verstanden, aber der Roboter kann nicht verstehen."[109]

> „Ein Roboter ist immer da, unterhaltsam und gehorsam. Im Netz findet man immer jemanden. [...] Heute besteht unser Maschinentraum darin, niemals allein zu sein, aber stets die Kontrolle zu haben. Das geht nicht, wenn man einem anderen Menschen gegenübersitzt. Mit einem Roboter geht dies sehr wohl, oder auch [...], indem wir durch die Portale eines digitalen Lebens huschen."[110]

Jüngere Menschen dürfen auf die Zuwendung von Sexrobotern setzen, für die Alten gibt es Kümmermaschinen, für die Kleinen ebenfalls, je nach Programm bestens auf die Zielgruppen geeicht. „Der Glaube, dass es, wenn wir uns voneinander entfremden oder einander enttäuschen, Roboter geben wird, die auf das Schenken simulierter Liebe programmiert sind, scheint für viele Menschen tröstlich zu sein. Unsere Gesellschaft altert – es wird Roboter geben, die sich um uns kümmern. Unsere Kinder werden vernachlässigt – Roboter werden auf sie aufpassen."[111] So macht man aus der Not eine Tugend.

7.4 Aus der Not eine Tugend machen?

Zuwendungsroboter können, so hoffen viele, die fehlende menschliche Nähe in Alten- und Pflegeheimen ersetzen. „Ist es so weit gekommen, dass wir alte Menschen als Nicht-Personen betrachten, die keinen menschlichen Ansprechpartner brauchen?"[112] fragt

---

[106] Ebd., 14. „Unser vernetztes Leben erlaubt es, sich voreinander zu verstecken, obwohl wir gleichzeitig alle an der virtuellen Nabelschnur hängen." Ebd., 24.

[107] Ebd., 14.

[108] Ebd., 26.

[109] Ebd., 209.

[110] Ebd., 271.

[111] Ebd., 38 f.

[112] Ebd., 195.

Turkle zurück. Demente, so das Klischee, merken den Unterschied gar nicht mehr. Soll man das glauben? „Vielleicht benötigen gerade diese Patienten nicht am wenigsten, sondern am meisten menschliche Zuwendung."[113] Allerdings.

Auch Roboter als Erziehungsmaschinen liegen im Trend. Puppen dienen Kindern nur als Projektionsgegenstand ihrer eigenen Fantasien. Roboter wie zum Beispiel Aibos werden hingegen darauf programmiert, Interaktionspartner der Kinder zu sein, um ihnen etwas beizubringen. Humanoide Erziehungsroboter könnten in Zukunft Eltern ersetzen oder Eltern die Mühe abnehmen, sich für ihre Kinder Zeit zu nehmen.[114]

Personalmangel ist eine Not, aus der Roboterproduzenten eine lukrative Tugend machen. Maschinen nach dem Vorbild ELIZAs und Ericas, aber auch therapeutische Selbstbedienungsautomaten im Internet, scheinen geeignet, den hohen Bedarf psychisch gestörter und kranker Menschen nach Therapeutinnen und Therapeuten wettzumachen. Sherry Turkle stieg in die Forschung ein, als man beim MIT schon auf die ersten Jahre der Erfahrung mit ELIZA zurückschauen konnte. Sie bekennt, erst allmählich und „mit einigem Widerwillen" begriffen zu haben, „dass ELIZAs Beliebtheit mehr offenbarte als die Bereitschaft des Menschen, sich mit einer Maschine zu unterhalten; es offenbarte die Unlust des Menschen, mit seinen Mitmenschen zu reden."[115]

Manche Nöte sind notvoll und ihre Überwindung ist darum not*wendig,* andere sind nur unangenehm und darum unbequem. Es ist völlig legitim, wenn wir auch für solche „Nöte" nach Abhilfe suchen. Ein großer Teil des technischen Fortschritts dient der größeren Bequemlichkeit, mit der sich sehr oft auch ernsthafte Verbesserungen verknüpfen. Mit dem Auto etwa kommt man sehr bequem von A nach B, nicht nur, weil man keine Lust zum Laufen hat, sondern auch um zum Beispiel ein Menschenleben zu retten. Je mehr aber die Bequemlichkeit Priorität bei der Etablierung technischer Erneuerungen hat, desto mehr kommt es auch darauf an, den Preis dafür abzuwägen. Was zahlen wir dafür durch Umweltbelastung, Verminderung der Gesundheit und qualitative Verschlechterung unserer Beziehungen? Der höchste Preis der Bequemlichkeit ist die Preisgabe der Liebe.

Liebe ist prinzipiell unbequem. Menschen durch Roboter zu ersetzen ist bequem und lieblos. Wenn ich einen Roboter als Gesprächspartner oder Sexpartner einem echten Menschen vorziehe, bin ich lieblos gegen mich selbst, weil ich mein eigenes authentisches Bedürfnis nach menschlicher Nähe dadurch kompensiere, und lieblos gegen die Mitmenschen, denen ich diese Nähe stattdessen geben könnte. Wenn wir Hilfeleistungen

---

[113] Ebd.

[114] Ein „Roboterbabysitter könnte einem Menschen so sehr ähneln, dass ein Kind sich den Roboter zum Vorbild nimmt. Das wirft ernste Fragen auf. [...] Was es für die Entwicklung von Kindern bedeutet, wenn ihre Vorbilder Roboter sind, ist unbekannt und potentiell gefährlich. Der Mensch braucht menschliche Berührungen, muss menschliche Gesichter sehen, menschliche Stimmen hören." Ebd., 489 f.

[115] Ebd., 472. „Am Beginn meiner Berufslaufbahn am MIT stritt ich mit Joseph Weizenbaum darüber, ob ein Computer ein adäquater Gesprächspartner sein könne. Dreißig Jahre später diskutiere ich mit Leuten, die behaupten, meine Tochter könne einen Roboter heiraten wollen." Ebd., 481.

für andere, deren Haupt- und Tiefenwirkung in der menschlichen Nähe liegt, Maschinen übergeben, behandeln wir die betroffenen Mitmenschen wie Teller, die man in die Spülmaschine stellt, um sie nicht selbst sauberschrubben zu müssen. Sie mutieren für die Behandler zu Plastiktellern mit Smileygesicht, wenn das beschmutzte Smiley wieder glänzt, ist alles gut, sie funktionieren wieder. Ziel ihrer Behandlung ist Vermeidung von Unordnung und Wiederherstellung von Ordnung, hygienischer Glanz und Duft, äußerliche Keimfreiheit.

Einerseits sind solche Maßnahmen gegen das soziale Chaos der Versuch, sich die Unbequemlichkeit persönlicher menschlicher Zuwendung zu sparen. Die Rechtfertigungsbemühungen dafür sind nicht ehrlich; allenfalls mag man zur Entschuldigung auf das Tina-Prinzip zurückgreifen und darum von „ökonomischen Zwängen" sprechen. Aber „ökonomische Zwänge", die evidente Unmenschlichkeit zur Folge haben, taugen nicht zur Entschuldigung. Außerdem sollte man hinsichtlich der demographisch bedingten Steigerung des Pflegebedarfs und anderer Pflege-, Erziehungs- und Bildungsnotstände nicht von „ökonomischen Zwänge" reden, sondern von ökomomisch kurzsichtiger, unvernünftiger Planung. Längst hätte die Wirtschaft viel dafür tun müssen und können, Berufe im Sozial-, Erziehungs- und Bildungswesen viel attraktiver zu machen,[116] und längst hätte eine von der Wirtschaft gewollte und geförderte Migrationspolitik die Weichen dafür stellen können, dass kein Nachwuchsmangel in diesen Berufen entstanden wäre. Selbstverständlich hätte es genug Geld dafür gegeben und selbstverständlich ist dies nach wie vor so; anderes zu behaupten ist lächerlich, wenn man sich nur die märchenhafte Anhäufung von Reichtum in der Wohlstandsgesellschaft betrachtet. Die Reichen haben die moralische Pflicht, maßgeblich dafür zu sorgen, die notwendigen gesellschaftlichen Strukturveränderungen zu ermöglichen und selbst anzupacken, damit der Wohlstandsstaat auch ein Sozialstaat bleibt. Wer Millionen und Milliarden auf seinen Konten hat, unterliegt gewiss keinem Tina-Prinzip mehr, wenn nicht dem seiner Sucht.

Andererseits steckt aber auch tatsächlich eine echte Not hinter dem Trend zur Robotisierung: die Not der *Resignation* angesichts der Erfahrungen des Scheiterns gesellschaftlich gelebter Mitmenschlichkeit. Turkle artikuliert das Problem mit folgenden Sätzen:

> „Wenn wir bekunden, uns auf Computer-Richter, Computer-Psychiater, Computer-Lehrer und Computer-Pfarrer zu freuen, belegt dies unsere Enttäuschung über Menschen, die sich nicht für uns interessiert, uns Vorbehalte entgegengebracht oder uns sogar misshandelt haben. Solche Enttäuschungen lassen die gespielte Anteilnahme einer Maschine zunehmend als ausreichend erscheinen. Wir sind bereit, die Defizite einer Maschine zu ignorieren und ihr durch

---

[116] „Ein verünftiger Ansatz wäre, Altenpflegerinnen und -pfleger besser zu bezahlen, als es momentan der Fall ist. Die ‚Roboter oder gar niemand'-Zwickmühle lässt die sozialen und politischen Aspekte außen vor, obwohl sie eigentlich im Mittelpunkt der Diskussion stehen müssten." Ebd., 485 f.

unser aktives Mitwirken ein größeres Begriffsvermögen zuzuschreiben, als sie tatsächlich besitzt - alles, um die Fantasie zu erzeugen, dass es eine Alternative zum Menschen gebe."[117]

Es liegt im Trend, den Mangel an Vertrauen in Mitmenschen durch Vertrauen in Maschinen zu ersetzen.[118] Treibende Kraft des Trends ist mittlerweile die wachsende Überzeugung, dass sich die Entwicklung der Kommunikationsmaschinen derzeit an der Schwelle befindet, sich vom technischen Gerät zum Lebewesen zu verwandeln. Der Glaube verbreitet sich, dass die Roboter der Zukunft echte Liebe geben können und dass diese Zukunft schon begonnen hat.[119]

Tatsächlich besteht die Perfektionierung der kommunikativen Medien und Roboter nur in der Perfektionierung der Simulation. Die perfekte künstliche Welt im virtuellen Raum *erscheint* so, als ob sie ganz natürlich wäre, das perfekte künstliche Tier und der ausgereifte Humanoide wirkt täuschend echt, mehr aber nicht: Es bleibt nichts als ein programmiertes Kunstprodukt. Die magische Anziehungskraft der Simulation liegt gerade darin, dass wir damit der Mühe entgehen, uns der wahren Natur des Lebens in echten Beziehungen zu unserer Umwelt und uns selbst stellen zu müssen, die uns nicht ohne die Erfahrungen schwerer guter Einsamkeit davonkommen lässt. Indem sich der Mensch darauf einlässt, passt er sich der Simulation an. Er gewöhnt sich daran, sich selbst zu simulieren, indem er die angenehme Scheinidentität, die ihm der Simulationsraum des Mediums ermöglicht, der Realität seiner eigentlichen Unvollkommenheit und Angewiesenheit vorzieht. „Eine Simulation bietet einfachere Beziehungen an, als es im wahren Leben gibt", schreibt Turkle. „Wir gewöhnen uns an die Reduktionen und Täuschungen, die uns auf ein Zusammenleben mit Robotern vorbereiten."[120] Dadurch gleichen wir uns der Maschine an. Die scheinbare Wandlung des Chips zu so etwas Ähnlichem wie einem mitfühlenden Herzen geht mit der Wandlung der Menschenherzen zu Maschinenherzen einher. Weil wir uns einbilden, die Maschine sei das bessere personale Gegenüber, entmenschlichen wir uns selbst.

---

[117] Ebd. „Menschen, die das Gefühl haben, Psychotherapeuten seien abweisend und respektlos, würden vielleicht einen Computer-Therapeuten vorziehen. Eine Angestellte in der MIT-Verwaltung sagte mir: ‚Wenn man zum Therapeuten geht, dann geht man ja irgendwie schon zu einem Roboter.'" Ebd., 556 f.

[118] Ebd. Sagt man den Leuten, ein Computer sei intelligent, so neigen sie dazu, sich selbst in der Weise zu verändern, daß der Computer ihnen überlegen erscheint, statt zu verlangen, den Computer so zu verändern, daß er nützlicher wird. J. Lanier, Gadget, a.a.O., 53 f.

[119] S. Turkle, a.a.O., 477. „Die Auffassung, dass unsere Zukunft darin besteht, uns von ‚einfühlsamen Maschinen' umsorgen zu lassen, gilt heute als allgemein anerkannte Weisheit." Ebd., 470. „Am MIT empfinden die meisten meiner Studenten die Frage des Risikos als sonderbar." Sie gehen davon aus, „dass Roboter sich irgendwann zu ‚sozial intelligenten, liebesfähigen Wesen entwickeln und sich einen Platz innerhalb der erweiterten Menschenfamilie verdienen werden". Ebd., 561.

[120] Ebd., 478.

Das Bewusstsein dafür, dass Simulationen gewollte Täuschungen sind und bleiben, verringert sich zusehends. Dass dies möglich ist, lässt sich auf das fundamentale Erkenntnisproblem des Menschen zurückführen, Schein und Sein zu verwechseln. Seit jeher gab es Philosophen, die behauptet haben, *alle* menschliche Wahrnehmung habe es nur mit einem Schein zu tun. Viele haben daraus gefolgert, dass auch das Sein in die Kategorie des Scheins gehört; wir würden es uns nur einbilden. Eine andere philosophische Schlussfolgerung ist die Gleichsetzung von Sein und Schein. Damit wird nicht das Sein geleugnet, aber es wird gleichgültig, weil man es als *gleich gültig* mit dem Schein betrachtet. Man kann damit alle Phänomene der Wahrnehmung anschauen, wie man will, als Da-sein oder Schein, je nachdem, wie man es gern haben möchte. Man kann somit das Scheinbare zur Wirklichkeit erheben und die Wirklichkeit leugnen, weil es angeblich kein letztgültiges Unterscheidungskriterium dafür gibt, was Wahrheit und was Täuschung ist.

Auf dieser weltanschaulichen Basis kann der Unterschied zwischen Maschine und Natur hinfällig werden, wenn man das vorteilhaft findet. Man kann sich selbst zur Biomaschine degradieren, indem man sein eigenes natürliches Sein als Schein betrachtet, und man kann Biologie simulierende Roboter adeln, indem man ihren natürlichen Schein als Sein interpretiert. Man kann zugleich davon ausgehen, dass solche Unterscheidungen nicht sehr wichtig sind, weil letztlich alles gleich-gültig ist.

Sherry Turkle ist der Ansicht, die Roboter seien „der Deus ex machina des einundzwanzigsten Jahrhunderts geworden."[121] Der Begriff „Deus ex machina", zu Deutsch „Gott aus der Maschine", meint in der antiken Theaterwelt eine Göttererscheinung, die hinter den Kulissen versteckt war, um an geeigneter Stelle auf der Bühne zu erscheinen und dadurch der Dramatik des Stücks einen Impuls zu geben. Zweck solcher Inszenierungen konnte die Lösung von Konflikten sein. Im übertragenen Sinn ist ein „Deus ex machina" die metaphysische „Erleuchtung" oder dergleichen, die man gerade mal eben dazu brauchen kann, um Antworten auf beunruhigende Fragen zu geben.

Das Zauberwort des neuen Götterglaubens im 21. Jahrhundert heißt „Singularität". Der Singularitätsglaube ist eine neue Religion, unter deren Dogma sich die KI-Gemeinde vereint.[122] Mit Singularität meinen die Gläubigen das Überschreiten jener Schwelle zwischen maschineller Künstlichkeit und biologischer Natürlichkeit: Aus Technologie wird Natur, oder auch: die Technologie vollendet sich in der Natur, oder auch: die Technologie findet den Zugang in die Natur hinein und verändert sie von innen heraus, bemächtigt sich ihrer den programmierten Zielen gemäß, die sie sich nun aber autonom eingegeben hat, das heißt ohne menschlichen Programmierer. Die Singularitätsgläubigen legen die bisherigen Humanitätskonzepte, die in der Menschheitsgeschichte entstanden sind, auf den Altar des

---

[121] Ebd., 40.

[122] J. Lanier, Gadget, a.a.O., 32, 39 ff. „Die strukturelle Ähnlichkeit zu religiösen Heilserwartungen und die religiöse Ersatzfunktion des wissenschaftlichen Fortschritts ist offenkundig." Urban Wiesing, *Heilswissenschaft: Über Verheißungen der modernen Medizin* (S. Fischer: Frankfurt a. M., 2020), 10.

über-natürlichen Computers, an den sie glauben, in der Hoffnung, dass er das, was einmal „Mensch" hieß, neu erschaffen wird, so wie es seiner über-menschlichen Weisheit
gefallen wird.[123]

Aus der Szene des Silicon-Valley stammen die Propheten der Singularitätsreligion, das
bisher empfänglichste Land dafür scheint Japan zu sein. Dafür gibt es vier Gründe: Erstens
spielt Japan schon lang eine führende Rolle für den technologischen Fortschritt. Zweitens ist der demographische Wandel in Japan besonders stark: Es gibt vergleichsweise
besonders viele alte Menschen dort und es werden immer mehr. Drittens entsprechen
dominierende religiöse Vorstellungen in Japan dem Modell der Gleichsetzung und Gleich-
Gültigkeit von Sein und Schein. Künstlichen Gegenständen Lebendigkeit zu unterstellen
wird dort nicht für verrückt erklärt. Viertens verweigert sich Japan strikt der Veränderung des demographischen Defizits durch Einwanderung. Keine zwei Prozent der in Japan
lebenden Menschen sind Ausländer und es ist kaum möglich, eingebürgert zu werden.

Man hat mithilfe der Religion in Japan aus der Not eine Tugend gemacht. Man hat sich
den Deus ex machina der Singularität erkoren, um den Verlust von Arbeitskräften, vertrau-
lichen Beziehungen bei Jung und Alt und vor allem von Pflege- und Betreuungspersonen
alter Menschen auszugleichen. Man hat sich dazu entschieden, dafür lieber Maschinen als
Ausländer einzusetzen.[124] Turkle sieht in der japanischen Entwicklung aber nicht nur die
Reaktion auf die Veränderung der Bevölkerungsstruktur, sondern auch eine Kapitulation
vor der bereits vollzogen Fremdbeherrschung durch die neuen Kommunikationsmedien:
„Japaner nehmen es als gegeben hin, dass Handys, SMS, E-Mails und Online-Spiele
soziale Isolation erzeugt haben. Sie sehen, wie Menschen sich von ihren Familien abwenden, um ihr Augenmerk auf ihre Monitore zu richten."[125] Darum mache man aus der

---

[123] „Die Singularität ist der Zeitpunkt […], ab dem Maschinen sich selbständig weiterentwickeln
und so den technologischen Fortschritt massiv beschleunigen. Nach diesem Zeitpunkt, so heißt
es unter den Gläubigen, werden künstliche Intelligenzen alles gegenwärtig Vorstellbare übertref-
fen. Alles werde technisch möglich, einschließlich liebender Roboter. Tatsächlich könnten wir nach
dem Eintreten der Singularität sogar mit Robotern verschmelzen und Unsterblichkeit erlangen." S.
Turkle, a.a.O., 61. Die Singulariätsreligion geht darauf zu, dass „Menschen physisch sterben und
ihr Bewußtsein erhalten bleibt, weil es in einem Computer geladen wird. Oder die Menschen werden zu einem nicht wahrnehmbaren Zeitpunkt vernichtet, bevor dann ein neues Superbewußtsein die
Kontrolle über die Erde übernimmt." J. Lanier, Gadget, a.a.O., 41.
[124] Japan setzt schon von den 60er Jahren an auf Automatisierung, um die Lücke zu schließen.
„So kommt es, dass Japan seine globale Führungsposition im Roboterbau zu einem Gutteil der
Ablehnung von Ausländern verdankt. Auch in der Alten- und Krankenpflege kommen mittlerweile
verstärkt Roboter zum Einsatz, während die Anwerbung von Pflegekräften aus dem Ausland weiterhin strengen Regeln unterworfen ist." Reiner Klingholz, Alternde Gesellschaften, in: Le Monde
diplomatique (Hg.), *Atlas der Globalisierung: Welt in Bewegung,* Hg. S. Mahlke, Karten u. Grafiken
v. A. Buitenhuis, Le Monde diplomatique, taz: Berlin, 2019), 53.
[125] S. Turkle, a.a.O., 256.

Not eine Tugend: „In Japan werden Roboter als Ersatz für menschliche Kontakte präsentiert, die das vernetzte Leben zerstört hat. Die Technologie hat uns korrumpiert; Roboter werden unsere Wunde heilen."[126]

Die Fiktion des Wandels der künstlichen Intelligenz zur über-natürlichen geistert schon seit den Anfängen der Computertechnologie in den Köpfen vieler herum, befeuert von großartig klingenden Expertenprophetien. Weizenbaum hat einen Grund für die besondere Anziehungskraft dieser Ideologie darin gesehen, dass die programmierenden Fachpersonen „Universen von möglicherweise unbegrenzter Komplexität" schaffen können.[127]

> „Außerdem, und das ist der springende Punkt, *handeln* die so formulierten und entwickelten Systeme ihren eigenen Programmen gemäß. [...] Kein Dramatiker, kein Regisseur und kein noch so mächtiger Herrscher haben jemals eine so absolute Macht ausgeübt, eine Bühne oder ein Schlachtfeld zu arrangieren und dann so unerschütterlich gehorsame Schauspieler bzw. Truppen zu befehligen."[128]

Mit anderen Worten: Sie können *Gott* spielen. Der Programmierer ist „Schöpfer von Universen, deren alleiniger Gesetzgeber er ist."[129] Sie können es darauf anlegen, ihr simuliertes Universum so zu gestalten, als wäre es ein echtes Universum. Aber sie selbst werden immer die Programmierer dieses Universums sein und bleiben. Im Unterschied zur echten Schöpfung wird ihr Werk künstlich sein und bleiben, nachgemacht, virtuell.

Jaron Lanier mahnt zur Nüchternheit: „Man sollte Werkzeuge nicht glorifizieren." Wozu soll es gut sein, was ihre Meister mit ihnen machen? „Der Wert eines Werkzeugs liegt in seiner Nützlichkeit bei der Bewältigung einer Aufgabe."[130] Damit stellt Lanier die von jeder Technologie unabhängige ethische Fundamentalfrage nach der Verantwortung. „Wir können es uns nicht leisten, unseren eigenen Erzeugnissen allzu große Hochachtung entgegenzubringen", sagt Lanier, der Erfinder des Datenhandschuhs.[131] Darin schwingt massive Kritik an der Hybris von Fachkollegen mit, die das Werk glorifizieren und sich selbst damit als die Schöpfer meinen. „Wer Computer als intelligente, autonome Wesen behandelt, der stellt letztlich den Konstruktionsprozeß auf den Kopf."[132]

Die Propheten der Singularität verstehen sich selbst als Heilsbringer: Wenn man sie machen lässt, beseitigen sie durch künstliche Intelligenz, die immer intelligenter immer

---

[126] Ebd., 256 f.
[127] J. Weizenbaum, a.a.O., 160.
[128] Ebd.
[129] Ebd.
[130] J. Lanier, Gadget, 54.
[131] Ebd.
[132] Ebd.

mehr von ihrer Künstlichkeit verlieren wird, die Übel der Welt, vornehmlich die Krankheiten und die Unerbittlichkeit des Alterns und Sterbens.[133] Sie sind extrem optimistisch, was die Zukunft der digitalen Technologie angeht.[134]

Dafür, *dass* man sie machen lässt, treffen sie Vorsorge, denn sie häufen unermesslich großen Reichtum an und bauen sich riesige Imperien auf. Der Stoff, aus dem das alles vor allem gemacht ist, sind die kommunikativen Medien.[135]

Kulturgeschichtlich und anthropologisch folgt auf die Postmoderne, wenn die Rechnung jener Heilsbringer aufgeht, der Posthumanismus und Transhumanismus. Der Posthumanismus wird definiert als die neue Zeit, wenn der Mensch „Auslaufmodell" geworden ist, „überholt von seinen eigenen technischen Schöpfungen", formuliert ein Expertenstatement. „Posthumane, künstliche Intelligenzen und Roboter sollen die neuen Triebkräfte der Evolutionsgeschichte werden".[136] Den Transhumanismus denkt man sich als Überwindung der menschlichen Vergänglichkeit mit ihren Übeln durch Veränderung der körperlichen Beschaffenheit des Menschen. Aber auch das ist eigentlich Posthumanismus, weil das Ziel erreicht ist, wenn die menschliche Materie, das heißt seine Biologie, gänzlich in die neue Realität des gottgleichen Megacomputers eingegangen ist.

Aber bis dahin ist der Weg hoffentlich noch sehr viel weiter als die künstlich intelligenten Seher prophezeien. Nur muss uns bewusst sein, dass um so mehr digital verursachte Vereinsamung entsteht, je weniger die neue Religion als das behandelt wird, was sie in Wirklichkeit ist: Eine gefährliche Sekte mit unglaublich viel Geld und Macht. Denn ihre ganze Programmatik nährt sich von der Sehnsucht und Sucht der Menschen, denen sie suggeriert, künstliche Beziehungen seeien besser als echte. Das schafft ein Unmaß an sozialer und emotionaler Isolation und das macht sehr viele Menschen seelisch krank.

---

[133] U. Wiesing, a.a.O., 9. „Google ist bekannt dafür, ein Projekt finanziert zu haben, das den ‚Tod abschaffen' sollte. Das ist so exakt ein religiöses Vorhaben, dass es mich überrascht, dass die Religionen der Welt Google nicht wegen Urheberrechtsverletzung verklagt haben. Google hätte ja auch von Lebensverlängerung oder Altersforschung reden können, aber es musste unbedingt der Hauptpreis sein. Es ging darum, zum Herrn dessen zu werden, was dir am heiligsten ist." J. Lanier, Zehn Gründe, a.a.O., 188.

[134] „Die wahren Helden des Silicon Valley oder anderer Orte der beschleunigten Wissensproduktion sind Flüchtlinge der Gegenwart. Sie haben es vor allem eilig, der Gegenwart zu entkommen. Sie sind ihren normalen Zeitgenossen überlegen, weil sie eigentlich gar nicht mehr in der Zeit der Zeitgenossen leben, sondern bereits in der Zukunft." J. Lanier, Gadget, a.a.O., 60.

[135] „Das Geschäft" mit den Social Media „ist fest mit einer neuen Religion verwoben, die Computerprogrammen Empathie entgegenbringt – indem sie sie als KI-Programme bezeichnet-, damit es nicht so auffällt, wie sehr sie Würde, Stellung und Rechte der echten Menschen unterwandert." J. Lanier, Zehn Gründe, a.a.O., 194.

[136] Adrian Holderegger, Siegfried Weichlein, Simone Zurbuchen, Einleitung: Hat der Humanismus eine Zukunft? in: Adrian Holderegger, Siegfried Weichlein, Simone Zurbuchen, (Hg.), *Humanismus: Sein kritisches Potential für Gegenwart und Zukunft* (Academic Press, Schwabe: Fribourg, Basel, 2011), 20. Holderegger ist Theologieprofessor, Weichlein Geschichtsprofessor und Zurbuchen Philosophieprofessorin.

Literatur

Böckel, H. (2022). Zwischen neuer Einsamkeit und fluider Gemeinschaft – Perspektiven für Kirche und Diakonie. In A. Giebel, D. Hörsch, G. Hofmeister, & U. Lilie (Hrsg.), *Einsam: Gesellschaftliche, kirchliche und diakonische Perspektiven*, im Auftrag der Diakonie Deuschland (S. 107–119). Evangelische Verlagsanstalt.

Bohn, C. (2006). Einsamkeit im Spiegel der sozialwissenschaftlichen Forschung. Dissertation zur Erlangung des Grades einer Doktorin der Philosophie. Universität Dortmund, Fachbereich Erziehungswissenschaft und Soziologie, Mai 2006. https://d-nb.info/997491426/34. Zugegriffen: 26. Aug. 2021.

Deuber, K. (2018). Social Media und Einsamkeit. In T. Hax-Schoppenhorst (Hrsg.), *Das Einsamkeits-Buch: Wie Gesundheitsberufe einsame Menschen verstehen, unterstützen und integrieren können* (S. 334–344). Hogrefe.

Deutsches Wörterbuch von Jacob Grimm und Wilhelm Grimm auf CD-ROM und im Internet, Universität Trier. http://dwb.uni-trier.de/de/ (DWB).

Holderegger, A., Weichlein, S., & Zurbuchen, S. (2011). Einleitung: Hat der Humanismus eine Zukunft? In A. Holderegger, S. Weichlein, & S. Zurbuchen (Hrsg.), *Humanismus: Sein kritisches Potential für Gegenwart und Zukunft* (S. 11–23). Academic Press, Schwabe.

Kinnert, D. (2021). *Die neue Einsamkeit. Und wie wir sie als Gesellschaft überwinden können.* Mit M. Bielefeld (3. Aufl.). Hoffman und Campe.

Klingholz, R. (2019). Alternde Gesellschaften. In Le Monde diplomatique (Hrsg.), *Atlas der Globalisierung: Welt in Bewegung*, Hg. S. Mahlke, Karten u. Grafiken v. A. Buitenhuis (S. 52 f.). Le Monde diplomatique, taz.

Lanier, J. (2010). *Gadget: Warum die Zukunft uns noch braucht.* Aus d. Amerik. v. M. Bischoff. Suhrkamp.

Lanier, J. (2018). *Zehn Gründe, warum du deine Social Media Accounts sofort löschen musst.* Aus d. amerik. Engl. v. M. Bayer u. K. Petersen. Hoffmann und Campe.

Lotz, J. B. (1972). *Erfahrungen mit der Einsamkeit.* Herder.

Lynch, J. J. (1977). *Das gebrochene Herz.* Deutsch v. J. Abel. Rowohlt.

News4teachers.de. (12. Oktober 2022). Schon jeder achte Jugendliche verlässt die Schule ohne Abschluss – Verband Sonderpädagogik fordert: „Schulsystem ändern!". https://www.news4teachers.de/2022/10/schon-jeder-achte-jugendliche-verlaesst-die-schule-ohne-abschluss-verband-sonderpaedagogik-fordert-schulsystem-aendern/. Zugegriffen: 28. Dez. 2022.

Rheinische Post. (22. September 2022). Immer mehr Kinder weisen Sprachstörungen auf. https://rp-online.de/panorama/wissen/deutschland-zahl-der-kinder-mit-sprachstoerungen-steigt-seit-jahren_aid-77198231. Zugegriffen: 22. Sept. 2022.

Schultz, T. (1978). *Bittersweet: Surviving and growing from loneliness.* Penguin.

Sennett, R. (2012). *Zusammenarbeit: Was unsere Gesellschaft zusammenhält.* Aus d. Amerik. v. M. Bischoff. Hanser.

Spitzer, M. (2006). *Vorsicht Bildschirm! Elektronische Medien, Gehirnentwicklung, Gesundheit und Gesellschaft.* Deutscher Taschenbuch Verlag.

Spitzer, M. (2019). *Einsamkeit: Die unerkannte Krankheit.* Droemer Knaur.

Svendsen, L. (2016). *Philosophie der Einsamkeit.* Aus d. Norw. v. D. Stilzebach. Berlin University Press.

Tagesschau.de. (14. Dezember 2022) Erica, der lachende Roboter. https://www.tagesschau.de/wissen/technologie/empathischer-roboter-lachen-erica-101.html. Zugegriffen: 14. Dez. 2022.

Tagesschau.de. (9. Dezember 2022). Experten sehen Handlungsbedarf an Grundschulen. https://www.tagesschau.de/inland/gesellschaft/grundschulen-mathe-deutsch-101.html. Zugegriffen: 9. Dez. 2022.

Thoreau, H. D. (2017). *Walden: Der Traum vom einfachen Leben.* Aus d. Amerik. übers. u. mit einem Nachw. v. F. Güttiger. Reclam.

Turkle, S. (2012) *Verloren unter 100 Freunden: Wie wir in der digitalen Welt seelisch verkümmern.* Aus d. Engl. v. J. Stefanidis. Riemann.

Weizenbaum, J. (1977). *Die Macht der Computer und die Ohnmacht der Vernunft.* Übers. U. Rennert. Suhrkamp.

Wiesing, U. (2020). *Heilswissenschaft: Über Verheißungen der modernen Medizin.* S. Fischer.

Die Pathologie der Vereinsamung

8

Zusammenfassung

Die am meisten verbreiteten psychischen Störungen und Erkrankungen, Depressionen, Angststörungen und Süchte, haben außerordentlich viel mit dem Problem des Vereinsamens zu tun. Bei genauer Betrachtung zeigt sich, dass bereits die Erfahrung sozialer Isolation sehr zu den Störungen und Erkrankungen beitragen kann. Das heißt: Wenn auch die eigentliche pathologische Vereinsamung in der emotionalen Isolation besteht, weist doch auch die soziale Isolation ein starkes Gefälle zum Krankwerden auf. Es liegt daran, dass wir Menschen Beziehungswesen sind und darum die Erfüllung unserer seelischen Grundbedürfnisse ganz wesentlich mit gelingenden Beziehungserfahrungen zusammenhängt. Von der hohen Zahl von Menschen, die von den genannten Störungsbereichen betroffen sind, lässt sich auf ein viel höheres Ausmaß von Vereinsamung in der Gesellschaft schließen, als die Spitze des Eisbergs erkennen lässt. Dabei ist zu berücksichtigen, dass sich die Statistik der psychischen Störungen und Erkrankungen überwiegend mit Personen im so genannten „erwerbsfähigen" Alter befasst. Diese Priorisierung muss sich ändern, denn die pathologische Seite des Vereinsamens betrifft je länger je mehr Kinder, Jugendliche und Senioren.

8.1 Wie emotionale Isolation entsteht

So wenig Angst an sich etwas Pathologisches ist, schreibt Svendsen, so wenig „ist das Gefühl der Einsamkeit an sich pathologisch." Aber so wie Angst im Übermaß und Unmaß pathologisch *werden* kann, liegt darin auch die Gefahr der Einsamkeit. „In diesem Fall hat die Einsamkeit enorme Konsequenzen für die mentale sowie für die somatische Gesundheit der Betroffenen."[1]

Die gute schwere Einsamkeit hat viel mit der Trauer gemeinsam. So wie diese ist sie kein pathologisches Phänomen per se, aber sie trägt ein hohes Risiko in sich, eines zu werden, weil sie sehr weh tun kann. Schwere Einsamkeit wird vom Gehirn als großer Schmerz eingestuft, gleich als wäre es ein körperlicher Schmerz, und dementsprechend reagiert es.[2]

Der Trauerschmerz ist Verletzungsschmerz. Die Beziehungen zu einer anderen Person sind abgeschnitten. Je mehr mich mit ihr verbunden hat, desto größer und schmerzlicher ist die Wunde. Schwere Einsamkeit erleben wir ebenso als ein Abgeschnittensein von anderen Menschen. Natürlich gehören auch Verletzungen ins Bedeutungsspektrum des Krankseins. Seelische Verletzungen gehen aber nicht im Krankheitsbegriff auf. Es handelt sich mehr um Kränkungen als um Krankheiten. Eine Kränkung unterscheidet sich von einer Krankheit dadurch, dass sie krank machen *kann*, aber nicht notwendig muss. Sie kann sogar eine bittere Medizin sein, die uns hilft, innerlich stark und reif zu werden, je nachdem, wie wir damit umgehen.

Dementsprechend differenziert auch Cacioppo, wenn er schreibt: „Sich einsam zu fühlen, bedeutet nicht, dass man über weniger soziale Fertigkeiten verfügt. Probleme entstehen, wenn das Einsamkeitsgefühl bewirkt, dass wir unsere vorhandenen sozialen Fertigkeiten seltener einsetzen."[3] Dann kommt ein Gefälle hin zur Einsamkeit als psychische Störung und Krankheit zustande. Die Person wird nicht mehr fertig damit.

Drei Faktoren sind daran beteiligt:[4]

- Die *Veranlagung,*
- das Gewicht der erfahrenen *Belastung,*
- die *Bewertung*, das heißt: wie die betroffene Person über ihre Veranlagung und ihre Belastung denkt.

Aus dem Zusammenwirken dieser drei Faktoren resultieren generell psychische Störungen und Erkrankungen (Abb. 8.1). Es sind die Teileelemente der „Organismusvariablen" (O) im SORKC-Modell, dem Basismodell der Kognitiven Verhaltenstherapie. Dort werden

---

[1] Lars Svendsen, *Philosophie der Einsamkeit,* aus d. Norw. v. D. Stilzebach (Berlin University Press: Wiesbaden, 2016), 56.

[2] John T. Cacioppo, William Patrick, *Einsamkeit: Woher sie kommt, was sie bewirkt, wie man ihr entrinnt,* aus d. Engl. übers. v. J. Wissmann (Spektrum Akademischer Verlag: Heidelberg, 2011), 8–10. „Die soziale Kälte einer als feindlich empfundenen Umwelt spüren Einsame sogar körperlich. Sie schätzen Raumtemperaturen niedriger ein als Nichteinsame". Wolfram Eberhardt, Einsam sein, in: Psychologie heute (2018) 2, 74.

[3] J.T. Cacioppo, W. Patrick, a.a.O., 15.

[4] Hans-Arved Willberg, *Achtsamkeitsbasierte Kognitive Seelsorge und Therapie: Das integrative Praxishandbuch zu Achtsamkeit, Rational-Emotiver Verhaltenstherapie und Spiritualität* (Springer: Berlin, Heidelberg, 2019), 5 ff.

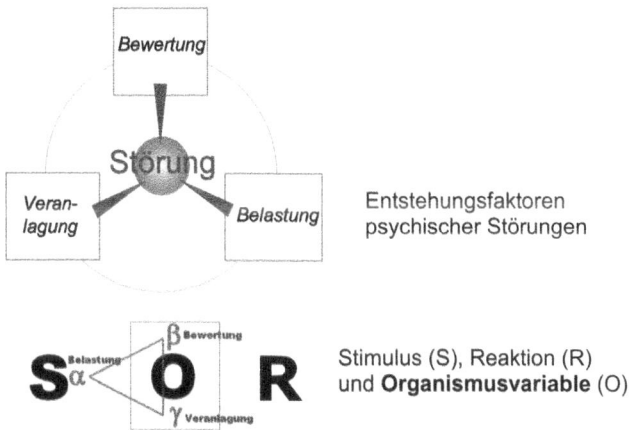

Abb. 8.1 Die drei Organismusvariablen *Belastung, Bewertung* und *Veranlagung* als Entstehungsfaktoren psychischer Störungen

sie die Alpha-, Beta- und Gammavariable genannt. Das SORKC-Modell ist die „kleinste Analyseeinheit einer Verhaltensepisode".[5] Mit diesem Modell wird dargestellt, wie der menschliche Organismus (O) auf eine bestimmten Situation (S, Stimulus, Reiz) reagiert (R).

Für das Zustandekommen psychischer Störungen sind alle möglichen Mischungsverhältnisse der drei Teilvariablen denkbar. Es kann sein, dass einer von den drei Faktoren sehr dominiert, zum Beispiel bei Erkrankungen mit einem hohen genetischen Anteil. Aber selten oder nie ist es wirklich nur *ein* Teilfaktor, aus dem das ganze Problem resultiert.

Eine sehr hohe Bedeutung hat auch die akute Belastungssituation, die eine Person gerade erfährt, schlicht gesagt: Der Stress. Man weiß heute, dass Stressereignisse ganz wesentlich daran mitwirken können, dass eine genetische Veranlagung, zum Beispiel an Schizophrenie zu erkranken, überhaupt virulent wird. Gene wirken nicht einfach aus sich selbst heraus auf den Gesamtorganismus ein, sondern sie können aktiviert und deaktiviert werden oder unaktiviert im Organismus schlummern.[6] Die Entstehung einer psychischen Störung kann aber auch ganz überwiegend durch den Stress selbst bewirkt sein, weil er der Person zu viel wird: sie ist überlastet. Das kann sich schädigend auf den Gesamtorganismus und natürlich auch auf die Psyche niederschlagen, vor allem wenn es längere Zeit über anhält. Dabei kann aber wiederum die Veranlagung eine Schlüsselrolle spielen: Je

---

[5] Frederick H. Kanfer, Hans Reinecker, Dieter Schmelzer, *Selbstmanegement-Therapie: Ein Lehrbuch für die klinische Praxis,* 2., überarb. Aufl. (Springer: Berlin, Heidelberg, New York, 1996), 244.

[6] Vgl. ausführlich und instruktiv dazu Joachim Bauer, *Das Gedächtnis des Körpers: Wie Beziehungen und Lebensstile unsere Gene steuern,* erw. u. aktual. Neuausg. (Eichborn: Frankfurt a. M., 2010).

nach körperlicher Disposition, aber wesentlich auch je nach Temperament und Charakter trifft die Stresserfahrung auf stärkeren oder schwächeren organismischen Widerstand.

Auf den Gamma-Faktor „Veranlagung" und den Alpha-Faktor „Belastung" Einfluss zu nehmen steht nur begrenzt in der eigenen Macht. Wir sind so gestrickt, wie wir nun einmal sind, und wenn wir zum Beispiel den Stress der sozialen Isolation erleben, mag es sein, dass wir selbst gar nichts dafür und auch nichts daran ändern können. Anders ist es mit dem Betafaktor „Bewertung". Unser Spielraum, Gegebenheiten aus der einen oder anderen Blickrichtung zu betrachten, ist zwar nicht unbegrenzt, aber doch ziemlich groß. Richtig schwierig wird es für uns natürlich, noch einen klaren Kopf zu bewahren, um uns vernünftige Gedanken zu den beiden anderen Teilfaktoren zu machen, wenn diese uns sehr stark bestimmen. Reagiert zum Beispiel eine Person ihrer Veranlagung wegen hochgradig ängstlich und steht sie dazu auch noch anderweitig unter extremem Stress, so kann das ihre Fähigkeit, sich ein angemessenes vernünftiges Urteil zu bilden, sehr reduzieren. Der Faktor „Bewertung" jedoch ist sowohl an der Entstehung von psychischen Störungen wie auch an ihrer Bewältigung am meisten beteiligt. Dieses Spielraums wegen kann der Mensch lernen, sogar mit einer kranken oder krankheitsanfälligen Veranlagung als auch mit kränkenden und übermäßig Stress erzeugenden Belastungen gesund *umzugehen,* auch wenn sich beides nicht vermeiden lässt.

Cacioppo hat für die Vereinsamung den Anteil der genetischen Disposition und der akuten Belastung durch Erfahrungen mit dem sozialen Umfeld den Befunden nach, die ihm zur Verfügung standen, fast gleich hoch eingeschätzt (Abb. 8.2).[7] Das betrifft aber nur die soziale Isolation, denn wie gesagt handelt es sich um Faktoren, auf die wir als Betroffene unter Umständen nur sehr wenig oder gar keinen Einfluss haben. Unter der genetischen Veranlagung ist hier vor allem der erbliche Anteil von Charakter und Temperament zu verstehen. Das Temperament scheint zu einem relativ hohen Grad vererbt zu werden. Personen, die von Natur aus eine starke Neigung mitbringen, sozial ängstlich zu sein, lieber ihren eigenen Weg zu gehen als einen gemeinsamen und eher Abstand zu den andern zu suchen, sind natürlich eher dafür prädestiniert, in soziale Isolation zu geraten, als kontaktfreudige Beziehungsmenschen.

Allerdings sind wir in dieser Hinsicht durchaus nicht schlechterdings von unseren Genen abhängig. Entscheidend ist, was Cacioppo die „soziale Kognition" nennt – wie wir also *denken* über Alleinsein und Gemeinschaft. Wir können uns freiwillig dafür entscheiden, uns mehr der Gemeinschaft zu widmen und dafür auch soziale Fertigkeiten einzuüben oder uns zurückzuziehen. So können wir auch einen gewissen Einfluss auf die Veränderung unseres Temperaments und, viel mehr noch, unseres Charakters nehmen. Charakterbildung ist für jeden Menschen eine Lebensaufgabe.

„Als Vermittler zwischen Genen und Umwelt fungiert der Organismus, also Sie und Ich", erklärt Cacioppo. „Und genau hier spielt die soziale Kognition (oder die subjektive Wahrnehmung) ihre wichtige Rolle für das tatsächliche Ergebnis."[8] Mit dem

---

[7] J.T. Cacioppo, W. Patrick, a.a.O., 30.
[8] Ebd.

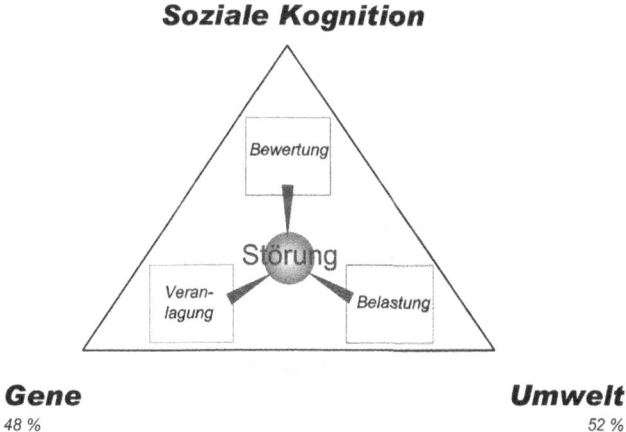

Abb. 8.2 Das Zusammenwirken von genetischer Veranlagung, sozialem stress (Umwelt) und sozialer Kognition nach Cacioppo

„tatsächlichen Ergebnis" meint er das, was als Reaktion (R) auf die Situation (S) einer objektiven Einsamkeitserfahrung dadurch herauskommt, dass der Organismus (O) der Situation begegnet (s. Abb. 8.1). Nicht ganz richtig ist die Aussage, dass der „Organismus" die Vermittlerrolle zwischen Genen und Umwelt einnimmt.[9] Die Gene sind ja selbst Teil des Organismus und die Belastungen spüren wir nur als solche, weil sie sich als Stress ebenfalls *in* unserem Organismus auswirken, dass sie also in ihn eingehen und gewissermaßen ein Teil von ihm werden, wenn auch kein erwünschter, was beispielsweise zu erst recht belastenden Immunreaktionen führen kann. Dass „Sie und Ich" vermitteln, stimmt allerdings. Das Vermittelnde ist nicht der Organismus, sondern unser *Denken.*

Aus der Interaktion von Veranlagung und Belastung entsteht schwerpunktmäßig die soziale Isolation, während aus dem *Denken* über diese Befindlichkeit die emotionale Isolation resultiert. Das kann auch bedeuten, dass die soziale Isolation zunächst mehr oder weniger nur in der Einbildung existiert, dann aber eine selbsterfüllende Prophezeiung daraus wird, weil die Person sich als Folge ihres misstrauischen Denkens selbst sozial isoliert.

Der Gamma-Faktor „Veranlagung" kann im Zusammenspiel mit dem Beta-Faktor „Bewertung" am Zustandekommen der emotionalen Isolation maßgeblich beteiligt sein; nicht selten wird dabei aber eine akute Belastung die Rolle des Züngleins an der Waage spielen. Zum Beispiel kann eine Person in der Kindheit Verlassenheitserfahrungen gemacht haben, die sich als emotionales Schema in ihrem Gedächtnis festgesetzt haben. Darin kann der Grund dafür liegen, dass sie in späteren Jahren übersensibel auf Ereignisse reagiert, die dem Anschein nach ähnlich sind, obwohl der Anschein nicht unbedingt der Realität entsprechen muss. Mit anderen Worten: Die Anfälligkeit (Vulnerabilität) für

---

[9] Das mag vielleicht ein Übersetzungsfehler sein.

solche Überreaktionen ist in ihre Veranlagung eingegangen, sie hat sich ihr sozusagen eingebrannt. „Charakter" heißt eigentlich „Prägung". Der Charakter entsteht maßgeblich durch das, was sich uns eingeprägt oder eben auch schmerzlich eingebrannt hat. Die Folgen kindlicher Verlassenheitserfahrungen können im Charakter Spuren hinterlassen (Gamma-Faktor), derentwegen wir viel leichter als andere Menschen mit unrealistisch negativen Bewertungen (Beta-Faktor) auf bestimmte mehr oder weniger schwierige soziale Situationen (Alpha-Faktor) reagieren. Daraus kann auch einigermaßen unabhängig von tatsächlicher sozialer Isolation eine emotionale Isolation hervorgehen.

Wenn die tatsächliche Belastung durch hässliche Erfahrungen tatsächlicher sozialer Isolation auf eine Person trifft, deren zurückliegende Verlassenheitsverletzungen gut verheilt sind und die im Trauerprozess Resilienz entwickelt hat, ist ihr mentaler Spielraum viel größer, sich konstruktive Gedanken über ihre Situation zu machen, die sie davor schützen, in emotionale Isolation zu geraten. Das ist allerdings kein Selbstläufer, sondern schwer genug und nicht ohne hohe Selbstdisziplin zu erreichen. Wenn aber Personen mit einigermaßen hoher Verletztlichkeit durch Verlassenheitserfahrungen mehr oder weniger starke tatsächliche Ausgrenzungen erleben, können sie gedanklich kaum so damit umgehen. Auch für innerlich starke Menschen ist es ganz normal, dass ihnen ihre Fantasie einen Streich spielt und sie überreagieren. Es kann ihnen aber gelingen, bald wieder eine realistische Sicht der Dinge zurückzugewinnen, während die leichter Verletzbaren unter Umständen in eine negative Abwärtsspirale geraten und dadurch unmittelbar in emotionale Isolation und mittelbar aufgrund ihres gekränkten Verhaltens, das die andern als Zurückweisung empfinden, in die soziale Isolation.

Je älter Menschen werden, desto mehr muss damit gerechnet werden, dass sie nicht mehr in der Lage sein werden, ihren Charakter wesentlich zu verändern, vor allem dann, wenn sie in jüngeren Jahren zu wenig in ihre Charakterbildung investiert haben. Wenn die frühen Verlassenheitserfahrungen auf dem Weg der Reifung keine Heilung erfahren haben, sondern geleugnet und verdrängt wurden, wird sich die Verletzlichkeit, die daraus wurde, als ein stabiles Persönlichkeitsmerkmal festsetzen. Das ist ein Gesichtspunkt, den man im Blick auf das Vereinsamungsproblem unter sehr alten Menschen zu berücksichtigen hat, das ja bekanntlich signifikant wächst, weil der Altersdurchschnitt der Bevölkerung immer höher wird. Wir haben davon auszugehen, dass sehr viele dieser Menschen emotional isoliert sind und sich deshalb auch nicht sozial förderlich verhalten. Sehr viele geben sich auf, bsonders unter dem Stress der häufig erfahrenen tatsächlichen sozialen Isolation. Das wiederum kann sehr schwer für Mitmenschen werden, die unmittelbare Verantwortung für ihr Wohlergehen tragen: Nächste Angehörige und Pflegende. Eine solche Dynamik kann zum Teufelskreis werden, indem ein hässliches Klima entsteht, das die Isolation nur noch verstärkt.

Ein zentraler Teufelskreis der Dynamik emotionaler Isolation entsteht aus der *Selbstentwertung*. Im Maß der Selbstentwertung ist auch die Selbstdisziplin gefährdet, Selbstvertrauen und Selbstbewusstsein schwinden, der Sinn geht verloren. Es fällt der Person schwer, in der Einsamkeit einen vernünftigen Kurs zu steuern. Das betrifft das alltägliche vernünftige Zeitmanagement ebenso wie die eigene soziale Initiative und die Arbeitsmotivation. Die Versuchung tritt in den Vordergrund, sich selbst aufzugeben und somit auch sich selbst und seiner Berufung untreu zu werden.

Die Versuchung fruchtet, wenn die Person eine entsprechend pessimistische Erwartung der Umwelt und dem Schicksal gegenüber entwickelt, was leider typisch für die emotionale Isolation ist. Dann dreht sich der Teufelkreis und entfaltet seine Eigendynamik. Aus der Enttäuschung wird die selbsterfüllende Prophezeiung. Die Person erlebt keine soziale Anerkennung mehr, weil sie keine erwartet und sich dementsprechend verhält.[10] „Damit bauen wir eine Mauer gegen die negative Beurteilung durch andere und gegen die totale Ablehnung, die wir aus unserer furchtsamen Einsamkeit heraus vorausahnen", erklärt Cacioppo.[11]

Erschwerend kann hinzukommen, dass die Person den andern womöglich überhöhte Beziehungserwartungen entgegenbringt. Aber in der Selbstentwertung scheint die größte Gefahr zu liegen, weil Selbstentwerung die Preisgabe der Empathie für sich selbst ist. Ich nehme keine wohlwollend bejahende Haltung mir selbst gegenüber ein, sondern werde mir selbst gegenüber hart, ungerecht und teilnahmslos. Ich isoliere mich von mir selbst. Dementsprechend wirke ich auch auf mein Umfeld. Svendsen hat Recht, wenn er die Verantwortungsübernahme für die eigenen Gefühle als Hauptpunkt für die gesunde Bewältigung von Einsamkeitserfahrungen hervorhebt.

Unrealistische Beziehungserwartungen können zu emotionaler Isolation führen, umgekehrt können aber auch aus sozialen Enttäuschungen scheinbar realistische reduzierte Erwartungen hervorgehen. Man tut sich und den andern jedoch keinen Gefallen, wenn man eigentlich berechtigte Mindestansprüche dafür, überhaupt von Beziehung oder gar Freundschaft oder Partnerschaft zu sprechen, opfert, um sich mit allzu billigen Alternativen zufriedenzugeben. Das wird noch begünstigt durch die Tendenz vereinsamender Menschen, sich vergleichsweise mehr Unfreundlichkeiten gefallen zu lassen als andere.

Man kann die reduzierte Erwartung auch als Misstrauen bezeichnen. Damit muss ich ja nicht gleich jedes Vertrauen über Bord werfen, aber ich stelle die Bedingung, dass die andern erst einmal beweisen müssen, Vertrauen zu verdienen. Die Rechnung kann jedoch nicht aufgehen, weil von echtem Vertrauen überhaupt nur gesprochen werden kann, wenn man *nichts* beweisen muss. Das Höchstmaß der Vertrauensreduktion ist mit dem Zynismus erreicht: Dann leugnet man jegliche Vertrauenswürdigkeit. Natürlich ist dieses Gefälle sehr förderlich für eine emotionale Isolation, die selbst auch noch das Faktum der sozialen Isolation bewirkt, weil nur Zyniker gern die Nähe eines Zynikers suchen.[12]

---

[10] „People who devalue themselves may […] assume that others will similarly find them undesirable". Letitia Anne Peplau, Maria Miceli, Bruce Morasch, Loneliness and Self-Evaluation, in: Letitia Anne Peplau, Daniel Perlman (Hg.), *Loneliness: A Sourcebook of current theory, research and therapy,* (John Wiley & Sons: New York, Chicester, Brisbane et al., 1982), 145.

[11] J.T. Cacioppo, W. Patrick, a.a.O., 36.

[12] „Der Zyniker ist der Ansicht, dass Liebe als solche unmöglich ist, dass sie lediglich Illusion ist, die einem Zweck dient." L. Svendssen, a.a.O., 143.

Es sei daran erinnert, dass Alpha-, Beta- und Gammafaktor der Organismusvariablen beim Zustandekommen emotionaler Isolation interagieren. Tatsächlich erfahrene soziale Enttäuschungen können so belastend sein (Alpha-Faktor), dass sie die Situationsbewertung stark beeinflussen (Beta-Faktor), vor allem dann, wenn noch eine entsprechende sozial ängstliche und melancholische Veranlagung (Gamma-Faktor) vorliegt. Wenn der Mangel an positiven Beziehungserfahrungen groß wird, stellt sich das Gehirn darauf ein, weil es darum zu gehen scheint, dass wir vor weiteren Erfahrungen dieser Art geschützt werden müssen. Darum neigen wir zum Pessimismus, das heißt: zu einseitig negativen Erwartungen. Natürlich ist das besonders dann der Fall, wenn wir tatsächlich soziale Isolation erfahren, aber wir können auch schon eine entsprechende etablierte Erwartungshaltung mitbringen und darum unangenehme Beziehungserfahrungen überzogen negativ deuten.

Die „defensive Form des Denkens, wie sie durch Einsamkeit entsteht", kann nach Cacioppo die Wahrnehmung verzerren.[13] Das kann bedeuten, aus der bloßen sozialen Isolation nun auch in die emotionale abzugleiten.

8.2   Pathogene Formen sozialer Isolation

Manfred Spitzer zufolge gelten Einsamkeit und soziale Isolation in der empirischen Forschung als zwei voneinander getrennte Forschungsgegenstände. Er weist auf eine groß angelegte Studie hin, die gezeigt habe, dass soziale Isolation nur wenig mit subjektiv erlebter Einsamkeit zu tun hat. Diese ungünstige begriffliche Unterscheidung von „Einsamkeit" und „sozialer Isolation" ist ein Beispiel dafür, dass die Verlässlichkeit von Befunden aus der empirischen Forschung von einer angemessenen begrifflichen Basis abhängt, die nur zustande kommen kann, wenn sie das semantische Spektrum der Begriffe so genau wie möglich erfasst. Das ist nur möglich, wenn sie dazu die Ergebnisse anderer Wissenschaftsdisziplinen iss heranzieht und für sich sprechen lässt.

Die Deutung der Zahlenwerte statistischer Ergebnisse erhält ihre Überzeugungskraft nicht von den Begriffen her, die empirische Forscher festgelegt haben, weil sie ihnen am passendsten für ihre Fragebögen zu sein schienen. Für die Herstellung begrifflicher Exaktheit bedienen sich die Empiriker zwar des mathematischen Verfahrens der „Faktorenanalyse", mit dem man lexikalische Differenzierungen auseinanderhalten kann. Gerade das führt aber mitunter zu einer problematischen Verengung und Vereinseitigung von

---

[13] J.T. Cacioppo, W. Patrick, a.a.O., 39.

Bedeutungen.[14] Jedenfalls tut die empirische Forschung dem Wort „Einsamkeit" zweifellos Gewalt an, wenn sie es mit emotionaler Isolation gleichsetzt und gegen die soziale Isolation abgrenzt. Der Gedanke, einen Menschen, der hochgradig sozial isoliert ist, nicht einsam zu nennen, ist geradezu absurd.

Baraocka drückt sich vornehm aus, wenn er darauf hinweist, dass „psychotherapeutische Beiträge zum Begriff ‚Einsamkeit' eine gewisse Übersetzungsarbeit erfordern, wenn man auf wissenschaftlich gesicherte Ergebnisse zurückgreifen will."[15] Mit anderen Worten: Er wünscht sich genauere Differenzierungen. Barocka plädiert dafür, auch die Polarität der Bedürfnisse nach Autonomie und Distanz in das begriffliche Spektrum einzubeziehen. Davon ausgehend könne man Einsamkeit nicht einseitig pathologisieren, denn das „gesunde Gleichgewicht zwischen Zugehörigkeit und Autonomie kann nun nicht nur in Richtung von ‚Einsamkeit' (Mangel an Zugehörigkeit) gestört sein, sondern auch in Richtung der Dependenz".[16] Wieder mit andern Worten: Ob Einsamkeit ein pathologisches Problem ist oder nicht, hängt nicht zuletzt von der Frage ab, ob die Balance zwischen Nähe und Distanz in Charakter und Verhalten einer Person der individuellen Veranlagung gemäß ausgewogen genug ist oder nicht.

Auch der Empiriker Spitzer kommt nicht umhin, trotz des strikten Auseinanderhaltens den engen Bezug von „Einsamkeit" und sozialer Isolation zu benennen: „Einsamkeit" sei sowohl als eine Ursache als auch als eine Folge der sozialen Isolation zu verstehen. Besser formulieren wir: *Soziale* Isolation kann die Folge von *emotionaler* Isolation sein, wie auch umgekehrt. Menschen können sozial vereinsamen, weil sie sich selbst isolieren. Sie sind enttäuscht von den andern und erwarten gar nicht mehr den Segen guter Beziehungen. Indem die Person sich aber zurückzieht, wird sie auch von den andern immer weniger wahrgenommen.

Das Problem der sozialen Isolation per se ist das faktische Ausgeschlossensein. Fachleute sprechen von der sozialen *Exklusion*. Das Ausgeschlossensein ist das Element im Nährboden der Armut, das die Vereinsamung darauf besonders gut gedeihen lässt, stellten wir oben fest (vgl. Abschn. 3.4). Sich ausgeschlossen zu *fühlen* und damit nicht fertig zu werden kennzeichnet die emotionale Isolation, ausgeschlossen zu *sein* die soziale. Radikal ausgeschlossen zu werden muss wahrscheinlich als schlimmste Angst und Not des Menschseins überhaupt gelten, weil der Mensch ein Beziehungswesen ist. Die ultimative angstvolle Vorstellung des Ausgeschlossenseins war seit jeher die Hölle.

---

[14] Als namhafter Insider der empirischen Forschung hat Gordon Allport die Faktorenanalyse in diesem Sinn kritisiert. Gordon W. Allport, *Gestalt und Wachstum in der Persönlichkeit,* übertrag. u. hg. v. H. v. Bracken (Anton Hain: Meisenheim a.G., 1970), 316, 321, vgl. Calvin S. Hall, Gardner Lindzey, *Theorien der Persönlichkeit,* Bd. 1, aus d. Amerik. übert. v. H.D. Rosacker (C.H. Beck: München, 1978), 295.

[15] Arnd Barocka, Einsamkeit aus der Sicht des Psychotherapeuten, in: Thomas Hax-Schoppenhorst (Hg.), *Das Einsamkeits-Buch: Wie Gesundheitsberufe einsame Menschen verstehen, unterstützen und integrieren können* (Hogrefe: Bern, 2018), 130.

[16] Ebd.

Die scheinbar magisch tödliche Kraft des Ausgestoßenseins in den Voodoo-Kulten mancher Ethnien ist der vielleicht eindrücklichste Hinweis auf das pathologische Potenzial der sozialen Exklusion: Der erfahrene soziale Tod kann mit starker Macht den biologischen Tod nach sich ziehen. Joachim Bauer ist der Ansicht, dass man das *Mobbing* als Fortsetzung des Voodoo in unserer Gesellschaft bezeichnen könnte. „Der Blick wird verweigert oder signalisiert Ausgrenzung. Der Gruß wird nicht mehr erwidert. Gesten stoßen auf eiskalte Reaktionslosigkeit."[17] Die isolierte Person erlebt keine positive Resonanz mehr. „Hier soll jemand durch diese Kommunikationsform aus der nächsten Umgebung verschwinden, praktisch nicht mehr existieren", erklärt die Kommunikationswissenschaftlerin Friederike Rothe. „Es gibt meines Erachtens nur eine Kommunikationsform, die das Mobbing in seiner Destruktivität noch übertrifft, und das ist die physische Tötung".[18]

Kennzeichnend für das Mobbing ist seine Prozesshaftigkeit und seine Leugnung.[19] „Alles vollzieht sich unterhalb der Schwelle der Eskalation", schreibt der Kommunikationsexperte Frank Naumann.[20] Die Täter achten sorgfältig darauf, keine Spuren zu hinterlassen.[21] Sie gehorchen dem ungeschriebenen Gesetz, nicht über den Vorgang zu sprechen,[22] weder untereinander noch mit den Betroffenen. Entsprechende Rückmeldungen der Opfer werden als angeblich paranoide Reaktionen abgetan.

---

[17] Joachim Bauer, *Warum ich fühle, was du fühlst: Intuitive Kommunikation und das Geheimnis der Spiegelneurone,* 3. Aufl. (Wilhlem Heyne: München, 2006), 16. „Das Nein-Sagen eines anderen zu uns, und das ist die Exkommunikation, ist das eigentlich Unerträgliche." Friederike Rothe, Vernichtung durch Kommunikation – aufgezeigt am Phänomen „Mobbing", in: OSC (2003) 4, 308.

[18] F. Rothe, a.a.O., 311 f.

[19] „Mobbing ist eine Form von Gewalt, die indirekt passiert." Sabine Fabach, *Burn-out: Wenn Frauen über ihre Grenzen gehen,* 2. Aufl. (Orell Füssli: Zürich, 2007), 66.

[20] Frank Naumann, *Miteinander streiten: die Kunst der fairen Auseinandersetzung* (Rowohlt: Reinbek bei Hamburg, 1995), 174.

[21] Das Mobbing lässt sich „an keiner einzelnen Handlung festmachen". Ebd. „Die Täter wagen ihr Opfer nicht offen anzugreifen, weil die Gesetze nicht auf ihrer Seite sind." Ebd., 175.

[22] „Ein wesentliches Merkmal von Mobbing ist, dass über diese Kommunikation nicht kommuniziert werden darf, d. h. es erfolgt eine Einschränkung der Kommunikation. Es wird geleugnet, dass in der genannten Form mit dem Gemobbten kommuniziert wird." F. Rothe, a.a.O., 309.

Es scheint häufig vorzukommen, dass Mobbingopfer durchaus nicht selbst durch ungünstiges Verhalten dazu beitragen, abgelehnt zu werden. Sie passen den andern einfach nicht, warum auch immer.[23] Oft geht das Mobbing auch von Vorgesetzten aus.[24]

Dass die Betroffenen sehr verunsichert werden und mit hoher Wahrscheinlichkeit ein Selbstwertproblem bekommen, liegt auf der Hand. Das ist von den Tätern beabsichtigt, denn dadurch provozieren sie bei den Opfern genau das Verhalten, das sie ihnen unterstellen: Die Qualität ihrer Arbeit lässt nach, Fehler häufen sich, sie wirken verkrampft und so weiter, kurz: Sie sind „irgendwie komisch" und nur noch schwer zu dulden.

Mobbing ist Bauer zufolge „mittlerweile als bedeutsamer Krankheitsfaktor erkannt und anerkannt".[25] Er befürchtet, dass es weiter zunehmen wird. Mobbingerfahrungen sind tatsächlich außerordentlich verbreitet. Sie scheinen sich in den letzten Jahrzehnten vermehrt zu haben, nicht zuletzt wahrscheinlich bedingt durch das „Cyber-Mobbing" im Bereich der digitalen Kommunikationsmedien.[26]

Soziale Exklusion kann aber auch ganze Gruppen unliebsamer, unbequemer, unpassender Zeitgenossen betreffen.[27] Je stärker das stattfindet, desto mehr wird der gesellschaftliche Zusammenhalt ausgehöhlt. Unsere Risikogruppen finden sich heute Neu und Müller zufolge insbesondere unter den Armutsbetroffenen, den chronisch Kranken und Behinderten, den Hochbetagten und generell den Pflegebedürftigen in Heimen. Zum Mobbing gesellen sich also die menschenfeindlichen Einstellungen und Verhaltensweisen der Diskriminierung und Vernachlässigung als Faktoren der sozialen Exklusion. Anders gesagt: Alle vier, Voodoo, Mobbing, Diskriminierung und Vernachlässigung sind als Formen der

---

[23] „Das Opfer wird zum ‚Störfaktor'." Mehr und mehr wird es als „komisch", „psychisch krank", „schon immer eigenartig" angesehen. „Der Betroffene wird zur unerwünschten Person." Beziehungen zerbrechen unter dem Druck, „nicht selten auch die Ehe. Der Betroffene ist am Ende seiner Kraft und wird nun tatsächlich ein ‚schwieriger Mensch', der sich zurückzieht oder verbissen einen Kampf gegen das erlittene Unrecht führt, den er in der Regel nicht gewinnen kann." Rainer Oberbillig, Mobbing am Arbeitsplatz, in: Psychotherapie und Seelsorge (2007) 3, 35.

[24] „Statistisch agiert in jedem zweiten Fall der Vorgesetzte selbst als Mobber." Andreas Huber, Was hilft gegen Mobbing im Betrieb, in: Psychologie heute (2007) 12, 66. Vgl. zum Mobbingverhalten von Führungspersonen im Kontext Kirche Karl Ruhner (Pseudonym), Mobbing in den Kirchen: Anpassung, Einschüchterung, Kontrolle, in: Psychologie heute (1997) 8, 26 f.

[25] J. Bauer, Warum ich fühle, a.a.O., 109.

[26] 2007 hieß es, mehr als eine Million der Erwerbstätigen in Deutschland würden am Arbeitsplatz gemobbt. A. Huber, a.a.O., 61. 10–20 % der Suizide sei auf Mobbing zurückzuführen. R. Oberbillig, a.a.O., 36. 2010 berichteten dem Meinungsforschungsinstitut Emnid nach etwa 15 % der erwebstätigen Angestellten davon, „schon einmal gemobbt" worden zu sein. Klaus Wilhelm, Dünnhäutige Machtmenschen, in: Psychologie heute (2010) 3, 10. 2018. Für 2018 stellt das Statistik-Portal Statista 30 % Erwachsene mit Mobbingerfahrungen fest. Unter Jugendlichen ist der Anteil an Cybermobbing sehr hoch. Statista.com, Mobbing in Schule und Beruf, https://de.statista.com/the men/132/mobbing/#dossierKeyfigures, Abruf 02.12.2021.

[27] Unter sozialer Isolation kann man „die Isolation einzelner Individuen, von Familien, von Kleingruppen, […] schließlich auch die Isolation von ganzen Subgruppen im Rahmen der Gesamtgesellschaft verstehen". Wichard Puls, *Soziale Isolation und Einsamkeit: Ansätze zu einer empirisch-nomologischen Theorie* (Deutscher Universitäts-Verlag: Wiesbaden, 1989), 47.

sozialen Exklusion eng miteinder verwandt. Die finale soziale Exklusion, auf die alle vier
zustreben wie die akopalyptischen Reiter, ist der soziale Exitus. Von dort ist es nicht mehr
weit zum biologischen Tod.

Mehr als ein Beispiel dafür liefert die Suizidstatistik. 40 % der erfolgreichen Suizide
jährlich in Deutschland werden von über 60Jährigen verübt, bei den über 75Jährigen steigt
die Quote stark an. Das ist die Spitze des Eisbergs. Das Eis ist Folge des kalten gesellschaftlichen Klimas, das die Angehörigen der stigmatisierten Gruppen heimlich wissen
lässt, dass ihr Zustand doch eigentlich menschenunwürdig ist und dass es besser für sie
selbst und ihre Umwelt wäre, gar nicht mehr da zu sein.[28]

Nicht Einsamkeit und soziale Isolation sind zu unterscheiden, wie Robert Weiss gerade
aus der empirischen Forschung und für sie deutlich gemacht hat, sondern emotionale und
soziale Isolation. Aber die soziale Isolation kann nicht nur in die emotionale umkippen,
sondern sie hat auch ihre eigene emotionale Problematik, die pathologische Konsequenzen
haben kann. Das ist zum einen der Schmerz tatsächlichen Ausgeschlossenseins. Es handelt sich um eine verletzende Verlusterfahrung, die zur Kategorie der Trauer gehört. Zum
andern nennt Weiss die *Langeweile* als spezifisches Empfinden sozial Isolierter. Langeweile ist schädlich für das Selbstwertgefühl, vermindert stark die Lebensfreude, lässt am
Sinn des Daseins zweifeln und gibt Anlass zu allen möglichen kompensatorischen Verhaltensweisen mit schädigender Wirkung. Damit unser Bindungsbedürfnis wirklich gestillt
wird, muss es uns möglich sein, im Maß unserer Fähigkeiten etwas Sinnvolles für unsere
Mitmenschen tun zu können. Mit anderen Worten: Wir wollen nicht nur mit anderen
irgendwie verbunden sein, sondern wir wollen wichtig für sie sein – wir wollen *gebraucht*
sein. Die verletzende Erfahrung, offensichtlich nicht gebraucht zu werden, benötigt als
heilsame Antwort ein hohes Maß an Einsamkeitskompetenz. Ich muss in der Lage sein,
mich unter diesen Umständen selbst nicht aufzugeben, sondern das Ausgeschlossensein
um meiner selbst willen als gute schwere Einsamkeit zu definieren, das heißt, unabhängig von der gewünschten Resonanz als Spielraum zur Entfaltung meiner Kreativität. Dann
kann ich die schwere gute Einsamkeit zur schönen guten Einsamkeit umgestalten, weil ich
mich auf Tätigkeiten konzentriere, die für mich auch ohne Anerkennung meiner Umwelt
Sinn haben. Aber das ist ein Kreuzweg. Dementsprechend gebraucht man ja auch das
Wort „Passion" dafür. Eine Passion wird man als sinngebende Leidenschaft bezeichnen
dürfen, die ein Mensch auch dann nicht aufgibt oder sogar noch verstärkt, wenn das Interesse der andern in krassem Missverhältniss zum eigentlichen Wert der Tätigkeit steht. Ein
eng verwandtes Wort ist „Profession". Dem Duden nach bedeutet „Professionalität" die
„souveräne Ausübung einer Tätigkeit" und „Beherrschung eines Arbeitsgebietes". Der
eigentlichen Bedeutung des lateinischen „professio" gemäß handelt es sich aber in erster Linie um einen Bereich, zu dem sich die Person *bekennt*: In dieser Hinsicht fühlt

---

[28] Bereits vor 30 Jahren hat der Sozialpsychologe Wolf Wolfensberger, leider mit guten Argumenten,
von einem „neuen Genozid" an solchen Gruppen nicht durch Ermordung, aber durch den schlei-
chenden Prozess des „Totmachens" gesprochen. Vgl. Wolf Wolfensberger, *Der neue Genozid an den
Benachteiligten, Alten und Behinderten,* (Jakob van Hoddis: Gütersloh 1991).

sie sich zuständig, kompetent, verantwortlich; das ist ihr spezifischer gesellschaftlicher Beitrag, für den man sie brauchen kann und brauchen sollte. „Professio" ist also vorrangig Herzensangelegenheit; der professionelle Qualitätsanspruch resultiert daraus, denn in dem Bereich, zu dem ich mich bekenne, will ich selbstverständlich auch jene „souveräne Ausübung" der Tätigkeit beweisen und man darf sie auch von mir erwarten.

Weiss spricht von der Möglichkeit, dass eine derartig sinnvolle Betätigung im Sinne der schweren guten Einsamkeit nur in der Vorstellung der passionierten Person Anerkennung findet, aber er betont auch, dass wir normalerweise „nur solche Tätigkeiten als sinnvoll betrachten, die uns dazu verhelfen, anerkannte Teilnehmer in den Netzwerken zu sein, die sich uns hier und jetzt anbieten."[29] Das heißt: Auch wenn das Individuum die fehlende Anerkennung akzeptieren und als schwere gute Einsamkeit bejahen kann, mag es darunter ähnlich zu leiden haben wie unter dem Verlust eines nahestehenden Menschen. Selbstverständlich hinterlässt das psychosoziale Spuren im Lebensvollzug der Person. Hilfreiche Rückmeldungen bleiben aus, sowohl ermutigende als auch konstruktiv kritische, das sachgemäße Reflektieren der eigenen Produktivität und die Einschätzung ihrer realen Bedeutung im sozialen Kontext wird erschwert, sie kann, je nachdem, viel zu hoch oder viel zu niedrig ausfallen, und das Vakuum der fehlenden Resonanz füllt sich notgedrungen mit Fantasien. Je nachhaltiger die Enttäuschungen sind, desto schwerer hat es der Optimismus, die entstehende Bitterkeit wird zum psychischen Bodensatz und verdichtet sich dort unten zu Groll, spontan und unbekümmert erwartungsvoll auf andere Menschen zuzugehen fällt immer schwerer,[30] der Selbstzweifel nagt – und das alles ganz unabhängig von der tatsächlichen Qualität, Professionalität, Bedeutung und Leidenschaft. Darin liegt zweifellos ein hohes pathogenes Potenzial.

Wir sollten aber nicht den Fehler machen, den Pathologiebegriff auf Individuen zu beschränken. Die Krankheit des Individuums, insbesondere die psychische, steht in enger Wechselwirkung zur Krankheit der Gesellschaft.[31] Ein wesentlicher Gesichtspunkt der pathologischen sozialen Isolation ist ihre Auswirkung auf den gesellschaftlichen Zusammenhalt, so wie mangelnder gesellschaftlicher Zusammenhalt wiederum die soziale Isolation begünstigt. Eine stark von dieser Wechselwirkung betroffene Bevölkerungsgruppe sind *chronisch kranke* und *behinderte* Menschen. 2013 lebten in Deutschland

---

[29] „[M]ost of us see as meaningful only those tasks that will help establish us as valid participants in networks available to us right here and now." Robert S. Weiss, *Loneliness: The Experience of Emotional and Social Isolation,* with contributions by J. Bowlby, C. M. Parkes et al., Forword by D. Riesman (The MIT Press: Cambridge, London, 1973), 149.

[30] „Oft warten Einsame darauf, dass die Rettung von außen kommt, denn sie selbst sind viel zu kraftlos oder zu schüchtern. Das Nächstliegende scheint unmöglich: auf andere zuzugehen". W. Eberhardt, a.a.O., 75.

[31] Vgl. Hans-Arved Willberg, *Philosophie der Lebensbejahung: Die platonischen Kardinaltugenden als Grundstruktur seelisch gesunder und spiritueller Selbstverwirklichung* (Peter Lang: Berlin, 2021), 21–24. „Einsamkeit muss stets in einem wechselseitigen und umfassenden Kontext von Individuum und Gesellschaft betrachtet werden". C. Bohn, Einsamkeit im Spiegel der sozialwissenschaftlichen Forschung, a.a.O., 102.

mehr als zehn Millionen Menschen mit einer amtlich anerkannten Behinderung, bei zwei Dritteln von ihnen handelte es sich sogar um eine Schwerbehinderung. „Erwerbslosigkeit, Armut oder ein niedriges Bildungsniveau können die Wahrscheinlichkeit einer Behinderung oder Beeinträchtigung verstärken", konstatiert 2017 der Armuts- und Reichtumsbericht der Bundesregierung. „Umgekehrt sind bereits bestehende Beeinträchtigungen oder Behinderungen Risiken, die den sozialen Aufstieg verhindern oder den sozialen Abstieg begünstigen. Teilhabechancen können sich so verringern."[32] Das Problem hat seit der Jahrtausendwende zugenommen. Vor allem sei die Zahl der Menschen „mit Beeinträchtigungen im jüngeren und mittleren Erwachsenenalter [...] im Zeitraum von 2005 bis 2013 stark angestiegen, was unter anderem auf eine Zunahme psychischer Beeinträchtigungen zurückzuführen ist."[33]

Personen mit andauernden Gesundheitsproblemen gehören grundsätzlich zu den Risikogruppen für Vereinsamung. Die statistischen Werte hierzu sind eindeutig. Teil der spezifischen Symptomatik mancher Einschränkungen durch Krankheit und Behinderung ist, von mehr und höheren sozialen Barrieren im buchstäblichen wie im übertragenen Sinn umgeben zu sein.[34] Das gilt gleichermaßen für körperliche wie für psychische Probleme. Die 2019 veröffentlichte Untersuchung zum gesellschaftlichen Zusammenhalt in Baden Württemberg der Bertelsmann-Stiftung brachte nicht nur hervor, dass erstaunlich viele Menschen in diesem Bundesland von chronischen Krankheiten betroffen sind, sondern dass sie auch pathogene Folgen bezeugen, die wiederum für den gesellschaftlichen Zusammenhalt nicht günstig sind: „Ihre sozialen Netze sind kleiner, sie haben weniger Vertrauen in Mitmenschen und in Institutionen, identifizieren sich weniger mit dem Gemeinwesen, sind selbst weniger engagiert für andere, nehmen mehr soziale Probleme wahr und sind insgesamt häufiger der Auffassung, die Gesellschaft sei ungerecht."[35] Zusammengefasst führen den Autoren zufolge chronische Krankheiten „zu einer deutlichen Minderung des Vertrauens in andere".[36] Chronisches Kranksein und Behinderung prädestiniert begreiflicherweise zudem dafür, sich im Alter in der Risikogruppe der besonders Vereinsamungsgefährdeten wiederzufinden.[37]

---

[32] Bundesministerium für Arbeit und Soziales, Lebenslagen in Deutschland: Der Fünfte Armuts- und Reichtumsbericht der Bundesregierung 2017, abrufbar unter Bundesministerium für Arbeit und Soziales, Armuts- und Reichtumsbericht, https://www.armuts-und-reichtumsbericht.de, Abruf 06.05.2021, 472.

[33] Ebd. Sehr häufig seien die Betroffenen auch vergleichsweise weniger gebildet. Ebd., 474 f.

[34] Ein signifikantes Beispiel ist Schwerhörigkeit. Martin Hafen, Soziale Isolation – Folgen, Ursachen und Handlungsansätze, in: Thomas Hax-Schoppenhorst (Hg.), *Das Einsamkeits-Buch: Wie Gesundheitsberufe einsame Menschen verstehen, unterstützen und integrieren können* (Hogrefe: Bern, 2018), 40.

[35] Georgi Dragolov, Regina Arant, Klaus Boehnke, Kai Unzicker, *Gesellschaftlicher Zusammenhalt in Baden-Württemberg* (Bertelsmann-Stiftung: Gütersloh, 2019), 10.

[36] Ebd., 47. „Ähnliches gilt für Menschen mit einem Migrationshintergrund." Ebd.

[37] Chronische Krankheit ist offenbar einer der Hauptfaktoren für Vereinsamung in der mittleren Lebensphase.

Eine andere Seite des prinzipiell selben Problems ist der um der Profitmaximierung willen gesellschaftlich geschürte ins Unmenschliche gehende *Leistungsdruck* gerade bei Personen, die zu den augenscheinlich Gesunden gehören. Hauptsächlicher Treiber dafür ist ja auch hier die Angst vor dem Ausgeschlossenwerden. Mutmaßlich sehr viele Menschen kommen nicht zu sich und damit auch nicht zu einem authentischen Bewusstsein ihrer Profession, weil sie viel zu einseitig nach Anerkennung streben. Hast du was, dann bist du was! Was tun wir nicht alles, nur um das Ausgeschlossensein zu verhindern oder zu überwinden. Wir versklaven uns, wir pressen die letzten Kraftreserven aus uns heraus, wir opfern brüchige Beziehungen, um uns in neue hinein zu retten, koste es, was es wolle. „Die Furcht vor Ausgrenzung kann jeden, ob alt oder jung, dazu bringen, verrückte oder auch verzweifelte Dinge zu tun", schreibt John Cacioppo.[38]

Es soll nochmals betont werden, dass ein hohes Maß an erfahrener sozialer Isolation selbst dann für die körperliche wie seelische Gesundheit eine starke Belastung und Gefährdung darstellt, wenn die betroffene Person eigentlich gesund damit umgeht. Davon kann man auch dann noch sprechen, wenn sie hochgradig unter Stress steht und durch die andauernde Fortsetzung der Enttäuschungen zermürbt ist. Sie ist dann unter Umständen trotz des besten Willens einfach nicht mehr in der Lage, eine konsequent lebensbejahende Disziplin aufrechtzuerhalten und ihren Optimismus zu trainieren. Wir tun uns schwerer, selbstschädigenden Impulsen zu widerstehen, „wenn wir uns isoliert und nicht eingebunden fühlen".[39] Cacioppo zieht diese Bilanz aus entsprechenden empirischen Untersuchungen, die er leitete.

Je unerbittlicher die soziale Exklusion ist, desto mehr „scheint es die Grundfesten unseres Ichs zu erschüttern", konstatiert Cacioppo. Sie bedroht „unsere Selbstbeherrschung und unsere Zielstrebigkeit. Sie verzerrt unsere Kognition ebenso wie unsere Empathie, was wiederum andere Wahrnehmungen verzerrt, die zur sozialen Regulation beitragen."[40] Wenn wir zu viel Zurückweisung, Ablehnung und Ausgeschlossensein erleben müssen, verändert uns das. Wir werden aggressiver und defensiver, wir neigen zu selbstschädigendem Verhalten, wir sind „weniger kooperativ und hilfsbereit" und unsere Bereitschaft lässt nach, „die Mühsal klaren Denkens" zu investieren.[41] Aber nicht nur das: Es gelingt uns unter Umständen einfach nicht mehr, *obwohl* wir es wollen. Das Übermaß des Ausgeschlossenseins vermindert Cacioppo zufolge unsere soziale Sensibiliät, sodass „wir soziale Signale missverstehen, die andere vielleicht nicht einmal registrieren oder zumindest ganz anders auslegen."[42]

---

[38] J.T. Cacioppo, W. Patrick, a.a.O., 224. Dazu gehört auch, dass wir uns, „wenn wir uns einsam fühlen, selbst behindern, indem wir annehmen, dass wir über bestimmte soziale Fertigkeiten nicht verfügen, obwohl es gar nicht stimmt." Ebd.

[39] Ebd., 61 f.

[40] Ebd., 275. „Einsamkeit vermindert das Gefühl der Belohnung, das wir durch die Interaktion mit anderen Menschen empfinden. Stattdessen drängt sie uns zu ablehnenden Reaktionen". Ebd., 276.

[41] Ebd., 279.

[42] Ebd., 35.

Wohl gemerkt: Bei all dem ist noch gar nicht explizit von *emotionaler* Isolation die Rede! Auch jener immer wieder genannte Befund aus den 80er Jahren, der 2010 erneut durch eine Metauntersuchung bestätigt wurde, wonach das Gesundheitsrisiko durch Einsamkeit auf demselben Niveau liegt wie das durch Rauchen, Übergewicht und dergleichen, bezieht sich nicht explizit auf auf emotionale Isolation, sondern auf leidvoll erlebte Einsamkeit überhaupt.[43]

Wichard Puls hat in seiner Untersuchung über soziale Isolation und Einsamkeit mehr als 50 Hypothesen zu pathologischen Faktoren der sozialen Isolation formuliert. Einige seien im Folgenden genannt. Das Risiko, in soziale Isolation zu geraten, korreliert

- mit einem Mangel an sozialer Kompetenz,
- mit einem melancholisch-introvertierten Temperament,[44]
- mit der Zugehörigkeit zu einer vergleichsweise niedrigen sozialen Schicht mit Armut und Bildungsdefiziten,
- mit einem geringen Selbstwertgefühl,
- mit mangelnder empathischer Resonanz enger Bezugspersonen,
- mit sozialer Unberechenbarkeit der Person für andere,
- mit einer Außenseiterposition in Bezug auf die Gruppe, der die Person angehört,
- mit der Nachhaltigkeit erlebter Einsamkeitserfahrungen,
- mit psychischen Störungen, in denen Einsamkeit eine Rolle spielt,
- mit einer erhöhten Wahrscheinlichkeit, psychosomatisch zu erkranken,
- mit dem Ausmaß pathologischer Strukturen in einer Organisation, zu der die Person gehört,
- mit erzwungener Mobilität,
- mit dem Konkurrenzdenken, das ihr aus der Gesellschaft entgegentritt,
- mit der Scheidungsquote,
- mit dem Alleinleben.

Hypothesen sind keine Beweise, aber Puls liefert viele gute Gründe für seine Behauptungen. Risikofaktoren haben je nach individueller Disposition ein unterschiedliches Gewicht und nicht alle der genannten *müssen* im Einzelfall als solche gewertet werden. Aber bei allen individuellen Differenzierungen wird doch deutlich, dass es eine Vielzahl von pathologischen Faktoren gibt, die zur sozialen Isolation führen und aus ihr hervorgehen.

---

[43] Thomas Saum-Aldehoff, Im Gefängnis der Einsamkeit, in: Psychologie heute (2012) 7, 63.

[44] Ebenso auch mit einer entsprechenden Charakterdisposition, die durch Erfahrungen des Ungeborgenseins in der Kindheit entstanden sein kann. Helga Levend, „Bin ich gut genug?" in: Psychologie heute (1997) 11, 23. Cacioppo relativiert den Faktor „Veranlagung" aber aufgrund seiner Untersuchungsbefunde. Es habe sich dabei gezeigt, „dass einsame Individuen keine Sorte für sich sind – jeder von uns kann von Einsamkeit übermannt werden". J.T. Cacioppo, W. Patrick, a.a.O., 114.

Und, wie gesagt: Das alles muss noch gar nicht unbedingt mit *emotionaler* Isolation einhergehen.

Huxhold und Tesch-Römer halten fest, dass leider „alle Menschen, die länger unter Einsamkeit leiden, eines gemeinsam" haben: „Ihre Gesundheit leidet."[45] Alle. Unabhängig davon, ob es „nur" die soziale Isolation ist, ob aus der sozialen die emotionale Isolation wurde oder ob aufgrund einer verzerrend pessimistischen Wahrnehmung Einsamkeit erlebt wird, obwohl eigentlich genügend soziale Ressourcen vorhanden sind, und die Person sich in der Folge selbst isoliert.

Es ist wie bei der Trauer:

- Echte, schwere Verluste sind echte, schwere Verletzungen.
- Schwere Verletzungen beeinträchtigen die Gesundheit und sind per se hohe Risikofaktoren für nachhaltige Gesundheitsschäden.
- Schwere Trauer ist ein labiler Heilungsvorgang, durch den der Organismus den Verlust verarbeitet. Aber aus vielen Gründen kann der Gesundungsprozess misslingen. Dann wird aus der gesunden Trauer die kranke, pathologische Trauer.
- Eingebildete schwere Verluste können schwere Selbstverletzungen sein. Der Organismus reagiert auf die Verletzungserfahrung, ohne zu unterscheiden, ob Einbildung oder Realität der Grund dafür ist.

8.3 Vereinsamung im Kern psychischer Störungen

Schon die Einsamkeitsforschung um Letitia Anne Peplau hatte den Zusammenhang von Einsamkeit, Depression und sozialen Angststörungen im Blick. Er drängt sich ja auch auf. Aber Einsamkeitsprobleme spielen in der Psychopathologie generell eine zentrale Rolle, weil „die Gefahr der Vereinsamung" überhaupt „zu jedem Anderssein" gehört, wie Barocka schreibt, und dieses Anderssein sei Merkmal „für jede Art von Psychopathologie."[46] Die Menschen erleben ihre seelische Störung als Entfremdung von allgemein konsensfähigen Wirklichkeitswahrnehmungen. Insofern stehen Betroffene gewissermaßen allein da mit ihrem Problem. Das Anderssein ist wiederum Grund für die Erfahrung psychisch kranker Menschen, Unverständnis und Stigmatisierung zu erleiden. Das macht erst recht einsam.

Besonders ausgeprägt ist die Einsamkeit des Andersseins natürlich dort, wo das Anderssein besonders stark auffällt. Das ist vor allem bei Psychosen der Fall. „Die

---

[45] Oliver Huxhold, Clemens Tesch-Römer, Deutsches Zentrum für Altersfragen, Einsamkeit geht alle an, in: Bundesarbeitsgemeinschaft der Seniorenorganisationen e. V. (BAGSO) (Hg.), Gemeinsam statt einsam: Initiativen und Projekte gegen soziale Isolation im Alter, https://www.bagso.de/fileadmin/user_upload/bagso/06_Veroeffentlichungen/2019/BAGSO_Themenheft_Gemeinsam_statt_einsam_barrrierefrei.pdf, Abruf 27.05.2021, 5.

[46] A. Barocka, a.a.O., 123.

schwerste Form der Vereinsamung findet sich in der Psychose", fand Wilhelm Bitter.[47] Psychotiker haben Wahnvorstellungen und das Hauptmerkmal für Wahn ist die subjektive Überzeugung, dass es *kein* Wahn ist, sondern die reine Realität. Wahnkranke Menschen sind darum „intellektuell isoliert", erklärt Barocka.[48] Der subjektiven Einsamkeit des Psychotikers, der die Welt nicht mehr versteht, entspricht das Problem, dass die Welt *ihn* nicht mehr versteht.

Psychische Störungen und Erkrankungen bringen also einerseits die Einsamkeit schon mit. Andererseits werden sie selbstverständlich auch durch problematische Einsamkeitserfahrungen gefördert, verstärkt oder ausgelöst. Es liegt auf der Hand, dass sozial ängstliche Personen mit schwachem Selbstwertgefühl nicht nur besonders anfällig für Vereinsamung sind, sondern auch durch den Stress des Vereinsamungsprozesses soziale Angststörungen entwickeln können. Logisch ist auch, dass Essstörungen und Suchterkrankungen sehr viel mit der Kompensation von Einsamkeitsgefühlen zu tun haben können. Und dass sich depressive Menschen häufig sehr einsam fühlen, wie umgekehrt auch Einsamkeit viele depressiv werden lässt, versteht sich ebenso von selbst.

Martin Grabe, wie Barocka Chefarzt in der Psychiatrie, bringt das Vereinsamungsproblem in Zusammenhang mit den vier seelischen Grundbedürfnissen, die uns Menschen bestimmen. Es handelt sich um die Bedürfnisse nach Bindung, Sicherheit und Kontrolle, Bestätigung und Erhöhung des Selbstwerts sowie Lustgewinnung und Unlustvermeidung. „Und mindestens bei drei dieser Grundbedürfnisse sind wir auf andere Menschen angewiesen. Vor allem bei der Bindung."[49] Angewiesen zu sein heißt nicht, abhängig zu sein. Aber wenn meine Angewiesenheit auf andere keine Erfüllung findet und ich wesentliche Grundbedürfnisse darum nicht oder nur mühsam stillen kann, erfahre ich das als schwere Einsamkeit. Und wenn ich das in entscheidenden Lebenssituationen und im Übermaß erlebe, prägt es meine Erwartung den andern gegenüber. Das kann zu tief sitzenden negativen Grundüberzeugungen führen, die es mir schwer machen, mich gegen die emotionale Isolation zu wehren. Dadurch senkt sich auch die Schwelle zu einsamkeitsnahen psychischen Störungen.

Allerdings wird die spezifische Störungssymptomatik viel mehr thematisiert als die damit verbundene oder darin enthaltene Einsamkeit und Vereinsamung. Das kann wohl zum Teil mit Scham und mangelnder Selbstwahrnehmung Betroffener sowie dem Turnaway-Effekt von Helfern zu begründen sein, vielleicht jedoch auch einfach damit, dass

---

[47] Wilhelm Bitter, Zum Thema: Übersicht und Ergänzung, in: Wilhelm Bitter (Hg.), *Einsamkeit in medizinisch-psychologischer, theologischer und soziologischer Sicht,* ein Tagungsbericht (Ernst Klett: Suttgart, 1967), 26. „Wer je mit Psychotikern Kontakt gesucht hat, weiß, daß diese Menschen in der tiefsten Einsamkeit, in der grausamsten Entfremdung und in der bittersten Sehnsucht nach Verständnis leben." Hans Peter Dreitzel, *Einsamkeit als soziologisches Problem* (Die Arche: Zürich, 1970) 39 f.

[48] A. Barocka, a.a.O., 128.

[49] Martin Grabe, Einsamkeit aus schematherapeutischer Sicht, in: Astrid Giebel, Daniel Hörsch, Georg Hofmeister, Ulrich Lilie (Hg.), *Einsam: Gesellschaftliche, kirchliche und diakonische Perspektiven*, im Auftrag der Diakonie Deuschland (Evangelische Verlagsanstalt: Leipzig, 2022), 125.

bislang die entsprechenden Schubladen in den Klassifikationssystem für psychische Erkrankungen und Störungen noch nicht eingerichtet wurden.[50]

Nicht unbedingt wahngestört, aber manchmal nicht weit davon entfernt, sind Personen, deren Charaktereigenschaft, ein besonders starkes Bedürfnis nach Distanz zu haben, zu wenig durch das Bindungsbedürfnis ausgeglichen wird. Weil sie so sehr in ihrer eigenen Welt leben und ihre Weltsicht darum zu wenig mit den Wahrnehmungen anderer abgleichen, geraten sie unter Umständen dadurch in psychosoziale Schwierigkeiten, dass sie sich auf eine Weise selbst isolieren, die andere kaum nachvollziehen können. Aber auch Menschen, die oft sehr stark aufwallende Gefühle erleben und störungsbedingt nicht in der Lage sind, sie zu regulieren, was zum Beispiel bei der Borderline-Erkrankung der Fall ist, können ihr soziales Umfeld mit ihrer Problematik überfordern. Man weiß nichts mit diesen Ausbrüchen anzufangen, versucht sich davor zu schützen und meidet sie, vor allem dann, wenn ihnen wie vielen Psychotikern die Krankheitseinsicht fehlt.

Noch augenfälliger ist aber der Zusammenhang von Vereinsamung und Depression. Die drei mentalen Kernsymptome von Depression hat Aron T. Beck (1921–2021), dessen Depressions-Fragebogen als weit verbreitetes klinisches Diagnoseinstrument bekannt ist, die „Kognitive Triade" genannt: Das ist eine pauschal negative Erwartung sich selbst, den andern und dem Schicksal gegenüber.[51] Wer von einer solch düster pessimistischen Sichtweise dominiert wird, kann sich wohl kaum anders als sehr einsam und verlassen einschätzen. Dies sind zwar die gewichtigsten Depressionssymptome, aber doch auch nur drei von einigen möglichen. Wer depressiv ist, muss sich nicht notwendig einsam fühlen. Einer größeren britischen Studie zufolge soll die Depression jeder fünften Person im Alter über 50 mit Einsamkeit zusammenhängen, berichten Neu und Müller. Man wird jedoch vermuten müssen, dass bei diesem Befund wieder einmal nur die Spitze des Eisbergs statistisch sichtbar wird. Dem empirischen Forschungsstand nach besteht zwar ein starker Zusammenhang von Einsamkeit und Depression, schreibt Cacioppo,[52] aber man hat es dabei mit unterschiedlichen Gegenständen zu tun. „Einsamkeit spiegelt wider, wie wir uns in unseren Beziehungen fühlen. Die Depression spiegelt wider, wie wir uns fühlen. Mehr nicht."[53] Das mag ja sein, aber *wie* fühlen sich denn wohl die meisten Menschen

---

[50] Es „gestaltet sich schwierig, Einsamkeit als Ursache oder Mitursache zu erkennen und fachgerecht zu behandeln, da sie im klinischen Anamnesekontext nicht als solche vorgesehen ist." Marion Sonnenmoser, Einsamkeit und Gesundheit, in: Hax-Schoppenhorst, Thomas (Hg.), *Das Einsamkeits-Buch: Wie Gesundheitsberufe einsame Menschen verstehen, unterstützen und integrieren können* (Hogrefe: Bern, 2018), 92.

[51] Aaron T. Beck et al., *Kognitive Therapie der Depression,* aus d. Amerikanischen v.G. Bronder und B. Stein, Hg. M. Hautzinger (Beltz: Weinheim, Basel, 1999).

[52] J.T. Cacioppo, W. Patrick, a.a.O., 105. „Im Kampf um die Selbstregulation sind Einsamkeit und Depression im Grunde ein eng verknüpftes Hin und Her." Ebd., 106.

[53] Ebd. Saum-Aldehoff zitiert den Verhaltensforscher und Depressionsexperten Martin Hautzinger: „Einsamkeit ist ein subjektives Empfinden, Depression ein komplexeres Krankheitsbild, zu dem sehr viele Symptome gehören." M. Hautzinger, zit. in: T. Saum-Aldehoff, Im Gefängnis der Einsamkeit, a.a.O., 64.

in ihrer Depression? Einsam, wird man wohl behaupten dürfen. Im Unterschied zur Einsamkeit mache die Depression teilnahmslos, differenziert Cacioppo. Einsamkeit sei keine Krankheit, sondern ein Warnzeichen. „Dennoch: Aus andauernder Einsamkeit kann eine Depression hervorgehen", führt Saum-Aldehoff weiter aus.[54] Ist es realistisch, beides so auseinanderzuhalten?

Diese Unterscheidungsversuche wirken nicht sehr überzeugend. Einmal mehr liegt es an der Schwammigkeit des verwendeten Einsamkeitsbegriffs. Viel klarer würde es, wenn man hier nicht von der allgemeinen Einsamkeit sprechen würde, sondern von der Vereinsamung oder, in diesem Fall viel noch besser, von der emotionalen Isolation. Es wird sich kaum ein emotional einsamer Mensch finden, der nicht auch depressiv ist oder wenigstens dazu neigt.

Eine Untersuchung des seelischen Zustands der Bevölkerung in Mannheim zu Beginn des Millenimus zum Beispiel stellte eine deutliche Verschlechterung des zwischenmenschlichen Klimas und eine dementsprechende Zunahme von Depressionen fest. Solche Korrelationen sind auch zu erwarten. Barocka zufolge gilt das nicht nur für eine Stadt wie Mannheim, sondern der Forschungsbefund belegt für die Gesellschaft insgesamt „einen Zusammenhang zwischen brüchigen Beziehungen und Depression".[55] Er sieht darum auch einen ursächlichen Zusammenhang des Verlusts der Beziehungsintensität und des Zunehmens von Depression. Aus physiologischer Perspektive erklärt Joachim Bauer den Zusammenhang daraus, dass Einsamkeit und Depression dieselben Stressreaktionen hervorrufen. „Entsprechend überrascht es nicht, dass sich als weitere Folge von chronischer Einsamkeit auch erhöhte Raten depressiver Erkrankungen zeigen."[56]

Nach Elbing dominieren im gefühlten Leiden unter der Einsamkeit, genau genommen unter empfundener Vereinsamung, „Empfindungen der Hoffnungslosigkeit, der Niedergeschlagenheit und des Zurückgewiesenseins."[57] Das erinnert doch ziemlich stark an Depression, oder nicht?

Solange Einsamkeit *keine* Krankheit ist und sich das den Forschern nach im Unterschied zur Depression darin zeigt, dass die Person noch nicht völlig demotiviert und teilnahmslos geworden ist, wird man sie entweder als leichte bis mittelschwere Depression oder als schmerzlich erlebte soziale Isolation klassifizieren dürfen. Typisch für die *emotionale* Isolation ist aber genau wie für die Depression, das Vertrauen zu sich selbst, den andern und die Hoffnung auf eine glückliche, lohnende Zukunft aufgegeben zu haben und sich als selbst als Opfer zu definieren, das den Anschluss definitiv verloren hat, weil es definitiv vom Schicksal und den andern ausgeschlossen wurde. Die Musik spielt anderswo – ich gehöre nicht dazu. Ich habe keine Chance.

---

[54] T. Saum-Aldehoff, ebd.

[55] A. Barocka, a.a.O., 127.

[56] Joachim Bauer, *Prinzip Menschlichkeit: Warum wir von Natur aus kooperieren,* 4. Aufl. (Hoffmann und Campe: Hamburg, 2007), 69.

[57] Eberhard Elbing, *Einsamkeit: Psychologische Konzepte, Forschungsbefunde und Treatmentansätze* (Hogrefe: Verlag für Psychologie: Göttingen, Toronto, Zürich, 1991), 156.

Es ist klar, dass sich die Schlinge der Kognitiven Triade besonders plausibel anbietet und leichter zuzieht als zuvor, wenn der Handlungsspielraum in höherem Alter enger geworden ist. Darum ist es kein Wunder, dass bei älteren Menschen nicht nur die Quote der Depressionen deutlich höher liegt, sondern dass sich auch die unheilvolle Synergie von Einsamkeit und Depression in dieser Lebensphase verdichtet, vornehmlich bei Personen, die de facto sozial stark isoliert sind. Mit einem beständig zugeführten toxischen Cocktail, der zum Beispiel erheblichen Bewegungsmangel, geistige Interesselosigkeit, übermäßigen Fernseh- und Alkoholkonsum sowie ruhigstellende Medikamente enthält, ist für raschen körperlichen und geistigen Abbau gesorgt. Ohne lohnende Lebensperspektive und ohne motivierende Beziehungserfahrungen wird das in einem depressiven Klima der Resignation geschehen. Dieser Mensch ist im Begriff, sich selbst aufzugeben. Aus Depression und Abbau resultiert ein Erscheinungsbild, das der Demenz täuschend ähnlich sieht; man hat dafür sogar das Wort „Pseudo-Demenz" geprägt. Auf der andern Seite verfallen auch „richtig" an Demenz erkrankte Personen unter solchen Bedingungen in Depression. Demente wie auch pseudo-demente Menschen leiden oft sowohl unter Vereinsamung als auch unter Depression.

Überdurchschnittlich häufig sind Bewohnerinnen und Bewohner von Pflegeheimen depressiv. Obwohl Depression im Alter aber sehr häufig vorkommt, gehören alte depressive Menschen kaum zur psychotherapeutischen Klientel. Wenn sie ins Krankenhaus eingeliefert werden, diagnostiziert und behandelt man ihre leichter sichtbaren körperlichen Gebrechen; die Seele lässt man weiter leiden wie zuvor. Je weniger das berücksichtigt wird, desto mehr wird aber auch die körperliche Heilungskraft verringert.

Noch ein weiterer Aspekt bringt Einsamkeit und Depression zusammen: Wieder ist es die *Scham*. Depressiv zu sein ist ähnlich schambesetzt wie vereinsamt zu sein. Eine Schlüsselfunktion spielt dabei die symptomatische Selbstabwertung vieler Depressiver. Daraus kann folgen, dass Menschen mit ihren Depressionen allein bleiben, zumal es zur Symptomatik schwerer Depressionen gehört, Hilfe abzuweisen und schon im Voraus für sinnlos zu erklären.

Depression und *Angst* sind eng miteinander verwandt. Depressiv gestörten Menschen graut vor der Zukunft, Angstgestörte verzweifeln an der gefühlten Überforderung, weil sie denken, dass alle Mühe umsonst ist und sie alles verlieren, was ihnen wertvoll erscheint. Vereinfacht gesagt könnte man sagen, dass Angst und Depression einander gegenseitig bedingen, wenn beide dasselbe Thema haben. Dann behandelt die Angst das Thema mit dem Blick in die Zukunft und die Depression tut dasselbe mit dem Blick in die Vergangenheit. Beide Male geht es um den Verlust: Die Angst befürchtet ihn, die Depression beklagt ihn.

Weil wir Beziehungswesen sind, liegen auch unserer höchsten Werte im Beziehungsbereich, ob wir uns das eingestehen oder nicht. Pessimistische Beziehungs*erwartungen* korrespondieren mit pessimistischen Beziehungs*bewertungen*. Ängstlich und mit Misstrauen gehe ich auf eine neue Beziehungserfahrung zu, erlebe eine Irritation und reagiere sogleich deprimiert, weil ich zu wissen meine, dass es wieder eine Enttäuschung ist wie eh und je. Ich interpretiere meine vergangenen Erfahrungen misstrauisch und ich nähere mich mit Misstrauen den bevorstehenden an. Um nicht wieder neu verletzt zu werden, schütze ich mich mit einem abweisenden Panzer, obwohl ich mir wünsche, zu lieben und geliebt zu werden. Dadurch isoliere ich mich selbst und der Teufelskreis dreht sich weiter. „Eine sehr typische Eigenschaft von chronisch einsamen Menschen ist die Wahrnehmung, dass soziales Versagen ihr Schicksal sei und sie wenig bis gar keinen Einfluss auf äußere Umstände hätten", schreibt Cacioppo. „Versunken im Pessimismus und mit dem Bedürfnis, sich immer und überall schützen zu müssen, ziehen sie sich oft zurück oder greifen in Stresssituationen zu passiven Bewältigungsstrategien".[58] Diese passiven Strategien bestehen aus Vermeidungsverhalten. Statt die Bewährung in neuen Begegnungen zu suchen, geht man ihnen aus dem Weg. Damit ist nun aber auch das Grundmodell sozialer Angststörungen beschrieben.

Mithin ist das zentrale Problem sozialer Angststörungen die Einsamkeit und es wäre nicht verkehrt, das als eine Binsenweisheit zu bezeichnen. Hautzinger zufolge ist besonders vereinsamungsgefährdet, wer in besonders hohem Maß abhängig vom Urteil anderer ist. *Abhängig* davon zu sein ist ungünstig und der beste Nährboden für emotionale Isolation, aber *angewiesen* auf das Gewollt- und Gebrauchtwerden und die Anerkennung durch andere sind wir alle, weil darin unser stärkstes Bedürfnis als Beziehungswesen liegt.[59] Die *Angst* vor Ablehnung und Ausgeschlossensein ist die stärkste treibende Kraft der Vereinsamung, zusammen mit dem *Urteil,* abgelehnt und ausgeschlossen zu sein. Die Angst davor bringt soziale Angststörungen hervor, das Urteil darüber macht depressiv.

Der vierte psychopathologische Hauptbereich neben Wahn, Depression und Angst, der in enger Verbindung zum Vereinsamungsproblem steht, sind die selbstschädigenden kompensatorischen Verhaltensweisen, in vorderster Front die *Süchte.* Das Einzugsgebiet der Suchtstörungen muss man sehr weit fassen, wenn man dem Phänomen gerecht werden will, denn das Grundmuster der Süchte ist in der Abspeisung authentischer Bedürfnisse durch Ersatzbefriedigungen zu suchen. Damit hat der konsumistische Lebensstil insgesamt gewissermaßen Suchtcharakter. Sein wird durch Haben, Qualitatives durch Quantitatives ersetzt, echte Beziehung durch oberflächlichen Kontakt. Der Mensch hält sich fest an dem, was er in Besitz nehmen kann, um nicht den Boden unter den Füßen zu verlieren.[60] Die Droge oder das Suchtverhalten dient vornehmlich der Kompensation des ungestillten Beziehungsbedürfnisses, entweder durch das Ausfüllen der Leere oder durch die Überwindung der sozialen Ängstlichkeit, etwa mittels Alkohol oder Kokain.

---

[58] J.T. Cacioppo, W. Patrick, a.a.O., 222.

[59] „Es ist uns unendlich wichtig, was andere von uns denken – nicht von ungefähr haben von den zehn häufigsten Phobien, deretwegen sich Menschen in Behandlung begeben, drei mit sozialen Ängsten zu tun: die Furcht, in der Öffentlichkeit zu sprechen, die Furcht vor Menschenansammlungen und die Furcht vor Fremden." J.T. Cacioppo, zit. ebd., 62.

[60] „Our possessions make us feel secure even while the world around us becomes a confused and frightening place." T. Schultz, a.a.O., 140. „We also buy to reassure ourselves of our uniqueness." Ebd., 141.

„Im Rausche der Betäubung ist der Mensch auf der Flucht vor der Einsamkeit", fasste der Psychiater Eugène Carp (1895–1983) zusammen.[61] Das ist aber nur die eine Seite des Problems. Die andere Seite besteht darin, dass Menschen betäubt *werden,* um damit die Realität ihrer Vereinsamung zu überdecken. Viele vereinsamte Menschen im Alter beruhigen sich selbst durch Suchtmittel. Neu und Müller führen einen Befund auf, nach welchem bei der Hälfte von in sozialer Isolation verstorbenen Menschen posthum Suchtmittelmissbrauch festzustellen war; mehr als ein Drittel war alkoholkrank. Diesen Trost zu suchen haben sie selbst gewählt. Alten Menschen in Heimen hingegen wird anscheinend nicht selten Gewalt angetan, indem sie durch Medikamente ruhiggestellt werden. Das hat parallel zum demographischen Wandel offenbar in den vergangenen Jahrzehnten ziemlich zugenommen. 2008 berichtete das Diakonische Werk der Evangelischen Landeskirche in Deutschland in seinem Report „Sucht im Alter", dass etwa die Hälfte der Bewohner in Altenheimen Psychopharmaka konsumierte, und zwar häufig suchterzeugende Benzodiazepine in zu hoher Dosierung und bei zu langer Einnahmedauer.[62] Demenzerkrankte würden zu einem Drittel auf diese Weise behandelt, war im Arzneimittelreport der Barmer Krankenkasse des Jahres 2011 zu lesen. Hierzu passt Wolf Wolfensbergers Begriff des „Totmachens", denn die Funktionsfähigkeit des Organismus wird auf diese Weise zunehmend reduziert.

Einen Überblick der Verbreitung seelischer Erkrankungen in Deutschland für das Jahr 2020 gibt Abb. 8.3.[63] Die Zahlenangaben beziehen sich auf die 64,1 Mio. Bürgerinnen und Bürger zwischen 18 und 79 Jahren. Unter dem Gesichtspunkt des Eisbergs der Vereinsamung ist der Befund besonders interessant, weil mit Angststörungen, Affektiven Störungen (das sind ganz überwiegend Depressionen) und „Störungen durch Substanzstörungen" die zahlenmäßig am stärksten ins Gewicht fallenden Störungsfelder mit sehr hohem Vereinsamungsanteil die Rangliste anführen.

Ein besonders stark angewachsenes Feld des Suchtverhaltens ist bei den „Substanzstörungen" aber gar nicht eingerechnet, nämlich alles mögliche Suchtverhalten *ohne* Verwendung von Drogensubstanzen, allen voraus die *Bildschirmsüchte.* Eng verwandt mit den Suchterkrankungen sind zudem die *Essstörungen,* bei denen ebenfalls die Kompensation von Einsamkeit ein wesentlicher Aspekt ist. 2018 waren weit mehr als die Hälfte

---

[61] E.A.D.E. Carp, Einsamkeit psychologisch – soziologisch – religiös, in: Wilhelm Bitter (Hg.), *Einsamkeit in medizinisch-psychologischer, theologischer und soziologischer Sicht,* ein Tagungsbericht (Ernst Klett: Suttgart, 1967), 99.

[62] Diakonisches Werk der Evangelischen Landeskirche in Deutschland e. V. (Hg.) Sucht im Alter: Herausforderungen und Lösungswege für diakonische Arbeitsfelder, Diakonie Texte (Stuttgart, 2008), http://www.diakonie.de/Texte_10_2008_Sucht_Alter_Arbeitshilfe.pdf, Abruf 26.02.2012, 11. Bis zu zwei Millionen der über 60Jährigen haben dem Berricht nach 2008 wahrscheinlich zu viele Psychopharmaka eingenommen. Ebd., 10.

[63] Quelle Grafik: Deutsche PsychotherapeutenVereinigung e. V. (Hg.), Report Psychotherapie 2020, Berlin, März 2020, https://www.deutschepsychotherapeutenvereinigung.de/index.php?eID=dumpFile&t=f&f=11069&token=a90390e76f0e00e7f914aef6a5b47f06e3cd5329, Abruf 19.10.2021, 12.

Psychisch erkrankte Menschen in Deutschland

Irgendeine psychische Störung — 17,8 Mio. (27,8 %)

Angststörungen (F40, F41) — 9,9 Mio. (15,4 %)

Affektive Störungen (F3) — 6,3 Mio. (9,8 %)

Störung durch Substanzgebrauch
(F1 ohne Nikotinabhängigkeit) — 3,7 Mio. (5,7 %)

Zwangsstörung (F42) — 2,3 Mio. (3,6 %)

Somatoforme Störung (F45) — 2,2 Mio. (3,5 %)

Psychotische Störungen (F2) — 1,7 Mio. (2,6 %)

PTBS (F43.1) — 1,5 Mio. (2,3 %)

0   2   4   6   8   10   12   14   16   18   20

Anzahl Patienten in Mio.

Abb. 8.3 Übersicht der Häufigkeit psychischer Erkrankungen 2020

der deutschen Erwachsenen übergewichtig. Auch Essstörungen können sowohl aus der Vereinsamung resultieren als auch hineinführen, weil sich Betroffene wiederum schämen und unter dem Stigma leiden.

Die Psychotischen Störungen sind nicht weniger wichtig, was den Vereinsamungs-faktor angeht, denn die betroffenen Menschen und ihr Umfeld können sehr darunter leiden. Aber sie spielen zahlenmäßig eine vergleichsweise geringere Rolle. Hauptmerk-mal der Somatoformen Störungen schießlich ist die Fehlanzeige einer diagnostizierbaren körperlichen Erkrankung, obwohl deutliche dementsprechende Symptome auftreten. Man wird stark vermuten dürfen, dass sich sehr häufig der Einsamkeitskummer diesen Aus-drucksweg sucht, nicht nur wenn einem Menschen „das Herz bricht", wie Lynch es beschreibt.

8.4   Die Einsamkeit der Kinder

Die Tendenz zum überfordernden Laissez faire in den 60ern, die auch das Jahrzehnt der sogenannten antiautoritären Erziehung waren, hat die so erzieherisch behandelte Genera-tion dazu bewegt, es mit den eigenen Kindern anders zu machen. Die Rückkehr zu den alten autoritären Methoden kam kaum noch in Betracht. Man wollte den Kindern keine Gewalt antun, sondern ihnen gerecht werden, statt sich der Illusion hinzugeben, sie seien mündige Erwachsene im Kleinformat. Daraus entstand der neue Erziehertyp der „Heliko-ptereltern", die ständig über ihren Kindern kreisen, um sie vor Schaden zu behüten und jedes Defizit von ihnen fernzuhalten. Diese Eltern „schweben so gleichsam allgegenwärtig über dem Leben ihrer Kinder", drückt Sherry Turkle es aus. Den Kindern ist es einerseits recht, weil es bequem ist. Darum liegt den Kindern da unten genau wie den Eltern da oben am ständigen Funkkontakt. Statt Abnabelung praktizieren beide Seiten ständige Tuchfühlung, die Nester der Wohlstandsfamilien sind ja auch groß genug dafür. „Sie meiden es um jeden Preis, den Kontakt zu unterbrechen", kommentiert Turkle.[64] Man möchte meinen, dass Vereinsamung unter solchen Umständen zu allerletzt in Betracht kommt. Aber die Überbehüteten lernen nicht, mit sich allein zu sein und allein mit dem Leben zurechtzukommen. Sie kommen nicht zu sich selbst und das macht sie krank. Die Rundumbehütung und -versorgung ist nicht das, was sie vor allem brauchen. Sie sollten flügge werden, aber sie werden daran gehindert, und weil das bequem ist, lassen sie es nicht nur mit sich geschehen, sondern verlangen auch selbst danach.

Auf die Bedeutung der ersten Lebensjahre dafür, ob ein Mensch gut vorbereitet für die notwendig über kurz oder lang eintretenden Einsamkeitserfahrungen sein wird oder nicht, ist durch die Bindungsforschung der vergangenen Jahrzehnte neues Licht gefallen. Zuletzt wurden diese Erkenntnisse wesentlich durch die neuropsychologische Forschung bereichert. Dass frühe Verlusterfahrungen den Boden für spätere Depressionen bereiten können, weiß man schon seit Längerem, aber ziemlich neu ist die Entdeckung, dass dies auch durch mangelnde elterliche Fürsorge beeinflusst wird, weil auf diese Weise die Anfälligkeit dafür festgelegt werden kann, dass in späteren Jahren Gene aktiviert werden, die zur Entstehung psychischer Krankheiten beitragen können.

Es muss uns zu denken geben, dass der Gesamtüberblick der Verbreitung psychischer Störungen in Abb. 8.3 die Schichten am oberen und unteren Ende der „Alterspyramide" ausblendet. Das entspricht der großen Bestandsaufnahme der psychischen Störungen und Erkrankungen zur Jahrtausendwende, dem „Bundesgesundheitssurvey", dessen Ergebnis nur die Jahrgänge im sogenannten „erwerbsfähigen" Alter zwischen 18 und 64 darstellte.[65] Allein schon nur dieses Altersspektrum als „erwerbsfähig" zu bezeichnen, ist eigentlich unakzeptabel. Darüber hinaus kann man sich aber auch kaum des Eindrucks erwehren, dass die ganz Alten und die ganz Jungen als nicht so ganz wichtig angesehen werden. Als Grund dafür kommt wohl nur in Betracht, dass die „Erwerbsfähigen" aus ökonomischer Perspektive viel interessanter sind als die Übrigen. Aber das ist kurzsichtig.

Dass es sich zusehends rächt, die Befindlichkeit der Alten nicht ernst genug zu nehmen, drängt sich je länger je mehr durch die demographische Entwicklung auf. Dass aber die Frage der seelischen Gesundheit unserer Gesellschaft davon abhängt, wie es um die

---

[64] Sherry Turkle, *Verloren unter 100 Freunden: Wie wir in der digitalen Welt seelisch verkümmern*, aus d. Engl. v. J. Stefanidis (Riemann: München, 2012), 417.

[65] Hans-Ulrich Wittchen, Bedarfsgerechte Versorgung psychischer Störungen: Abschätzungen aufgrund epidemiologischer, bevölkerungsbezogener Daten. Stellungnahme im Zusammenhang mit der Befragung von Fachgesellschaften durch den Sachverständigenrat für die Konzentrierte Aktion im Gesundheitswesen, o. J., http://www.btonline.de/info/krankheiten/versorgung.pdf, Abruf 21.03.2003, 10.

seelische Gesundheit der Kinder und Jugendlichen heute bestellt ist, scheint sich im wissenschaftlichen Bewusstsein nur langsam durchzusetzen. Jedenfalls scheint man das im Blick auf das Vereinsamungsproblem so sagen zu müssen.

Aus der Bestandsaufnahme des Robert Koch-Instituts zur Gesundheit von Kindern und Jugendlichen mit Daten aus den Jahren 2014 bis 2017 geht hervor, dass sich den eigenen Angaben nach 4,2 % der 11–17 Jährigen „oft oder immer einsam fühlten" und 27,6 % „manchmal oder selten".[66] Das sieht auf den ersten Blick nicht nach einer sehr großen Zahl vereinsamter junger Menschen aus, aber „manchmal oder selten" ist auch eine ziemlich vage Auskunft. Vielleicht muss man berücksichtigen, dass Kinder das Einsamkeitsproblem mit andern Augen sehen. Die reflektierten Erfahrungen der Erwachsenen sind für ein Kind ja zunächst einmal ganz neu, erst allmählich kann es sie kontextualisieren. Bis zum Alter von fünf Jahren fehlt den Kindern noch eine Vorstellung von Einsamkeit, die der von Erwachsenen entspricht. Allerdings können bereits Fünfjährige Thorsten Herbst zufolge etwas mit dem Begriff „Einsamkeit" anfangen. Herbst wies 2010 auf Daten hin, wonach ungefähr zehn Prozent der Kinder dieser Altersstufe sagen, dass sie „sehr einsam" sind, und „noch intensiver erleben Schulkinder" seiner Auskunft nach die Einsamkeit.[67] Einen Hinweis auf die mögliche Dunkelziffer der Anzahl vereinsamter Kinder und Jugendlicher geben die Antworten von Probanden zur Frage, woran Erwachsene ihre Einsamkeit erkannt hätten, als sie noch Kinder waren.

In ihrem Psychotherapiereport 2021 weist die Deutsche Psychotherapeuten Vereinigung darauf hin, dass verschiedene Studien eine Zunahme von Depressionen und Ängsten durch die Corona-Pandemie erkennen lassen, besonders bei jungen Erwachsenen. Bei den Menschen unter 30 sind der Bertelsmann-Stiftung nach „die Zukunftssorgen und das Empfinden von Einsamkeit" besonders ausgeprägt.[68] Am meisten leiden aber womöglich die Kinder unter den Corona-Einschränkungen. Die Zahl der Kinder „mit psychischen Auffälligkeiten (Angst, Depression, Somatisierung)" stieg im Lauf der Pandemie von 20 % auf „fast ein Drittel", heißt es im Psychotherapiereport.

Das Bundesministerium für Familie, Senioren, Frauen und Jugend setzte sich der Dringlichkeit wegen im Sommer 2021 mit dem Gesundheitsministerium zusammen, um ein Bündel von Maßnahmen gegen die zunehmenden psychosozialen Probleme von Kindern und Jugendlichen aufgrund der Pandemie auf den Weg zu bringen. Der vorliegende Forschungsbefund lasse erkennen, dass die Einschränkungen durch Corona „die jungen

---

[66] Antwort der Bundesregierung auf die Kleine Anfrage der Abgeordneten Dr. Andrew Ullmann, Michael Theurer, Renata Alt, weiterer Abgeordneter und der Fraktion der FDP – Drucksache 19/9880: Einsamkeit und die Auswirkung auf die öffentliche Gesundheit, Deutscher Bundestag, 19. Wahlperiode, Drucksache 19/10456 (neu) v. 23.05.2019, 2.

[67] Thorsten Herbst, *Die kindliche Einsamkeit: Wie sie entsteht, welche Konsequenzen sie hat ... und worin unsere Verantwortung besteht* (Junfermann: Paderborn, 2010), 51.

[68] Thorsten Brand, Robert Follmer, Jana Hölscher, Kai Unzicker, *Gesellschaftlicher Zusammenhalt in Zeiten der Pandemie: Ergebnisse einer Längsschnittstudie in Deutschland 2020 mit drei Messpunkten* (Bertelsmann Stiftung: Gütersloh, 2021), 6.

Menschen besonders stark" belasten. Das wirke sich in Zukunftsängsten, Leistungsdruck, Vereinsamung und psychischen Problemen aus. „Die mangelnde soziale Interaktion mit Gleichaltrigen, übermäßiger Medienkonsum, Bewegungsmangel und Fehlernährung während der Pandemie stellen ein Risiko für die gesunde Entwicklung von Kindern und Jugendlichen dar."[69] Im Juli folgte die ausführliche Studie des Bundesinstituts für Bevölkerungsforschung zu „Belastungen von Kindern, Jugendlichen und Eltern in der Corona-Pandemie". Ihrem Befund nach haben sich die Hinweise darauf verstärkt, dass viele Menschen dieses Personenkreises „nicht nur gestresst und in ihrer Lebensqualität eingeschränkt sind, sondern auch von ernsthaften psychischen Folgen beeinträchtigt sind."[70] Das ist um der wissenschaftlichen Korrektheit willen vorsichtig formuliert, weil begreiflicherweise die Datenlage zu den letzten Monaten noch unvollständig war. Trotzdem konnten schon einige markante Feststellungen gemacht werden, die Aufschluss über die soziale und emotionale Isolation der Betroffenen geben. Während etwa vor der Pandemie ungefähr zehn Prozent der Jugendlichen relevante Merkmale von Depression zeigten, waren es während der ersten Corona-Welle 25 %.

Das alles hat sehr viel mit den Einsamkeitsproblemen der Jugendlichen und Kinder zu tun. Die Pandemie ist nur ein gut gedüngter und bewässerter Nährboden. Die Saat, aus der die Einsamkeit hervorgeht, war schon vorher da. Für die Zeit nach der Pandemie muss aus der Bestandsaufnahme folgen, davon auszugehen, dass die Vereinsamung der Betroffenen während der Pandemie nicht ohne Einfluss auf ihre Persönlichkeitsentwicklung bleiben wird. Was kann man langfristig tun, um sie zu stärken? Außerdem gilt es, ernsthafter als bisher über die vorausgegangenen Bedingungen nachzudenken, die den Boden für diese Entwicklung bereiteten.

Thorsten Herbst bemängelte 2010 in seiner Dissertation über die Einsamkeit der Kinder „ein eklatantes Defizit an empirischen Studien zu kindlicher Einsamkeit".[71] Die Erfahrungen mit der Pandemie geben nun hoffentlich der Wissenschaft einen Anstoß, sich dem Vereinsamungsproblem in dieser Altersgruppe mit größerer Ernsthaftigkeit zu widmen. Manfred Spitzer vermutet, dass „Einsamkeitserlebnisse in der Kindheit" ein noch größerer Belastungsfaktor für die Persönlichkeitentwicklung ist „als beruflicher Dauerstress".[72] Das ist keine gute Prognose für die „Pandemie-Generation", denn es ist wohl anzunehmen, dass beide Belastungsfaktoren bei vielen zusammenwirken werden.

[69] Bundesministerium für Familie, Senioren, Frauen und Jugend, Kabinett: Belastete Kinder und Jugendliche brauchen zusätzliche Unterstützung, Gemeinsamer Bericht des Bundesfamilienministeriums und Bundesgesundheitsministeriums zur gesundheitlichen Situation von Kindern und Jugendlichen in der Pandemie, Pressemitteilung vom 30.06.2021, https://www.bmfsfj.de/bmfsfj/akt uelles/presse/pressemitteilungen/kabinett-belastete-kinder-und-jugendliche-brauchen-zusaetzliche-unterstuetzung-183072, Abruf 19.10.2021.

[70] Martin Bujard, Ellen v. Driesch, Kerstin Ruckdeschel, Inga Lass et al., *Belastungen von Kindern, Jugendlichen und Eltern in der Corona-Pandemie* (Bundesinstitut für Bevölkerungsforschung: Wiesbaden, 2021), 5.

[71] T. Herbst, a.a.O., 51.

[72] Manfred Spitzer, *Einsamkeit: Die unerkannte Krankheit* (Droemer Knaur: München, 2019), 111.

Herbst reflektiert in seiner Forschungsarbeit, wie sich die Folgen des gesellschaftlichen Trends zu Vereinzelung und Entfremdung in Vereinsamungserfahrungen von Kindern niederschlagen. Um aufzuzeigen, was den Betroffenen vor allem fehlt, hat er einen neuen Begriff geprägt: die *„soziale Mindestgeste"*. Darunter ist das unerlässliche Minimum an aktiv zum Ausdruck gebrachtem Verständnis für die realen Bedürfnisse der Kinder und ihre Befindlichkeit zu verstehen und natürlich auch die entsprechende Initiative. Die Vorenthaltung der „sozialen Mindestgeste" sei auf vielschichtige Weise verantwortlich für das Vereinsamungsproblem von Kindern.

In Peplaus Sammelband mit dem State of the Art zum Thema „Loneliness" Anfang der 80er Jahre heißt es, dass es bis dato noch „sehr wenig solide Information über den Einfluss kindlicher Freundschaften auf das spätere Leben" gebe.[73] Es sei aber anzunehmen, dass diese Erfahrungen die Wege mitbestimmen würden, wie Kinder als Erwachsene mit Trennungs- und Verlusterfahrungen umgehen würden. Was für eine Umgebung und welche Anreize brauchen Kinder, um später resistent gegen emotionale Vereinsamung zu sein? Terri Schultz gibt einen bedenkenswerten Anstoß zur Beantwortung der Frage, indem sie auf jenen Einfluss kindlicher Freundschaften zu sprechen kommt: „Spiele sind unserer früheste Form der Kommunikation. Wenn wir als Kinder nicht kommunizieren können, wird es für uns schwierig werden, als Erwachsene zu kommunizieren. Die Unfähigkeit zu spielen kann einen lebenslangen Kreislauf von Isolation und Einsamkeit bewirken."[74]

Damit sich der buchstäbliche *Spielraum* für ihre gesunde Entwicklung einstellen und stabilisieren kann, brauchen Kinder genau das, was durch den gesellschaftlichen Trend der letzten Jahrzehnte zunehmend verloren ging: Eine „Lebenswelt", die „als zusammenhängende, Sinn stiftende, vertraute und vor allem verbindliche Einheit" erfahren wird, wie Herbst es ausdrückt.[75] Im Spielraum als Raum zum Spielen vermisst das Einzelkind die andern Kinder,[76] statt Spielkameraden findet es Spielmaschinen vor, statt Geborgenheit emotionale Vernachlässigung oder Überbehütung. Ein großer Teil der familiären Kommunikation wird, weil es bequemer ist, durch Kommunikationsmedien ersetzt, „das Medium

---

[73] Zick Rubin, Children without Friends, in: Letitia Anne Peplau, Daniel Perlman (Hg.), *Loneliness: A Sourcebook of current theory, research and therapy,* (John Wiley & Sons: New York, Chicester, Brisbane et al., 1982), 266.

[74] Terri Schultz, *Bittersweet: Surviving and Growing from Loneliness* (Penguin Books: New York, 1978), 25.

[75] T. Herbst, a.a.O., 102.

[76] „Für die Einzelkindsituation kann, im Vergleich mit der Situation von Geschwisterkindern, ein umso höherer Grad an möglichem Einsamkeitserleben angenommen werden, als dem Einzelkind im Rahmen der Kernfamilie wesentlich weniger Kommunikationspartner zum Knüpfen alternativer Sozialkontakte zur Verfügung stehen." Ebd., 114.

Fernsehen" ist „zum wichtigsten Geschichtenerzähler für Kinder geworden".[77] Kinder vereinsamen in der Pseudorealität der Medienwelt, wo sie „keine elterliche Orientierung und keinen Halt durch verbindliche Vorbilder und Werte innerhalb ihrer eigenen familiären Lebenswelt erfahren."[78]

Anselm Eder vom Soziologieinstitut der Universität Wien hat schon in den 80er Jahren an einer von der WHO koordinierten internationalen Untersuchung des Gesundheitsverhaltens von Schülern mitgearbeitet und die Ergebnisse seines Beitrags veröffentlicht. Er konnte einen deutlichen Zusammenhang zwischen erfahrener Desintegration und gesundheitsschädigenden Verhaltensweisen wie etwa Rauchen und Trinken feststellen. Nicht nur fühlen sich sozial isolierte Kinder und Jugendliche unwohl, sondern sie kompensieren ihr Unwohlsein auch mit solchen Verhaltensweisen.

Eder erinnerte auch daran, dass Pubertät und Adoleszenz per se Zeiten mit erhöhtem Einsamkeitsrisiko sind. „Die Änderung des Selbst" sei in dieser Phase „gleichzeitig eine Änderung der Anderen: eine Änderung dessen, was die Anderen für das Selbst bedeuten."[79] Das kann nicht ohne Entfremdungserfahrungen vonstatten gehen. Einsamkeit zu erleben wird man geradezu als notwendige Reifungserfahrung für die Heranwachsenden verstehen müssen. Eigentlich seien auf diesem Weg die Eltern vorrangig wichtige Gesprächspartner. Das finde sich aber in der Realität zu wenig.

Es geht offensichtlich auch hier wieder um das Bedürfnis, die Lebenswelt „als zusammenhängende, Sinn stiftende, vertraute und vor allem verbindliche Einheit" zu erfahren. Das ist etwas anderes als pausenlose Verbundenheit. Die Bindungsforscher *Donald Winnicott* (1896–1971) und *John Bowlby* (1907–1990) haben überzeugend dargestellt, was unter einer gesunden Bindungserfahrung in der frühkindlichen Entwicklung nach der Säuglingsphase zu verstehen ist. Die Kinder brauchen unbedingt die authentische Nähe eines Elternteils, üblicherweise der Mutter, aber es muss eine Nähe sein, die Geborgenheit vermittelt ohne einzuengen. Dieser Geborgenheitsraum ist genau jener *Spielraum.* Hier kann das Kind, teils im wiederum buchstäblichen Zusammen-Spiel mit anderen Kindern, teils ganz für sich allein, kreativ sich selbst, die andern und die Welt entdecken und für sich erobern.[80] Hier erspürt es seine individuelle Ausgewogenheit von Nähe und Distanz.

---

[77] Ebd., 157. „Bis zum Eintritt in die Schule haben die Kinder medial ungefähr eintausend Geschichten pro Jahr vermittelt bekommen […]. Nur ein Bruchteil davon erreichte Kinder durch die gemeinsame Lektüre von Büchern in der Familie oder durch Vorlesen. Dieser Umstand wirkt alarmierend". Ebd.

[78] Ebd., 159.

[79] Anselm Eder, *Risikofaktor Einsamkeit: Theorien und Matereialien zu einem systemischen Gesundheitsbegriff,* mit einem Geleitwort v. H. Strotzka (Springer: Wien, New York, 1990), 142.

[80] „Wenn die Mutter in der Nähe ist, ist das Kind sehr viel mutiger bei der Erkundung seiner Umgebung und beim Spiel, als wenn die Mutter nicht da ist." Anthony Storr, *Die schöpferische Einsamkeit: Das Geheimnis der Genies,* aus d. Engl. v. C. Broerrmann (Paul Zsolnay: Wien, Darmstadt, 1990), 30 f.

In diesen ersten Jahren der Persönlichkeitsentwicklung baut das Kind „das Vertrauen in die Verfügbarkeit der Bindungsfigur nach und nach" auf, erklärt Anthony Storr.[81] Bis weit in das Jugendalter hinein spiele danach „die Anwesenheit oder Abwesenheit von Bindungsfiguren" weiterhin „eine große Rolle" für das seelische Wachstum.[82] „Anwesenheit" bedeutet nicht nur Gespräch, aber auch nicht Gesprächsmangel. Anwesenheit kann nicht hinreichend durch mediale Verbindung ersetzt werden. Anwesenheit meint das Gegenteil von Ausgeschlossensein. Minimalbedingung echter Anwesenheit ist die „soziale Mindestgeste".

Die Geborgenheit des Spiel-Raums erlaubt es, sich im Alleinsein zu üben. Der junge Mensch kann „mit seinen eigenen, wahren, innersten Gefühlen in Kontakt kommen" und ihnen Ausdruck geben.[83] „Die Fähigkeit, allein zu sein, wird also verknüpft mit Selbstentdeckung und Selbstverwirklichung, mit der Wahrnehmung der tiefsten eigenen Bedürfnisse, Gefühle und Impulse."[84]

Die dafür erforderliche Anwesenheit verlässlicher Erwachsener, schreibt die Psychotherapeutin Joanne Wieland-Burston in ihrem Einsamkeitsbuch, „muß spürbar sein, aber unaufdringlich bleiben."[85] Das zu verwirklichen ist die Kunst des pädagogischen Begleitens von Kindern und Jugendlichen. Fest steht, dass sie dem gesellschaftlichen Trend zu Vereinzelung und Entfremdung entgegenwirkt. Im Trend liegt es jedoch, hat Thorsten Herbst analysiert, dass „Kinder als sehr abhängig und hilfebedürftig beschrieben" werden. „Sie erscheinen als Opfer", so als seien sie „potentiell bestehenden Gefahren und Bedrohungen schutzlos ausgeliefert."[86] Dieser Trend bringt den Kindern bei, auch von sich aus die Opferrolle einzunehmen. Wer das einübt, wird aber weder einsamkeits- noch verantwortungsfähig. Im Trend liege es ferner, die Opferrolle mit der Rolle der besonderen Defizite zu verbinden, was ja auch naheliegt. Herbst nennt das eine „Normierung, Pathologisierung und eine Therapeutisierung von Kindheit".[87] Das alles engt den kindlichen und kindgemäßen Spiel-Raum ein. An seine Stelle treten Formen des *Behandelns*. Wer aber dauernd besondere Behandlungen zu benötigen scheint, hält sich bald nicht nur für etwas Besonderes, sondern auch für etwas Sonderbares. Er wird sich damit einsam fühlen.

---

[81] Ebd., 43.

[82] Ebd., 43 f.

[83] Ebd., 47. „Nur wenn das Kind das Gefühl erfahren hat, daß es zufrieden und entspannt zuerst mit der Mutter und dann ohne sie allein ist, wird es entdecken, was es wirklich braucht oder möchte, ganz unabhängig davon, was andere von ihm erwarten oder ihm aufdrängen wollen." Ebd.

[84] Ebd., 47.

[85] Joanne Wieland-Burston, *Einsamkeit: Zeiten des Rückzugs – Zeiten der Entwicklung,* aus d. Amerik. übertr. v. O. Rinne (Kreuz: Suttgart, 1995), 206.

[86] T. Herbst, a.a.O., 96.

[87] Ebd., 97.

Literatur

Allport, G. W. (1970). *Gestalt und Wachstum in der Persönlichkeit*. Übertrag. u. hg. v. H. v. Bracken. Anton Hain.

Antwort der Bundesregierung auf die Kleine Anfrage der Abgeordneten Dr. Andrew Ullmann, Michael Theurer, Renata Alt, weiterer Abgeordneter und der Fraktion der FDP – Drucksache 19/9880: Einsamkeit und die Auswirkung auf die öffentliche Gesundheit, Deutscher Bundestag, 19. Wahlperiode, Drucksache 19/10456 (neu) v. 23.05.2019.

Barocka, A. (2018). Einsamkeit aus der Sicht des Psychotherapeuten. In T. Hax-Schoppenhorst (Hrsg.), *Das Einsamkeits-Buch: Wie Gesundheitsberufe einsame Menschen verstehen, unterstützen und integrieren können* (S. 123–131). Hogrefe.

Bauer, J. (2006). *Warum ich fühle, was du fühlst: Intuitive Kommunikation und das Geheimnis der Spiegelneurone* (3. Aufl.). Wilhelm Heyne.

Bauer, J. (2007). *Prinzip Menschlichkeit: Warum wir von Natur aus kooperieren* (4. Aufl.). Hoffmann und Campe.

Bauer, J. (2010). *Das Gedächtnis des Körpers: Wie Beziehungen und Lebensstile unsere Gene steuern*. Erw. u. aktual. Neuausg. Eichborn.

Beck, A. T., et al. (1999). *Kognitive Therapie der Depression*. Aus d. Amerikanischen v.G. Bronder und B. Stein. Hg. M. Hautzinger. Beltz.

Bitter, W. (1967). Zum Thema: Übersicht und Ergänzung. In W. Bitter (Hrsg.), *Einsamkeit in medizinisch-psychologischer, theologischer und soziologischer Sicht* (S. 9–29). Ein Tagungsbericht. Ernst Klett.

Brand, T., Follmer, R., Hölscher, J., & Unzicker, K. (2021). *Gesellschaftlicher Zusammenhalt in Zeiten der Pandemie: Ergebnisse einer Längsschnittstudie in Deutschland 2020 mit drei Messpunkten*. Bertelsmann Stiftung.

Bujard, M., Von Driesch, E., Ruckdeschel, K, Lass, I., et al. (2021). *Belastungen von Kindern, Jugendlichen und Eltern in der Corona-Pandemie*. Bundesinstitut für Bevölkerungsforschung.

Bundesministerium für Arbeit und Soziales, Lebenslagen in Deutschland: Der Fünfte Armuts- und Reichtumsbericht der Bundesregierung 2017. Abrufbar unter Bundesministerium für Arbeit und Soziales, Armuts- und Reichtumsbericht. https://www.armuts-und-reichtumsbericht.de. Zugegriffen: 6. Mai 2021.

Bundesministerium für Familie, Senioren, Frauen und Jugend. Kabinett: Belastete Kinder und Jugendliche brauchen zusätzliche Unterstützung, Gemeinsamer Bericht des Bundesfamilienministeriums und Bundesgesundheitsministeriums zur gesundheitlichen Situation von Kindern und Jugendlichen in der Pandemie. Pressemitteilung vom 30.06.2021. https://www.bmfsfj.de/bmfsfj/aktuelles/presse/pressemitteilungen/kabinett-belastete-kinder-und-jugendliche-brauchen-zusaetzliche-unterstuetzung-183072. Zugegriffen: 19. Okt. 2021.

Cacioppo, J. T., & Patrick, W. (2011). *Einsamkeit: Woher sie kommt, was sie bewirkt, wie man ihr entrinnt*. Aus d. Engl. übers. v. J. Wissmann. Spektrum Akademischer Verlag.

Carp, E. A. D. E. (1967). Einsamkeit psychologisch – soziologisch – religiös. In W. Bitter (Hrsg.), *Einsamkeit in medizinisch-psychologischer, theologischer und soziologischer Sicht* (S. 86–99). Ein Tagungsbericht. Ernst Klett.

Deutsche PsychotherapeutenVereinigung e. V. (Hrsg.). Report Psychotherapie 2020, Berlin, März 2020. https://www.deutschepsychotherapeutenvereinigung.de/index.php?eID=dumpFile&t=f&f=11069&token=a90390e76f0e00e7f914aef6a5b47f06e3cd5329. Zugegriffen: 19. Okt. 2021.

Diakonisches Werk der Evangelischen Landeskirche in Deutschland e. V. (Hrsg.). (2008). Sucht im Alter: Herausforderungen und Lösungswege für diakonische Arbeitsfelder. Diakonie Texte

(Stuttgart, 2008). http://www.diakonie.de/Texte_10_2008_Sucht_Alter_Arbeitshilfe.pdf. Zuge-griffen: 26. Feb. 2012.

Dragolov, G., Arant, R., Boehnke, K., & Unzicker, K. (2019). *Gesellschaftlicher Zusammenhalt in Baden-Württemberg*. Bertelsmann-Stiftung.

Dreitzel, H. P. (1970). *Einsamkeit als soziologisches Problem*. Die Arche.

Eberhardt, W. (2018). Einsam sein. *Psychologie heute, 2*, 73 ff.

Eder, A. (1990). *Risikofaktor Einsamkeit: Theorien und Matereialien zu einem systemischen Gesund-heitsbegriff*. Mit einem Geleitwort v. H. Strotzka. Springer.

Elbing, E. (1991). *Einsamkeit: Psychologische Konzepte, Forschungsbefunde und Treatmentansätze*. Hogrefe, Verlag für Psychologie.

Fabach, S. (2007). *Burn-out: Wenn Frauen über ihre Grenzen gehen* (2. Aufl.). Orell Füssli.

Grabe, M. (2022). Einsamkeit aus schematherapeutischer Sicht. In A. Giebel, D. Hörsch, G. Hof-meister, & U. Lilie (Hrsg.), *Einsam: Gesellschaftliche, kirchliche und diakonische Perspektiven*, im Auftrag der Diakonie Deuschland (S. 123–130). Evangelische Verlagsanstalt.

Hafen, M. (2018). Soziale Isolation – Folgen. Ursachen und Handlungsansätze. In T. Hax-Schoppenhorst (Hrsg.), *Das Einsamkeits-Buch: Wie Gesundheitsberufe einsame Menschen verstehen, unterstützen und integrieren können* (S. 34–45). Hogrefe.

Hall, C. S., & Lindzey, G. (1978). *Theorien der Persönlichkeit*. Bd. 1. Aus d. Amerik. übert. v. H. D. Rosacker. Beck.

Herbst, T. (2010). *Die kindliche Einsamkeit: Wie sie entsteht, welche Konsequenzen sie hat ... und worin unsere Verantwortung besteht*. Junfermann.

Huber, A. (2007). Was hilft gegen Mobbing im Betrieb. *Psychologie heute, 12*, 61.

Huxhold, O., & Tesch-Römer, C. Deutsches Zentrum für Altersfragen, Einsamkeit geht alle an. In Bundesarbeitsgemeinschaft der Seniorenorganisationen e. V. (BAGSO) (Hrsg.). Gemeinsam statt einsam: Initiativen und Projekte gegen soziale Isolation im Alter. https://www.bagso.de/fil eadmin/user_upload/bagso/06_Veroeffentlichungen/2019/BAGSO_Themenheft_Gemeinsam_ statt_einsam_barrrierefrei.pdf. Zugegriffen: 27. Mai 2021.

Kanfer, F. H., Reinecker, H., & Schmelzer, D. (1996). *Selbstmanegement-Therapie: Ein Lehrbuch für die klinische Praxis* (2., überarb. Aufl.). Springer.

Levend, H. (1997). „Bin ich gut genug?" *Psychologie heute, 11*, 20–25.

Naumann, F. (1995). *Miteinander streiten: Die Kunst der fairen Auseinandersetzung*. Rowohlt.

Oberbillig, R. (2007). Mobbing am Arbeitsplatz. *Psychotherapie und Seelsorge, 3*, 33–37.

Peplau, L. A., Miceli, M., & Morasch, B. (1982). Loneliness and self-evaluation. In L. A. Peplau & D. Perlman (Hrsg.), *Loneliness: A Sourcebook of current theory, research and therapy* (S. 135–151). Wiley.

Puls, W. (1989). *Soziale Isolation und Einsamkeit: Ansätze zu einer empirisch-nomologischen Theorie*. Deutscher Universitäts-Verlag.

Rothe, F. (2003). Vernichtung durch Kommunikation – aufgezeigt am Phänomen „Mobbing". *OSC, 4*, 301–314.

Rubin, Z. (1982). Children without friends. In L. A. Peplau & D. Perlman (Hrsg.), *Loneliness: A sourcebook of current theory, research and therapy* (S. 255–268). Wiley.

Ruhner, K. (Pseudonym). (1997). Mobbing in den Kirchen: Anpassung, Einschüchterung, Kontrolle. *Psychologie heute, 8*, 26 f.

Saum-Aldehoff, T. (2012). Im Gefängnis der Einsamkeit. *Psychologie heute, 7*, 61–66.

Sonnenmoser, M. (2018). Einsamkeit und Gesundheit. In T. Hax-Schoppenhorst (Hrsg.), *Das Einsamkeits-Buch: Wie Gesundheitsberufe einsame Menschen verstehen, unterstützen und inte-grieren können* (S. 89–96). Bern.

Spitzer, M. (2019). *Einsamkeit: Die unerkannte Krankheit*. Droemer Knaur.

Statista.com. Mobbing in Schule und Beruf. https://de.statista.com/themen/132/mobbing/#dossie rKeyfigures. Zugegriffen: 2. Dez. 2021.

Storr, A. (1990). *Die schöpferische Einsamkeit: Das Geheimnis der Genies.* Aus d. Engl. v. C. Broerrmann. Paul Zsolnay.

Svendsen, L. (2016). *Philosophie der Einsamkeit.* Aus d. Norw. v. D. Stilzebach. Berlin University Press.

Weiss, R. S. (1973). *Loneliness: The experience of emotional and social isolation.* With contributions by J. Bowlby, C.M. Parkes et al. Forword by D. Riesman. The MIT Press.

Wieland-Burston, J. (1995). *Einsamkeit: Zeiten des Rückzugs – Zeiten der Entwicklung.* Aus d. Amerik. übertr. v. O. Rinne. Kreuz.

Wilhelm, K. (2010). Dünnhäutige Machtmenschen. *Psychologie heute, 3,* 10.

Willberg, H.-A. (2019). *Achtsamkeitsbasierte Kognitive Seelsorge und Therapie: Das integrative Praxishandbuch zu Achtsamkeit, Rational-Emotiver Verhaltenstherapie und Spiritualität.* Springer.

Willberg, H.-A. (2021). *Philosophie der Lebensbejahung: Die platonischen Kardinaltugenden als Grundstruktur seelisch gesunder und spiritueller Selbstverwirklichung.* Lang.

Wittchen, H.-U. (o. J.). Bedarfsgerechte Versorgung psychischer Störungen: Abschätzungen aufgrund epidemiologischer, bevölkerungsbezogener Daten. Stellungnahme im Zusammenhang mit der Befragung von Fachgesellschaften durch den Sachverständigenrat für die Konzentrierte Aktion im Gesundheitswesen. http://www.btonline.de/info/krankheiten/versorgung.pdf. Zugegriffen: 21. März 2003.

Wolfensberger, W. (1991). *Der neue Genozid an den Benachteiligten, Alten und Behinderten.* Jakob van Hoddis.

Vereinsamung in der Corona-Pandemie 9

*„Am deutlichsten ist die Einsamkeit in der
erzwungenen Isolierung"*

Hans Peter Dreitzel

Zusammenfassung

Viele Daten zum Befund des Vereinsamungsproblems während der Corona-Pandemie bezogen sich auf die ersten Wellen im Jahr 2020. Für die Gesamtdauer der Krise sind sie, zeigt sich im Rückblick, nur wenig repräsentativ. Europaweit nahm die Erfahrung übermäßiger sozialer Isolation erheblich zu. Das Kapitel setzt sich vor allem mit der auffallend optimistischen Einschätzung des Zukunftsforschers Horst Opaschowski in der Anfangszeit der Pandemie auseinander. Es zeigt sich, dass Opaschowski zwischenzeitlich zwar sehr darauf bedacht war, die Zuversicht der Bevölkerung zu stärken, dass dies aber vor dem Hintergrund seiner sehr besorgten Wahrnehmung der Entwicklung des Vereinsamungsproblems gesehen werden muss. Er bestätigt deutlich den dringenden Handlungsbedarf.

9.1 Leider nur die halbe Wahrheit...

Die Auswirkungen der Corona-Epidemie auf das Problem der sozialen und emotionalen Isolation werden im deutschsprachigen Raum mit auffallend gegensätzlichen Schwerpunkten beschrieben. Es scheint am statistischen Material zu liegen, das einerseits zum Teil eine dramatische Steigerung schädigender Einsamkeitserfahrungen bezeugt, andererseits aber auch eine deutliche Erhöhung von Faktoren erkennen lässt, aus denen sich gesellschaftlicher Zusammenhalt und individuelles Glück bilden. Noch 2020 hat

H.-A. Willberg, *Einsamkeit und Vereinsamung*,
https://doi.org/10.1007/978-3-662-67162-7_9

Horst Opaschowski eine nahezu euphorisch anmutende Auswertung seiner repräsentativen Studie mit 3000 befragten Personen in Buchform veröffentlicht, deren Daten in drei Durchführungen vor der Krise desselben Jahres sowie zu Beginn der Krise im März und nach den ersten Lockerungen im Juli erhoben worden waren.[1] Er stellte fest, dass die Bevölkerung „trotz allgemeiner Krisenstimmung ganz persönlich große Zuversicht" gezeigt hat.[2] Aber das ist leider nur die halbe Wahrheit. Anfang 2021 zeigte eine gemeinsame Untersuchung der Charité mit der Freien Universität Berlin, dass im Sommer des Vorjahrs mehr als ein Viertel der Deutschen ständig unter Einsamkeit litt, wesentlich mehr als vor der Pandemie. Der ausführliche Report des Joint Research Centers der EU über „Loneliness" im zweiten Pandemie-Jahr stellt signifikante Veränderungen der Einsamkeitsstatistik fest. Zuvor gaben nur sechs Prozent der Nordeuropäer an, mehr als die Hälfte der Zeit einsam zu sein, im Schnitt sagten das im Jahr 2016 etwa 12 % der Europäer insgesamt von sich. Während der Krise stieg jedoch europaweit diese Erfahrung auf ungefähr ein Viertel der Bevölkerung an: Mehr als die Hälfte ihrer Zeit nicht nur allein, sondern einsam! Abb. 9.1[3] zeigt das Anwachsen nach Altersgruppen aufgeteilt. Besonders betroffen waren, wie man sieht, die jungen Erwachsenen. Hier erhöhte sich der Einsamkeitspegel sogar um das vierfache. Deutschlandspezifische Untersuchungen zeigten ähnliche Entwicklungen.

Das Thema Vereinsamung musste schon vor der Pandemie sehr ernst genommen werden. Aber durch die Pandemie hat nun auch noch zusätzlich so etwas wie eine erdbebenartige Verwerfung stattgefunden. Der daraus resultierende Schaden ist schwer einzuschätzen, die Folgen sind noch nicht abzusehen. Es sind keine Häuser dadurch eingestürzt. Aber es könnte sein, dass sich sehr viele zwischenmenschliche Türen geschlossen haben. Und wie viele davon wohl für immer?

Opaschowski richtete die öffentliche Darstellung der Folgerungen seiner Untersuchung offenkundig darauf aus, den Lesern die „große Zuversicht" nicht nur sachlich zu spiegeln, sondern auch emotional zu vermitteln. Die meisten Deutschen hätten unter den Bedingungen der Krise seelische Stabilität gezeigt und „ihre Hoffnung auf eine besser Zukunft" nicht aufgegeben.[4] Corona habe aber auch die Gesellschaft verändert. Die Menschen würden nunmehr den Wohlstand nicht mehr selbstverständlich hinnehmen. Ein neues solidarisches Verantwortungsbewusstsein sei aufgekommen. Man stelle sich den Herausforderungen und reagiere darauf mit Hilfsbereitschaft statt mit Hilflosigkeit. Man

---

[1] Horst Opaschowski, *Die semiglückliche Gesellschaft: Das neue Leben der Deutschen auf dem Weg in die Post-Corona-Zeit. Eine repräsentative Studie* (Barbara Budrich: Opladen, Berlin, Toronto, 2020), online https://elibrary-utb-de.ezproxy.blb-karlsruhe.de/doi/epdf/10.3224/978 3847416067, Abruf 07.09.2021, 12.

[2] Ebd., 10 f.

[3] Quelle der Grafik: JRC Science for Policy Report, Loneliness in the EU: Insights from surveys and online media data (Publications of the European Union: Luxembourg, 2021), 21.

[4] H. Opaschowski, Die semiglückliche Gesellschaft, 22.

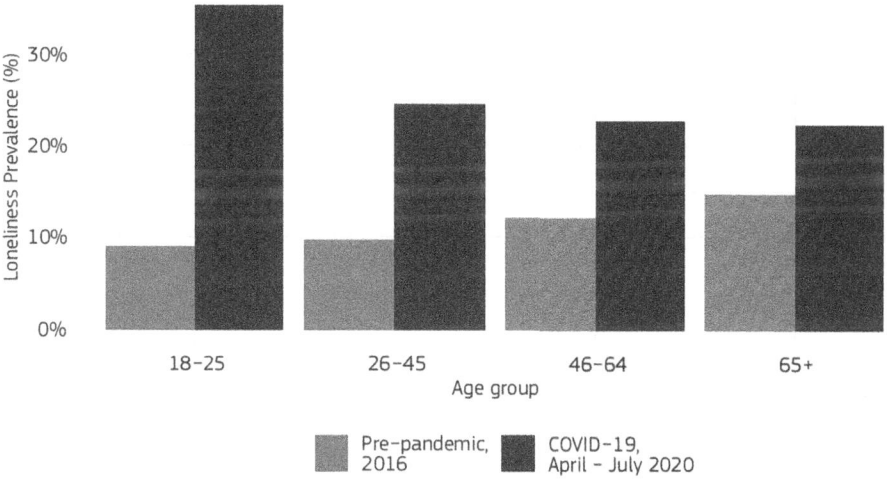

Abb. 9.1 Das Anwachsen der Einsamkeitsempfindung in der Anfangszeit der Pandemie

engagiere sich für eine bessere Gesellschaft und sei bereit, selbst verantwortlich dafür die Initiative zu ergreifen. „Und Zukunftshoffnungen siegen über Angst und Sorgen."[5]

Ähnliche Töne schlug der Soziologe *Hartmut Rosa* an. Corona verschaffe uns die gute Gelegenheit, das entschleunigte Dasein zu genießen. Dass wir Deutschen diese Chance in der Krise auch wirklich nutzen, zeige sich an unserem sehr kreativen und flexiblen Umgang mit ihr. Es gehe nun darum, aus der Krise etwas gutes Neues werden zu lassen.[6]

Die optimistische Wahrnehmung ist einerseits ja nicht falsch. Wenn etwa Neu und Müller Ende 2020 resümierten: „Die Menschen in Deutschland kommen insgesamt recht gut mit den Einschränkungen durch Corona zurecht",[7] dann konnten sie sich auf den statistischen Wert stützen, dass tatsächlich die meisten keine nennenswerten persönlichen Probleme dadurch bekamen. Aber, wie gesagt, man muss nicht erst besorgt sein, wenn ein Problem die *meisten* trifft. *Viele* genügen schon, um sich ernsthafte Gedanken zu machen und den Optimismus wenigstens zu zügeln. Neu und Müller widersprechen sich darum auch nicht, wenn sie außerdem darauf hinweisen, dass durch die Pandemie Gefühle von Einsamkeit und sozialer Isolation deutlich zugenommen haben",[8] vor allem bei den jungen Menschen und Kindern sowie bei Alleinerziehenden. Es kommt nur immer darauf an, was man besonders herauskehrt und warum man das tut.

---

[5] Ebd., 14.

[6] Claudia Neu, Fabian Müller, Einsamkeit: Gutachten für den Sozialverband Deutschland, Dezember 2020, unter Mitwirkung v. A.S. Heuer u. A. Tschesche, Sozialverband Deutschland e. V., 2020, 98.

[7] Ebd., 42.

[8] Ebd., 9.

Die Rangfolge der ethischen Prioritäten wandle sich gerade, meinte Opaschowski zu erkennen. Man setze mehr auf Werte wie Ehrlichkeit, Verlässlichkeit und Hilfsbereitschaft. Zu entschleunigen und Zeit zu haben sei ebenso wichtig geworden wie Geld zu haben. Das Verhältnis zum Eigentum sei anders geworden: „Mehr teilen als besitzen"[9] und „Besser leben statt mehr haben" würden die Mottos lauten, mit denen sich ein „grundlegender Einstellungswandel" abzeichne.[10] In Zukunft werde man sich von der „Flucht in die Sinne zur Suche nach dem Sinn" kehren.[11] Vor allem für das hohe Gut der Gesundheit habe die Bevölkerung eine neue Sensibilität entwickelt. „Die Gesundheitsorientierung des Lebens löst die bisher dominante Konsumhaltung ab", wagt Opaschowski vorherzusagen.[12] Zudem läutet er eine „Renaissance der Familie" ein: „Die Familie ist den Deutschen wieder heilig."[13] Opaschowski spricht von der „Wiederentdeckung des Wir-Gefühls".[14] Der familiäre Zusammenhalt habe sich während der Krise als wesentlicher Stabilitätsfaktor erwiesen und das werde sich auch weiter fortsetzen: „Die Zuversicht wächst- trotz Krise. Vor allem Familien mit Kindern blicken optimistisch in die Zukunft".[15]

Eine erste Untersuchung des gesellschaftlichen Zusammenhalts in Deutschland während der Corona-Epidemie im Auftrag der Bertelsmann Stiftung resümierte, „dass wir uns – bei allem Verbesserungsbedarf", auf das stabile Miteinander verlassen können. „Unter- und Niedergangserzählungen sind fehl am Platz und schaden vermutlich dem gesellschaftlichen Miteinander mehr, als sie ihm nutzen. Angesichts großer Veränderungsprozesse ist der vorhandene Zusammenhalt ein wichtiger Stabilisator, um den Wandel gut zu bewältigen."[16] Opaschowski schlägt noch forschere Töne an: „Die soziale Katastrophe findet nicht statt".[17] Dem Tenor des Buches nach ist ausgemacht, dass sie sich auch nicht anbahnt. Dass er diese Behauptung allerdings auf den Abgleich der Daten von Januar, März und Juni des Pandemiejahres 2020 gründet, ist gewagt. Im März wusste noch keiner, was aus der Krise werden würde. Im Juli atmeten alle auf. Wir schienen schon über den Berg zu sein.

Opaschowski lehnte sich mit seinen Folgerungen aus dem Datenbefund weit hinaus. Fast um jeden Preis schien er für gute Stimmung sorgen zu wollen, gerade weil er um den andern Schwerpunkt sehr wohl wusste: die Bestandsaufnahme der extrem leidvollen

---

[9] H. Opaschowski, Die semiglückliche Gesellschaft, 95.

[10] Ebd., 100.

[11] Ebd., 101.

[12] Ebd., 19.

[13] Ebd., 32.

[14] Ebd., 85.

[15] Ebd., 21.

[16] Robert Follmer, Thorsten Brand, Kai Unzicker, *Gesellschaftlicher Zusammenhalt in Deutschland 2020: Eine Herausforderung für uns alle. Ergebnisse einer repräsentativen Bevölkerungsstudie* (Bertelsmann Stiftung: Gütersloh, 2020), 78.

[17] H. Opaschowski, Die semiglückliche Gesellschaft, 41.

und gefahrvollen Entwicklungen, die zum Teil durch die Pandemie entstanden sind und die sich zum Teil durch sie verschärft haben. Er fürchtete unbesonnenen Aktivismus und die Resignation der Bürgerinnen und Bürger angesichts einer Überflutung mit schlechten Nachrichten. „Rettet das gute Leben! Wann, wenn nicht jetzt?" lautet eine Überschrift in seinem Buch, und das erste folgende Unterkapitel gibt die Direktive dazu: „Schluss mit schlechter Stimmung. Überwiegend negative Nachrichten erzeugen Zukunftsangst".[18] Opaschowski plädiert für einen „realistischen Optimismus"[19] und weiß sich damit in Übereinstimmung mit 87 % der Bevölkerung, die sich ebenfalls „mehr Optimismus in unserer Gesellschaft" wünschen.[20] Aber sein vorgetragener Optimismus reduziert sich in der Analyse der Corona-Anfangszeit auf „positives Denken". Er hat völlig recht, die entscheidende Bedeutung einer optimistischen Haltung für die Krisenbewältigung herauszustreichen, lässt dabei aber ein Bild entstehen, das dem Realismuspostulat nicht mehr entspricht. Wie ernst die Lage ist, spricht er nur so zurückhaltend an, dass man gern darüber hinwegliest.

Opaschowski wusste genau, dass sein Hervorkehren des Positiven einseitig ist. Im Oktober 2020 zitierte ihn die ÄrzteZeitung mit diesem Satz: „Die Pandemie droht zur Epidemie der Einsamkeit zu werden."[21] Das ist die andere Seite der erfreulichen Veränderungen unter dem Einfluss von Corona. Dem soll wohl auch der Titel seines Buchs Rechnung tragen: „Die semiglückliche Gesellschaft". „Semi" heißt „halb". Das dargestellte Glück der Bewältiger ist nur die halbe Wahrheit. Wenn bei einer ganzen Wahrheit die Hälfte fatal ist, muss das in Bezug zur erfreulichen anderen Hälfte gebracht werden, sonst ist die Wahrheit nicht mehr wahrhaftig. Die *semiglückliche* Gesellschaft ist zugleich *semiunglücklich* und das ist ein Grund zu großer Sorge. Opaschowski weiß, dass seine Warnung keineswegs nur auf den einsamkeitsfördernden Elementen der Corona-Pandemie basiert. Diese haben kaum wirklich Neues hervorgerufen, sondern nur den schon lang erkennbaren Trend in mancher Hinsicht forciert. Die Pandemie habe „zuvor schon besorgniserregende Levels von Vereinsamung in Europa vergrößert", formuliert der EU-Einsamkeits-Report.[22] Noch drastischer kommt es in einer britischen Studie zum Ausdruck, wonach die Krise bei vielen „bereits vorherrschende Gefühle der Einsamkeit massiv verstärkte".[23]

---

[18] Ebd., 105.

[19] Ebd., 132.

[20] Ebd., 134.

[21] Kommt jetzt die „Epidemie der Einsamkeit"? in: ÄrzteZeitung vom 11.10.2020, https://www.aerztezeitung.de/Nachrichten/Kommt-jetzt-die-Epidemie-der-Einsamkeit-413622.html,Abruf 07.09.2021.

[22] „The COVID-19 pandemic has magnified already worrying levels of loneliness in Europe." JRC Science for Policy Report, Loneliness in the EU: Insights from surveys and online media data (Publications of the European Union: Luxembourg, 2021), 33.

[23] Natalie Klauser, Gemeinsam vereinsamt? Einsamkeit als gesamtgesellschaftliche Herausforderung, Konrad Adenauer Stiftung, Analysen & Argumente (2021) 432, 45.

Was für das Vereinsamungsproblem generell zutrifft, gilt auch für die Zeit der Pandemie, nur in verstärktem Maß. Obwohl die Datenlage noch Fragen offen lässt, wird man als bereits gesicherte Erkenntnis festhalten dürfen, dass sich die symptomatische statistische Einsamkeitskurve mit dem Berg bei den Werten junger Jahrgänge und dem Tal aufseiten insbesondere der jüngeren Senioren auch unter den Pandemiebedingungen erhalten hat, obwohl die Älteren ungleich stärker persönlich durch das Virus gefährdet waren. Gerade die am meisten Gefährdeten und Betroffenen zeigen also die größte Bewältigungskompetenz und Resilienz im Umgang mit der Pandemie. Das erweist sich auch darin, dass trotz ansteigender Einsamkeitswerte keine dementsprechende Zunahme psychischer Störungen bei den Menschen über 65 zu erkennen ist, obwohl das für die Gesamtbevölkerung nicht zutrifft. Den Resilienz- und Präventionsexpertinnen Susanne Wurm und Sarah Schäfer zufolge wird erkennbar, dass sich „ein höheres Alter protektiv" gegen psychische Störungen und Erkrankungen auswirken kann, weil diese Menschen erfolgreich gelernt haben, mit Krisen umzugehen und eine höhere Lebenszufriedenheit entwickelt haben als viele Jüngere. Anthony Storr weist darauf hin, dass im Alter „menschliche Beziehungen häufig an Bedeutung" verlieren, und gibt zu bedenken: „Vielleicht ist das eine gnädige Einrichtung der Natur, die dafür sorgt, daß die unvermeidliche Trennung von geliebten Menschen weniger leidvoll wird."[24]

Schon der Forscherkreis um Peplau nahm eine Tendenz bei alten Menschen wahr, ihr soziales Netz mehr mit Freunden und Nachbarn als mit Verwandten zu knüpfen. Viele würden aber auch die Vorteile des Alleinseins genießen. Ähnlich äußert sich auch Storr und fügt hinzu, dass alte Menschen ihrer Lebenserfahrung wegen andere außerdem realistischer sehen und sich weniger mit ihnen identifizieren. Dieser Trend hat sich anscheinend fortgesetzt. Man braucht aber auch günstige Voraussetzungen dafür. Die wichtigsten scheinen darin zu liegen, sozial nicht wesentlich isoliert zu sein und gegnügend Geld zu haben. So erfreulich das ist, gilt es jedoch im Blick auf die Auswirkungen der Pandemie aber auch erst einmal abzuwarten, mahnen Wurm und Schäfer, denn „die langfristigen psychischen und körperlichen Folgen der Pandemie für ältere Menschen sind noch nicht absehbar."[25]

Wenn das Bild des Vereinsamungsproblems auch komplex ist und tatsächlich erfreuliche Entwicklungen mit den bedrohlichen konkurrieren, zeichnet sich doch nach übereinstimmender Expertensicht für die Zeit nach der Pandemie aufs Ganze gesehen ein Anwachsen des pathologischen Leidens an der Einsamkeit ab. Es steht viel auf dem Spiel. Die Zunahme der Vereinsamungstendenzen durch die Pandemie wird womöglich nach deren Ende nicht wieder zurückgehen. Vor allem Bevölkerungsgruppen, die schon zuvor für problematische Einsamkeitserfahrungen prädestiniert waren, könnten mehr als

---

[24] Anthony Storr, *Die schöpferische Einsamkeit: Das Geheimnis der Genies*, aus d. Engl. v. C. Broerrmann (Paul Zsolnay: Wien, Darmstadt, 1990), 16.
[25] Susanne Wurm, Sarah K. Schäfer, Ältere Menschen in Zeiten der COVID-19-Pandemie, in: Report Psychologie (2021) 46/9, 9.

je darunter leiden. Das würde wahrscheinlich zunehmende gesellschaftliche Destabilisierung zur Folge haben. Europaweit ist die Politik alarmiert genug, um dieser Entwicklung mit Forschungsaufträgen, Auswertung vorhandener Studien, der Einleitung und Unterstützung präventiver Maßnahmen, Beauftragung von Koordinatoren und Öffentlichkeitsarbeit zu begegnen.

Opaschowskis Optimismusfanfare, so wird man unterstellen müssen, ist von ähnlich ernster Sorge motiviert wie die Appelle der Klimaforscher. Nicht gerade zuversichtlich stimmt, dass er zur Illustration seiner Zukunftsphilosophie die existenzialistische Auslegung des Sisyphusmythos durch Albert Camus heranzieht. Demnach kann der Mensch an der eigentlich sinnlosen Willkür des Schicksals nichts ändern. Wir sind verdammt dazu, wie Sisyphus unsere Felsbrocken den Berg hinauf zu wälzen, nur um immer aufs Neue zu erleben, dass wir scheitern, weil uns der Stein entgleitet und wieder hinunter donnert. Camus machte aus der Not eine Tugend. „Sind die Dauerkrisen im 21. Jahrhundert der schwere Stein, den es den Berg hinauf zu rollen gilt?" fragt Opaschowski.[26]

Einen vagen Optimismus dieser Art können wir uns nicht leisten. Das gilt vor allem für die Eskalation der globalen Umweltkatastrophe, aber kaum weniger auch für die entstehende Pandemie der Vereinsamung. Dass ihm vor beidem graut, verschweigt Opaschowski dankenswerterweise nicht. Er bekennt, im Februar 2020, also gerade vor Beginn der Pandemie, Folgendes getwittert zu haben: „Deutschland droht ein doppelter Klimawandel in der Natur UND in der Gesellschaft! Die Verrohung der Sprache, Hassbotschaften und Gewaltandrohungen verändern das soziale Klima. Wo bleibt das soziale Klimapaket der Regierung, ein neuer Social Deal für den sozialen Zusammenhalt?"[27] Wie wahr. Teil der erfreulichen Seite ist, dass die Politik das Problem der sozialen und emotionalen Isolation als zentralen Ausdruck des sozialen Klimawandels ernst nimmt. Dass kaum genug dafür getan werden kann, dem entgegenzuwirken, bleibt davon unbenommen. Aber Sisyphus ist kein sehr guter Motivator dafür.

Wie auch Martin Luthers berühmtes Apfelbäumchen. Positives Denken heißt im Bild gesprochen Opaschowski zufolge: „Im biblisch-lutherischen Sinne noch am Vorabend des Weltuntergangs einen Baum pflanzen".[28] Der Gedanke entstammt einem Menschenbild, das dem Sisyphusmodell durchaus ähnlich ist: Wir können nichts tun gegen den Weltuntergang. Kosmologisch betrachtet mag das gelten, die Sichtweise aber auf die globalen Folgen menschlicher Verantwortungslosigkeit anzuwenden, wäre unverantwortlich. Nicht darum geht es, dass angesichts der von uns Menschen verursachten Umweltzerstörung, die sich immer weiter der Unumkehrbarkeit zuneigt, jeder sein privates Apfelbäumchen in den privaten Garten pflanzt, um in der Isolation privaten Gottvertrauens darauf zu hoffen, dass für ihn und die Seinen schon irgendwie alles gut werden wird, sondern darum, dass schleunigst unzählige von Bäumen gepflanzt werden und sehr, sehr vieles mehr. Dass dies

---

[26] H. Opaschowski, Die semiglückliche Gesellschaft, 119.

[27] Ebd., 120.

[28] Ebd., 124.

geschieht ist unsere unbedingte und unaufschiebbare Menschenpflicht, auch wenn dadurch das Apfelbäumchen im eigenen Garten vielleicht ein bisschen zurückstehen muss.

Zu Recht verweist Opaschowski auf den Ursprung des modernen Optimismus-Begriffs in der Aufklärungsphilosophie von Gottfried Wilhelm Leibniz. „Optimismus" kommt von „Optimum". Diese Welt ist die bestmögliche im Vergleich zu allen sonst möglichen denkbaren Welten, behauptet Leibniz in seiner „Theodizee".[29] Für Leibniz ist das kein Postulat des positiven Denkens auf Kosten des Realismus, sondern es ist seine philosophische und theologische Antwort auf die leidvolle bedrohliche Realität, die so oft ganz und gar nicht optimal für den Menschen ist. Leibniz ist nicht bereit, dieser bitteren Erkenntnis den Glauben an den Sinn in den Weltverhältnissen zu opfern, die nun einmal so sind wie sie sind. *Sie müssen aber nicht bleiben wie sie sind.* In der Aufklärung setzte sich endlich die Einsicht unter den Gebildeten durch, dass wir sehr vieles optimieren können in der besten aller möglichen Welten und dass wir dazu da sind. Die Verantwortung dafür, dass die beste aller möglichen Welten besser wird, wegzudelegieren, ist durch die Aufklärung zur faulen Ausrede geworden. Opaschowski schreibt, Leibniz zufolge würden wir in „der besten aller Welten" leben.[30] Nein, sondern in der besten aller *möglichen* Welten. Um das Mögliche geht es Leibniz, um das Potenzial. Es kann besser werden, es kann das Beste daraus werden, und, so glaubt er zuversichtlich, so *soll* es auch sein, Gott selbst will es so. Aber Gott sorgt dafür, indem die Menschen ihr Bestes dafür einsetzen. Es ist viel Gutes geschehen, seit sich diese Einsicht verbreitete. Dass und wie zum Beispiel wirksame Impfstoffe gegen das neue Virus SARS-CoV-2 geschaffen werden konnten, ist eine der Folgen. Yes, we can. Wir können aber nur, wenn wir die Realität so nehmen, wie sie ist, und *trotzdem nicht resignieren.* Auch und gerade dann, wenn die Herausforderungen immens sind.

„Das positive Denken gehört zum Menschen wie der aufrechte Gang", meint Opaschowski. Ja, wenn wir unter dem positiven Denken tatsächlich realistischen Optimismus verstehen, und ja, wenn sich der aufrechte Gang aufrichtig auf dem Boden der Tatsachen ereignet. Nein, wenn das positive Denken zum Preis hat, das Negative zu leugnen und nein, wenn der aufrechte Gang sich darin erübrigt, seine Energie darauf zu konzentrieren, vor allen Dingen eine Zeit lang ein bisschen Balance zu erleben, ohne jemals einen stabilen Grund für die erforderlichen sicheren Schritte produktiver Zukunftsgestaltung zu erreichen.

An einem der wenigen heißen Tage des Sommers 2021 begab ich mich nach langer Zeit einmal wieder an einen Badesee. Ich war beeindruckt, wie sich das Bild gewandelt hat: Früher wimmelte es auf dem Wasser von Schlauchbooten und Luftmatratzen. Heute versucht man sich stattdessen mit Stand-Up-Paddling, abgekürzt SUP. Ich wunderte mich. Worum geht es wohl dabei? Liegt etwa der ganze Sinn der Sache darin, sich selbst und den

---

[29] Gottfried Wilhelm Leibniz, *Die Theodizee von der Güte Gottes, der Freiheit des Menschen und dem Ursprung des Übels,* Vorwort, Abhandlung, erster und zweiter Teil, Philosophische Schriften, Bd. 2, erste Hälfte, hg. u. übersetzt v. H. Herring, 2. Aufl. (Insel: Frankfurt a. M., 1986), 219, 603.
[30] H.W. Opaschowski, Die semiglückliche Gesellschaft, 134.

andern zu beweisen, dass man auf einem Brett im Wasser stehen kann, ohne umzukippen? Herkömmliche Boote, in denen man Platz nehmen kann, sind doch so viel bequemer und effektiver, um voranzukommen. Warum tun die Leute sich das an? SUP scheint einfach nur eine der Übungen zu sein, auf schwankendem Boden einigermaßen sicher stehenzubleiben. Das Eigenartige daran ist: Die Übung ist Selbstzweck. Es geht wohl gar nicht darum, ein Ziel zu erreichen. Ziel ist das Stehenbleiben selbst.

Wenn das Stehenbleiben aber Selbstzweck geworden ist, folgt Stillstand daraus. Menschen mit dieser Einstellung definieren die Lebenskunst entsprechend. Balance hat höchste Priorität für sie, aber es ist eine Balance als Selbstzweck. Sie streben nicht auf die Veränderung der Welt zum Guten hin, sondern nach der coolen Performance zur Selbstbestätigung. Sie suchen Bestätigung dafür, dass sie gute Stehenbleiber sind. Sie bewegen sich sehr wenig und sie bewegen nichts. Sie füllen den gesellschaftlichen Raum mit ihren Selbstoptimierungsbemühungen. Und sollte morgen die Welt untergehen – sie haben keine Zeit für so etwas, sie sind voll und ganz damit beschäftigt, ihr Gleichgewicht zu suchen und, wenigstens für eine Weile, aufrechtzuerhalten. Ihr Apfelbäumchen ist ihr solipsistisches Stehvermögen.

Kurz beleuchtet Opaschowski in „Die semiglückliche Gesellschaft" auch die andere Hälfte der Wahrheit. Seine positiven Befunde, räumt er ein, „haben allerdings auch ihre Schattenseiten." Er nimmt wachsende Aggressivität unter Menschen wahr, die sich selbst nicht zum integrierten Mainstream rechnen. Ihm ist unheimlich angesichts der militanten „Querdenker"-Szene.[31] Und mit Sorge blickt er auf die junge Generation. Als „bestimmende Generation von morgen" werde sie sich „den individualistischen Luxus" nicht mehr leisten können, „Beständigkeit durch Beliebigkeit zu ersetzen".[32] Mit Sorge blickt er auf die Erziehung: „Wer sagt den Kindern noch, dass sie Grenzen brauchen? Und wer trägt dafür Sorge, dass sie auch einmal zur Ruhe kommen und in Ruhe gelassen werden müssen oder wollen? Eltern können doch nicht einfach ihr Erziehungsmonopol aufgeben."[33] Bereits vor 20 Jahren, so habe eine Befragung des Allensbachers Meinungsforschungsinstitus unter Lehrern ergeben, hatte der größte Teil von ihnen den Eindruck, „dass die heutige Schülergeneraion am meisten von den Medien geprägt werde [...]. Die Folgen seien Konzentrationsschwächen, Verhaltensstörungen und zunehmende Aggressivität. [...] An den Einfluss der Eltern glaubten lediglich 17 %."[34] Damals steckte bekanntlich das „Social Web" noch in den Kinderschuhen. „Erziehung und Bildung im 21. Jahrhundert sind mehr als nur eine Frage von Kulturtechniken wie Lesen, Schreiben, Rechnen, Surfen, Chatten oder Twittern", antwortet Opaschowski. „Gemeint ist *Persönlichkeitsbildung*."[35] Es gehe dabei vor allem um Kommunikationsfähigkeit und Lebenskompetenz. Ja, genau

---

[31] Ebd., 12.
[32] Ebd., 36.
[33] Ebd., 93.
[34] Ebd.
[35] Ebd., 94.

darum geht es. Allerdings sollten die Kinder dazu auch erst einmal Lesen und Schreiben lernen. Wie wir sahen, gelingt es heutzutage denkbar schlecht, ihnen allein das zu
vermitteln (vgl. Abschn. 7.1).

Apropos vor 20 Jahren: 2002 veröffentlichte Opaschowski das Buch „Was uns zusammenhält: Krise und Zukunft der westlichen Wertewelt". „Das soziale Klima wird rauer
und kälter", stellte er damals fest.[36] Das Erscheinungsbild der Armut habe sich ausge-
weitet. Bei uns bedeute Armut mittlerweile „weniger materielle Not als vielmehr soziale
Isolierung."[37] Zum Maßstab für Armut sei „die soziale Ausgrenzung (Exklusion)" geworden. Eine paradoxe Befindlichkeit breite sich aus: Viele Menschen „leben in der Spannung
zwischen sicherem Wohlstandsgefühl und unsicherer Armutsangst."[38] Die Qualität eines
Zukunftsforschers darf daran gemessen werden, wie weit seine Prognosen zutreffen.
Opaschowski scheint angesichts dieser Aussagen ein guter Zukunftsforscher zu sein.

Dennoch kann er nach den ersten Corona-Monaten behaupten: „Die ‚German Angst'
ist von gestern."[39] Wie kann er das?

9.2   Was noch fehlt zur ganzen Wahrheit

Opaschowskis Bestandsaufnahme der positiven Entwicklungen als Reaktion auf die Pandemie ist leider schon überholt. Das Virus machte uns mehr Probleme, als wir dachten,
und hielt uns viel länger in seinem Bann. Anfangs ließen die meisten sich ihr Glück nicht
wirklich davon trüben, weil sie glaubten, die Krise werde recht bald vorüber sein. Aber
allmählich veränderte sich die Stimmung.

2019, konstatierte der jährliche statistische „Glückatlas" der Deutschen Post, waren
die Menschen in Deutschland so glücklich wie noch nie. Auf einer Skala zwischen null
und zehn war der Wert auf 7,14 gestiegen. Wie soll man das deuten? Anscheinend ist
es nur die halbe Wahrheit. Eins ist jedenfalls klar: Die „German Angst" mag vielleicht
von gestern sein, aber die Angst der Deutschen ist es nicht. Das beweisen viel zu viele
unleugbare Befunde. Um es zu belegen genügt ein Blick auf das Vorkommen expliziter
Angststörungen mit behandlungswürdiger Intensität in den vergangenen Jahrzehnten. Man
betrachte sich dazu nochmals Abb. 8.1. Die Angststörungen belegen vor den gleichfalls
sehr verbreiteten Depressionen (affektive Störungen) den Spitzenplatz unter den psychischen Problemen der Deutschen. Wenn auch die statistischen Befunde zur Prävalenz[40]
psychischer Störungen und Erkrankungen etwa aufgrund unterschiedlicher Befragungs-
gruppen und unterschiedlicher Störungsdefinitionen immer wieder einmal voneinander

---

[36] H. W. Opaschowski, Was uns zusammenhält, 177.

[37] Ebd., 176.

[38] Ebd., 177.

[39] H. Opaschowski, Die semiglückliche Gesellschaft, 24.

[40] Prävalenz definiert der Duden als „Rate der zu einem bestimmten Zeitpunkt od. in einem bestimmten Zeitabschnitt an einer bestimmten Krankheit Erkrankten".

abweichen, führt kein Weg an der Einsicht vorbei, dass die Zahlen nachhaltig außerordentlich hoch sind. Die Gesundheitsberichterstattung des Bundes ermittelte bereits für das Jahr 2004, dass 14,2 Proezent der Deutschen im Alter zwischen 18 und 65, das waren fast sieben Millionen, im Verlauf des zurückliegenden Jahres „unter einer klinisch relevanten Angststörung" litten.[41] 2015 wies sie eine Prävalenz von 15,3 % bei den 18- bis 79 jährigen Deutschen aus. 2020 waren, wie man sieht, ungefähr wieder genauso viele Erwachsene betroffen.

Man muss immer vorsichtig mit statistischen Zahlenwerten sein. Auf der einen Seite steht das mathematische Ergebnis, auf der andern Seite auch immer die Frage nach seiner Bedeutung. Manchmal baut sich ein überzogener Eindruck auf, manchmal kommt aber auch zu wenig in den Blick. Von den statistisch wahrgenommenen Angststörungen auszugehen heißt aber jedenfalls, sich vor allem an der Spitze des Eisbergs zu orientieren. Eisbergspitzen mögen klein sein im Vergleich zu dem, was darunter liegt. Aber was da derzeit herausragt, ist bereits bedrohlich groß. Dass dominierende Ängste und Sorgen unter der deutlich sichtbaren Oberfläche ein weit darüber hinaus gehendes Ausmaß besitzen, versteht sich von selbst.

Woran lag es, dass sich trotzdem so viele Menschen in den einschlägigen Umfragen nach den ersten Monaten der Pandemie noch als ausgesprochen glücklich bezeichneten? Die Studie der Bertelsmann-Stiftung über den gesellschaftlichen Zusammenhalt im Deutschland des Corona-Jahres 2020 konnte verkünden, „erstaunliche 97 % der Befragten" hätten gesagt, „dass sie mit der aktuellen Situation trotz allem gut klarkommen".[42] Offenbar kann das auch noch gelten, wenn man allmählich vereinsamt.[43]

Allerdings hat sich das Bild mittlerweile so verändert wie das einer Landschaft im Sonnenlicht durch aufziehende Wolken. Der „Glückatlas" des Jahres 2021 spiegelte wider, dass die Lebenszufriedenheit der Deutschen so weit abgesunken ist wie schon seit langer Zeit nicht mehr.[44] Abb. 9.2[45] mit Daten, die bis zum April 2021 reichen, bestätigt den

---

[41] Robert Koch-Institut (Hg.), Angststörungen, Gesundheitsberichterstattung des Bundes, Robert Koch-Institut in Zusammenarbeit mit dem Statistischen Bundesamt, Heft 21 (Robert Koch-Institut: Berlin, Mai 2004), 11.

[42] Robert Follmer, Thorsten Brand, Kai Unzicker, a.a.O., 9.

[43] Im Blick auf die Alterseinsamkeit konstatiert Caroline Bohn: „Die hohe Zufriedenheit im Alter, die in zahlreichen Untersuchungen nachgewiesen wurde, steht keineswegs im Widerspruch zu den tatsächlich vorhandenen Gefühlen des Ausgegrenztseins und schließt demzufolge auch Einsamkeitsgefühle keineswegs aus. Menschen können augenscheinlich zufrieden mit ihren sozialen Netzwerken sein und sich trotzdem einsam fühlen." Caroline Bohn, Einsamkeit im Spiegel der sozialwissenschaftlichen Forschung, Dissertation zur Erlangung des Grades einer Doktorin der Philosophie, Universität Dortmund, Fachbereich Erziehungswissenschaft und Soziologie, Mai 2006, https://d-nb. info/997491426/34, Abruf 26.08.2021, 157.

[44] Tagesschau.de, Zufriedenheit sinkt auf historisches Tief, 10.11.2021, https://www.tagesschau.de/ inland/gesellschaft/gluecksatlas-deutsche-zufriedenheit-101.html, Abruf 23.12.2021.

[45] Quelle der Grafik: Martin Bujard, Ellen v. Driesch, Kerstin Ruckdeschel, Inga Lass et al., *Belastungen von Kindern, Jugendlichen und Eltern in der Corona-Pandemie* (Bundesinstitut für Bevölkerungsforschung: Wiesbaden, 2021), 59.

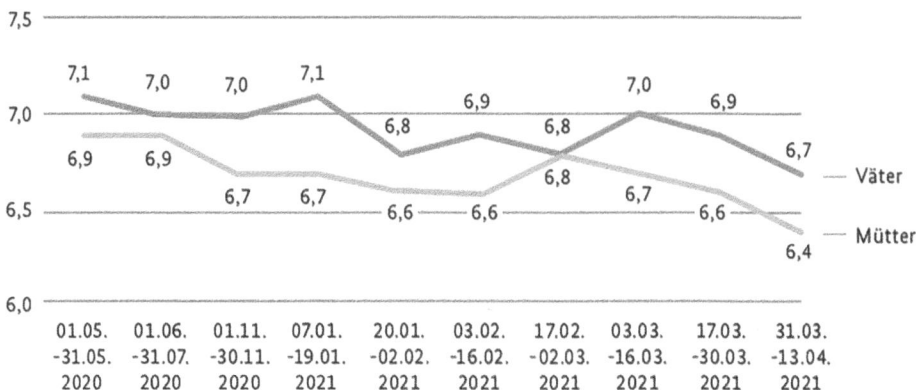

Abb. 9.2 Entwicklung der Lebenszufriedenheit von Eltern mit Kindern unter 16, Mai 2020 bis April 2021

Wetterumschwung. Man sieht, wie es den Eltern allmählich einfach zu viel wurde. Bemerkenswert ist die deutlich niedrigere Zufriedenheitskurve bei den Müttern. Es liegt daran, dass sie in den Familien am meisten mit den Zusatzbelastungen durch die Pandemie zu tun hatten.

Wir wollen das Wahre in der halben Wahrheit nicht in Abrede stellen. Aber man muss kein Pessimist sein, um mit gutem Grund zu vermuten, dass viele den Kopf in den Sand stecken und in dieser Position verharren, so lange sie noch Luft bekommen. Wer das heute tut, knirscht jedoch morgen mit den Zähnen. Mit offenen Augen für die ganze Wahrheit kommt man besser mit den Herausforderungen zurecht.

Der Einsamkeitsforscherin Maike Luhmann nach ist die lange Dauer der Corona-Krise ein ernst zu nehmendes zusätzliches Problem geworden. Das Gefühl des Kontrollverlusts habe sich dadurch ausgebreitet. Das sehen auch die Autoren einer weiteren Studie der Bertelsmann-Stiftung zum gesellschaftlichen Zusammenhalt während der Pandemie so: Dass die Pandemie immer noch nicht aufgehört hat, „zermürbt die Gesellschaft als Ganzes."[46]

Opaschowski hat schon recht, wenn er vor einer Zunahme der schlechten Stimmung warnt. Mit dem Anwachsen negativer Emotionen fokussieren sich die Menschen auch mehr auf negative Informationen. Positives wird dann tendenziell ignoriert. Existenziell durch Krankheit bedroht zu sein kann dazu veranlassen, sich kollektiv abzuschotten, wozu sich in solchen Zeiten stets nationalistische Ideologien besonders anbieten. Solche psychischen Dispositionen bilden mit den destruktiven Desinformationsmaßnahmen, die bezwecken, die Krise zur Aushöhlung der Demokratie zu nutzen, ein gefährliches Gemisch.

---

[46] T. Brand, R. Follmer, J. Hölscher, K. Unzicker, a.a.O., 29.

Die Negativtrends in der Gesellschaft verschärfen sich. Wie sehr das ausufert, hängt davon ab, ob die Menschen die Krise als Chance sehen und hilfreiche Folgerungen für gesellschaftliche Veränderungen daraus ziehen. Dafür gibt es Anzeichen und das macht Hoffnung. Immerhin: Mehr als 80 % der Deutschen denken, dass sich nach der Pandemie vieles bei uns ändern muss, berichten die Autoren der zweiten Bertelsmannstudie. Fraglich ist allerdings, was für Veränderungen sie meinen. 30 % von den Befragten haben mehr oder weniger die Orientierung verloren und vertrauen nicht mehr der politischen Führung. Sie sind besonders anfällig für Populisten, weil diese einfache Erklärungen und Weisungen zur Verfügung zu stellen. Dazu gesellen sich Personen, denen die pandemiebedingten Einschränkungen als Freiheitsberaubung gelten. Solche finden sich auch bei den besonders gut Situierten. Am meisten Zusammenhalt und Kooperation in der Pandemiebewältigung zeigt die Mittelschicht.

In der Tat, es gibt erfreulich Positives über den Zusammenhalt zu berichten. Insgesamt ist er 2020 stabil geblieben. Im Sommer hat er sich sogar etwas verstärkt. Als aber die Pandemie neu aufflammte, ließ das Gemeinschaftsgefühl wieder nach. Brüchig wird der Wille zur konstruktiven Gemeinschaftspflege vor allem dort, wo sich Menschen „in prekären Lebenslagen" befinden, insbesondere wenn sie zu wenig Geld haben. Ein niedriger Bildungsstand begünstigt ebenfalls auf Kosten des guten Miteinanders Misstrauen und Sorgen um die Zukunft. Es gibt starke Kräfte, die uns mehr zusammenbringen als bisher, aber es gibt auch starke Kräfte, die uns auseinander und gegeneinander treiben. Beide Hälften machen erst die ganze Wahrheit aus.

Aber wie gesagt, das weiß Opaschowski genauso, und er verschweigt es auch nicht. Er hat bloß zwischenzeitlich mal ein Auge zugedrückt, um mit erfreulichen Daten zu ermutigen. Das war nur etwas einseitig. 2022 erschien ein neuer Beitrag zur Einsamkeit des Zukunftsforschers im Sammelband zum Thema von der Diakonie Deutschland. Einsamkeit gehöre „zu den größten Tabus unserer Gesellschaft", schreibt er da,[47] und er problematisiert die Gemeinschaft der sozialen Medien: „Kommunikationsdichte und Kontaktlosigkeit sind keine Gegensätze mehr. Fremde Welten rücken zwar mit Hilfe von Massenmedien und modernen Kommunikationsmitteln relativ nah, während gleichzeitig aber der Nachbar wie der Bewohner einer fremden Welt immer ferner rückt." Das Einsamkeitsthema werde aber wohl demnächst ins Zentrum der Politik rücken. Er zitiert Jens Spahn, der das als Gesundheitsminister auch schon gesagt hat, und resümiert: „Wir müssen frühzeitig das einsame Leben bekämpfen und das gem(einsame) Leben entdecken. Sonst droht die Kontaktarmut als größte Altersarmut."[48]

Pandemie der Vereinsamung? Jedenfalls haben wir keine Zeit zu verlieren, um sie zu verhindern.

---

[47] Horst Opaschowski, Die größte Armut im Alter wird die Kontaktarmut sein: Ein Blick in das gem(einsame) Leben der der Zukunft, in: Astrid Giebel, Daniel Hörsch, Georg Hofmeister, Ulrich Lilie (Hg.), *Einsam: Gesellschaftliche, kirchliche und diakonische Perspektiven,* im Auftrag der Diakonie Deuschland (Evangelische Verlagsanstalt: Leipzig, 2022), 205.
[48] Ebd., 206 f.

Literatur

Bohn, C. Einsamkeit im Spiegel der sozialwissenschaftlichen Forschung. Dissertation zur Erlangung des Grades einer Doktorin der Philosophie. Universität Dortmund, Fachbereich Erziehungswissenschaft und Soziologie, Mai 2006. https://d-nb.info/997491426/34. Zugegriffen: 26. Aug. 2021.

Bujard, M., von Driesch, E., Ruckdeschel, K., Lass, I., et al. (2021). *Belastungen von Kindern, Jugendlichen und Eltern in der Corona-Pandemie.* Bundesinstitut für Bevölkerungsforschung.

Dreitzel, H. P. (1970). *Einsamkeit als soziologisches Problem.* Die Arche.

Follmer, R., Brand, T., & Unzicker, K. (2020). *Gesellschaftlicher Zusammenhalt in Deutschland 2020: Eine Herausforderung für uns alle. Ergebnisse einer repräsentativen Bevölkerungsstudie.* Bertelsmann Stiftung.

JRC Science for Policy Report. (2021). *Loneliness in the EU: Insights from surveys and online media data.* Publications of the European Union.

Klauser, N. Gemeinsam vereinsamt? Einsamkeit als gesamtgesellschaftliche Herausforderung. Konrad Adenauer Stiftung, Analysen & Argumente (2021) 432.

Leibniz, G. W. (1986). *Die Theodizee von der Güte Gottes, der Freiheit des Menschen und dem Ursprung des Übels.* Vorwort, Abhandlung, erster und zweiter Teil. Philosophische Schriften, erste Hälfte. Hg. u. übersetzt v. H. Herring. (Bd. 2, 2. Aufl.). Insel.

Neu, C., & Müller, F. (2020). Einsamkeit: Gutachten für den Sozialverband Deutschland. Dezember 2020. Unter Mitwirkung v. A.S. Heuer u. A. Tschesche. https://www.sovd.de/fileadmin/bundesverband/pdf/broschueren/gesundheit/Gutachten-Einsamkeit-sovd.pdf. Zugegriffen: 12. Okt. 2021.

Opaschowski, H. W. (2002). *Was uns zusammenhält: Krise und Zukunft der westlichen Wertewelt.* Olzog.

Opaschowski, H. (2022). Die größte Armut im Alter wird die Kontaktarmut sein: Ein Blick in das gem(einsame) Leben der der Zukunft. In A. Giebel, D. Hörsch, G. Hofmeister, & U. Lilie (Hrsg.), *Einsam: Gesellschaftliche, kirchliche und diakonische Perspektiven,* im Auftrag der Diakonie Deutschland. Evangelische Verlagsanstalt.

Opaschowski, H. (2020). *Die semiglückliche Gesellschaft: Das neue Leben der Deutschen auf dem Weg in die Post-Corona-Zeit. Eine repräsentative Studie.* Budrich. https://elibrary-utb-de.ezproxy.blb-karlsruhe.de/doi/epdf/10.3224/9783847416067. Zugegriffen: 7. Sept. 2021.

Robert Koch-Institut (Hrsg.). (2004). Angststörungen. Hg. Gesundheitsberichterstattung des Bundes, Robert Koch-Institut in Zusammenarbeit mit dem Statistischen Bundesamt, Heft 21. Robert Koch-Institut: Berlin, Mai 2004.

Storr, A. (1990). *Die schöpferische Einsamkeit: Das Geheimnis der Genies.* Aus d. Engl. v. C. Broerrmann. Paul Zsolnay.

Tagesschau.de. (10. November 2021). Zufriedenheit sinkt auf historisches Tief. https://www.tagesschau.de/inland/gesellschaft/gluecksatlas-deutsche-zufriedenheit-101.html. Zugegriffen: 23. Dez. 2021.

Wurm, S., & Schäfer, S. K. (2021). Ältere Menschen in Zeiten der COVID-19-Pandemie. *Report Psychologie, 46/9,* 7–9.

Maßnahmen gegen die Vereinsamung 10

Zusammenfassung

Dem genuinen Selbstverständnis der Kirche nach ist sie definiert als Zuhause für die Menschen in der Welt. Das prädestiniert sie eigentlich dafür, die Hauptinitiative im Kampf gegen die Vereinsamung zu übernehmen. Eine dementsprechende aktuelle Bewegung zeichnet sich bei uns bislang aber noch nicht überzeugend ab. Anders in der Politik: Dort ist nicht nur ein Bewusstsein für die Notwendigkeit nachhaltiger Maßnahmen entstanden, sondern bereits auch viel Forschung und programmatische Initiative geleistet worden. Dennoch ist das erst ein Anfang und es bleibt noch abzuwarten, was daraus wird. Es wird darum gehen, begonnene Maßnahmen fortzuführen und auszuweiten sowie kreativ und subsidiarisch neue Ideen zu verwirklichen. Dabei braucht es den politischen Mut, analog zur ökologischen Wende auch gegen dehumanisierende Strukturen vorzugehen. Wichtige grundlegende Veränderungen sind unter anderem die Reaktivierung des Subsidiarprinzips und die Erschließung der grundsätzlich vorhandenen Bereitschaft zum bürgerschaftlichen Engagement für Projekte zur Überwindung von Vereinsamung.

10.1 Kirchliche Maßnahmen

Als der evangelische Theologe Jürgen Gohde in den 90er Jahren Präsident des Diakonischen Werks der Evangelischen Kirche in Deutschland war, forderte er, dass sich „die Sozialkultur der Diakonie" an den Leitbegriffen „Solidarität, Gerechtigkeit, Personalität und Subsidiarität" ausrichten solle. „Solidarität", so sagte er damals, „läßt sich sozialpolitisch nur verwirklichen, wenn für die Menschen die Auswirkungen solidarischen

213

Handelns erlebbar sind. Dies dürfte am ehesten in relativ kleinen überschaubaren sozialen Einheiten möglich sein".[1] Er begründete sein Anliegen folgendermaßen: „Kollektive Lebensmuster verlieren zunehmend an Verbindlichkeit. Es stellt sich deshalb die Frage, wie aus dem Ich und Ich wieder ein Wir entstehen kann, wie praktisch lebbare soziale Zusammenhänge gestiftet werden können."[2] Genau darum geht es, wenn wir uns fragen, welche Maßnahmen ergriffen werden sollten, um dem Vereinsamungsproblem wirksam zu begegnen.

In den ersten Jahren des Neuanfangs der deutschen Demokratie nach 1945 herrschte nicht einfach nur der Geist des Kapitalismus. Man wollte eine *soziale* Marktwirtschaft verwirklichen. Dem sollte die Anwendung des Subsidiaritätsprinzips in sozialen Angelegenheiten dienen. Es besagt, dass Projekte, die nicht von der Bundespolitik ins Leben gerufen werden, sondern zum Beispiel von Bürgerinitiativen, von der Bundespolitik grundsätzlich erwünscht sind und gefördert werden sollen. Dadurch bleiben Verantwortung und Durchführung in den Händen derer, die ein unmittelbares soziales Ziel damit verfolgen, aber sie bleiben nicht allein damit, sondern erhalten staatliche Unterstützung dafür.

Nicht alle wichtigen Maßnahmen gegen die Vereinsamung können subsidiarisch angegangen werden, aber dort, wo es möglich und sinnvoll ist, sollte es auf diese Weise geschehen. Bei diesem Thema liegt viel am bürgerschaftlichen Engagement, an direkten und möglichst unbürokratischen Wegen, an persönlichem Kontakt zueinander und unmittelbarer Empfänglichkeit für Rückmeldungen und -wirkungen. Oder anders gesagt: Die Qualität der Maßnahmen hängt davon ab, dass kein einliniges Handeln durch organisierte Personen mit vorgegebenen Zielsetzungen vorgenommen wird wie etwa beim Zustelldienst der Post, sondern dass ein Resonanzraum entsteht, an dessen harmonischem Klang sowohl die Mitarbeitenden als auch die Zielgruppe beteiligt sind, weil man aufeinander achtet, miteinander und füreinander statt nebeneinander arbeitet, nicht nur gibt, sondern auch empfängt. Und nochmals mit anderen Worten: Die Qualität von Maßnahmen gegen Vereinsamung hängt davon ab, dass die engagierten Personen das selbst zum Ausdruck bringen, was sie ihrer Zielgruppe wünschen, nämlich eine wünschenswerte Form gelebter Gemeinschaft. Das geht in der Tat nur mit „relativ kleinen überschaubaren Einheiten". So kann echte Solidarität mit vereinsamten Menschen und untereinander entstehen, so wird man der Zielgruppe und einander gerecht, so bleibt die Personalität des Handelns gewahrt und so werden die Initiativen zu Modellen, die Kreise ziehen können, weil sie attraktiv sind und sich andern zur Nachahmung empfehlen.

Eigentlich ist die Kirche, gleich welcher Konfession und Denomination, dazu prädestiniert, die Hauptinitiative zu ergreifen, um nachhaltige Maßnahmen gegen die Vereinsamung aufzubauen, denn ihr genuines Wesen ist communiale, famale Gemeinschaft. Sinn der Kirche in der Welt und für die Welt ist es, einladendes, liebevolles

---

[1] Jürgen Gohde, Konfessionalität und Professionalität. Bericht bei der Diakonischen Konferenz, Bremen (1997) 10.

[2] Ebd.

Zuhause für die Entfremdeten zu sein und ermutigendes Modell gemeinsamen Lebens. Alles, was die Kirche sonst darstellt, hat entweder im Verhältnis dazu eine Randbedeutung oder es steht ihrem genuinen Proprium entgegen, man könnte auch sagen: Es ist eigentlich gar nicht Kirche, es gehört eigentlich nicht zu ihr.

Wenn es dehumanisierende Vorgänge in der Gesellschaft gibt, kann sich die Kirche ihrer Verantwortung dafür nicht entziehen. Als „Salz der Erde" und „Licht der Welt" muss ihr Selbstbewusstsein darin bestehen, nicht *neben* der Welt, sondern mitten *darin* „das gewisse Etwas" zu sein, das den menschlichen Bemühungen, menschlicher zu werden, zum Erfolg verhilft. Dieses Licht soll „allen leuchten, die im Hause sind", sagt der Herr der Kirche in der Bergpredigt.[3] Der Raum der Kirche ist der Leuchter, der Raum der Welt ist das Haus. Die Welt braucht das Licht, aber wenn das Licht nicht im Haus auf dem Leuchter steht, sondern irgendwie verborgen bleibt, bleibt sein Leuchten ohne Sinn. Das ist den Worten ihres Meisters nach konstitutiv für die Kirche.

„Im Jahr 2030", erinnert Horst Opaschowski in der ersten größeren kirchlichen Veröffentlichung jüngeren Datums zu den aktuellen Fragestellungen des Themas „Einsamkeit",[4] „wird die Mehrheit der über 60-Jährigen nicht verheiratet, sondern ledig, verwitwet oder geschieden sein." Er redet Klartext: „Machen wir uns nichts vor: Die traditionelle Familie [...] gibt es bald nicht mehr."[5] Die Häupter der Katholischen Kirche wollen es nicht glauben, stattdessen halten sie fest an ethischen Verordnungen für Familienplanung und -gestaltung, die der Vermenschlichung des Menschen je länger je mehr offenkundig im Weg stehen. So ist die Kirche kein Zuhause für die Menschen dieser Welt. 2030 allerdings ist ein Datum, das in beiden Großkirchen Deutschlands sehr ernst genommen wird und ihnen große Sorge macht, aber nicht der wachsenden Vereinsamung wegen, sondern weil sie sich bis dahin neu organisiert haben wollen, um finanziell und personell den Folgen des Mitgliederschwunds zu begegnen.

In der Tat, das sind schon wichtige Angelegenheiten, aber was ist mit dem Eigentlichen? Arndt Büssing, Medizinprofessor und eine der Hauptpersonen für die Erforschung des Zusammenhangs von Religion, Spiritualität und Gesundheit in Europa, fasst im selben Sammelband als ein Ergebnis seiner Forschungen zur Pandemie zusammen, dass sich in

---

[3] Matthäus 5,13–15.

[4] Das 2021 bei C.H. Beck erschienene Buch „Für sich sein" von Johann Hinrich Claussen, Kulturreferent der EKD, und Ulrich Lilie, Präsident der Diakonie Deutschland, will, wie schon der Titel sagt, vor allem ein Wegweiser dafür sein, sich die Einsamkeit als Ressource zu erschließen.
Vgl. https://www.chbeck.de/claussen-hinrich-lilie/product/32392612.

[5] Horst Opaschowski, Die größte Armut im Alter wird die Kontaktarmut sein: Ein Blick in das gem(einsame) Leben der der Zukunft, in: Astrid Giebel, Daniel Hörsch, Georg Hofmeister, Ulrich Lilie (Hg.), *Einsam: Gesellschaftliche, kirchliche und diakonische Perspektiven*, im Auftrag der Diakonie Deuschland (Evangelische Verlagsanstalt: Leipzig, 2022), 207.

deren späteren Verlauf „eine deutliche Dynamik in der Ausprägung negativer Gestimmtheit und dem Empfinden von Einsamkeit und sozialer Isolation" gezeigt hat.[6] Aus einer großen Studie Büssings zusammen mit zwei Professorenkollegen zur Bedeutung von Spiritualität und Religion während der Pandemie war hervorgegangen, dass sich insgesamt die Verbundenheit religiöser Menschen zu ihren kirchlichen Gemeinschaften reduziert hatte, auch die persönliche Glaubenszuversicht wurde geringer und die Praxis des Betens und Meditierens ließ nach, sie erfuhren wenig Beistand aus den Kirchen und waren damit unzufrieden; wenn sie spirituelle Kraft schöpften, dann geschah das ohne Gemeindebezug.[7] Die Kirchenvertreter sind angesichts der Krise „selber sprachlos geworden", stellen die Autoren fest, „und viele Suchende haben sich von den Kirchen und von Gott abgewandt."[8] Und was empfehlen die Experten? Es solle „der diakonische Auftrag der Kirchen unterstrichen werden, proaktiv auf diejenigen zuzugehen, die sich als ‚ausgeliefert' und ‚zurückgelassen' empfinden. Es lohnt sich, nicht nur den Fragenden, sondern auch den sprachlos Gewordenen zuzuhören."[9] Proaktives Aufsuchen der Menschen also dort, wo sie wirklich sind, sie aufsuchen in *ihren* Häusern, einfach da sein und empathisch hören, auch und gerade dann, wenn niemand Fragen stellt. Wird die Kirche sich auf die Suche nach den Vereinsamten machen, die nicht von selbst zu ihr kommen und etwas von ihr wollen? Einfach nur, um Gemeinschaft zu erfahren, zu geben und zu nehmen? Einfach nur, um das Leben mit ihnen zu teilen?

Es wird nicht zuletzt darauf ankommen, wie weit sich die Kirche darauf einlässt, den Kampf gegen das Vereinsamen als ihre genuine Aufgabe zu verstehen, der Priorität gebührt. Aus den Beiträgen des Sammelbands geht das insgesamt nicht klar hervor. Er ist eine bunte Meinungsmischung von Menschen, die dem akuten Vereinsamungsproblem ernsthaft ins Auge sehen,[10] anderen mit eher zeitlosen theologischen Erwägungen und dergleichen, sowie Propheten der unbekümmerten Zuversicht, die wohl als unverzagter Glaube gelten soll. Johann Hinrich Claussen, Kulturbeauftragter der Evangelischen

---

[6] Arndt Büssing, Empfundene Einsamkeit und soziale Isolation im Verlauf der Corona-Pandemie, in: Astrid Giebel, Daniel Hörsch, Georg Hofmeister, Ulrich Lilie (Hg.), *Einsam: Gesellschaftliche, kirchliche und diakonische Perspektiven*, im Auftrag der Diakonie Deuschland (Evangelische Verlagsanstalt: Leipzig, 2022), 225.

[7] Arndt Büssing, Klaus Baumann, Janusz Surzykiewicz. Loss of Faith and Decrease in Trust in a Higher Source During COVID-19 in Germany. *Journal of Religion and Health 2022.* https://link.spr inger.com/article/10.1007%2Fs10943-021-01493-2. Abruf 21.01.2022.

[8] A. Büssing, Empfundene Einsamkeit, a.a.O., 227.

[9] Ebd.

[10] Schön geht der Beitrag von Tobias Faix und Ronja Dietrich auf die von Opaschowski angesprochene veränderte Struktur des Zusammenlebens ein. Kirche solle den Singles „Geborgenheit und Wärme vermitteln". Tobias Faix, Ronja Dietrich, Über den Mythos des einsamen Singles. Ergebnisse einer deutschlandweiten empirischen Erhebung zum Thema Einsamkeit und christliche Singles, in: Astrid Giebel, Daniel Hörsch, Georg Hofmeister, Ulrich Lilie (Hg.), *Einsam: Gesellschaftliche, kirchliche und diakonische Perspektiven*, im Auftrag der Diakonie Deuschland (Evangelische Verlagsanstalt: Leipzig, 2022) [Exzerpt Giebel 03], 286.

Kirche in Deutschland, angesehener Publizist und Honorarprofessor, also jemand, dessen Wort gewiss Gewicht beansprucht in der Kirche und als eines ihrer Sprachrohre, noch dazu in einem solchen Sammelband, nennt es „eine gefährlich Mode", von einer Epidemie der Einsamkeit zu reden, und hält es für angebracht, das sarkastisch zu kommentieren. Die Politik sei nicht ernst zu nehmen, weil sie ja doch nichts zustande bringe als „die üblichen ‚Maßnahmepakete'". „Unrühmliches und zum Glück in Deutschland noch unerreichtes Vorbild hierfür ist das lächerliche ‚Einsamkeitsministerium' in England". Wer das Gehabe mitsamt dem „Medien-Tamtam" durchschaue, dem schlage „das Herz nicht eben höher, wenn man von hiesigen Politikern die Forderung nach einem ‚Einsamkeitsbeauftragten der Bundesregierung' vernimmt." Denen gehe es nur darum, „ein Thema zu besetzen".[11] Und Erik Händeler, Wirtschaftsjournalist und Zukunftsforscher mit großem Publikum, sieht sehr Gutes auf uns zukommen: „Derselbe technische Wandel, der uns einsam gemacht hat, wird uns auch wieder zusammenführen."[12] Schön, wenn er so guter Dinge ist, aber man wird doch fragen dürfen, wann und wie. Jedenfalls meint er zu wissen, dass „der Abgrund der Einsamkeit […] nur ein Zwischenschritt" ist „in einem notwendigen Lernprozess". Noch wirbelt Staub auf, aber der wird sich legen, und siehe da: Die Menschheit ist auf einmal richtig menschlich und die Technik hat es ihr ermöglicht.[13]

Aber das ist ja nicht die *ganze* Kirche. Nur darf man vielleicht vermuten, dass die kirchliche Initiative gegen das wachsende Vereinsamungsproblem noch nicht sehr weit gediehen ist.

10.2 Politische Maßnahmen

Nicht alle Maßnahmen gegen die Vereinsamung lassen sich subsidiarisch angehen. Manches kann nur auf höheren politischen Ebenen beschlossen und durchgesetzt werden. Um politische Weichen zu stellen, die weitreichende, tiefgehende und langfristige Wirksamkeit entfalten werden, muss die Politik auch im Sozial- und Gesundheitswesen Abschied vom Mythos des Tina-Prinzips nehmen. Der neoliberale Ungeist darf nicht mehr tun, was er will. Die Zeit für eine politische Neubesinnung in dieser Hinsicht ist günstig, weil der Klimawandel ein neues Bewusstsein dafür angestoßen hat, der Industrie dort, wo es nötig

---

[11] Johann Hinrich Claussen, Zur Sprache der Einsamkeit – Oder: Muss Einsamkeit trts ‚bekämpft' werden, in: Astrid Giebel, Daniel Hörsch, Georg Hofmeister, Ulrich Lilie (Hg.), *Einsam: Gesellschaftliche, kirchliche und diakonische Perspektiven*, im Auftrag der Diakonie Deuschland (Evangelische Verlagsanstalt: Leipzig, 2022), 192. Besonders verblüffend ist sein Kommentar zur Formulierung „Einsamkeitsbeauftragter": Er meint wahrzunehmen, dass „der unüberhörbare militärische Zungenschlag" darin „sich selbst entlarvt". Ebd., 192.

[12] Erik Händeler, Weil wir einander brauchen: Wie die Technik uns einsam macht – und dann am Ende wieder neu zusammenbringt, in: Astrid Giebel, Daniel Hörsch, Georg Hofmeister, Ulrich Lilie (Hg.), *Einsam: Gesellschaftliche, kirchliche und diakonische Perspektiven*, im Auftrag der Diakonie Deuschland (Evangelische Verlagsanstalt: Leipzig, 2022), 197–204.

[13] Ebd., 203 f.

ist, auch Grenzen zu setzen, die ihr nicht gefallen. Man ziert sich aber abgesehen von der Ökologie noch zu sehr, das auch dort zu wagen, wo unternehmerische Machenschaften verantwortlich für gravierende *Gesundheitsschäden* sind. Doch auch in dieser Hinsicht ist die Zeit günstig, hier wie dort nicht aufgrund des wundersamen Wandels der Technik, sondern der Not wegen. „There is no alternative" muss mittlerweile heißen: Die Geldmächtigen *müssen* erstens politisch gezwungen werden, nicht mehr mit dem Zweck der Profitmaximierung und Machterhaltung die Umwelt zu zerstören. Und zweitens *müssen* sie politisch gezwungen werden, nicht mehr Demokratie und Freiheit zu unterdrücken, übelst anzugreifen und zu zerstören und die Menschenrechte mit Füßen zu treten, ohne ihren Reichtum dabei zu verlieren. Der neo-liberale Ungeist ist seinem Unwesen nach verantwortungslos, denn er ordnet jedes Ziel den Oberzielen unter, seine Macht und seinen Reichtum zu erhalten, zu sichern und zu vergrößern. Habsucht ist unersättlich.

Das Tina-Prinzip steht für die politische Kapitulation diesem Ungeist gegenüber. Wir müssen heute nüchtern bekennen, dass er in weiten Teilen der Welt ganz analog zur Umweltzerstörung auch bereits gewachsene Demokratien zerstört und die noch zarten Pflanzen heranwachsender Demokratien zertrampelt hat. Er zerstört die Freiheit und sieht den Menschen nur als Mittel zum Zweck der eigenen Machtsteigerung und Bereicherung. Seine Herrscherfiguren sind Psychopathen und Narzissten und deren Anhängerschaft ist vom selben Schlag.

Es ist bereits passiert: So wie die Umwelt schon zu einem großen Teil zerstört ist, so auch Freiheit und Demokratie in weiten Teilen der Welt. Die Weltorganisationen, deren Aufgabe es ist, die Menschenrechte zu schützen und durchzusetzen, werden von den Geldmächtigen nicht ernst genommen.

Um so mehr gilt jetzt, dass es für die verbliebenen immer noch funktionsfähigen demokratisch freiheitlichen Staaten *keine Alternative* dazu gibt, dem Ungeist dort sehr klare und harte Grenzen zu setzen, wo es nur *möglich* ist, und das Eingegrenzte als Heiligtum zu verstehen, das es wert ist, mit unerbittlicher Konsequenz und dem Einsatz aller Kraft und Intelligenz geschützt zu werden.

Toxisch für Freiheit und Demokratie ist alles, was um der Profitmaximierung willen die seelische Gesundheit der Menschen schädigt und zerstört. Seelisch gesunde Erwachsene sind mündig, vernünftig urteilsfähig, sozial verantwortlich, lebensmutig. Sie sind vertrauensfähig und vertrauenswürdig. Sie bejahen gern die Menschenrechte und nehmen sie für sich selbst und andere in Anspruch. Sie kennen ihre authentischen Bedürfnisse, stehen dazu und kompensieren nur wenig, aber sie achten auch genauso die Bedürfniss der andern. Sie gehen verantwortlich mit sich selbst und der Gemeinschaft um. Sie machen Fehler und lernen daraus. Sie sind versöhnlich, nur nicht dem Bösen gegenüber. Sie lieben die Wahrheit und wollen sie verstehen. Sie sind leidensbereit, im Maß der Werte, von denen sie überzeugt sind. Die Gemeinschaft seelisch gesunder Menschen ist das Fundament der Demokratie.

Das ist ideal gesprochen, aber *notwendig* ideal. Es ist vieles zerstört, aber es ist nicht alles verloren. Es gibt keine Alternative: Die Kernaufgabe demokratischer Politik ist,

Freiheit und Menschenrechte zu schützen, zu sichern und zu pflegen. Wenn das gesellschaftlich dominierende Wirtschaftssystem das Feld der Freiheit und der Menschenrechte verseucht, dann gibt es keine Alternative dazu, den toxischen Dünger zu verbieten. Er lässt ja vieles prachtvoll aufblühen, aber nichts, was echt ist und gesund.

Soweit die Vorrede. Was konkret muss und kann nun die Politik gegen das Vereinsamungsproblem tun? Es gibt manches, was bereits im Gang ist:

- Sich selbst der Realität, der Dimension und der Komplexität des Problems bewusst werden. In dieser Hinsicht ist schon viel geschehen und das ist dankenswert. Aber es darf nicht nachlassen.
- Die wissenschaftliliche Erforschung des Problems fördern, initiieren, koordinieren. Auch das geschieht bereits, auch das ist dankenswert.
- Subsidiarische Initiativen anregen, aufnehmen, belohnen und fördern. Damit haben wir schon begonnen und es gibt bereits einiges dieser Art. Das ermutigt.

Wie sehr das fruchtet, hängt von dem Boden ab, auf den es gepflanzt ist. Der Boden sind die gesellschaftlichen Verhältnisse. Womit wird der Boden der gesellschaftlichen Verhältnisse gedüngt? Mit Inhalten, die ihn zum Nährboden des gesunden gesellschaftlichen Zusammenhalts machen? Oder mit Geld? Man wird es nicht verhindern können und darf es auch nicht: Das Geld spielt eine wichtige Rolle für den gesellschaftlichen Zusammenhalt. Wir haben gesehen, wie viel der Wohlstand dazu beiträgt, die Eskalation des Vereinsamungsproblems zu verzögern. Und ohne Geld lassen sich auch alle guten Initiativen gegen die Vereinsamung nicht realisieren. Geld ist eine wichtige, aber auch gefährliche Zutat in der Düngemischung. Dem neoliberalen Ungeist geht es *vor allem* ums Geld, einer menschenfreundlichen Politik hingegen geht es *auch* ums Geld, aber vor allem um den *Menschen*. Es geht ihr um das Geld nur um des Menschen willen. Das Geld muss *dienen*: der Menschlichkeit. Alles andere ist Gift für den gesellschaftlichen Zusammenhalt. Es zerstört die Gemeinschaft, es vergiftet die Beziehungen, es zerstört die seelische Gesundheit der Individuuen, es treibt in soziale und emotionale Isolation.

„Diakonische Einrichtungen sind keine Wirtschaftsunternehmen", hat Gohde seinerzeit in jenem Statement zur „Sozialkultur der Diakonie" behauptet, „sondern kirchliche Einrichtungen. Wir dürfen deshalb auch nicht einfach von kirchlichen Arbeitgebern reden. So belastet das Wort ‚Dienstgemeinschaft' in manchen Ohren klingt, es beschreibt den Auftrag, dem wir uns stellen müssen."[14] Hier wird theologisch klassisch eine wertbestimmte Grenzline zwischen „Kirche" und „Welt" gezogen. Was ist, wenn man den Satz, seiner Logik folgend, umdreht? „Wirtschaftsunternehmen sind keine diakonischen Einrichtungen". Weiter gefolgert: „So gern wir es hätten, dass sie Dienstgemeinschaften wären, entspricht es doch nicht dem Auftrag, dem sie sich stellen müssen." So redet man, wenn man sich dem Tina-Prinzip beugt. Allenthalben ist dann von „Sachzwängen" die Rede, und weil die Diakonie ihren Ort nirgends als mitten in der Wirtschaftswelt einnimmt, als

---

[14] J. Gohde, a.a.O.

einer der größten Arbeitgeber noch dazu, hat sie es natürlich auch an allen Ecken und Enden mit „Sachzwängen" zu tun, als gäbe es keine Alternative. Aber jeder Sachzwang muss sich legitimieren und das kann er nur, wenn er auch sach*gerecht* ist. Sachgerecht ist immer nur, was der Sache dient. Im Gesundheitswesen dient der Sache, was der Gesundheit dient, und nicht, was der Profitmaximierung dient. Darum können Unternehmen im Gesundheitswesen nicht neoliberalen marktwirtschaftlichen Prinzipien gehorchen. Es ist nicht sachdienlich.

Da gibt es keine Alternative: Unternehmen im Gesundheitswesen müssen sich als *Dienstgemeinschaften* definieren, sonst wird ein *Gesundheitsunwesen* daraus, und das ist gar nicht gesund. Vielen der Einrichtungen wird man nicht absprechen können, dass sie das auch eigentlich wollen. Ihre Leitlinien reden davon. Aber sie knicken ein vor dem Popanz der „Sachzwänge". Darum gibt es so bedrückend viel Unmenschliches im Gesundheitswesen.

Was konkret muss und kann nun die Politik gegen das Vereinsamungsproblem tun? Es liegt manches vor, was noch zu wenig in Gang gekommen ist, wozu es aber keine Alternative gibt. Im Folgenden sind einige Desiderate aufgeführt, ohne Anspruch auf Vollständigkeit:

Maßnahmen im Gesundheitswesen

- Höhere Bezahlung und bessere Arbeitsbedingungen für Fachpersonal in der Altenpflege.
- Systematische Anwerbung von ausländischen Fachpersonen oder Auszubildenden für die Altenpflege sowie deren gute und sprachliche und fachliche Integration.
- Ausreichende Bereitstellung von Personal als Priorität der Qualitätssicherung von Altenheimen und Kliniken.
- Optimierung der ärztlichen Versorgung von Pflegeheimbewohnern.

Maßnahmen gegen die Armut

- Verbesserung des Systems der Grundsicherung, möglichst in Gestalt eines Grundeinkommens, das dafür sorgt, dass niemand mehr ein Leben unter der Armutsgrenze führen muss.
- Sozialverträgliche Steuerung der Mietpreise.
- Verpflichtung reicher Menschen, sich an Formen des sozialen Ausgleichs zu beteiligen.

- Infrastrukturelle Erschließung „abgehängter" ländlicher Gebiete und ihre Attraktivitätssteigerung durch entsprechende Maßnahmen.[15]

Das derzeitige *Wohungsproblem* ist ein signifikantes Beispiel des Einknickens der Politik vor dem neoliberalen Ungeist. Warum haben die zuständigen Regierungen so wenig Interesse daran, dem Immobilienmarkt das Zaumzeug anzulegen, das er dringend bräuchte, um den gesellschaftlichen Zusammenhalt nicht auszuhöhlen? Wollen sie wirklich nicht oder folgen sie einmal mehr dem Tina-Mythos? Die Gentrifizierung von Stadtkernen zugunsten der Reichsten bezahlen die Armen mit ihrer Wohnungsnot. Die exklusiven Wohnungen der Superreichen sind exklusiv im üblen Sinn des Wortes, weil sie die soziale Exklusion von Menschen befördern, die nicht weit weg von der Armutsgrenze oder darunter lebend womöglich an ihrer Wohnsituation verzweifeln. Das ist ein eklatanter, unverantwortlicher Beitrag zur Spaltung der Gesellschaft.

Auch hier gilt wieder: Der neoliberale Markt reguliert sich nicht von selbst zugunsten der Sozialverträglichkeit, wie immer wieder behauptet wird, weil das seinem Leitprinzip der Profitmaximierung widersprechen würde.

Maßnahmen im Bildungsbereich

- Korrektur der Verlagerung des *Bildungs*wesens zu einem *Ausbildungs*wesen unter dem Einfluss des Neoliberalismus, das die gesunde Persönlichkeitsentwicklung als Bildungsziel vernachlässigt und zu wenig eigenständiges Denken fördert.
- Aufwertung nicht-akademischer Berufswege, um nicht-akademisch ausgebildeten Personen attraktive und ehrenwerte Alternativen zu ermöglichen.
- Verbesserung der Arbeitsbedingungen von Lehrkräften und deren beständige Schulung und Supervision zur Optimierung ihrer Sozialkompetenz.
- Staatlich zertifizierte und koordinierte Formen der Erwachsenenbildung mit attraktiven Qualifizierungsmöglichkeiten in Bereichen, die zur Persönlichkeitsentwicklung, Gemeinschaftsförderung und politischen Urteilsfähigkeit beitragen.

Es gibt viele Möglichkeiten von Bildungsmaßnahmen zur Förderung der seelischen Gesundheit und glücklicher Beziehungen, angefangen in der Kindergartenerziehung bis zur Seniorenbildung. Zur Verwirklichung bedarf es subsidiärischer Initiativen, aber der Staat muss das erkennbar wollen und auf eine Weise fördern, die so starke Anziehungskraft erzeugt, dass viele Menschen bereit sind, sie gern gegen die mediale Langeweile

---

[15] „Neue Mobilitäts- und Versorgungskonzepte wie Bürgerbusse, Sammeltaxis und mobile Dienste sind [...] dringend notwendig, damit die ältere Landbevölkerung nicht den Anschluss verliert. Leider laufen solche Projekte bisher kaum flächendeckend und häufig nur als Pilotprojekte in einzelnen Gemeinden." Berlin-Institut für Bevölkerung und Entwicklung, Körber Stiftung (Hg.), (Gem)einsame Stadt? Kommunen gegen soziale Isolation im Alter: Fakten, Trends und Empfehlungen für die Praxis (Körber-Stiftung: Hamburg, 2019), 16.

und Kompensation auszutauschen. Hierfür muss das gute Innovationspotenzial der Kommunikationsmedien genutzt werden, aber die Maßnahmen dürfen nicht darin aufgehen wie unter den Bedingungen der Pandemie, sondern sie brauchen den Kern realer Begegnung von Mensch zu Mensch. Sonst mischt sich, bequem zwar und faszinierend, aber mit bedenklichen Folgen, zu sehr die Maschine in das Bildungsgeschehen ein und übernimmt, je mehr sie robotisiert ist, auch das Kommando. Dieser Trend muss unbedingt gestoppt werden. Es gibt ein schlichtes Mittel dafür: *Echte Menschen.* Zum Beispiel richtige echte Lehrer.

Maßnahmen im Medienbereich
Hier geht es vor allem um die gesetzliche Eindämmung der medialen Uferlosigkeit, die keine ethischen Grenzen kennt, und deren Inhalte selbst Kindern größtenteils ohne Weiteres zugänglich sind. Die Medienfreiheit ist ein sehr hohes Gut, aber nicht das höchste. Für die Medienfreiheit dürfen nicht Wahrheit und seelische Unversehrtheit geopfert werden. Freiheit schlägt um in eine Form der menschenverachtenden Tyrannei, wenn sie nicht durch Verantwortung geerdet wird. Ein Minimum an Verantwortung einzufordern ist die Pflicht des Gesetzgebers. Die notwendige Eindämmung bezweckt nicht Einengung, darum braucht der mediale Fluss ein breites Bett. Aber die gegenwärtige Uferlosigkeit ist unakzeptabel. Ohne durchsetzungsfähige gesetzliche Maßnahmen wird sich das nicht ändern, weil dieses Meer das Eldorado der Verantwortungslosen ist. Es ist gewiss nicht einfach, inmitten der medialen Überflutung Dämme zu errichten, aber es ist dringend geboten und überfällig.

Die mediale Uferlosigkeit hat eine erhebliche Mitschuld am Vereinsamungsproblem, weil Menschen einerseits mit schädigenden Inhalten in einen süchtigen Bann gezogen werden, emotional degenerieren und teilweise verrohen, andererseits bewirkt die zunehmende Schwierigkeit, im oberflächlichen Wahrnehmungsmodus des Internetsurfens Wahrheit und Lüge auseinanderzuhalten, einen tiefgreifenden und weitreichenden Vertrauensverlust in Bezug auf eigentlich Vertrauenswürdiges und eine naive Vertrauensseligkeit gegenüber Lügenbehauptungen mit bösen Zielen.

Politische Grenzziehungen sind auch gegenüber den Medienunternehmen unabdingbar, indem deren Manipulationsprinzipien genau analysiert und ihre gesellschaftlichen und individuellen Auswirkungen sorgfältig untersucht werden. Warnungen wie die von Weizenbaum, Turkle und Lanier sind ernstzunehmen.

Die gegenwärtige demokratische Politik scheint noch zu viel Respekt vor den Lobbyisten zu haben und weist zugleich eine gefährliche Tendenz auf, Freiheit höher zu bewerten als Verantwortung. Die Verantwortung ist aber nichts anderes als der Goldwert der Freiheit. Wir erleben heute einen inflatorischen Missbrauch der Freiheit. Je weniger die Währung der Freiheit durch ihren Goldwert der Verantwortung gesichert ist, desto mehr verfällt der Freiheitswert. Im selben Maß wächst die Menge des Geldes bei den wenigen, die davon hemmungslos und ungehemmt profitieren, ins Uferlose. Der schreckliche Preis, den wir dafür zu zahlen haben, ist ein globaler Trend zur Entmenschlichung.

Der Eisberg des Vereinsamungsproblem vergrößert sich im eiskalten Klima von Habgier und Gleichgültigkeit. Die Demokratien ertrinken in der kalten Flut.

Digitale Kompetenz vermitteln
Ich hatte ursprünglich vor, dieses Thema in einem Unterkapitel „Maßnahmen gegen Vereinsamung im Alter" zu behandeln. Das legte sich mir nahe, weil es in der öffentlichen Diskussion mit besonderem Nachdruck dort verortet wird. Es wird im Allgemeinen als Nachhilfe für die Kenntnis der Handhabung digitalisierter Vorgänge verstanden, die man zunehmend braucht, um seine bürgerlichen Pflichten zu erfüllen und Ziele zu erreichen, für die man bislang ein bestimmtes Büro aufgesucht, telefoniert oder geschrieben hat. Die Digitalisierung nötigt zu PC und Smartphone und digitale Kompetenz ist aus dieser Perspektive das Ergebnis einer Schulung, der Nötigung zu gehorchen.

Zum Teil ist die Nötigung selbst aber bereits Folge eines Mangels an einer digitalen Kompetenz, die nicht in der Einübung der Bedienung von Geräten besteht, sondern in angewandter *Vernunft.* Das wurde mir klar, als ich den Abschnitt über die gesellschaftlichen Trends schrieb. Digitale Kompetenz ist nicht nur ein *Schulungsproblem,* sondern vor allen Dingen ein *Bildungsproblem* mit dem Schwerpunkt der *Persönlichkeitsbildung,* vergleichbar und nah verwandt mit der *sozialen Kompetenz.* Das eigentliche Bildungsziel der eigentlichen digitalen Kompetenz besteht darin, mündig und souverän die Medien zu beherrschen, statt sich von ihnen beherrschen zu lassen, und darum auch so frei wie möglich selbst entscheiden zu können, wozu sie dienen sollen und wozu besser nicht. „So frei wie möglich" sage ich, weil diese Freiheit bereits erheblich eingeschränkt ist, in totalitären Regierungsformen, allen voran China, sogar schon mit der wachsenden Aussicht auf Vollständigkeit. So etwas nennt man bekanntlich den totalen Überwachungsstaat. Ein wesentlicher Gesichtspunkt der digitalen Kompetenz ist mithin die Fähigkeit, den Spielraum für Entscheidungen, sich dem Mainstream der Digitalisierung zu entziehen, um der Vernunft und um der Lebendigkeit willen, zu kennen, kritisch beurteilen zu können und gezielt selektiv zu nutzen, so wie ein kompetenter Angler, der sich nur das aus dem Fluss fischt, was er aus gutem Grund behalten möchte. Wir brauchen keine Impfverweigerung, aber wir brauchen Digitalisierungsverweigerung überall dort, wo die Nötigung dazu unvernünftig ist oder jedenfalls, situationsbezogen oder generell, mehr schadet als gut tut.

10.3 Gemeinschaftsbildende Maßnahmen

In einiger Hinsicht ist die Politik in den letzten Jahren in diesem Bereich schon innovativ rege gewesen, wenn auch manches davon erst ein Anfang ist. Begriffe wie Quartiersmanagement, Inklusion, Teilhabe und Integration haben sich etabliert und finden viel Verwendung, weil man sich politisch um das kümmert, was sie besagen. Das ist eine hoffnungsvolle gesellschaftliche Entwicklung, die aber auch weitere Triebkraft benötigt, weil trotzdem noch vieles in den betreffenden Aufgabenfeldern im Argen liegt.

Gemeinschaftsfördernde Architektur
Auf architektonischem Gebiet kann sich im Zuge von Energie- und Verkehrswende der Horizont für neue Ideen öffnen, die insbesondere der Anonymität des vereinzelnden Wohnens in den Großstädten entgegenwirken und das bereits in Verwirklichung begriffene Konzept der *Mehrgenerationenhäuser* ergänzen. Zu denken ist zum Beispiel an die Einrichtung von Wohn- und Lebensgemeinschaften in Gestalt moderner Weiler, mit kleinen Häusern als Wohneinheiten für mehrere Generationen, die um einen Ortsmittelpunkt gruppiert sind, mit ökologischer Energieversorgung in synergistischer Naturverbundenheit, das heißt nützlich für die Natur wie für die Menschen, mit dem Vorzug gesunder, teilweise autarker Ernährung durch eigenen Gartenanbau und so weiter – in gewisser Weise die Neuerfindung einer Dorfgemeinschaft wie in alten Zeiten, aber auf modernste ökologische und gemeinschaftsfördernde Weise aktualisiert. Derartiges lässt sich ohne Weiteres auch bis in die Zentren großer Städte hinein verwirklichen, es bedarf nur des architektonischen Geschicks und des kommunalpolitischen Willens.

Überlegenswert sind auch angepasste Wohnformen, die der modernen Nomadenhaftigkeit besser gerecht werden als das überkommene Hausen in fixierten Wohnsitzen. Zum Beispiel ließe sich das bislang weitgehend dem Urlaub zugeordnete Leben in Wohnmobilen und auf Campingplätzen zu beweglichen Wohnsitzen ausweiten, was konsequent bislang fast nur von den Roma und Sinti verwirklicht wird. Hierfür könnten etwa veränderte Wohnmobile konstruiert werden, die noch mehr kleinen Häusern auf Rädern gleichen als bislang. Alternative Campingplätze könnten entstehen, die den Charakter einer Zusammenkunft haben, die man bei nomadisierenden Indigenen als „Lager" bezeichnet. Solche bewusst als vorübergehende Wohnstätten konzipierten „Lager" lassen sich wiederum zugleich als Treffpunkte von Interessengemeinschaften gestalten.

Der Grundgedanke dieser Ideen, die man jetzt noch in viele Facetten hinein weiterspinnen könnte, liegt darin, eine neue Transparenz zu schaffen, die das starre Verhaftetsein an die Quaderkästen der Betonsilos in den Städten und das Übermaß der Abgeschlossenheit hinter dem Gartenzaun zugunsten echter Begegnung ohne Verzicht auf die individuelle Freiheit beträchtlich auflockert und dadurch die Kontaktpflege mithilfe eines Mediums auf Beziehungen, die gerade anders nicht zu haben sind, reduziert.

In der kreativen Veränderung von nur dem Schein nach selbstverständlichen traditionellen Wohnverhältnissen und infrastrukturellen Gegebenheiten liegt viel Potenzial für gemeinschaftsbildende Maßnahmen, das hoffentlich demnächst immer mehr ausgeschöpft wird; nicht zuletzt ist es ja auch aus ökologischer Perspektive von hoher Bedeutung.

Bürgerschaftliches Engagement
Das Feld der gemeinschaftsbildenden Maßnahmen ist groß und, Gott sei Dank, wir verfügen über viele reell wie potenziell gemeinschaftsfördernde Strukturen, wie religiöse

Gemeinden, Vereine und andere Initiativen des bürgerschaftlichen Enagements. Das ist eine starke Ressource für die Maßnahmen gegen Vereinsamung.

Es darf dankbar betont werden, dass eine hohe Bereitschaft zum ehrenamtlichen Engagement unter den deutschen Bürgerinnen und Bürgern vorhanden ist. „Die Beteiligung von bürgerschaftlich engagierten, freiwilligen Helferinnen und Helfern gehört zu den wünschenswerten und erfreulichen Entwicklungen der letzten Jahrzehnte", hielt der Deutsche Ethikrat 2012 in seiner Bestandsaufnahme „Demenz und Selbstbestimmung" fest, verband das allerdings auch mit einer gesundheitspolitischen Verpflichtung: So wie die engagierten Angehörigen bräuchten diese Menschen aber auch „eine Würdigung der ehrenamtlichen Arbeit durch kontinuierliche Kommunikation, öffentliche Anerkennung und Qualifizierungsangebote."[16] Notwendige Erinnerungen wie diese deuten immer darauf hin, dass die traditionelle Vorstellung vom „Ehrenamt" genauso reformbedürftig ist wie die von nicht-ehrenamtlicher Arbeit. Die rigide Unterscheidung von bezahlter Arbeit fachlich qualifizierter Personen und nichtbezahlter Arbeit von Laien ist nicht mehr angemessen. Sie muss mittlerweile als eine Form der Diskriminierung verstanden werden. Es kann gute Gründe für fachlich sehr versierte Personen geben, sich unbezahlt zu engagieren, und auf der andern Seite ist es unakzeptabel, wenn ehrenamtliches Engagement von Arbeitgebern missbraucht wird, dass Arbeiten getan werden, die andernfalls Geld kosten würden. Sehr viel gut bezahlte Arbeit wird durchaus laienhaft verrichtet, wie auch sehr viel ehrenamtliche Arbeit hoch professionell. Kriterium der Wertschätzung von Arbeit darf darum nicht sein, ob sie ehrenamtlich oder nicht-ehrenamtlich und von Laien oder von Nicht-Laien ausgeübt wird, sondern welchen Wert die Arbeit selbst hat. Dementsprechend muss dieser Wert angemessen gewürdigt werden, wenn nicht mit Geld, dann jedenfalls mit mindestens ebenso wertvollen Alternativen.

Dass die konservativen Grundstrukturen von Arbeit und Ehrenamt noch fortbestehen, mittlerweile anachronistisch genug, hindert weite Teile der Bevölkerung nicht daran, sich trotzdem bürgerschaftlich zu engagieren. Offenbar spüren viele, dass sie sich damit selbst ein basales seelisches Bedürfnis erfüllen. „Menschen haben von klein auf eine Tendenz zum Geben, was ihr Gemeinschaftsleben fördert", erklärt Manfred Spitzer aus gesundheitspsychologischer Sicht. „Geben macht ihnen Freude und stärkt gemeinschaftliches Handeln. Es resultiert ein positiver Kreislauf von Freude und Gemeinschaft."[17] Das zeigt sich unter anderem daran, dass die offiziell sozial Engagierten sich gern auch inoffiziell um andere kümmern, zum Beispiel in ihrer Nachbarschaft.

Solidarität und Hilfsbereitschaft haben in den Jahren vor der Pandemie zugenommen. Eine warme, starke Welle des freiwilligen sozialen Engagements durchströmte Deutschland 2015, als Hunderttausende von Flüchtlingen zu uns kamen. Ähnliches erleben wir mit den Flüchtlingen aus der Ukraine. Spitzer zufolge hat sich fast die Hälfte der Deutschen 2016 „in irgendeiner Form helfend für Flüchtlinge eingesetzt."[18] Aber

---

[16] Deutscher Ethikrat (Hg.), *Demenz und Selbstbestimmung: Stellungnahme* (Berlin, 2012), 41.

[17] Manfred Spitzer, *Einsamkeit: Die unerkannte Krankheit* (Droemer Knaur: München, 2019), 205.

[18] Ebd., 206.

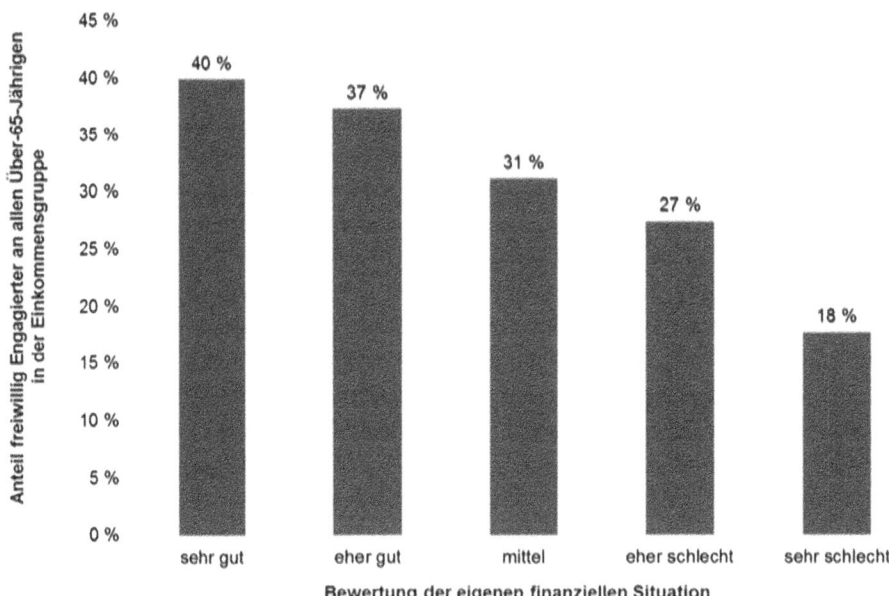

Abb. 10.1 Das Verhältnis von Wohlstand und bürgerschaftlichem Engagement bei Personen über 65 in Deutschland.

schon 2014 engagierten sich mehr als 40 % der Menschen in Deutschland freiwillig, so steht es in der Studie der Bertelsmann-Stiftung zum Gesellschaftlichen Zusammenhalt in Baden-Württemberg.

Die Studie zeigt außerdem auf, dass die Auswirkungen des bürgerschaftlichen Engagements im sozialen Bereich auf den gesellschaftlichen Zusammenhalt positiv verstärkt werden, wenn die engagierten Bürgerinnen und Bürger spürbar sozialpolitische Rückenstärkung erfahren.[19] Dem zweiten maßgeblich stabilisierenden Faktor sind Sie in diesem Buch schon wiederholt begegnet: Die Menschen fällt es viel leichter, sich ehrenamtlich einzusetzen, wenn sie ökonomisch gesichert sind. Abb. 10.1 aus dem Armuts- und Reichtumsbericht der Bundesregierung zeigt eine erstaunlich geradlinige Korrelation zwischen dem ehrenamtlichem Engagement von Menschen im „Rentenalter" und ihrer finanziellen Lage.[20]

---

[19] Georgi Dragolov, Regina Arant, Klaus Boehnke, Kai Unzicker, *Gesellschaftlicher Zusammenhalt in Baden-Württemberg* (Bertelsmann-Stiftung: Gütersloh, 2019). „Hierin kann ein deutlicher Hinweis dafür gesehen werden, dass eine erfolgreiche und spürbare Sozialpolitik einen positiven Einfluss auf den gesellschaftlichen Zusammenhalt insgesamt haben kann – und zwar vor allem auch jenseits des jeweiligen spezifischen Handlungsfeldes." Ebd.
[20] Quelle der Grafik: Bundesministerium für Arbeit und Soziales, a.a.O., 458. Vgl. Claudia Neu, Fabian Müller, Einsamkeit: Gutachten für den Sozialverband Deutschland, Dezember 2020, unter Mitwirkung v. A.S. Heuer u. A. Tschesche, Sozialverband Deutschland e. V., 2020., 61.

Schwierig für die nachhaltige Einrichtung und Koordination bürgerschaftlichen Engagements ist mittlerweile der Einfluss des Trends zur Unverbindlichkeit geworden. Das spiegelt sich in einer irgendwie merkwürdigen gegenläufigen Entwicklung: Die Beteiligung an Ehrenämtern in traditionellen Institutsformen wie Kirchen, Vereinen und dergleichen hat insgesamt abgenommen, während die Initiativen von situativ bedingten Interessengemeinschaften zunehmen.[21] Das Leitmotiv, sich selbst zu verwirklichen, scheint dabei dem Verantwortungsbewusstsein den Rang abgelaufen zu haben. Neu und Müller zufolge will der größte Teil der freiwillig Engagierten heutzutage „nicht nur etwas für die Gemeinschaft tun, sondern vor allem in Kontakt mit anderen Menschen kommen und gemeinsam Freude erleben."[22] Dazu passt, dass man sich nicht zu sehr festlegen möchte, sondern sich vorbehält, sein Engagement dem eigenen Lebensverlauf stets so anzupassen, wie es einem selbst gefällt.[23] Das hat den Vorteil, eher intrinsisch motiviert zu sein, das heißt: von innen heraus, also aus Überzeugung, aber es hat auch den Nachteil, dass man womöglich zu bald die Lust verliert und das Engagement zurückzieht.

Sich bürgerschaftlich zu engagieren ist offenbar eines der besten Mittel gegen Vereinsamung.[24] Dieser wesentliche Effekt verdient besonders im Blick auf die Maßnahmen gegen Vereinsamung im Alter Beachtung. „Die Motivation, sich im Ruhestand gesellschaftlich einzubringen, wächst seit Jahren", berichtet das Berlin-Institut für Bevölkerung und Entwicklung.[25] Seit dem Millenium hat es sich um zehn Prozent gesteigert. „Besonders stark wuchs es bei den 65- bis 74-Jährigen, von denen sich 2014 etwa 42 % engagierten".[26]

Für Jugendliche gilt aber dasselbe: Das Risiko zu vereinsamen ist für sie größer geworden und sich ehrenamtlich zu betätigen ist eine sehr gute Medizin dagegen. Erfreulicherweise liegt das tatsächlich auch bei Jugendlichen im Trend. Das freiwillige Engagement hat bei den 14–17 Jährigen in den letzten Jahren deutlich zugenommen, stand 2017 im Armuts- und Reichtumsbericht.

Die meisten sozial freiwillig tätigen Menschen engagieren sich für andere aus ihrer Altersgruppe: Junge für Junge, Alte für Alte. Personen über 75 sind zu 70 % für Personen über 75 da, jüngere Senioren zu 50 % für ihresgleichen. Einerseits ist das natürlich sehr

---

[21] Wenn auch die Mitgliederzahlen seit einer Weile insgesamt rückläufig sind, gibt es aber immerhin noch ca. 600.000 Vereine bei uns. Ebd., 60.

[22] Ebd., 60.

[23] „Heute muss bürgerschaftliches Engagement auch nicht mehr lebenslang ausgeübt werden, sondern eher biografisch passgenau sein, also zur jeweiligen Lebenssituation passen." Ebd., 61.

[24] „Ehrenamt und aktive Vereinsmitgliedschaft schaffen soziale Kontakte und Anerkennung, bringen Freude und schützen so auch vor sozialer Isolation und Einsamkeit." Ebd.

[25] Berlin-Institut für Bevölkerung und Entwicklung, a.a.O., 14.

[26] Ebd. „[E]in Indikator dafür, dass die Menschen heute kurz nach dem Eintritt in den Ruhestand so fit und motiviert sind wie nie zuvor." Ebd. Neu und Müller hingegen schreiben: „Mit höherem Alter sinkt die Wahrscheinlichkeit, sich zu engagieren." C. Neu, F. Müller, a.a.O., 61 f. Das ist offensichtlich zu pauschal formuliert. Dem Armuts- und Reichtumsbericht nach trifft es nur für die über 75 Jährigen zu. Bundesministerium für Arbeit und Soziales, a.a.O., 543.

verständlich und sinnvoll. Aber es stärkt den gesellschaftlichen Zusammenhang noch mehr und wirkt dem Vereinsamungsproblem noch besser entgegen, wenn das generationenübergreifende Dasein füreinander intensiviert wird. Hierfür wird offenbar noch mehr Anreiz und Förderung benötigt; vor allem mutige subsidiarische Initiativen, die als Vorbilder dann auch wieder andere zu ähnlichen Projekten inspirieren können.

10.4   Fürsorgemaßnahmen

Sorge für andere

Dem Wort „Fürsorge" haftet das Klischee an, dass sich starke Menschen helfend schwachen Menschen zuwenden; die Starken stehen fest und aufrecht da, die Schwachen liegen hilflos am Boden; die Starken reichen den Schwachen die Hand und helfen ihnen, wenn es geht, auf die Beine. Dieses Bild von Fürsorge ist nicht völlig falsch, aber einseitig und reduktionistisch. Besser sollte man den Begriff buchstäblich nehmen als *Sorge für andere*. Das heißt zunächst einmal nicht mehr, als dass ich mich für andere interessiere: Ich denke an sie, ich achte auf sie, ich frage nach ihnen. „Interesse" ist lateinisch und heißt „teilnehmen". Wenn ich mich für dich interessiere, bin ich bereit, Anteil zu nehmen. Ich lasse mich von dem bewegen, was dich bewegt. „Interesse" heißt auch „dabei sein". Ich klopfe bei dir an, du lässt mich ein in deinen Raum, es entsteht ein gemeinsamer *Spielraum*, du bist dabei, ich bin dabei. Wir schließen uns nicht gegenseitig aus, sondern wir geben einander Resonanz.

Es wird sich zeigen, wie sich das weiter ausgestaltet. Manchmal ist es ganz klar: Du brauchst jetzt meine Hilfe! Aber sehr oft ist es gar nicht so klar. Vielleicht brauchst du mich nur zur Ermutigung, dir selbst zu helfen. Vielleicht hilfst du mir mehr als ich dir, obwohl ich erst dachte, es müsste umgekehrt sein, weil du mir so schwach vorkamst und ich mir selbst so stark.

Fürsorge als Sorge für andere wird nicht wesentlich davon bestimmt, dass eine Helferperson sich einer hilfsbedürftigen zuwendet. Den wesentlichen Unterschied macht nur die Initiative. Eine von uns klopft an bei der andern. Das Interesse braucht einen Ausgangspunkt. Ich klopfe an, ich nehme Kontakt auf, ich interessiere mich für dich. Nicht weil ich davon ausgehe, dass du jetzt meine Hilfe brauchst und nicht weil ich etwas von dir haben will, sondern weil ich hoffe, dass es uns beiden gut tun wird, weil es gut ist für den Menschen, sich füreinander zu interessieren und füreinander da zu sein.

So und nur so durchbrechen wir authentisch und nachhaltig die Mauern der sozialen Isolation. Aber das klingt eigentlich unnötig martialisch nach Presslufthammer und dergleichen. Es gibt ja Türen zwischen uns. Die muss man nicht durchbrechen.

Wenn wir Bildschirmmedien zur Kommunikation verwenden, ist es so, als würden wir durch ein Fenster in der verschlossenen Tür kommunizieren. Wenn wir telefonieren, benutzen wir die Sprechanlage. Unser Interesse füreinander endet an dem, was zwischen uns ist, am Medium eben. Es verbindet uns, gewiss, aber zugleich trennt es uns auch.

Die Medien können helfen, die Vereinsamung zu überwinden. Wenn jemand durchs Fenster schaut und mit mir redet ist das schon sehr viel mehr als wenn niemand kommt. In dieser Hinsicht waren die Kommunikationsmedien unter den Bedingungen der Pandemie ein besonderer Segen. Sie konnten wenigstens teilweise das Social Distancing überwinden.

Aber die Medien sind ambivalent. Sie können auch über tatsächliche Verschlossenheiten hinwegtäuschen und sie verstärken. Wir begegnen uns durch das Glasfenster oder über die Sprechanlage, aber die Tür bleibt zu. In der Pandemie *musste* sie zubleiben. Hoffentlich haben wir uns nicht zu sehr daran gewöhnt.

Es gibt ein Sorgen für die andern, das ihnen zwar vordergründig etwas gibt, ihnen hintergründig aber um so mehr nimmt. Ich möchte es das reduktionistische Sorgen nennen. Der Duden definiert Reduktionismus als „isolierte Betrachtung von Einzelelementen ohne ihre Verflechtung in einem Ganzen oder von einem Ganzen als einfacher Summe aus Einzelteilen unter Überbetonung der Einzelteile, von denen aus generalisiert wird." Diese Definition eignet sich ausgezeichnet zur Kennzeichnung einer Fürsorge, die als Nebenwirkung Vereinsamung bewirkt und vermehrt, so wie ein Benzodiazepin zwar gut schlafen lässt, aber auch süchtig macht, sodass am Ende, wenn es zum Entzug kommt, der Schlaf noch viel schlechter ist als zu Beginn der Behandlung.

Die ELIZA-begeisterten Psychotherapeuten, über die Joseph Weizenbaum so erschrocken ist, sind ein markantes Beispiel für die reduktionistische Fürsorge: Du bist eine defekte Biomaschine mit einem Psychoproblem und wir sind die Psychoklempner. Wir reparieren dich. Wir sind sehr froh, wenn wir den Vorgang einem Psychoroboter einprogrammieren können. Das macht die Arbeit noch viel effektiver, kostengünstiger und frei von menschlichen Fehlern, denn wenn das Programm keinen Fehler hat, macht die Maschine auch keinen Fehler.

Fürsorge als Sorge für andere ist der zentrale Aspekt der Maßnahmen gegen die Vereinsamung. Wenn es aber darum gehen soll, mit reduktionistischen Heilungsmethoden auf der Basis eines reduktionistischen Menschenbilds die soziale und emotionale Isolation Betroffener therapieren zu wollen, kann das Resultat allenfalls in oberflächlichen Kompensationsvarianten bestehen, ohne echte Vertrauensbeziehungen, ohne Rückkehr zum Grundvertrauen, ohne Mut zur guten schweren Einsamkeit; selbstoptimierend vielleicht, aber ohne sich wirklich selbst zu finden und damit auch nicht den Weg zu den andern. Auf den Nenner gebracht für alle Formen der Therapie von Vereinsamung: Der *Mensch* ist die Medizin, nicht nur die beste, sondern die einzig wahre.

Daraus leiten sich nun auch die Formen der Fürsorge ab. Um die Selbstverstrickung in emotionale Isolation zu überwinden, braucht es *Psychotherapie* als Hilfe zur Selbsthilfe. Das Hauptproblem der Betroffenen liegt in der Wahrnehmungsverzerrung, das heißt: Sie bilden sich unzutreffende, ungünstig pessimistische Urteile von der sozialen Wirklichkeit. Mit therapeutischer Unterstützung können sie das erkennen, wieder zur Realität zurückfinden und nun neu ihre Chancen sehen und nutzen, die Vereinsamung hinter sich zu lassen.

Aber gleich ob meine emotionale Isolation therapeutisch angegangen wird oder ich meine soziale Isolation realistisch wahrnehme und mich darum tapfer selbst wie auch die andern und das Leben überhaupt nicht aufgebe, obwohl es mir sehr schwer fällt, optimistisch zu bleiben: So oder so brauche ich vor allem *die Gemeinschaft der offenen Türen* mit anderen Menschen, für die ich mich interessiere und sie für mich. Ausgeschlossensein ist das Schlimmste am Vereinsamen, ehrlich gewollt, gebraucht, geschätzt und geehrt zu sein heilt die Lähmung der Vereinsamung, wie bei jenem Menschen am Teich Betesda, der keinen Menschen hatte, manchmal sogar ganz unmittelbar und wie von selbst.

Selbstfürsorge
„Geben ist seliger als nehmen", heißt es in der Bibel.[27] Manfred Spitzer greift in seinem Einsamkeitsbuch auf das Zitat zurück und hält es dem Trend entgegen, der den Egoismus „als vollkommen normal" betrachtet,[28] dem Trend auch in der Wissenschaft, wie Spitzer zu bedenken gibt, und wie Spitzer so viele andere hervorragende Fachpersonen, die erforschen, was der Mensch braucht, um seelisch gesund und wirklich glücklich zu sein. Wenn man den Werdegang der Ideologie des Egoismus zurückverfolgt, die behauptet, der Mensch sei biologisch und grundsätzlich für den andern Menschen ein feindseliger Wolf und der Natur gemäß sei es, dass der stärkere Wolf sich gegen den schwächeren durchsetzt und einschüchtert oder frisst, was nicht wölfisch ist, dann kann man guten Mutes sagen, dass dieses Menschenbild veraltet ist, obzwar es einerseits schon sehr lang besteht ist und andererseits hypermodern mit neuen Forschungsinterpretationen so herausgeputzt wird, als sei es der letzte wissenschaftliche Schrei.

Hierfür stehen heute vor allem die Vertreter sogenannten „Soziobiologie", deren Ansicht nach das Individuum nichts anderes ist als die Karosserie für die Selbstverwirklichung des absolut egoistischen Genoms unter der Haube,[29] aber auch ihre Kollegen von der künstlichen Intelligenz, die den Menschen als Wolf für eine schlechte Maschine halten und vom nachsingulären Robotergott erhoffen, dass er ihn besser macht oder ein neues Modell von… (ja, von was eigentlich?) erschafft, das die Vorgängerversion vom biologischen Menschen absorbiert. Dieser Trend ist eine eiskalte gesellschaftliche Strömung, die kein anderes Ethos kennt als die alte Leier, dass Recht haben eine Frage der Macht ist und nicht der Wahrheit und dass Recht behält, wer sich durchsetzt. Nichts trägt so viel zur sozialen Isolation bei wie dieses Denken. Es ist menschenfeindlicher als alles andere. Erlauben Sie mir, mit bangem Gefühl, das Wort dafür zu verwenden, das seit jeher dafür zur Verfügung steht: Es ist böse.

---

[27] Apostelgeschichte 20,35.

[28] M. Spitzer, Einsamkeit: Die unerkannte Krankheit, a.a.O., 196.

[29] Sehr instruktiv sind die kritischen Stellungnahmen der bekannten und profilierten Neurowissenschaftler Gerald Hüther und Joachim Bauer dazu. Vgl. Gerald Hüther, *Die Evolution der Liebe: Was Darwin bereits ahnte und die Darwinisten nicht wahrhaben wollen*, 5. Aufl. (Vandenhoeck & Ruprecht: Göttingen, 2007), 45 ff.; Joachim Bauer, *Prinzip Menschlichkeit: Warum wir von Natur aus kooperieren*, 4. Aufl. (Hoffmann und Campe: Hamburg, 2007), 19, 123 ff.

Das Böse ist der tiefste existenzielle Grund nicht der Einsamkeit, aber der Vereinsamung.

Selbstfürsorge heißt, dem Ungeist des Bösen zu widerstehen. Eine Selbstoptimierung, die Kompromisse mit dem Bösen eingeht, weil sie dem Narzissmus und dem Egoismus opfert, ist Selbstbetrug, weil sie auf Dauer weder für den einzelnen gesund ist noch für die Beziehungen.

Es sei noch einmal gesagt: Der Mensch ist ein Beziehungswesen! Es widerspricht unserer Natur, gegeneinander zu sein und nebeneinanderher zu leben. Naturgemäß Mensch sein heißt füreinander da sein.

Über praktische Regeln und Tipps zur Selbstfürsorge angesichts des Vereinsamungsproblem lässt sich vieles sagen, das kann anderswo thematisiert werden. In diesem Buch ging es um eine Phänomenologie der Vereinsamung. Man kann auch sagen: Um das Ganze des Problems. Dem soll zuletzt nun auch der eine wahre Grundsatz seelisch gesunder Selbstfürsorge und Selbsthilfe gegen die Vereinsamung entsprechen, der Satz, dem es ums Ganze geht und der aufs Ganze geht. Man hat ihn die *Goldene Regel* genannt:

„Alles nun, was ihr wollt, dass euch die Leute tun sollen, das tut ihr ihnen auch!"[30]

Als Grundsatz der jüdisch-christlichen Ethik steht dieser Satz in der Bibel, aber als die *Goldene Regel* gilt er ganz unabhängig von Religionszugehörigkeiten allen, die das Sorgen für den andern so ernst nehmen wie das Sorgen für sich selbst, als das Grundprinzip des gesunden und heilsamen menschlichen Miteinanders schlechthin.

Buchstäblich genommen darf man den Satz auch so übersetzen: „Alles nun, was immer ihr wollt, dass euch die Menschen tun mögen, das sollt auch ihr ihnen tun." Wir können der Goldenen Regel nur in dem Maß gerecht werden, wie wir wissen und anerkennen, was wir uns selbst von den anderen Menschen wünschen. Dafür brauchen wir *Selbsterkenntnis* und die wird uns nur zuteil, wenn wir den Mut haben, einsam zu uns selbst zu kommen, um endlich einmal bei uns selbst zu sein.

Die Voraussetzung dafür, auch den Nächsten mit seinen tatsächlichen Bedürfnissen ernst zu nehmen und dafür Sorge zu tragen, dass sie Erfüllung finden, ist sich selbst mit seinen tatsächlichen Bedürfnissen ernst zu nehmen. Dazu muss ich mir erst einmal bewusst machen, „was immer" ich will, dass mir die andern tun. Ganz sicher steht dies an erster Stelle: Ich will, dass sie mich nicht ausschließen. Doch, das will ich immer.

Durch den zweiten Teil der Goldenen Regel wird ebenso deutlich, dass wirkliche Selbstliebe etwas qualitativ völlig anderes ist als narzisstische Selbstverliebtheit und Selbstsucht. Da steht ja nicht, dass wir *vor allem* uns selbst lieben sollen und nur in zweiter Linie in einem Maß, das die eigenen Prioritäten möglichst wenig beeinträchtigt, auch noch den Nächsten, sondern es geht darum, Selbstliebe und Nächstenliebe den *gleichen* Wert zu geben. Wie ist es, wenn ich wirklich danach lebe?

---

[30] Matthäus 7,12.

Selbstverständlich: Wenn ich deine Bedürfnisse genauso ernst nehme wie meine, dann schließt das automatisch ein, dass ich *im Zweifelsfall* deinem Bedürfnis den Vorrang gebe. Warum? Ganz einfach: Weil ich genau weiß, dass *du mir* damit eine Freude machen würdest.

Ja, ich freue mich, wann immer du den ersten Schritt tust. Es ist mir eine große Hilfe, wenn die Initiative nicht immerzu von mir selbst ausgehen muss. Ich bin dir sehr dankbar dafür. So wird es dir wohl auch mit mir gehen, oder? Also ergreife *ich* die Initiative. Gern komme ich dir zuvor.

Zuvorkommend zu sein ist ein schöner alter Ausdruck aus dem Wortschatz der Wertschätzung. Eine Person, die zuvorkommend ist, riskiert viel Einsamkeit. Sie verzichtet ja auf den Anspruch, von den andern genauso gut behandelt zu werden. Es kann sein, dass sie mit ihrer Initiative allein bleibt. Wenn das immer wieder passiert, kann es sein, dass schwere Einsamkeit daraus wird. In einer Gesellschaft, deren Trends auf Vereinzelung und Entfremdung zustreben, ist es gar nicht unwahrscheinlich, als zuvorkommender Mensch so viel Enttäuschungen zu erleben, dass man in soziale Isolation gerät. Emotionale Isolation wird aber nur daraus, wenn ich die Goldene Regel aufgebe. „Ich will nicht immer den ersten Schritt tun müssen!"

Nein, das musst du nicht, aber du tust dir selbst das Beste damit. Du wirst vielleicht einsam sein, aber du wirst nicht emotional vereinsamen. Denn immer neu schenkst du Vertrauen. Immer neu sagst du ja. Immer neu klopfst du an. Du verschließt dich nicht. Das ist es, was du selbst von dir brauchst – das ist Selbstfürsorge. Und das ist es genauso, was auch die andern von dir brauchen.

Die Goldene Regel, das ist der golden Weg, um die Pandemie der Vereinsamung zu verhindern. Das muss die Menschheit lernen, sonst wird nichts daraus.

Aber es geht ja auch. Lassen Sie uns glauben daran. Wir brauchen das gegenseitige Vertrauen, dass wir es schaffen. Und wir sind selbst verantwortlich dafür, die immer ersten Schritte auf dem Weg dorthin selbst zu gehen. Wie schön, wenn andere uns zuvorkommen. Aber das müssen sie nicht.

An mir liegt es, ganz allein an mir. An mir zuerst.

Literatur

Bauer, J. (2007). *Prinzip Menschlichkeit: Warum wir von Natur aus kooperieren* (4. Aufl.). Hoffmann und Campe.

Berlin-Institut für Bevölkerung und Entwicklung, Körber Stiftung (Hrsg.). (2019). *(Gem)einsame Stadt? Kommunen gegen soziale Isolation im Alter: Fakten, Trends und Empfehlungen für die Praxis.* Körber-Stiftung.

Büssing, A. (2022). Empfundene Einsamkeit und soziale Isolation im Verlauf der Corona-Pandemie. In A. Giebel, D. Hörsch, G. Hofmeister, & U. Lilie (Hrsg.), *Einsam: Gesellschaftliche, kirchliche und diakonische Perspektiven* (S. 215–228). Im Auftrag der Diakonie Deuschland. Evangelische Verlagsanstalt.

Büssing, A., Baumann, K., & Surzykiewicz, J. (2022). Loss of Faith and Decrease in Trust in a Higher Source During COVID-19 in Germany. *Journal of Religion and Health 2022*. https://link.spr inger.com/article/10.1007%2Fs10943-021-01493-2. Zugegriffen: 21. Jan. 2022.

Bundesministerium für Arbeit und Soziales, Lebenslagen in Deutschland: Der Fünfte Armuts- und Reichtumsbericht der Bundesregierung 2017. Abrufbar unter Bundesministerium für Arbeit und Soziales, Armuts- und Reichtumsbericht. https://www.armuts-und-reichtumsbericht.de. Zugegriffen: 6. Mai 2022.

Claussen, J. H. (2022). Zur Sprache der Einsamkeit – Oder: Muss Einsamkeit tatsächlich ‚bekämpft' werden? In A. Giebel, D. Hörsch, G. Hofmeister, U. Lilie (Hrsg.), *Einsam: Gesellschaftliche, kirchliche und diakonische Perspektiven* (S. 191–196). Im Auftrag der Diakonie Deuschland. Evangelische Verlagsanstalt.

Deutscher Ethikrat. (Hrsg.). (2012). *Demenz und Selbstbestimmung: Stellungnahme.*

Faix, T., & Dietrich, R. (2022). Über den Mythos des einsamen Singles. Ergebnisse einer deutschlandweiten empirischen Erhebung zum Thema Einsamkeit und christliche Singles. In A. Giebel, D. Hörsch, G. Hofmeister, & U. Lilie (Hrsg.), *Einsam: Gesellschaftliche, kirchliche und diakonische Perspektiven* (S. 243–250). Im Auftrag der Diakonie Deuschland. Evangelische Verlagsanstalt.

Gohde, J. (1997). Konfessionalität und Professionalität. Bericht bei der Diakonischen Konferenz. Bremen (1997) 10.

Händeler, E. (2022). Weil wir einander brauchen: Wie die Technik uns einsam macht – und dann am Ende wieder neu zusammenbringt. In A. Giebel, D. Hörsch, G. Hofmeister, & U. Lilie (Hrsg.), *Einsam: Gesellschaftliche, kirchliche und diakonische Perspektiven* (S. 197–204), im Auftrag der Diakonie Deuschland. Evangelische Verlagsanstalt.

Hüther, G. (2007). *Die Evolution der Liebe: Was Darwin bereits ahnte und die Darwinisten nicht wahrhaben wollen* (5. Aufl.). Vandenhoeck & Ruprecht.

Zusammenstellung von Aussagen über die Verbreitung von Einsamkeit als Problem in Deutschland

Autoren	Zeitraum	Aussage
Tesch-Römer (2019)	1996–2014	Insgesamt Abnahme der Einsamkeitsquote. 2014 ca. jede 10. Person von 40–69 betroffen
Bohn (2006)		Mehr als 20 % der Jugendlichen zwischen 12 und 16 fühlen sich sehr einsam. und ca. 13 % derer zwischen 16 und 20
Saum-Aldehoff (2012)	2008	Ca. 25 % einsame Deutsche, davon 8 % stark betrofffen
Deutscher Alterssurvey (2017)	2008–2017	Zunahme der Einsamkeit im Zeitraum von 8,6 auf 9,2 % bei den 45–84Jährigen
Sonnenmoser (2012)	2012	Mindestens 7 % der Jugendlichen und Erwachsenen fühlen sich „ständig einsam und ausgestoßen". „Zwischen 20 und 40 % der Älteren ab 55 Jahren bezeichnen sich als einsam"
Tagesschau.de (2020)	2011–2017	Zahl der 45- bis 84Jährigen, die sich einsam fühlen, um 15 % gestiegen
Luhmann (2019)	2013	Ca. 5 % der über 80Jährigen „chronisch einsam", das sind ca. 220.000 Personen. Tendenz steigend
Orth/Eyerund (2019)	2013–2017	„Menschen, die sich einsam fühlen": 2013 10,5 %, 2017 9,5 %; Anstieg des Leidens unter Einsamkeit bei Menschen zwischen 20 und 29

Autoren	Zeitraum	Aussage
European Social Survey (2014)	2014	5 % der Deutschen fühlen sich meist, fast immer oder immer einsam. Fast 20 % der Deutschen fühlen sich manchmal einsam
Bundesregierung (2021)[1]	2014	9 % der Deutschen fühlen sich einsam, 6 % fühlen sich sozial ausgeschlossen
Luhmann (2018)	2016	13,7 % der Deutschen fühlren sich „mindestens manchmal einsam"
Eurobarometer (2017)	2017	5 % der Deutschen fühlen sich meist, fast immer oder immer einsam. Fast 20 % der Deutschen fühlen sich manchmal einsam
Institut für Wirtschaftsforschung	2017	8,4 % der unter 20Jährigen und mehr als 9 % der 20–29Jährigen fühlen sich „oft bis sehr oft einsam"; dito 10,8 % der über 60Jährigen
Schouwink (2019)		17 % der 18–29Jährigen fühlen sich einsam
Bundesregierung (2019)		12 % der Deutschen fühlen sich „häufig oder ständig" einsam, besonders von 30–34 (18 %) und über 65
Spitzer (2019)		Einsamkeit vor 65 nicht so häufig wie Einsamkeit nach 65
Berlin-Institut (2019)		Gipfelwert für Einsamkeit um 30 und 60, starker und kontinuierlicher Anstieg ab 75
Neu & Müller (2020)		15–30 % sind sozial isoliert
Neu & Müller (2020)	2018–2019	4–12 % der Deutschen fühlen sich meist oder sehr oft einsam
Bundesregierung (2021)	2020	Im Sommer 14 % Einsame zwischen 46 und 90
Bundesregierung (2021)[2]	2021	Im Frühjahr 1/5 der über 75Jährigen „zumindest hin und wieder einsam"

---

[1] Ministerium für Arbeit und Soziales.
[2] Ministerium für Familie, Senioren, Frauen und Jugend.

Anhang 2

Das kleine Mädchen mit den Schwefelhölzern,
Hans Christian Andersen, 1845[3]

Es war fürchterlich kalt; es schneite und begann dunkler Abend zu werden, es war der letzte Abend im Jahre, Neujahrsabend! In dieser Kälte und in dieser Finsternis ging ein kleines, armes Mädchen mit bloßem Kopfe und nackten Füßen auf der Straße. Sie hatte freilich Pantoffeln gehabt, als sie vom Hause wegging, aber was half das! Es waren sehr große Pantoffeln, ihre Mutter hatte sie zuletzt getragen, so groß waren sie, diese verlor die Kleine, als sie sich beeilte, über die Straße zu gelangen, indem zwei Wagen gewaltig schnell daher jagten. Der eine Pantoffel war nicht wieder zu finden und mit dem andern lief ein Knabe davon, der sagte, er könne ihn als Wiege benutzen, wenn er selbst einmal Kinder bekomme.

Da ging nun das arme Mädchen auf den bloßen, kleinen Füßen, die ganz rot und blau vor Kälte waren. In einer alten Schürze hielt sie eine Menge Schwefelhölzer und ein Bund trug sie in der Hand. Niemand hatte ihr während des ganzen Tages etwas abgekauft, niemand hatte ihr auch nur einen Dreier geschenkt; hungrig und halberfroren schlich sie einher und sah sehr gedrückt aus, die arme Kleine! Die Schneeflocken fielen in ihr langes, gelbes Haar, welches sich schön über den Hals lockte, aber an Pracht dachte sie freilich nicht.

In einem Winkel zwischen zwei Häusern – das eine sprang etwas weiter in die Straße vor, als das andere – da setzte sie sich und kauerte sich zusammen. Die kleinen Füße hatte sie fest angezogen, aber es fror sie noch mehr, und sie wagte nicht nach Hause zu gehen, denn sie hatte ja keine Schwefelhölzer verkauft, nicht einen einzigen Dreier erhalten. Ihr Vater würde sie schlagen, und kalt war es daheim auch, sie hatten nur das Dach gerade über sich und da pfiff der Wind herein, obgleich Stroh und Lappen zwischen die größten Spalten gestopft waren. Ihre kleinen Hände waren vor Kälte fast ganz erstarrt. Ach! Ein Schwefelhölzchen könnte gewiß recht gut thun; wenn sie nur wagen dürfte, eins aus dem Bunde herauszuziehen, es gegen die Wand zu streichen, und die Finger daran zu wärmen.

---

[3] Hans Christian Andersen, *Andersens Märchen,* deutsch v. T. Dohrenburg (Cecilie Dressler: Hamburg, 1989).

Sie zog eins heraus, „Ritsch!" Wie sprühte es, wie brannte es! Es gab eine warme, helle Flamme, wie ein kleines Licht, als sie die Hand darum hielt, es war ein wunderbares Licht! Es kam dem kleinen Mädchen vor, als sitze sie vor einem großen eisernen Ofen mit Messingfüßen und einem messingenen Aufsatz; das Feuer brannte ganz herrlich darin und wärmte schön! – Die Kleine streckte schon die Füße aus, um auch diese zu wärmen – da erlosch die Flamme, der Ofen verschwand – sie saß mit einem kleinen Stumpf des ausgebrannten Schwefelholzes in der Hand.

Ein neues wurde angestrichen, es brannte, es leuchtete, und wo der Schein desselben auf die Mauer fiel, wurde diese durchsichtig wie ein Flor. Sie sah gerade in das Zimmer hinein, wo der Tisch mit einem glänzend weißen Tischtuch und mit feinem Porzellan gedeckt stand, und herrlich dampfte eine mit Pflaumen und Äpfeln gefüllte, gebratene Gans darauf! Und was noch prächtiger war, die Gans sprang von der Schüssel herab, watschelte auf dem Fußboden hin mit Gabel und Messer im Rücken, gerade auf das arme Mädchen kam sie zu. Da erlosch das Schwefelholz, und nur die dicke, kalte Mauer war zu sehen.

Sie zündete ein neues an. Da saß sie unter dem schönsten Weihnachtsbaume. Der war noch größer und aufgeputzter als der, welchen sie zu Weihnachten durch die Glasthüre bei dem reichen Kaufmanne erblickt hatte. Viel tausend Lichter brannten auf den grünen Zweigen und bunte Bilder, wie die, welche die Ladenfenster schmücken, schauten zu ihr herab. Die Kleine streckte die beiden Hände in die Höh' – da erlosch das Schwefelholz; die vielen Weihnachtslichter stiegen höher und immer höher, nun sah sie, daß es die klaren Sterne am Himmel waren, einer davon fiel herab und machte einen langen Feuerstreifen am Himmel.

„Nun stirbt jemand!" sagte die Kleine, denn ihre alte Großmutter, welche die einzige war, die sie lieb gehabt hatte, die jetzt aber tot war, hatte gesagt: „Wenn ein Stern fällt, so steigt eine Seele zu Gott empor."

Sie strich wieder ein Schwefelholz gegen die Mauer, es leuchtete ringsumher, und im Glanze desselben stand die alte Großmutter, glänzend, mild und lieblich da. „Groß-mutter!" rief die Kleine. „O, nimm mich mit! Ich weiß, daß Du auch gehst, wenn das Schwefelholz ausgeht; gleichwie der warme Ofen, der schöne Gänsebraten und der große, herrliche Weihnachtsbaum!" Sie strich eiligst den ganzen Rest der Schwefelhölzer, welche noch im Bunde waren, sie wollte die Großmutter recht festhalten; und die Schwefelhölzer leuchteten mit solchem Glanz, daß es heller war, als am lichten Tage. Die Großmutter war nie so schön, so groß gewesen; sie hob das kleine Mädchen auf ihren Arm, und in Glanz und Freude flogen sie in die Höhe, und da fühlte sie keine Kälte, keinen Hunger, keine Furcht – sie waren bei Gott!

Aber im Winkel am Hause saß in der kalten Morgenstunde das kleine Mädchen mit roten Wangen, mit lächelndem Munde – tot, erfroren am letzten Abend des alten Jahres. Der Neujahrsmorgen ging über die kleine Leiche auf, welche mit Schwefelhölzern da saß, wovon ein Bund fast verbrannt war. Sie hat sich wärmen wollen, sagte man. Niemand wußte, was sie Schönes erblickt hatte, in welchem Glanze sie mit der alten Großmutter zur Neujahrsfreude eingegangen war!

The manufacturer's authorised representative in the EU is Springer
Nature Customer Service Centre GmbH, Europaplatz 3, 69115 Heidelberg,
Germany. If you have any concerns regarding our products, please
contact ProductSafety@springernature.com

Printed and bound by CPI Group (UK) Ltd, Croydon, CR0 4YY
24/04/2026
02096345-0011